教学论思辨

李森 著

陕西师范大学出版总社

图书代号　ZZ23N2078

图书在版编目(CIP)数据

教学论思辨／李森著. —西安：陕西师范大学出版
总社有限公司，2024.1
　ISBN 978-7-5695-4045-1

Ⅰ.①教…　Ⅱ.①李…　Ⅲ.①教学理论　Ⅳ.①G42

中国国家版本馆 CIP 数据核字(2023)第 251703 号

教学论思辨
JIAOXUELUN SIBIAN
李　森　著

出版统筹	刘东风　雷永利
责任编辑	古　洁
责任校对	刘金茹
封面题字	高俊良
封面设计	飞铁广告
出版发行	陕西师范大学出版总社
	(西安市长安南路 199 号　邮编 710062)
网　址	http://www.snupg.com
印　刷	中煤地西安地图制印有限公司
开　本	720 mm × 1020 mm　1/16
印　张	29
插　页	4
字　数	420 千
版　次	2024 年 1 月第 1 版
印　次	2024 年 1 月第 1 次印刷
书　号	ISBN 978-7-5695-4045-1
定　价	98.00 元

读者购书、书店添货或发现印装质量问题,请与本社高等教育出版中心联系。
电话:(029)85303622(传真)　85307864

前言

　　自从教育产生以来,教学就成为学校教育的重中之重,直接影响着学校的办学质量。古往今来,不少圣贤先哲对教学问题进行了大量卓有成效的探索。《论语》中记载了孔子关于"因材施教""循循善诱""启发诱导""学思并重"的教学思想,孟子对"深造自得""循序渐进"的教学思想进行了分析,荀子提出了"善假于物""虚壹而静""兼陈中衡"的认识方法和"学思行统一"的教学过程思想。此外,先秦时期的《学记》也记载了"教学相长""启发诱导""长善救失""藏息相辅"等关于教学原则的思想。时至今日,这些教学思想依然闪烁着智慧的光芒,发挥着重要的指导作用。

我于 1994 年 6 月考上西南师范大学课程与教学论专业博士研究生,开始了对教学论的学习与探索。至今,还清晰地记得在敬爱的恩师——张敷荣先生的指导下,对大量教学论著作和论文的阅读与分析;还记得导师的精心指教与"耳提面命";还记得与博士同学围绕教学问题展开的热烈讨论。可以说,博士期间的学习经历,不仅让我喜欢上了课程与教学论专业,而且也为自己后来研究教学论和探讨教学问题奠定了较为坚实的基础。攻读博士学位期间,我将教学动力作为学位论文的选题,并对教学动力的本质、类型、生成机制与实践策略等进行了探讨,产生了积极的学术影响。

1997 年 6 月,我获得博士学位后有幸留校任教,并在博士论文的基础上对教学问题进行了更加深入的研究。回望三十年来在教学论领域的探索,既充满了艰辛与汗水,也蕴含了不少的欢乐与愉悦,无论发生什么样的变化,我依然扎根教学论领域,默默耕耘,这或许就是教学论的魅力所在吧!执教杏坛后,我对教学基本理论问题进行了深入探讨,包括现代教学论的生长点、教学论范畴、实践教学论、教学理论与教学实践的关系等。在 2001 年开始的基础教育课程改革背景下,我围绕生态课堂这一主题,对课堂生态的本质与特征、生态课堂建设与教学方式变革、课堂教学中的边缘人等问题进行了研究。随着基础教育课程改革的不断深化,教师专业发展成为一个亟待破解的问题,于是我对教师教学决策进行了研讨,内容包括教师教学决策的内涵、构成与意义,教师教学计划决策,生态理性视域中的教师教学决策、教师教学决策的情感机制以及教师教学道德决策等。随后,针对基础教育课程与教学改革中涌现出的诸多现实问题,又对教学方式、教学思维、教学理性、课堂教学评价以及在线教学等进行了研究。三十年弹指一挥间,回首再望,尽是教学论研究者的学术人生。三十年来,我和团队成员一直对教学理论和教学实践问题进行持续不断的探索,先后发表了一系列文章,这里从所发文章中挑选了35篇,形成《教学论思辨》。

本书由上下两编组成。上编是教学理论之思,包括17篇文章,主要是对教学基本理论的探讨,包括现代教学论生长点、教学论范畴、教学论类型、教学论流派、教学论研究、教学论进展、实践教学论、教学理论的文化改造、教学动力、"五育融合"及其教学实现、教学思维以及教学道德性等内容。下编是教学问题之辨,包括18篇文章,分别对教学本质、课堂生态、教师学生、教学目标、教学方式、教学管理、教学评价以及教师教学模仿等问题进行了深入探讨。这些文章既是我对教学理论自觉探索的成果,也是对教学实践问题研究和反思的结晶,体现了自己作为教学论研究者的探究旅程和心路历程。

教学论充满无穷魅力,学习教学论、研究教学论,并促进教学问题解决和教学质量提升是教学论研究者不变的追寻。前路漫漫,我将在教学论领域继续耕耘,为我国课程与教学论学科的发展贡献自己的一份力量。

最后,非常感谢陕西师范大学出版总社,特别是刘东风社长、雷永利总编辑、古洁编辑的大力支持和帮助!

李　森

2023 年 6 月于西安

目 录

上编　教学理论之思

下编　教学问题之辩

上 编

教学理论之思

第 1 篇

现代教学论生长点试探[①]

21 世纪来临之际,探求现代教学论的发展方向和轨迹成为教学论工作者关注的焦点。有论者认为现代教学论学科体系的构建应为当务之急,有论者认为解决现代教学论的理论联系实际问题乃重中之重。我们认为,现代教学论作为理论性和实践性都很强的一门学科,其自身体系的构建和为教学实践服务的功能都是十分重要的,两者之间的矛盾在某一支点上可以相互转化,教学理论与教学实践之间的脱节问题也可以得到有效解决。要顺利实现这一矛盾的转化和有效地解决理论和实践两张皮的问题,当前的教学论是不能完全胜任这一工作的,这就需要探求现代教学论新的生长点,从而为构建现代教学论体系打下坚实的基础。这样,我们不仅可以顺利构建更为科学严谨的现代教学论体系,还能有效解决教学理论与教学实践脱节的问题。

---

① 本文发表在《西南师范大学学报(人文社会科学版)》2001 年第 1 期。

一、教学论生长点的历史考察

生长点是教学论发展的关键问题。抓住这个关键,就能为教学论的发展开辟广阔的道路,从而在最大限度内促进教学论的发展。纵观历史上教学论领域的每次重大突破和革新,都是源于生长点的重大突破和重新抉择。教学论史上,先后出现的几种较有影响的生长点的发展与演化过程足以说明这一点。它们分别是赫尔巴特的统觉论、杜威的经验论以及罗杰斯的自我论。

（一）"统觉"是以赫尔巴特为代表的传统教学论的生长点

传统教学论的集大成者赫尔巴特将其教学论体系建立在观念心理学和实践哲学的基础上,构建起以"教师中心、课堂中心、书本中心"为显著特征的教学理论体系,这对世界各国的教育理论与实践产生了深远的影响。在赫尔巴特的教学论中,统觉具有十分重要的意义,是其教学论体系得以建立的基石。他的教学过程、教学内容、教学原则等理论都是围绕统觉这个核心而展开的。统觉是赫尔巴特观念心理学中的一个基本概念,指的是新观念被旧观念所吸收和同化的过程。依据统觉理论,教学过程就是使学生在原有的旧观念的基础上去掌握新观念的过程。学生知识掌握的范围和程度直接取决于新旧观念结合的范围和程度。新旧观念结合得越多,学生掌握的知识就越多;新旧观念结合得越紧密,学生掌握的知识就越牢固。在此基础上,赫尔巴特提出了"教学形式阶段"理论,把教学过程分为明了、联想、系统、方法四个阶段。他还指出兴趣在统觉过程中发挥积极作用,于是在教学内容理论上提倡多方面的以兴趣为基础的课程。在教学论史上,赫尔巴特第一次提出了"教学的教育性原则",这一方面归因于其政治上的保守态度,另一方面则是其统觉理论的必然产物。

把教学论建立在统觉的基础之上,是赫尔巴特的伟大创造,是他对教学论领域的巨大贡献之一。把统觉作为传统教学论的生长点,使传统教学论有了深厚的心理学基础,使教学论在科学化道路上迈出了重要的一步,从而也使赫尔巴特成为教学论史上里程碑式的人物。但是,由于观念心理学自身的缺陷以及赫尔巴特所处时代的局限,以统觉为核心所建立起来的传统教学论体系受到了众所周知的攻击与批判。特别是在 19世纪末 20 世纪初的美国,批判传统教学论成为教育改革的先声,探求教学论新的生长点成为许多教育家的自觉追求。

(二)"经验"是以杜威为代表的实用主义教学论的生长点

面对当时学校教育中差强人意的现状,杜威以实用主义哲学和机能心理学为基础创立了实用主义教育思想体系。这一对世界各国的教育理论和实践产生深远影响的教育思想体系是围绕一个词而构建的:经验。杜威的教学过程理论、课程论、教学方法以及师生关系理论都是以经验为灵魂。杜威曾说:"教育是以经验为内容,通过经验,为了经验的目的。"①杜威所宣扬的经验是指:"经验既在自然之内,也是关于自然的。被经验到的并不是经验,而是自然——石头,植物,动物,疾病,健康,温度,电力,等等。以某些方式起着相互作用的事物,乃是经验;它们是被经验到的东西。当它们以另一些方式与另一种自然现象——人的机体——发生联系的时候,它们也是事物怎样被经验到的情况。"②如此看来,杜威的"经验"一方面是经验对象,另一方面则是经验的过程。在确立了经验的这种无所不包、无所不能的性质后,杜威把教学过程视为一个经验的不断改组、不断改造和不断转化的过程。杜威认识到在这个经验的改组、改造和转化过程中,思维起着重要的作用。"将经验到的模糊、疑难、矛盾和某种纷乱的情境,转化为清晰、连贯、确定和和谐的情境。"③于是,在把思维过程分为五个步骤的基础上,他把教学过程也分为相应的五个步骤,即五步教学法。杜威的教学原则是"从做中学",其实质是"从经验中学",也就是说教学应该从儿童的现实生活经验出发,儿

① 单中惠.西方教育思想史[M].太原:山西人民出版社,1996:626.
② 赵祥麟,王承绪.杜威教育论著选[M].上海:华东师范大学出版社,1981:267.
③ 赵祥麟,王承绪.杜威教育论著选[M].上海:华东师范大学出版社,1981:298.

童应该从自身的活动中进行学习。在课程论方面,杜威提出了著名的"活动课程"理论,打破了原来分科课程在课程上拼凑的大杂烩,将儿童和社会生活经验看作课程和教材的核心。杜威的师生关系理论也是直接建立在其经验的生长点之上的,鉴于对儿童自身经验的溺爱,杜威在师生关系上把重心移向了儿童一方。

经验是杜威教学论的核心,杜威赋予了它无所不包、无所不能的含义,虽然这未免夸大其词,但它所具有的哲学、心理学意义的确不容忽视。经验的哲学意义在于它蕴含着对哲学基本问题的认识,对人类认识世界的方式的认识。经验的心理学意义在于杜威把它看作有机体对环境的适应活动,与机能心理学的观点一脉相承。事实上,也正是经验的这两个重要性质而使它成为教学论的生长点,从而极大地促进了教学论在理论和实践两个方面的发展。但是,实用主义哲学不可避免地陷入了唯心主义的泥潭,以实用主义哲学为基础构建的机能心理学又只强调人对环境的被动适应,"经验"赖以存在的基础所存在的致命的缺陷,导致经验这个生长点也暴露出无法克服的缺点。这也是杜威的实用主义教育思想只能风行一时,在教育实践中裹足不前的重要原因。

(三)"自我"是以罗杰斯为代表的新人本主义教学论的生长点

第二次世界大战以来,世界科学技术以日新月异的速度发展,人的声音却日益淹没在喧闹的机器声中,人性在不断沉沦。在这种时代背景下,罗杰斯以存在主义哲学、人本主义心理学为基础,以现象学的方法论为指导,构建起以人的自我发展、自我实现为目的的教育思想体系。他的教学目的、教学方法、教学原则以及师生关系等理论,无不是其自我理论在教学领域的发展与延伸,"自我"成为罗杰斯非指导性教学论的生长点。罗杰斯认为:"自我包括个体整个儿地去知觉他的机体,他体验到的所有知觉,体验到的这些知觉与所处环境中其他知觉以及整个外部世界发生关系的方式。"①概言之,自我就是个体的主观体验以及这种体验的内在同化机制。罗杰斯认为自我根植于每个人无比优越的先天潜能之中,在后天它经历一个漫长的发展演化的过程,这一过程就是个体不断获得独立,不断发现自我的过程。因此,教学的任务就在于帮助学生发现自我,实现自我;教学的方法就在于实行非指导性策略,让学生从经验中达到学习目的;在师生关系方面,就是要建立亲密和谐的师生关系,充分发挥学生的主体作用。

罗杰斯的自我理论是他所坚持的人本主义心理学的重要组成部分,同时也是他所信奉的存在主义哲学的重要产物。自我理论对现代西方社会日益严峻的生存危机和精神危机进行了有力回应,对抹杀人类尊严、自由、价值的社会文化进行了强烈抨击。不仅如此,自我理论还以其高度的生命热情、富有建设性的想象力以及深厚的理论力度向我们描绘了人类发展的光辉前景。但遗憾的是,它存在主义的目光不能正视社会现实,混淆了主客观条件,不能辩证地认识人与社会之间的关系。因此,在现实社会中,它无法利用有效的手段去实现自己的梦想,自我也只能成为空中楼阁,自我作为非指导性教学论的生长点也因此而受到巨大的挑战。

二、主体性是现代教学论新的生长点

通过对教学论史上的生长点理论的考证,我们认为作为教学论的生长点需要具备如下特征:首先,它是时代精神的具体体现,是现时代最有活力、影响广泛的理论。不同的时代有不同的时代精神,但能成为时代精神的理论都是一个时代最优秀社会文化的结晶,是最具有发展前途,对整个时代最具有感召力的理论。否则,就不会成为推动教学论发展的生长点。试想,自身都没有活力、没有发展前景,怎会成为其他理论发展

---

① 钟启泉,黄志成.美国教学论流派[M].西安:陕西人民教育出版社,1993:245.

的推动力呢？其次，它是能给人们提供认识论的帮助和方法论的指导的理论，也就是说它具有哲学理论的功能。这容易给人造成误解，以为生长点理论就是一种哲学理论。事实上，哲学理论只是生长点理论的有机组成部分，而且这一组成部分已与其他部分有机结合在一起。再次，它是能正确反映人的心理活动机制并能把这一成果有效地运用到教学理论中的理论。最后，同样重要的是，它是一种开放性的理论，能够不断吸收其他学科的优秀成果，在一种动态发展过程中不断进行自我完善。生长点理论的开放性也是建立严密科学的教学论体系的必然要求，更是这一教学论体系的生命之源，使教学论不断得以丰富和发展。根据这些认识，当前我国哲学界、文学界、教育界等广泛探讨的主体性理论是否具有问鼎的实力呢？这有待于我们的进一步考证。

第一，主体性作为现代教学论生长点的必要性。

教学论作为研究教学活动的本质及规律的学科，虽然面临着学科体系的构建问题，面临着理论进一步联系实践的问题，但这些都不是它的根本问题，教学论的根本问题在于它首先要证明自身存在的合理性。教学论从产生的那一刻起便在不断地编制着它的合理性花环。换句话说，它需要不断证明自己在促进个体发展和社会进步过程中的价值。众所周知，个体发展和社会进步之间存在着对立统一的关系，在不同的社会历史条件下，这种对立统一关系有不同的表现。在社会生产力水平低下时，个体发展和社会进步之间存在着对立关系，几百年的教学论史就在这种矛盾中努力证明着教学论存在的合理性。到了生产力水平高度发达的 21 世纪，个体发展和社会进步之间对立关系将要发生极大的变化，个体发展和社会进步之间的一致性程度将有很大提高，对立性程度将会不断降低。21 世纪的教学论必须要适应这一变化，在一个更高的起点上，发挥教学论的个体发展价值和社会进步价值，并且将这两种价值历史性地有机统一起来。这是在 21 世纪的时代条件下，教学论证明自身存在合理性的最佳选择。马克思主义认为，社会发展过程实质上就是人类不断解放自身的过程，因此，人的解放、个性的充分发展程度是判断社会进步的一个重要尺度,有学者认为:"无论社会处于何种方向的发展状态,个体的积极自主与创造性的发展,即我们假设的正向发展都具有推动社会发展的意义。"①人的解放过程,实质上就是人的主体性充分发挥和发展的过程。因此,现代教学论的价值实现问题就转化为人的主体性发展问题,即现代教学论研究应以实现人的主体性充分发展为目的。我们注意到,现实中现代教学论所遭受到的强烈抨击正在于它忽视乃至于扼杀人的主体性,所以有学者呼吁说:"当代教学论的研究主题是:以学生主体性发展作为教学改革的起点和依据……实现人的发展的社会化和个性化的统一。"②因此,现代教学论在 21 世纪的进一步发展就必须深入研究主体性理论,把主体性作为它的生长点。

第二,主体性作为现代教学论生长点的必然性。

20 世纪 90 年代以来,我国逐步形成了以研究人的主体性发展规律为目的的主体性理论。那么什么是主体性呢?"人的主体性是人类在长期劳动、认识世界与改造世界和认识自我、改造自我过程中发展起来的最有价值的、最能体现人类本质力量的特性。它是人区别与超越其他动物的标志,也是人类继续向前发展,不断超越自身所获得的社会成就,满怀憧憬奔向未来的条件与力量,是人为万物之灵之所在。"③这一定义包含三层意义:(1)主体性的来源。主体性不是天外来客,也不是神秘的先验性的东西,它是物质的产物,是人在认识世界、改造世界、认识自我、改造自我的过程中产生的。(2)主体性的发展机制。主体性并非一成不变,它是在人认识世界、改造世界、认识自我、改造自我的过程中发展的。(3)主体性的能动作用。主体性是推动个体发展和社会进步的重要力量。主体性理论以辩证唯物主义为指导,同时还借鉴了现代心理学等学科的新成果,表现出鲜明的开放性特点,焕发出鲜活的生命力。主体性理论高举弘扬人的主体性的旗帜,积极倡导人的自主性、能动性、创造性

---

① 叶澜.教育概论[M].北京:人民教育出版社,1991:318.
② 裴娣娜.论我国教学论学科建设与发展[J].中国教育学刊,1998(6):36-39.
③ 王道俊,郭文安.关于主体教育思想的思考[J].教育研究,1992(11):31-37.

的发挥,成为引导社会向前发展的主题,成为号召人们努力前进的时代精神,这是历史发展的必然结果。首先,时代呼唤人的主体性。人的主体性发挥是具有社会制约性的,生产力水平以及社会文化等因素都制约着它的发展。正如有的学者所说:"中国数千年的封建统治及其长期深厚的影响,造成我国从未形成具有独立人格的个人主体。"①然而,在人类进入知识经济时代的21世纪,人的主体性能力与品质需要成为人所必备的重要素质。这是因为,激烈的国际竞争实质上就是人才的竞争,而人的主体性能力与品质制约着人才的规格与水平。其次,生产方式的转变、生产力水平的提高以及社会文化的发达为人的主体性发挥创造了条件,使之成为可能。综上所述,主体性理论具备了现代教学论生长点所需要的条件,主体性成为现代教学论新的生长点是必然的,这是由主体性理论的性质所决定的。

第三,主体性成为现代教学论生长点的优越性。

以主体性为生长点构建的主体性教学论体系较之以往的教学论将在两个方面实现突破:一是主体教学论的理论内容,二是主体教学论的体系构建方式。就主体教学论的理论内容而言:在教学目的上,突破以社会性抹杀个性的局限,实现学生的社会化和个性化的统一;突破唯理性教学的局限,实现学生完满人格的培养;在教学过程上,突破将教学过程视为知识和技能的"授—受"过程的局限,而是把教学过程看作学生在教师指导下有目的地去获取对于客观世界认识的知识,进而发展社会适应性的能动的反映过程②,是教师和学生双方主体性不断科学合理地发挥与构建的过程;在教学方法上,突破以教代学或以学代教的片面性,着眼于教,落脚于学,实行充分发挥师生双方主体性的主体性教学策略;在教学内容上,突破划一的课程标准、单一的课程结构,实现课程的统一性和多样化、个别化、综合化的有机结合;突破理性和非理性、科学主义和人

① 冯建军.走向主体性的教育哲学观引论[J].教育理论与实践,1999(5):11-16.
② 裴娣娜.从传统走向现代:论我国教学论学科发展的世纪转换[J].教育研究,1996(4):17-21.

文主义各执一端的局限,实现它们水乳交融般的结合;在师生关系上,突破"教为主导,学为主体"所确立的师生之间单一的业务关系,实现师生之间业务关系、伦理关系和情感关系的全面把握①;突破单一的"中心论",实现有利于师生双方充分体现主体性的民主平等对话的师生关系。

对于 21 世纪教育理论发展的可能走向,有学者预测说:"21 世纪教育理论研究正在酝酿着一场带有根本性的突破,其可能的突破口是对教育理论结构体系的理性重建,从概念到原理、从内容到形式对教育理论进行更为抽象的整合。"②事实上,主体教学论在理论内容上的突破必然要引起理论体系构建方式的突破。以往的教学论内容条块分割,各部分之间缺乏有机的联系和逻辑的张力,呈现出一种结构性缺失现象,给人以"拼盘"的感觉。以往教学论体系的这种结构性缺失问题,严重制约着它的功能发挥,一方面导致它对现实教学问题解释的无力,另一方面使它无法预测将要出现的问题,严重影响了教学论前瞻性研究的活力。主体教学论的兴起可以在很大程度上补救这一弊病。主体教学论以主体性为生长点,以教师和学生双方主体性的充分发挥和合理构建为指导原则,以实现学生的主体性充分发展为研究目的。所以,主体性成为贯穿整个教学论体系的主线,教学论各部分之间表现出一种有机联系和逻辑张力,整个教学论体系表现为严谨的科学结构。主体教学论结构体系的重建为现代教学论功能的充分发挥开辟了广阔的道路,必将有利于现代教学论个体发展价值和社会发展价值在统一向度上的有效实现。

主体教学论的优越性不仅仅体现在理论内容和体系构建方式这两个方面,它在理论与实践的结合方面所显示出来的优越性同样引人注目。如上所述,主体性是时代的呼声,弘扬人的主体性,培养学生的主体性能力与品质是社会的要求,是教学的目的。主体教学论也正是以主体性为生长点而构建的教学论体系,换言之,主体教学论与时代精神一脉相承,

---

① 王本陆.教学认识论:被取代还是发展[J].教育研究,1999(1):74-78.
② 方展画.教育理论研究的历史、现状与展望[J].华东师范大学学报(教育科学版),1997(1):10-18.

它是关注现实的教学理论体系。它与教学实践息息相关、紧密相连。另一方面,主体教学论强调的是师生双方的主体性,即它不单纯强调教学过程中学生的自主性、能动性和创造性的发挥,还强调教师主体性的发挥,特别是在体系的构建中正是以教师和学生双方主体性的发挥与构建来统摄各个环节。所以,主体教学论容易被广大教师接受和掌握,运用到教学实践中去。主体教学论并不是对教学现象的简单描述,也不是教学工作手册,它是具有严谨科学结构的理论体系,它仍能有效地解决教学实践中的问题,并且为教学实践提供方法论的指导,其原因在于它科学地揭示了教学过程的规律,从根源上解决了教学实践中的问题,而不是从枝节上去修修补补。可以说,这是理论所固有的抽象性、普遍性本质给人们带来的福音,这从另一个角度批判了现实中存在的寻求教育理论与教育实践中纯直观的线性对应关系的做法。

通过对上述三个问题的进一步考察,我们认为,主体性作为教学论新的生长点是必要的、必然的,是具有优势的。以主体性为生长点构建起来的主体教学论,无论是在教学论自身体系构建方面,还是在有效解决理论与实践严重脱节方面,都会取得突破性进展。以主体性作为教学论新的生长点,还在一定程度上转化了教学论体系构建与为教学实践服务之间固有的矛盾冲突,增强了两者之间的一致性程度,使教学论走上良性发展的道路。

第 2 篇

教学论范畴的基本特征与发展趋向①

一门学科的建立与发展,不仅离不开明确的逻辑起点、清晰的研究对象和独特的发展历史,而且还需要建立起一套由学科范畴所构成的理论体系。范畴是学科的理论核心与基石,在一定程度上决定了一门学科的成熟水平,是体现一门学科成熟与否的重要标志之一。作为一门独立且不断发展的学科,教学论亦有自身的逻辑起点、研究对象和范围,以及学科范畴体系。因此,厘清教学论范畴的基本内涵和特征,揭示教学论范畴的发展趋势,既是教学论发展的理论所需,也是进一步发挥教学论实践指导功能的应有之意。

一、教学论范畴的内涵

作为哲学的基本概念,亚里士多德、康德、黑格尔等都对范畴进行了

---

① 本文发表在《西南大学学报(社会科学版)》2018 年第 3 期。

探讨。亚里士多德在其《范畴篇》中从逻辑的主宾式中发现了范畴,并首创了范畴理论。亚里士多德在《范畴篇》中讨论"实体"(即"本体")时,把实体区分为不是范畴的"第一实体"(即作为现实存在的个别事物)和作为范畴实体的"第二实体"(即个别事物所属的种或属)①。康德在其《纯粹理性批判》中把人的认识分为感性、知性和理性三种类型。他以先验认识论为基础,认为经验难以提供普遍必然性,范畴在本质上是纯粹的知性概念。黑格尔则认为范畴本来的意义是指存在物的本质性,"范畴"是事物本质的内在联系。在他看来,范畴是绝对理念(即"纯概念")在各个发展阶段上的表现形态和环节,人们对范畴的认识就是绝对观念的自我认识。同时,范畴是以概念的形式呈现。由此可见,范畴是指对特定对象及其关系的高度概括和集中反映,是事物固有的本质联系的体现,通常由理论的最基本单位——概念来呈现。具体而言,从内容实质来说,范畴是对客观现实及其关系的一种反映和抽象,是对客观现实及其关系的内在规律的反映。从呈现形式上看,范畴是哲学和科学中的基本概念。这些基本概念是哲学和科学体系中具有最高层次的概括性和最广泛的适应性的"骨干"概念,它们能够统帅和联结其他概念。这些体系的实质即为有内在结构的概念体系,即它们由范畴组成。从作用上看,范畴是人们认识世界的思维工具和基本形式。

根据上述认识,教学论范畴是指对教学活动这一特殊领域中各种现象及其特性、关系等本质进行概括性和抽象性反映的基本概念。教学论范畴是教学论独特的思维形式,是其理论体系的网上纽结和基本框架,也是认识教学活动中各种现象及本质的基本理论单元。具有如下三重意蕴:一是教学论范畴是研究者对教学现象和教学存在的高度概括和理性抽象;二是教学论范畴所揭示的是教学活动的内容,是教学论领域的核心概念;三是教学论范畴之间的关联应体现教学论的性质及其理论体系,反映教学规律。因此,明确教学论范畴,遵循范畴的内在逻辑,无疑

---

① 翁绍军.亚里士多德范畴学的形式与内容[J].社会科学杂志,1984(6):35-39.

是教学论科学化的重要前提。

二、教学论范畴的基本特征

特征是判断特定事物的重要标准,也是认识特定事物的重要依据。把握教学论范畴的特征,有利于更全面地认识和运用教学论范畴,也有助于我们更科学地构建和发展教学论范畴。依据教学论范畴的内涵,它具有主观性、客观性、整体性、稳定性和发展性等基本特征。

（一）教学论范畴具有主观性

范畴是人们在一定时期内认识成果的概括和总结,是思维用以反映和把握客观对象的基本形式,是人的思维对客观世界及其关系的反映。教学论范畴是人们对教学活动进行认识的理论成果的概括和总结,是对教学活动及其各种关系的认识的反映。它是以基本概念作为其话语对教学活动进行认识和反映的一种表达形式,并以概念呈现的形式存在。这些作为话语的概念是研究者用来表达其主观思想和观点的载体和表述体系,是教学论研究者理论思维运行的载体。教学论范畴的最终形成总是由一个个或一代代教学论研究者的认识和思考成果汇集而成。每一个教学范畴的产生都打上了具体的教学论研究者的印记。不同教学论研究者总是有其个人的生长和生活环境、社会地位和经历境遇以及由此而形成的具有个性化的思想,这些个体因素使每个教学论研究者在观察问题、提出问题、解决问题的过程中难免带有其个人视域性,其在构建概念和表达观点等方面都会有自己的特点。据此,教学论范畴具有主观性。

（二）教学论范畴具有客观性

教学论范畴是人们认识教学实践而形成的带有规律性的认识成果和基本概念,它所反映的对象是客观的,能够经得起教学实践的检验。教学论范畴揭示并反映教学活动中的本质联系和规律性认识,具有客观性。虽然教学论是人们对教学现象和教学存在的概括和抽象,但这种概括和抽象不是人们主观臆断的产物,而是建立在客观教学事实基础之上的。作为理论,教学论范畴与教学实践的关系类似于理论与实践的关系。教学论范畴产生于教学实践,是对教学实践问题进行研究的升华和抽象。教学实践中的问题和实践经验,经过理性的抽象和概括,并转化为概括性较强、外延较广的基本概念,即成为教学论范畴。可见,教学论范畴的源泉是具有客观实在性的教学实践。正如列宁所说:"人的概念就其抽象性、分隔性来说是主观的,可是就整体、过程、总和、趋势、来源来说却是客观的。"①因此,教学论范畴就其反映对象和内容实质而言具有客观性。

（三）教学论范畴具有整体性

客观世界纷繁复杂,各种现象构成错综复杂的联系之网。人们在认识和把握世界的过程中,在长期实践的基础上形成了借助语言产生概念的能力,并且随着认识的深化,逐渐产生出一些外延最广的概念来统摄一系列不同层次的概念。"这种外延最广、概括性最强的概念就是范畴。"②任何时代的哲学和各门具体科学的范畴都组成一定的系统。教学论范畴亦如此。教学论每一个范畴都有其特定的含义,代表着人们对教学活动的某一个方面的认识。教学论各个范畴之间又相互联系,构成了一个整体,这个整体所具有的性质和功能不是各个单一范畴的机械总和。同时,每个单一的范畴也只有在它所属的整体系统中才能得到理解,因而教学论范畴具有整体性的特征。

（四）教学论范畴具有稳定性

稳定是相对变化与发展而言的,教学论范畴的稳定性是指从宏观上来看教学论范畴在特定的阶段具有相对的稳定性,而不是时时变动不居的。教学论发展史上的每一个范畴都是教学论研究者理论思维的产物,而每一个具体的教学论研究者所提出的教学论范畴是以不同形式和不

---

① 中共中央马克思恩格斯列宁斯大林著作编译局.列宁全集:第55卷[M].北京:人民出版社,1990:178.

② 谢庆绵.西方哲学范畴史[M].南昌:江西人民出版社,1987:3.

同程度地汇集于教学论发展史的长河之中的。教学论范畴的发展史包含着宏观和微观两个相互联系着的层次。从宏观上来说,每一个具体的教学论研究者试图构建的教学论范畴体系总是其所处时代的产物,都受到时代的社会发展水平和生产方式的制约,因而必然会受这一时代共同的思维方式的制约。从微观上看,教学论研究者试图将自己的理论和学说建构成一个系统的体系,每一个体系都有其自行展开的范畴体系。这些范畴体系是对教学本质及其规律的认识和概括,具有稳定性。因而教学论范畴的发展遵循着逻辑与历史相统一的原则。

（五）教学论范畴具有发展性

一切范畴既是对客观现实的反映,又是各个认识阶段的概括和总结。范畴通过人类的实践与外部环境发生相互作用,"一方面改变着周围的环境,另一方面又不断地检验、调整和充实这个思维工具系统,以便适应发展着的实践的需要"[①]。范畴虽是人们对客观世界的主观认识,但是这种认识的来源还是实践。范畴终究还是实践的产物,各个具体阶段和时期的范畴总是相应时期人们的认识和实践水平的反映。"一切范畴总是随着客观现实的不断发展,随着人们认识和实践水平的不断提高而不断发展着和变化着的"[②],具有发展性。在教学实践不断发展的过程中,对于教学实践具有制约性的社会实践也在不断发展,在社会实践不断发展的过程中,各个特定领域的科学研究亦在发展。教学论范畴作为对教学实践的主观认识,其同样会随着教学实践的发展而不断变化和发展。

三、教学论范畴的发展趋向

（一）由注重"理论思辨"转向重视"教学实践"

相当长一段时期内,我国教学论学科发展在范畴及其体系上,人们往

---

① 谢庆绵.西方哲学范畴史[M].南昌:江西人民出版社,1987:7.

② 彭漪涟.逻辑范畴论:马克思主义哲学关于逻辑范畴的理论[M].上海:华东师范大学出版社,2000:25.

往只重其理论思辨性,强调纯理论上的逻辑性。"80 年代以来,我国的学者致力于理论地构建教学论理论体系。所谓理论地研究教学,在直接意义上是以严密的理论体系的方式再现和阐释一定的教学现象和过程,是以一种带有总结性和普遍性的方法论原则和理论框架作为形式系统,使教学现象及过程得以更深刻地揭示和合理地说明。"①我国主流教学论往往以"书斋式"地理论创造来确立教学论范畴和建构其逻辑,以规范研究导向来进行探索,试图以此来实现教学理论对教学实践的认知、解释、规范、引导等功能,集体无意识或有意识地忽视乃至漠视教学实践,导致教学论范畴及其体系与教学实践之间存在着巨大的隔膜。殊不知,尽管教学论范畴在本质上是主观概括和抽象的结果,但却不是人们主观臆断的产物。教学论范畴产生于教学实践,又受教学实践的检验。

"教学论的出路之一就是要敢于突破主流的规范性研究模式,重视对教学实践的描述性研究。"②教学论的范畴只有基于作为现实性和实践性问题的教学,面对教学实践,指向教学实践,为了教学实践,才有可能对现实教学实践真正"有意义"。真正有意义的教学思想唯有面向实践,基于实践,才有可能最终高于和超越于实践,并实现其对教学实践的解释、引导和规范的价值。因为作为思想的教学论范畴不可能由思想本身或其他的思想来言明,而需由实践来进行检验。虽然就教学论范畴的"应然"的"表达性"这一方面来说,其往往承载和表达着教学论研究者一定的"理想",以实现其对教学实践的规范和领导的功能,但是这种"理想"只能是在教学实践的"最近发展区"内。唯有如此,这种对教学实践具有指导和规范意义的教学思想的"理想"才可能是"跳一跳即可摘到桃子"的具有实现可能性的"现实的理想",而不会成为无法捞着的"水中之月"式的"虚幻之空想"。所以,能对现实的教学实践有认识和改造意义的教学论范畴及其体系不是研究者以思维形式完全在头脑中臆想和推

① 裴娣娜.论我国教学论学科建设与发展[J].中国教育学刊,1998(6):36-39.

② 石鸥.新世纪拒斥这样的教学论:主流教学论困境的根源及其走出[J].湖南师范大学教育科学学报,2002(1):32-36.

理出来的,不可能是脱离现实教学实践、完全不基于现实教学实践中实现其可能性的。教学论范畴的确立及其体系的构建意义在于促进人们对教学实践的认识与改造,要实现教学论范畴的这种功能和价值,唯有深刻洞察教学实践的需求、准确把握教学发展的历史脉络并进行充分的论证。

（二）由崇尚"他域化"转向强调"本土性"

过去,在我国教学论研究界言必称"国外教学(理)论如何,'所以'我国教学论应如何",似乎国外的就优于自己的,貌似中国自身没有自我的理论,过于强调"他域化"而缺乏"本土性"意识。这种倾向已制约了相对成熟的 21 世纪我国教学论的发展。而且,长期以来,"中国教学论研究走的是一条'拿来主义'的道路"①,我国教学论在进行跨文化的交流与对话中,对于他国的教学论或教学理论背后的文化传统未能充分地重视与理解,加之整合和融入于我国的本土文化不足,导致这些来自不同国度和不同文化传统的教学论或教学理论的概念与术语常常是生硬性地搬用,呈现出"本土化不足"的倾向。这种生硬性地搬用与移植在一定程度上加重了当下中国教学论在面对现实教学实践中的问题时"失语"。"如何避免本民族文化条件下的教学实践自觉不自觉地沦为外来教学理论的'试验场',如何保持教学理论的民族文化特质,而不至于在大量引进外来教学理论的过程中迷失自我,如何在吸收、消化外来教学理论合理成分的基础上,建构具有鲜明民族文化特色、能切实有效地指导本土教学实践的教学理论,是当下教学理论研究必须正视的紧迫问题。"②

任何教学实践总是特定时空下的教学实践,脱离特定文化与社会情境的教学实践是不可能存在的。作为人们思维的形式和结果的教学论范畴及其体系自然承载和体现特定文化和社会的教学实践的属性,其反映和表征着特定的文化与社会中的教学实践的价值诉求。由此,我们不

---

① 李森,赵鑫.中国教学论学科发展的反思与建设[J].中国教育科学,2013(3):139 - 248.

② 潘光文,李森.论教学理论的文化改造[J].课程・教材・教法,2007(6):37 - 42.

难理解,对中国教学论的发展和中国教学实践有着指导和规范意义的"思想"之教学论范畴及其体系最终只能立足和产生于中国文化与社会情境中,其应具有"中国话语"风格和特征。"'中国式'教学论不是超然于本土教学世界之外的玄思和遐想。"①"他山之石,可以攻玉",对于旨在研究和指导具有文化性、境域性的教学实践的教学论来说,很多时候可能是"他山之石"并不适用于"自山之玉"。处于西方文化与社会情境之中的西方研究者所确立的教学论范畴及其体系自然便具有"西方话语"的风格和特征。要发挥西方教学论对于当下中国教学实践与教学理论建设的积极意义,其需要经一种基于中国当下本土的再改造的过程。只有通过这样一个"本土化"过程,才可能成为能够适应中国当下本土教学实践的真正具有"中国本土性"的教学论范畴及体系。因为作为思想之"石"是文化与社会情境之"山"的产物。更何况,人们之所以需要以"他山之石"来攻"自山之玉",一般是"自山"缺乏"攻玉之石"。如果"自山"本有"攻玉之石",就没有每每唯"西方"、唯"他国"的必要,如果有必要,那也应该是基于中国当下的现实的本土的教学实践和教学问题而进行借鉴,而不能是基于研究者头脑中臆想而来的教学问题。

也正因为此,有学者指出:"'有意义的'教育思想必须基于实践,对中国教育真正具有引导力的思想最终只能形成于本土境脉与本土实践之中,不能用具有浓厚西方文化色彩的价值取向、思维习惯与言说方式来套解中国的社会现实和规引中国人的教育实践。"②夸美纽斯、裴斯泰洛齐、赫尔巴特、杜威、赞科夫、陶行知,古今中外的教育学家和教学论专家的成长经历无不昭示着:一方面,教学论研究主体本身即是有着丰富经验的教育教学改革者,他们的理论无不是立足于其本土的文化与社会语境;另一方面,"不同时代教学理论的建立,要求教学论研究主体要把

---

① 李森,赵鑫.20世纪中国教学论的重要进展和未来走向[J].教育研究,2009(10):42-48.

② 吴康宁."有意义的"教育思想从何而来:由教育学界"尊奉"西方话语的现象引发的思考[J].教育研究,2004(5):19-23.

握时代的发展脉络,主动改造教育世界和创造新的教学实践"①。我们需要立足于中国自身的文化传统,对我国优秀的传统文化资源进行深入理解与阐释并弘扬,对中国历史上的优秀教育教学思想进行传承,使我国教学论学科建设与发展深深植根于博大精深的本民族的文化与教育教学沃土之中,突显其"本土性"。"不同国家的教学论与其教育文化传统有着密切的联系,它们形成了各自的教学论话语体系。"②在进行教学论范畴及其体系的确立与构建时,既需要植根于我国文化特质和传统教学思想和面向我国的教学实践,又"需要认真清理来自不同教育文化传统的教学论概念和术语,需要有选择地吸收外国教学论或教学理论中对建构有中国特色的教学论有用的思想精华"③。对于他国的由其范畴构成的概念框架及其基本论题而建构的教学论话语体系,必须关注其背后的逻辑起点及其构建逻辑,同时深入把握其范畴及其体系构建逻辑背后的教育教学文化传统乃至文化与社会的情境,进而才能够为建立具有中国特色的教学论范畴及其体系提供借鉴和启示。

(三)由侧重"生硬移植"转向强化"学科特性"

从总体上说,与之前很长一段时间里直接照搬和移植其他学科的概念与成果相比,当前我国教学论在学科的逻辑起点、概念、范畴及范畴体系等方面有着非常大的进步,研究者们为之而不断地进行着努力。不过,在某些方面还存在着不足,例如仍然存在生搬硬套式地借用其他学科的术语、概念的倾向,或是以哲学认识论来取代教学认识论,或是将系统科学领域中的"老三论""新三论"直接搬用于教学论中,或是将教育心理学的相关内容直接置于教学论的内容范畴之中。这在很大程度上削弱了教学论学科的独立性和科学性。因此,引入与借鉴其他学科的理论

① 丁邦平.反思教学论研究:基于比较教学论的视角[J].课程·教材·教法,2012(9):26−31.

② 丁邦平.反思教学论研究:基于比较教学论的视角[J].课程·教材·教法,2012(9):26−31.

③ 丁邦平.反思教学论研究:基于比较教学论的视角[J].课程·教材·教法,2012(9):26−31.

旨在为教学论范畴的阐释及其范畴体系的构建逻辑提供一种理论基础，但其他学科的理论与成果需要整合于教学论自身的范畴与范畴体系之中。否则，"只能造成教学论中的一些概念含义不清，一些命题自相矛盾"①。

"任何一种理论都是结构复杂的思维形态，它必须由相当和相应的概念和范畴、原理、规律去展示理论体系。范畴是理论体系中的基本单位，结构中的细胞、支撑点，如果没有范畴，理论也不可能建立，犹如离开了部分，整体不复存在一样。"②教学论学科要走向成熟，需要拥有系列成体系的能够体现自我学科特性的概念、范畴与命题。早在 18 世纪末 19 世纪初，赫尔巴特便强调范畴问题的重要性，他明确指出："假如教育学希望尽可能严格地保持自身的概念并进而培植出独立的思想，从而可能成为研究范围的中心，而不再有这样的危险：像偏僻的、被占领的区域一样受到外人治理，那么情况可能要好得多。"③教学论要成为一门独立的科学，必须形成教学论领域独有的基本概念、范畴，进而形成教学论独特的逻辑思维形式和范畴逻辑。

人们认识事物总是从存在开始的，通过对存在、现象及其中产生的各种问题的认识，揭示出事物的本质，并由此总结、概括出关于这一事物的规律。有学者指出：作为一门科学或学科的教育学的范畴体系，要与教育活动和教育现象的认识过程相一致，以"教育存在"范畴为开端，到"教育本质或属性"范畴，然后再到"教育观念"范畴。④ 教学论学科亦是如此，教学论范畴体系要同人们对教学现象和教学活动的认识过程相一

---

① 刘清华,郑家福.教学论学科体系建构的思考[J].西南师范大学学报(人文社会科学版),2002(1):57-60.

② 朱碧君.试论范畴体系及其认识作用[J].贵州师范大学学报(社会科学版),1988(3):8-12.

③ 赫尔巴特.普通教育学·教育学讲授纲要[M].李其龙,译.北京:人民教育出版社,1989:10.

④ 郭元祥.教育学范畴问题探析[J].华东师范大学学报(教育科学版),1995(3):15-23.

致,"教学的本质和规律只有在抽象上升到具体的范畴思维逻辑中才能被揭示出来"①。教学论范畴体系应由实体(存在论)范畴到属性(本质论)范畴再到关系(概念论,即实践论)范畴,这种范畴的转换才能更充分地体现教学论的学科特性。从研究客观存在的教学活动与教学现象出发,进而通过对复杂的教学活动与教学现象的抽象得出教学的本质理论以及实践理论,因而教学存在论是教学理论的出发点和方向。可以说,有什么样的教学存在论,就有什么样的教学本质论和教学实践论。

(四)由关注"表层关联"转向重视"体系逻辑"

教学论范畴体系是由不同层次和类别的教学论范畴遵循一定的内在逻辑构建而成的。在教学论范畴研究中,众多教学论研究者更多关注的是范畴即基本概念之间的表层关联、"自足"与"自洽",而对这些基本概念即范畴之间内在的理论及其理据间的深层的"自洽"与一致性却相对忽视。近年来,由于过于注重思辨的理论体系的建构导致教学理论与教学实践的隔离等问题,转而又强调"问题意识",教学论范畴间的深层"内在逻辑"更是不尽如人意。有论者对此指出:我国教学论的基本概念、范畴和原理大都缺乏严格的科学规范,随意性大,没有严密的逻辑体系,概念混乱。②

从一些教学论著作来看,章节安排没有深入考虑其内在的逻辑性,难以形成严谨的结构。总体来看,当前我国教学论著作涉及的主要内容为:一是学科的研究对象、学科性质、历史发展、研究方法;二是从"教学"概念的理解而论"教学过程"的本质与教学主体;三是具体的教学范畴,如教学目的、教学内容、教学组织、教学评价等,以及从研究角度而论及教学研究等。初看,这些著作在体系结构上大都以从理论到操作的顺序来安排,似乎具有一定的内在逻辑。但细读却会发现,不同的教学论著

---

① 蔡宝来.现代教学论的范畴与体系[J].西北师大学报(社会科学版),2001(6):17 - 21.

② 刘清华,郑家福.教学论学科体系建构的思考[J].西南师范大学学报(人文社会科学版),2002(1):57 - 60.

作的内容及其结构却差异不小,一方面这些著作的内容涉及的范畴在数量上不一,另一方面范畴的体系即内容的结构安排也不一。甚至在同一本教学论著作内,往往让人感受的是其范畴之间在理据层面存在着割裂感与分离感,很多时候同一著作内这些不同范畴间在具体论述时其深层的理据之间相互矛盾,缺乏流畅的逻辑和一致的理论依据,常常有"拼凑"与"拼接"之嫌。从成熟学科应具有的水平来看,当前我国教学论的范畴在体系的内在逻辑方面仍有待提升。有些教学论著作在范畴上随意增减,对于某一范畴在其范畴体系的位置通常未能在逻辑上有深层的理据。当前人们对教学论学科的种种质疑,与其范畴体系缺乏内在的逻辑不无关系。

然而,概念的清晰明确、范畴体系内部逻辑的自洽性是理论科学性的重要条件和前提。作为一个学科的范畴及其体系,除了需要确立其基本概念、范畴、原理等,更为关键的是需要在此基础上对这些由基本概念表现的范畴的类型、层次及前后依存关系等进行明晰,使范畴之间具有严密与科学的内在逻辑。一方面,我们需要正视和纠偏以往的"为体系而体系"的倾向,但不可"泼水把孩子也泼出去"了,片面强化"问题意识"而舍弃"体系逻辑"。无论是教学论学科层面还是具体的教学论问题层面,既要强调各范畴自身本质的规定性,亦要关注范畴间的"体系逻辑"。教学论中各个具体的范畴代表着对教学活动的某一个方面的认识,这些具体的范畴之间相互联系,构成了作为整体的范畴体系,它们唯有在其所属的内在逻辑关联的范畴体系中才能得到充分的理解。并且,从抽象上升到具体是辩证逻辑最基本的方法,逻辑理念总是由抽象发展到具体,概念的系统即范畴体系一般是以此种逻辑构建原则而构建的。教学论学科的范畴体系需要依据从抽象到具体的原则来构建。

在此基础上,教学论研究者由于自我的理念与思想的差异,基于教学论学科的范畴及其体系而建构自己的体现"学派"特质的教学论时,在确立自己的逻辑起点和核心范畴时,即意味着自己的教学论的各个范畴便将共同围绕着范畴的逻辑起点进行演绎与推进。"学派"是指一门学问中由于学说师承不同,学术观点、倾向、风格有别而形成的派别①。"学派"与"学科"二者的学术立场不同,我们不仅需要在学科视野下进行教学论范畴的确立及其体系的构建,还应在"科学"视野下去确立教学论的范畴和构建教学论的范畴体系。"'科学'知识体系往往是以科学理论学派的形式呈现出来,因此,一个学科可以包含若干科学理论学派。"②在学科范畴有所确定的前提下,具体从什么角度基于何种理论基础来思考与建构,这在同一"学科"内部不同的"学派"之间是存有差异的。以政治经济学来说,马克思的《资本论》根据从抽象上升到具体的原则,以"商品—货币—资本—剩余价值—利润、地租等"的逻辑构架,创立了马克思主义政治经济学。而亚当·斯密的《国富论》则以"劳动分工论"为逻辑起点,创立了西方古典经济学理论体系。《资本论》和《国富论》都对政治经济学有着重大的影响。但是,《资本论》和《国富论》基于政治经济学的逻辑起点和范畴体系却以不同的理论基础进行阐述。基于不同的思维出发点而建构的理论体系自然会有所不同。实际上,这也是学派理论之间争鸣的重要原因,同时也是学派间的争鸣促进着教学论学科的发展。因此,一旦确立了自己的起始范畴,为使理论体系能够自足自洽,相关的其他范畴之间必然要求具有"体系逻辑"。

---

① 陈燮君.学科学导论:学科发展理论探索[M].上海:上海三联书店,1991:413.
② 安涛,李艺.探寻教育学逻辑起点研究的"逻辑"[J].电化教育研究,2013(8):12 - 16.

第 3 篇

教学论的基本类型①

　　如果把夸美纽斯《大教学论》（1632）一书的问世作为具有独立理论体系的教学论的诞生（该书在教和学的"艺术"范畴内构建理论体系），那么教学论的历史已三百年有余了。经过三百多年的演化和发展，教学论形成了众多的流派与分支。从纵向上看，有以赫尔巴特为代表的传统教学论，也有在批判传统教学论基础上形成的以杜威为代表的所谓现代教学论。就横向而言，现代教学论在 20 世纪 50 至 60 年代又出现了三大流派：以布鲁纳为代表的结构—发现教学论、以赞科夫为代表的新教学论体系和以瓦·根舍因、克拉夫基为代表的范例教学论。作为这三大流派的教学论的完善、批判和反动，又出现了众多的教学论分支：奥苏贝尔的有意义接受学习理论、布卢姆的掌握学习理论、加涅的学习层级理论、罗杰斯的人本主义教学论、施瓦布的探究教学论、巴班斯基的教学过程最优化理论以及合作教学理论、交往教学论等等。不同流派的教学论之

---

① 本文发表在《教育理论与实践》2007 年第 12 期。

间相互争鸣、取长补短,同一流派的不同教学论分支杂然纷呈,共同促成了教学论学科的繁荣。回顾教学论发展过程中先后关注的知识与发展问题,可以把花样繁多的教学论流派和分支归纳为两种基本类型:知识主导型教学论和发展主导型教学论。这里,拟对两种类型教学论的流变进行考查和分析,弄清教学论发展的源流,为更好地开展我国教学论学科建设提供历史的经验和启示。

一、知识主导型教学论

所谓知识主导型教学论,即主张教学内容的选择、教学过程的调控、教学方法的运用以及教学形式和教学评价等都要以知识的传授和掌握为中心的教学论。在教学论发展史上,夸美纽斯的泛智教学理论、裴斯泰洛齐的直观教学和要素教学理论、赫尔巴特主知主义教学理论,是知识主导型教学论的主要代表。透过这些教学理论,可以发现知识主导型教学论有如下一些基本主张。

第一,在教学内容方面,知识主导型教学论认为,人类在探索主观世界和客观世界的过程中所获得的一切重要精神成果,都应该按照不同的活动领域划分为不同的学科,按照知识的逻辑顺序和儿童由简单到复杂、由低级到高级的认识路线组织起来,成为同一阶段上横向联系、不同阶段上纵向递进的学科课程体系。很明显,在赫尔巴特及其以前的时代,知识本身的重要性,是衡量知识能否被选择为教学内容的标准,对所选知识进行心理组织,也是出于对教学向儿童传递这些知识的有效性的考虑。夸美纽斯是从自然类比的角度谈有效传递知识的教学艺术问题。裴斯泰洛齐和赫尔巴特关注的是,只有在遵循儿童认识事物的心理规律的条件下,教学才能有效地使儿童获得这些知识,即教学利用儿童心理发展的现有水平引导儿童去掌握知识。至于利用知识教学去促进儿童的心理发展,是不是教学内容的数量越多就越有利于儿童的心理发展,是不是不论什么性质的知识对促进儿童心理发展都具有同等的价值,这些问题在赫尔巴特生活的 19 世纪及其以前的时代还没有成为人们关注的中心问题。主要有两个方面的原因：一是到赫尔巴特生活的 19 世纪，"人类在 19 个世纪的漫长时间里增加的知识量只不过比公元前的人类知识量翻了 4 倍"，精神成果的数量虽有所增加，但还远远没有达到倾毕生之时间和精力也不能完全穷尽的程度，所谓的"知识爆炸"现象是出现在 20 世纪 50 年代的事情①。二是这些问题是发展心理学所关注的问题，而世界上第一部发展心理学著作——《发展心理学概论》（Mental Growth and Decline：A Survey of Development Psychology，by H. Z. Hollingwerth）于 1930 年才出版②。

第二，在教学过程方面，知识主导型教学论主张教学过程是以既有知识传递为中心的教师系统讲解、学生理解记忆应用巩固的过程。赫尔巴特的明了、联想、系统和方法四阶段论，对于阐明知识主导型教学论在教学过程上的主张具有典型意义。明了的对象是新观念；在新、旧观念之间建立起心理上的联系，便是联想；所谓系统，是根据新旧观念之间的内在必然联系，使观念形成一个整体；方法，是这个整体在不同情境下的应用与巩固。通过这四个阶段，外在的知识确实能在儿童心理上得到有效的内化，这便是赫尔巴特教学过程四阶段论的贡献。但是，通过内化而来的外在知识对儿童的心理发展具有什么意义，是促进发展，还是阻碍发展，这是"四阶段论"所没有思考的问题。"四阶段论"倒置了人与知识的关系。知识相对于人的发展的工具性意义，在"四阶段论"中蜕变为人相对于知识传递的工具性价值。也就是说，人获取知识，不是为了自身的发展而是为了知识的传递。人在教学过程中的中心地位被知识取代了，知识相对于教学过程中的人的权威地位便确立起来了，师生在知识面前的被动性也形成了。当"神秘的知识权威"人格化为现实中的教师

---

① 顾明远. 教育大辞典：增订合编本　上[M]. 上海：上海教育出版社，1998：1765.
② 林崇德. 发展心理学[M]. 北京：人民教育出版社，1995：20.

后,教师便成了知识权威的影子,"学生对教师须保持一种被动的状态"①
也被巧妙地合理化了。知识权威在教学过程中的确立和合理化,使师生
付出了牺牲发展的代价。每个人都有主动、自发地从事某种活动的愿望
或冲动,这是人的发展得以实现的真正源泉。当知识以所谓"正当的名
义"取得了相对于师生的权威地位后,师生的主动性、自发性被压抑了,
发展的源泉面临着枯竭的危险。

　　第三,在教学评价方面,"教育评价"(educational evaluation) 这个术
语是教育评价之父拉尔夫·泰勒于 20 世纪 40 年代领导的评价委员会
首先提出和使用的,教育评价理论的形成与发展也是这以后的事情②。
教学评价是教育评价的一个组成部分,在赫尔巴特生活的 19 世纪,既然
没有教育评价理论,当然也不可能有教学评价理论了。没有教学评价理
论,教学实践中仍然需要检测学生掌握知识的数量和质量以及在设定条
件下应用所学知识解决问题的能力。在检测知识的记忆、理解和应用能
力方面,纸笔考试的确不失为一种既经济又有效的形式。当用来检测学
生的实际操作能力和情感态度价值观等方面的内容时,这种形式在效度
上可能存在缺陷。但是,知识主导型教学论在评价上重在知识检测,至
于实际操作能力和情感态度价值观等方面的评价,还处于模糊、自发、放
任的状态。直到教育目标分类学理论于 20 世纪 50 年代至 70 年代产生
以后(《教育目标分类学:第一分册,认知领域》,1956;《教育目标分类
学:第二分册,情感领域》,1964),这些方面的评价才慢慢地成熟起来,
但是到这个时候,教学论已经由知识主导型转向发展主导型了。

二、发展主导型教学论

　　发展主导型教学论坚持教学内容、教学过程、教学方法、教学形式和

---

① 赫尔巴特.普通教育学·教育学讲授纲要[M].李其龙,译.北京:人民教育出版社,
1989:146.

② 王汉澜.教育评价学[M].开封:河南大学出版社,1995:4.

教学评价等各个要素和各个环节都要以促进学生的发展为旨归。在教学论发展史上,杜威的实用主义教学理论、布鲁纳的结构—发现教学理论、赞科夫的发展教学理论、瓦·根舍因和克拉夫基的范例教学理论,是发展主导型教学论的主要代表。发展主导型教学论有如下一些基本主张。

第一,在教学内容方面,发展主导型教学论认为,是否具有促进学生发展的可能性,成为选择教学内容的标准。什么样的东西,才具有促进学生发展的可能性呢?主动的、亲身的、具体的活动以及从中获得的经验,能够促进人的发展。为满足那些必须满足的需要而不是由于被他人所迫而进行的活动,便是主动的。活动对象是具有时空属性的某一具体事物而不是超越时空的抽象符号或观念,这样的活动就是具体的。活动者而不是其他人以身体动作与这样的活动对象发生关系,这样的活动便是亲身的。需要及其满足是活动的动因,有利于自己生存与发展,同时对别人的生存与发展也不构成阻碍的需要,才是必须满足的合理需要。只有在满足这样的需要的活动中,活动者才能在需要所激发出来的强大动力推动下全身心地沉浸于活动,以坚实的道德自信排除外界的非法干扰,以孜孜不倦的创造性活动实现个体的发展,并在有益于自己、他人和社会的积极情感体验中产生活动的价值感。出于被迫而进行活动,抵触情绪弥漫其间,在不得不活动与尽快脱离活动的心理冲突中,时间在无奈中被徒然消耗,个体心智要么在机械被动应付中处于停滞状态,要么在摆脱心理困境中获得变异的发展。活动者以自己的身体动作主动地作用于具体的活动对象,肌肉、骨骼因得到锻炼而变得更加结实、强壮,动作变得更加协调,想象变得更加丰富,言语、思维变得更加敏捷,在享受、分享活动成果中体验成功的喜悦与快乐,在一次活动中获得的,还可以迁移到另外的活动中,发展的目的就实现了。把学习活动的对象过多地局限于超越时空的抽象符号或观念,这些抽象符号或观念对学生智力发展所具有的潜在价值没有很好地通过教学活动转化为学生智力发展的现实,抽象符号或观念在客观上不仅没能发挥促进学生发展的作用,反而成了消耗学生自然成熟所获得的发展的对象,大部分学生丧失了学习的主动性,这些虽然不能说是以赫尔巴特主知主义教学理论为代表的知识主导型教学论的初衷,但确实是这些教学理论在教学实践中常常产生的问题。这些问题使知识主导型教学论违背了自己的初衷,站在了学生发展的对立面。美国实用主义教育家杜威正是在批判知识主导型教学论的这些缺陷的基础上建构其实用主义教学理论的。为了促进儿童的发展,学校应开展什么性质的活动,开展哪些这种性质的活动,什么时间开展什么活动,同一时段内同时开展的活动之间如何彼此配合,不同时段先后开展的活动如何彼此衔接,学生从这些活动中应获得哪些预期的经验,这些正是杜威关于教学内容的思考所要解决的主要问题。活动课程论是这种思考的理论成果,"做中学"是活动课程在教学实践中取得预期效果的方法保障。

学习前人在探索活动过程中已经取得的经验,能够促进儿童的发展。哪些已有经验应该被选择出来作为促进儿童发展的教学内容?并不是所有的已有经验对儿童的发展都具有同等的价值。前人在探索过程中获得的经验,以各种形式存在着:知识和技能、经验和理论、概念和核心概念等。虽然这些不同形式的经验对儿童的发展都具有价值,但是有些形式的经验比另一些形式的经验更能促进儿童的发展。知识回答"是什么""组成整体的各部分之间的关系怎样"等问题,是"学"。技能回答"怎么办"的问题,是"术"。知识是技能的学理表达,技能是知识在操作上的延伸。如果技能训练占用的教学时间比例重于知识传授,知识传授因技能训练大大延后,甚至用技能训练代替知识传授,这样的教学内容安排是不可能发挥促进学生发展的最大效益的。经验是在某些具体活动过程中形成的关于这些活动的认识,具有一定的狭隘性。理论是人们通过逻辑运思而构造的概念体系,具有一定的普遍性。教学内容必须突出理论,绝不能成为狭隘经验的汇编。这样的教学内容有利于儿童从有限的已知不断地走向无限的未知,发展儿童的推理能力,而不致养成儿童用过去的经验来看待今天的事物的经验主义态度。理论是围绕某一概念组织起来的概念体系。在概念体系中起组织作用的概念,便是核心概念。透彻地理解核心概念,是掌握理论的关键。以不同的方式处理核心概念,使其螺旋式地出现在教学内容中,使儿童掌握理论,促进儿童的发展。发现教学理论强调学科基本结构,范例教学理论强调教学内容的基本性,新教学论体系强调理论知识起主导作用,集中到一点,就是强调理论知识对促进儿童发展的重要性。

当然,作为教学内容的理论知识要发挥促进儿童发展的作用是有条件的。儿童是为了自己的发展才学习理论知识的。只有当儿童真切地感受到要学习的理论知识不仅内在于自己的生活而且为自己正常生活所必需时,儿童才可能产生持久的内在学习动力,也才可能在学习的过程中获得发展。再好的理论知识,如果外在于儿童的生活,为儿童生活所不需要,长久地维持这种学习行为,不仅对于儿童,就是对于成人而言,都是困难的,也是无益的。理论知识与儿童生活失去联系甚至脱节,既不能被儿童真正理解,也不可能唤醒儿童学习的愿望,甚至还可能窒息儿童学习的热情,成为成人强加于儿童的外在包袱。学习这样的理论知识,是不会促进儿童发展的。因此,理论知识要发挥促进儿童发展的作用,前提条件是与儿童生活产生联系。发现教学理论强调以动作、图像和符号三种方式处理学科基本结构,范例教学理论强调理论知识对于儿童继续学习的基础性,现代教学理论强调教学回归生活,就是强调作为教学内容的理论知识只有与儿童的生活世界发生联系,才能实现促进儿童发展的作用。

儿童主动、亲身、具体的活动和学习前人在探索活动过程中已经取得的经验,是促进儿童发展的两条途径。两者既不能相互取代,也不宜等量齐观。不能相互取代,是因为这两条途径在促进儿童发展上各有长短,具有互补性。不宜等量齐观,是就学校教育不同于家庭教育、社会教育的特殊性而言的,第一条途径更适合作为家庭教育、社会教育促进人的发展的主渠道,第二条途径则更适合作为学校教育促进儿童发展的主渠道。

　　第二,在教学过程方面,发展主导型教学论关注通过什么样的教学过程、理论知识才能真正发挥促进儿童发展的作用。儿童的发展,是一个自我展现、自我发展的主动过程。在被动的情况下,儿童不可能获得理想的发展。干什么、为什么干、什么时候干、怎么干,由行为者本人决定,他人只是在行为者遇到困难的时候适时地提供必要的鼓励、忠告、建议或帮助,行为者便是主动的,在行为过程中处于主体地位。行为者在这一过程中发展起来的,不仅有明确的自我愿望、机智的决策能力、坚强的意志力和敏捷的思维能力,还有获得他人帮助的能力以及一颗感恩的心。干什么、为什么干、什么时候干、怎么干,由他人决定,行为者充当执行他人决定、实现他人意愿的工具,行为者便是被动的,在行为过程中处于客体地位。这一过程带给行为者的,是对他人的奴性依赖,自我愿望的丧失,思维的惰性,无奈、抵触等消极情绪体验等。以理论知识为教学内容的教学过程要发挥促进儿童发展的作用,必须确立儿童在教学过程中的主体地位,还儿童以学习的主动性,使教学过程成为儿童在教师引导下自我展现、自我发展的过程。在发展主导型教学论的代表人物的有关论述中,这一过程有不同的表现形式。在杜威的实用主义教学理论中,这一过程表现为儿童从困惑中确定问题、形成假说、收集资料、验证假说、解决问题的过程。在布鲁纳的发现教学理论中,这一过程表现为儿童利用教师或教材所提供的某些材料,通过直觉思维和分析思维活动,发现学科的基本结构。范例教学直接呈现给儿童的是教学范例而不是基本性、基础性的理论知识,从教学范例中引申、发现、归纳这些理论知识,是由儿童自己去完成的,教师的作用在于引导、帮助儿童而不是直接告诉儿童或代替儿童去发现这些理论知识。赞科夫的新教学论体系强调高难度、高速度地进行以理论知识为主导的教学,使学生理解学习过程并获得一般发展。对教学过程的这些主张,虽然角度不同、背景各异,但是有一点是共同的,即要实现教学促进儿童发展的作用,教学过程必须是儿童在教师引导下的自我展现、自我发展的主动过程。

　　第三,在教学评价方面,怎样才能确切地判明儿童因参与教学活动而发生了积极的、稳定的、持久的变化——发展,这是发展主导型教学论在教学评价上关注的核心问题。这种变化是教学活动导致的,而不是因为儿童生理成熟等自然发生的,是积极变化,如思维变得更加敏捷,眼界变得更加开阔,对学习和生活的热情更加高涨等等,而不是消极变化,如思维僵化、眼光偏狭,对学习和生活丧失热情等等。这种变化是稳定的而不是偶发的,只要条件具备,儿童因参与教学活动而获得的这种积极变化便能重复出现。这种变化是持久的而非一时的,即变化不仅不会随着时间流逝而消退,反而在时间的延续中变得更加牢固。

按照美国评价专家 E. 古巴和 Y. S. 林肯在《第四代教育评价》(1989)中提出的观点,"在'第四代教育评价'以前,教育评价已经经历了三种理论形态"①。这种划分标准也基本上代表了教学评价的发展历程②。第一代评价理论盛行于 19 世纪末至 20 世纪 30 年代。1905 年和 1923 年,"教育测验之父"桑戴克分别发表和出版了《精神与社会测量导论》和"斯坦福标准成绩测量"。这一时期,评价实质上等同于"测量","测量"学生对知识的记忆或某项特质。第二代评价理论于 20 世纪 30 年代随"八年研究"(1934—1942)而兴起。"现代教育评价之父"拉尔夫·泰勒,指出教育评价的本质是描述教育结果与教育目标的一致程度,首倡由"测验"向"评价"转向,评价的目的是"创造适合于儿童的教育"而不是"选择适合教育的儿童"③。发展主导型教学论的教学评价理论属于第三代,兴起于 20 世纪 60 年代并延续至 80 年代,以布卢姆等人出版的《教育目标分类学》(1956 年、1964 年、1972 年)为标志。第三代评价理论继承了第一代评价理论测量教育结果的技术和第二代评价理论的评价思想,完成了建构教育目标分类体系的开创性工作,使教学评价臻于完善。认知、情感、动作技能三大领域的教育目标分类体系,不仅为教

① 靳玉乐,李森,沈小碚,等.中国新时期教学论的进展[M].重庆:重庆出版社,2001:474.
② 李森.现代教学纲要[M].北京:人民教育出版社,2005:340–341.
③ 施良方,崔允漷.教学理论:课堂教学的原理、策略与研究[M].上海:华东师范大学出版社,1999:332.

学评价提供了科学的依据和标准,也为儿童在教学评价的帮助下获得积极、稳定、持久的预期变化提供了可靠的保障,从而奠定了发展主导型教学论独具特色的教学评价理论的基础。

发展主导型教学论倡导发展性教学评价。教学评价的功能由测量评定学生是否达到目标转移到帮助学生如何达到目标,促成儿童通过教学活动获得积极、稳定、持久的变化。儿童通过参与教学活动而获得的发展是多方面的,既有知识方面的发展,也有能力方面的发展,还有情感、态度、价值观方面的发展,发展性教学评价主张对这些方面的发展进行完整的评价,而不是仅仅评价其中的某一方面。教学评价内容的多样性,决定了必须采用与之相适应的多样化的教学评价形式。评价儿童知识掌握方面的发展,传统的纸笔考试仍然不失为一种经济而有效的评价形式,这是发展主导型教学论在教学评价上对知识主导型教学论的继承。此外,作品评价、档案袋评价、问卷、访谈、现场展示等,都是评价儿童通过教学活动在能力、情感态度等方面所发生的变化的有效形式。儿童通过参与教学活动而获得的发展,不仅取决于儿童自身的学习行为和教师的教学行为,而且也取决于这两种行为的互动关系。因此,发展性教学评价不仅包括师生对教与学的自我评价,而且还包括师生对教与学的互评。儿童通过参与教学活动而获得的发展是教学活动过程的自然结果。因此,发展性教学评价不仅包括对儿童发展结果的评价,更注重对儿童获得发展过程的评价,是由诊断性评价、形成性评价和总结性评价组成的一个有机整体。儿童通过参与教学活动而获得的发展,有些能够量化,有些则难以量化。对于能够量化的,发展性教学评价主张尽量给予量化评价。对于难于量化的,则给予质性评价。

知识主导型教学论长于教学使儿童有效掌握知识的研究,短于有效掌握知识的教学如何促进儿童发展的研究。正是在知识主导型教学论基础上,发展主导型教学论进一步研究:掌握什么样的知识才具有促进儿童发展的可能性;什么样的教学才能把这种可能性转化为儿童发展的现实;怎样才能确切地知道儿童通过掌握这些知识的教学获得了预期的发展。

第 4 篇

教学论的实践性与实践教学论^①

近年来,一批以时代背景为依托,以时代要求为指针的教学理论与实验研究成果纷至沓来。有理论为先导的"主体教育"、理论实践互相促进的"新基础教育",还有实践先行的"情境教育"。同时,也有鲜明个性特征的洋思中学、杜郎口中学、东庐中学等成功的教学变革。这些理论与实验研究引起了教育、教学业内人士的关注。作为教学论研究者不禁反思,这些变革何以成功?它们对教学论研究产生何种影响?如何进一步发展教学论?也许,解答这些问题,需要我们重温相关概念,确立一些基本命题。

一、实践与变革性教学实践

"主体教育""新基础教育""情境教育"以及洋思中学、杜郎口中学

---

① 本文发表在《西南大学学报(社会科学版)》2011 年第 2 期。

等成功的教学变革,以"实践性"为特征,形成了与以往不同的教学研究途径。对其正确理解与合理剖析,需要从实践概念开始。

（一）实践概念辨析

实践是生活中的常用词汇,对其含义似乎不难理解。但是作为哲学中的基本概念,"实践"的内涵经历了一个演变发展的过程。

在古希腊文献中,早就出现了"实践"一词,意指最广义的一般的有生命的东西的行为方式①。但真正把实践划入哲学范畴的是亚里士多德,他认为实践专指有关人事的行为方式或活动方式,实践是人在生命活动中"进行选择"的活动,也即"有关人生意义和价值"的活动②。在中世纪苏格兰哲学家邓·司各特眼里,不仅生理、心理活动不能算是实践,而且理智活动本身也不能理解为"只是被意志诱发或被命令的意志行为"。准确地讲,正是纯粹的内在的意志行为本身原初和在真正意义上构成了实践的本质,而被命令的意志行为,即外在的行动,只是由于它其实依赖于并且从属于前面那种内在的行为才被称为实践③。奥卡姆对司各特的实践概念提出了批评。他认为,"实践可以是知识",实践概念可以在多种意义上理解:在最广义上它指一种任意力量的活动;在狭义上它指遵从知识的追求能力的行动;在更狭义上它指我们人的力量的活动,首先指意志的活动;在最狭义上"实践"指意志支配的活动与协商选择的对象④。近代哲学对实践的理解既有继承,也有超越。康德继承了亚里士多德的观念,认为实践就是"人的意志对于对象起作用的行动",并强调实践表征了人类存在的本质⑤。而黑格尔的实践概念就超出了亚里士多德的传统。黑格尔认为,实践是一种"合目的性的活动",是"目的通过手段的活动之对外在客体的关系"。他明确提出实践是认识的一个

① 张汝伦.历史与实践[M].上海:上海人民出版社,1995:215.
② 张汝伦.历史与实践[M].上海:上海人民出版社,1995:216.
③ 孙周兴.实践哲学的悲哀[N].中华读书报,2000-03-29(5).
④ 张汝伦.历史与实践[M].上海:上海人民出版社,1995:98.
⑤ 张伟胜.实践理性论[M].杭州:浙江大学出版社,2005:2.

重要环节,是通向客观真理的必由之路,认为真理是理论和实践的统一。

马克思主义哲学既从传统实践概念那里汲取了合理性因素,又超越了传统实践概念,在新的历史条件下建构起科学的实践观。马克思主义哲学的实践观认为实践是人的根本生存方式,是有目的、有意识的人类活动,是具体的、历史的对象性活动。所谓"对象性活动",不是主体以客体为对象的单向性活动,而是主体和客体的"双向对象化过程"①。

马克思主义哲学的实践观是理解和剖析教学实践、教学论的实践性的有力武器。以系统科学的实践观理解教学,教学实践是教学工作者的生活方式,是以学生的发展为指向的有目的的人类活动,是具体的、历史的对象性活动。这种教学实践的对象性活动的"双向对象化过程"决定了教学论的双重特点,即理论性(科学性)与实践性。教学实践的客体主体化过程决定了教学论的科学性,而其主体客体化过程亦说明教学论的实践性与应用性。这样,以科学的实践观重新审视教学论之特性才是全面的,不能顾此失彼。

（二）变革性教学实践特点阐释

"主体教育""新基础教育"等是我国比较典型的、成功的变革性教学实践。这类教学理论与实验研究其根本特征在于"变革性"。何谓"变革"？我们认为,一为"变",即变化,其表现为与以往的教学实践有不同的特点；二为"革",说明其"变"的程度,并非在同一水平线上的量"变",而是达到了"革"的质变。这些教学理论与实验研究的变革性的根本在于体现了实践作为人的生存方式、生活方式,并实现了教学实践的"双向对象化过程",即教学实践的过程中需要科学的教学理论指导,体现了教学理论的实践性与应用性,同时也以大量的实践丰富、发展了教学论的科学性,实现了教学实践的"主体客体化"和理论研究的"客体主体化"。

1.教学实践是教学工作者的生活方式

百年大计,教育为本。教育的力量在哪里？教学的力量在哪里？尽

---

① 肖前,李淮春,杨耕.实践唯物主义研究[M].北京:中国人民大学出版社,1996:146.

管并不能身处实地地去考察、了解这些变革性教学实践,但是依然能从相关的文献与资料中体会到教育、教学本身所具有的巨大力量。这种力量直接来源于教学一线的教师与教学管理者。他们有激情,这种激情源于对教育事业的热爱;他们有广博的胸怀,这归因于教师职业为人师表的责任感;他们博爱,这是因为他们面对的是一个个鲜活的、富有个性的生命体。正如特级教师李吉林所说:"是教师,也是诗人。诗人是令人敬慕的。其实,教师也在用心血写诗,而且写着人们最关注的明天的诗——不过,那不是写在稿纸上,是写在学生的心田里。"①正是这种情感才积聚了教育、教学的巨大力量。独木不成林,这种激情、这种胸怀、这种博爱的情怀并非单独个体所具有,而是整个教学队伍共有的一种精神。进一步说,这种激情与胸怀,这种情感与责任体现了教学实践已成为教学工作者的生活方式,而这种已成为"生活方式"的情感力量也许就是变革性教学实践之所以成功的首要因素。

2. 理论与实践相互反哺的研究方法

在这些有影响力的变革性教育实践的背后,教学实验与理论研究的方法问题是关键。以新基础教育为例,研究的过程强调理论与实践之间的相互反哺,创造性地提出了变革性研究方法的概念,即"在不确定性中生成确定性,在推广性研究中生成发展性,在多元主体的合作中提升个体的自主创造性"②。从"情境教学"到"情境教育"的发展体现了研究由点到线,由线到面的理论与实践相结合的丰富的、立体的发展路程。最初由语文学科的情境教学开始,从实践中总结经验,深化经验提升至理论,从而进一步拓展到每个学科,创设情境课程,最后形成有特色的情境教育理论体系。理论与实践的相互结合或脱节是理论研究中常常涉及的问题。人们质疑理论与实践严重脱节,质疑理论不能指导实践,而实践也不能很好地得以总结上升至理论高度。在变革性实践中,理论与实

---

① 李吉林.李吉林与情境教育[M].北京:北京师范大学出版社,2006:1.
② 庞庆举.论"新基础教育"之"新"[J].中国教育学刊,2009(9):8－12.

践不是简单地"理论指导实践,实践丰富理论"的关系,而是动态发展的过程。在这一过程中,理论与实践相互促进、相互生长,共同推动教育的发展,丰富教育研究的成果。研究主体的角色不再单一,理论研究的主体是实践的主体,实践主体亦是理论研究的主体。变革性教学实践成功地实现了理论研究者、实践者与教育实验者的三位一体,实现了教学理论的"主体客体化"(即实践性与应用性)与教学实践的"客体主体化"(科学化与理论化)的统一。

3. 人是教学实践的主体

上世纪末,我国教育正处于大量引介国外教育思想和教育改革的时期,这些思想影响并渗透进我国教育。我们耳边回响着国外的教育思想与改革的经验,脚下却依然迷茫,不知所措。那时候的教育界充斥着国际化的浪潮与中国民族化的问题,即如何在国际化背景下保持中国的民族性,建立本土化的教育、教学理论和教学改革的问题。在这种背景下,这些教学理论与实验研究紧跟时代步伐,以时代背景为依托,以时代要求为指针,步步踏实地进行着"入地"研究。从新基础教育的关注"生命"到主体教育的"主体"关怀,再到情境教育的"情"与"思"以及那些成功案例,都处处体现了对时代精神的剖析与回应——即"以人为本"。这里的"人",不是指生物体,而是具有鲜活生命力的个体,是具有主动性、能动性并富有创造性的生命个体。这里的"人",不仅指教学中的学生,也包括教学中成长着的教师、教学管理者,他们在实践着教学,并在实践中与学生共同成长和发展。这里的"人",不是仅仅在教学中的"人",更是富有情感,以"情"为纽带连接起来的有激情、有热情的共同体。

基于对实践的科学理解进而解读变革性教学实践,从而使我们对这些较为有影响力的实验研究有了更多的认识。这些认识或许并不全面,或许亦不深刻,但无疑能够启迪我们重新认识教学论,重新思考教学论的特性及其研究方法,这对当代教学论学科发展具有积极意义。

二、变革性教学实践对教学论学科发展的挑战

长期以来,我国的教学论学科强调科学性,淡化了实践性与应用性;重视固守书斋式的理论研究,忽略了"深入课堂"的实践研究。因此,一些较有影响力的教育教学理论与实验研究,基于其实践的立场,对我国的教学论学科发展从其"变革性"的角度提出了挑战。

(一)教学论科学性之再审视

自夸美纽斯的《大教学论》问世以来,教学论作为一门独立学科已经有300多年的历史。教学论的发展历程,是不断追寻其科学化的过程,直到今天它仍是教学论研究者的主要研究取向与追寻目标。"学者们一致认为,理论的科学性主要表现在两个方面:一是理论内容的客观真理性,要求对其研究对象、理论结构和研究方法进行探索;二是逻辑的考察,要求逻辑形式的严密性、完整性。教学论学科发展的研究同样应遵循这一基本思路。"①

纵观我国教学论的发展历程,查阅教学论领域内的著作,可以发现,对于教学论人们大多进行概念式本质的阐述,而后在此基础上展开教学主体、课程教材、教学方法等方面的论述。而概览我国的教学论学科体系,其构成则有一般教学论和综合教学论,前者回答的是"为什么教,为什么学?""教什么,学什么?""怎样教,怎样学?""效果如何"的问题;而后者则基于教育、教学系统处于社会总系统之中,其必然与其他学科发生影响与作用,探讨这些影响与作用如何发生以及如何更好地发生的问题。教学论研究者正是在追求科学性的道路上不断完善着教学论的体系与结构:不断追求教学理论的客观性与真理性,以期成为一种普适的对教学实践具有指导意义的理论;注重逻辑上的严密与完整,使得教学论不断提升理论水平。追求教学论的科学性,完善教学论体系,注重教

---

① 裴娣娜. 现代教学论:第 1 卷[M]. 北京:人民教育出版社,2005:32.

学论逻辑的严密性,是必要的,也是必需的。但随着时代发展和学生发展的需求,仅仅重视教学论的科学性是不够的,是一种单向投注,因此教学论的实践性问题被提上了议事日程,值得我们予以关注。

(二)对教学论"固守书斋"式研究的进一步检视

基于对教学论科学性的追求,决定了其研究的方法主要是归纳演绎、理论思辨等固守书斋式的研究。这种研究只是认识、理解教学论的一种方式,追寻建立科学性的教学论也并非"理论研究"一途。经过多年的研究与反思,至少使我们明白,教学论不仅仅是一门追求体系构建的理论学科,亦是对教学实践进行规范和指导的应用学科,其功能和价值不仅仅是为了建立一套教学理论体系,也在于指导实践,完成对实践的改造,实现"主体客体化"的改造教学世界的过程。考察教学论的发展历史,阅读教学论的历史名著,《大教学论》《教学与发展》都是在实践中丰富与发展的,是经过长期的实践探索与艰苦的实验研究,是充满着鲜明的个性并富有生命力的。变革性教学实践洞悉了目前教学论追求科学化的疏漏,弥补了教学论的实践性,丰富了教学论的实践性。以其实践性对我国的教学论研究者发出召唤,应进行深入课堂教学的"入地研究"。

三、发展对策:在强调教学论科学性的同时重视实践教学论

变革性教学实践启迪我们重新审视教学论的特性,反思教学论研究方法,无疑对我们进一步发展和完善教学论研究具有积极意义。但是,作为研究者,应该进一步思考如何处理教学论的科学性与实践性的关系?如何根据教学论的特性进行教学论研究?一些变革性教学实践在一定程度上对当代教学论形成了挑战,究竟如何应对?我们认为,应该在正确处理教学论的科学性与实践性关系的基础上,对实践教学论予以应有的重视。

(一)完善教学论理论体系,充分发挥理论的先导作用

坚定不移地继续建构与完善我国的教学论学科体系,提升其科学化

水平。科学性是教学论之所以称之为一门学科的前提,具有科学性才能对实践有指导作用,才能够正确发挥其理论先导作用。而构建教学论科学的理论体系,才是教学实践得以实现与进步的前提与保证。首先,理论是行动的先导。教学论是教学实践的先导,没有教学论指导下的实践,是盲目的实践,难以真正达到其目的。教学论规定了教学实践如何科学地行动与展开,同时,决定了教学实践的实施与操作,规范着教学实践的具体方法与技术等问题,如此一来,教学论亦是教学实践的出发点。其次,教学论决定了教学实践的方向。教学论是合乎逻辑的,合乎人类认识规律的科学理论。教学论引导着教学实践走向合乎目的性的道路,保证教学实践往期待的方向发展。同时,教学论也成为检验教学实践的标尺,推动着教学实践不断前进。改革开放以来30年教学实践的经验证明,正是在积极探索研究科学教学论的基础上指导我国的教学实践,才使我国的教学实践有了长足的发展,教学质量也得到了提升。这是教学论科学性发挥作用的最大例证,验证了科学的教学论对教学实践的影响力与指导力。

（二）重视教学论的实践性

教学论是在实践基础上人们思辨的产物,没有教学实践,就没有人类关于教学的认识,这应是确定无疑的。而教学论是人们基于实践,在人类思维领域构建的理论体系,可以说是"人造的""灰色的",而教学实践则是人们践行着的,始终保持着生命力和鲜明个性的活动,是"常青的"。如果能看到理论与实践存在的这种差异,那么就会在进行教学论研究时,始终保持着教学实践这根"常青"的弦,始终将教学论根植于"教学实践"这片沃土,而保证教学理论来源于实践。

教学论的实践性还在于其"到实践中去"的应用性。教学理论归根到底要通过教学实践加以检验,才能验证其是否科学、合理与正确,验证其到底是真理还是谬误,究竟会获得发展还是会遭到抛弃,进而,对教学理论做出好坏、对错、优劣之分,以便更好地发展理论,推动实践。换句话说,理论始终是理论,再有价值的理论,都只能为实践,为实现"主体客体化"这一改造世界的目的服务。我们考察中国近些年教学理论的发展,可以发现这样的事实:我国教学论研究产出的成果颇为丰硕,然而少有在世界范围内有影响力;丰硕的成果只能"风靡一时",便销声匿迹。究其根本,就在于缺乏对教学理论应用性的重视。完美的理论阐释、严密的逻辑构建如果不能够在实践中加以验证,其命运必是昙花一现。而变革性教学实践的成功之处就在于其理论来源于实践,又进一步"到实践中去",完整地实现了"实践"这一双向对象化活动,即"客体主体化"与"主体客体化"的双向建构,形成螺旋式上升的态势。

教学论的实践性要求其研究方法的实践性。这主要是指教学论研究应该深入实践,深入教学生活世界,深入课堂这个师生的生活场所进行研究,才能够形成对教学的有效认识。教学论研究的对象本身就是课堂教学的实践活动。而走出"书斋",进入教学实践,基于实践并在实践中把握研究对象,分析教学问题,探寻教学规律,解释教学现象才能够全面建构教学论,完成"客体主体化"的实践过程。

(三)重视实践教学论

赞科夫在其著作《教学论与生活》一书中指出:"科学的教学论应建立在研究教学的实践及其改造的基础上,这是无可争论的真理。对实践的研究可有各种不同的形式,既可研究并概括教师的先进经验,也可进行实验,而实验有时是为了查明效果和解释'现成的'经验,有时是为了创造新的经验,等等。同时,教学论与整个教育学一样,也是为实践服务的。"[1]如此看来,对于教学实践的研究,我们既可以"研究并概括经验",也可以"进行实验";既可以进行理论研究,完善教学理论,也要实验研究,应用教学理论并验证其优劣;既要进行"客体主体化"的主观教学世界的理论构建,也要"主体客体化"的客观教学生活的实现与发展。这样,我们要形成对教学客观世界的本真认识,形成教学主观观念的合理认知,教学论研究理应重视"实践"教学论。对于实践教学论,我们无意

---

① 赞科夫.教学论与生活[M].俞翔辉,杜殿坤,译.北京:教育科学出版社,2001:141.

对其进行概念式的定义。因其含义甚广,无法用三言两语就能涵盖,但是,基于自身的实践与反思,我们可以对其进行操作性的解释。

1. 实践教学论召唤教学论研究者走出"书斋",深入教学生活

变革性教学实践紧紧贴近教学生活,与实际的客观教学相联系,在此过程中发展理论,并反过来继续指导教学。由此,变革性教学实践的理论是立体的、丰满的,充满了教学生活旨趣。走向实践教学论就意味着教学论研究者,无论是专家教授或是正在接受专业训练的研究生都应该抛开仅"固守书斋式"的研究,离开仅仅围绕文献与理论的研究,去教学的生活世界寻找教学论的完整,在教学的生活世界追寻教学论的生长点。但是,这种"抛开""离开"不是丢弃,而是在已有科学认识教学的基础上,到教学的生活世界验证已有认知,并在教学生活中进一步发展、完善关于教学的认知,进一步形成系统的、科学的、有价值的教学论理论体系。以教学客观世界去丰富、完善关于教学的主观认知,形成体系合理、逻辑严密,具有实践性的教学论。

2. 实践教学论引领思维方式由"本体论"思维走向"实践性"思维

理论研究长期以来探索"教学论是什么"的问题,这种追问是本体论的思维方式。开展"教学论是什么"的探讨是进行教学论研究的根基。但是,如果紧紧抓住本体问题不放,不从教学客观世界中寻找其根由,必定是空洞乏味的。我们应进一步追问的是"如何认识教学论""教学论何为"的问题,不再简单地进行"教学论是什么"的本体论追问,而是脱离开抽象的、空洞的本质探讨,在社会背景下、时代要求下进行意义的追寻,并在客观世界中实现对意义的追寻。这样的教学论才是具体的、历史的。这样的追寻改变的是研究者的思维方式问题,思维方式是进行教学论研究的根本性、决定性因素,思维方式决定了研究的过程、研究的方法、研究的理论基础等一系列重要问题。这就要求教学论研究实现由线性思维到非线性思维、简单思维到复杂思维、对象性思维到反思性思维、本体论思维到实践性思维的转变。实践性思维意味着应以科学的实践观全面地理解教学论、研究教学论,并在此基础上践行教学。

3. 实践教学论呼唤教学研究成为教学工作者的生活方式或生活实践

教学研究与教学论研究既相联系又有区别。教学研究的对象是各个学科的现实教学问题,教学论研究的对象是既基于学科又超越于学科的种种教学现象及其规律。教学研究是一种工作研究或经验研究,教学论研究是一种范式研究或学理性研究。一般说来,从事教学研究的人员可以是教学理论工作者,也可以是教学实践工作者或各地的教研员,还可以是教学管理者。而从事教学论研究的人,主要是教学理论工作者,其主要精力用于探讨教学论学科发展的逻辑,重视教学论学科建设[①]。实践教学论要求教学工作者在其"教学论研究"的指导下,进行"教学研究";并以教学研究验证、丰富教学论研究的成果。作为一种"工作研究或经验研究"的教学研究,应成为教学工作者在教学客观生活世界中的生活方式或生活实践,即教学工作者以高度的责任感并满怀激情,在教学生活世界践行,在教学主观世界建构。

教学论提供知识,告诉人们"教什么,学什么""怎样教,怎样学"。知识是对认识对象的理解与把握,而教学论不应只停留于提供知识。教学论也应该提供思想,思想对教学更有意义,只有达到思想的高度,教学质量和水平才得以提升,教学的意义才得以彰显。实践教学论意味着对教学论认识的发展,抛开"主客二分"的思维方式,以教学论之科学性与实践性全面地进行教学论研究。基于实践的理解,继续以教学论的科学性引领教学的发展,以教学论的实践性丰富其理论构建,是每一个教学论工作者的基本立场与责任。

---

① 李森.现代教学论纲要[M].北京:人民教育出版社,2005:3.

第 5 篇

教学论研究实践转向和理论创新的历史自觉

——兼谈"教学论就是教学论史"①

　　迎着践行《国家中长期教育改革和发展规划纲要(2010—2020)》的浪潮,面对学校教育中层出不穷的教学问题,学人们大声疾呼,教学论研究应该"转向"并"回归"教学实践,使教学理论"走下去"②,只有实践才是理论创新和学科发展的"根基"与"原点"。③ 教学论作为兼具理论性和实践性的学科,研究者当然应该积极投身教学实践、有效回应实践中的教学问题,构建具有时代感和针对性的教学理论体系,而非关在象牙

---

① 本文发表在《西南大学学报(社会科学版)》2013 年第 3 期。
② 安富海.教学论研究者为什么"走不下去":兼论"国外教学理论诠释中国教学实践"现象[J].课程·教材·教法,2012(7):26-31.
③ 李森,陆明玉.论教学论的实践性与实践教学论[J].西南大学学报(社会科学版),2011(2):117-121.

塔的书斋里"六经注我、我注六经"。教学论研究的实践转向为教学理论创新奠定了基础,教学理论创新又引领着教学论研究的实践转向。然而,教学论研究应该以怎样的方式"转向"和"回归"实践?教学论研究者应通过何种途径使理论向着实践"走下去"?换言之,人们在教学论研究中能否脱离已有的理论成果和实践成就而纯粹基于当下实践中的经验或现象?黑格尔曾经告诫到,在社会科学研究中,不能脱离学科发展历程中已有的思想和成就,他以哲学研究为例,提出"哲学就是哲学史"①。

借用黑格尔的著名论断及其思想,在一定意义上,"教学论就是教学论史"②,尤其是在强调"回归"教学实践的今天,教学论研究(包括教学理论研究和教学实践研究)尤其不能脱离教学论史,两者无法彻底分开。从学科建设的角度而言,教学论研究者不仅要适应学科建设的内在需要和教学实践的发展方向,也需要顺应国内外教学理论研究的演进逻辑和趋势走向,对教学论发展的历史轨迹持有清醒的认识,具有一种学科建设的历史自觉意识;从研究者个体的角度来说,数学研究者不了解数学史不会妨碍他成为一名卓越的数学家,但教学论研究不同,其关注的是人生命发展的根本性问题,这些问题内容的丰富和复杂正是在教学历史发展过程中展开的。教学论研究者只有与以往的教学论学人进行不断的"对话",才能真正进入这些问题并对它们作出自己的解答。对教学论史一无所知,一来就大胆提出一整套"自己观点"的"教学论研究者",难以真正进入教学论研究的殿堂。③ 只有站在时代的高度,具有历史的胸怀与国际的视野,研究者才能明了和把握教学论的发展方向,贡献自己的力量。

因此,要深化教学论研究,必须具有强烈的历史感,在遵循历史规律的基础上选择教学论实践转向和理论创新的发展道路。那么,在历史自

---

① 黑格尔.哲学史讲演录:第1卷[M].贺麟,王太庆,译.北京:商务印书馆,1997:12-13.

② 董远骞.中国教学论史[M].北京:人民教育出版社,1998:2-6.

③ 赵鑫,李森.中国教学论科学化的意蕴和路径[J].课程·教材·教法,2012(7):32-36.

觉的意义上,"教学论就是教学论史"的意蕴到底是什么？其价值何在？是否能够脱离教学论史而进行专业的教学论研究？并以教学论的立场和方式面向教学实践？能否离开教学论史而实现理论体系的创新？本文将深入分析并努力解答这些问题,以期在教学论研究回归实践、创新理论的过程中,人们能够切实推动教学实践和教学理论的持续发展,而不至于脱离历史、矫枉过正。

一、"教学论就是教学论史"的意蕴

所谓"教学论史",顾名思义,是指对教学论这门学科发展历程的探讨。它通过剖析历史上教学实践和教学理论的产生以及变革过程,探寻教学论研究的历史发展规律,为当下的研究提供借鉴。教学论是教学论史的总结,教学论史是教学论的展开。教学论史实际上是积累教学知识和学说的一种方式,它与教学论的发展有着天然联系:一方面,教学论的发展要基于以往研究者所提出的问题和积累的成果。翻阅教学论经典著作,无论是中国的《学记》或是外国的《大教学论》,会发现当下关注和研讨的教学问题并没有完全超出这些经典教学论著所涉及的范畴,教学论研究的对象都是教学论史中"相似的问题和相继的问题"[①];另一方面,教学论史研究无法脱离对教学论的整体思考及其具体教学问题的考察。对教学论史的梳理和阐释要以研究者的教学理念作为参照系,需要不断借鉴教学论的已有研究成果。因为教学"相当忠实地重现人类的历史过程;无论是历史的兴盛时期,还是衰败时期;无论是历史的进步时期,还是失望时期;也无论是历史的和谐时期还是冲突时期"[②]。从这个意义上来说,教学论史的研究,不是为了发思古之幽情,不再局限于一般意义上的"史",它同时也是教学论的研究,是将论、史和现状相结合的探索,主

---

① 福柯.知识考古学[M].谢强,马月,译.北京:生活·读书·新知三联书店,1998:156.

② 联合国教科文组织国际教育发展委员会.学会生存:教育世界的今天和明天[M].华东师范大学比较教育研究所,译.北京:教育科学出版社,1996:26.

要是为了现在。到了一定层面,对教学论史的梳理和阐释实际上已同教学论研究的阐发难以隔离,最终达成两者的整合与统一。因此,"教学论就是教学论史"强调教学论研究中以"思想"呈现的"理论和实践"同"历史"之间的内在联系,即教学论是历史性的教学思想,而教学论史则是教学思想的历史。

教学论是由研究者在对教学实践的探索中和教学观念的构建中形成的理论体系,研究者自身的思维特征、关注的教学问题、继承的教学传统、生活的社会年代等都会对其提出的教学理论产生深远的影响。研究者个体对所处时代教学现象和问题的思考与探究,同历史上已有的教学思想、所处时代的教学思潮密不可分。从古至今的教学论研究者,都是在以时代的名义阐发个体的教学思想,同时以个体的身份讲述时代的教学思想。因此,教学论研究是以"时代性的内容、民族性的形式和个体性的风格"①去探索人类社会中的教学问题,总是以一种历史性的教学思想形态而存在。从这一意义上而言,由教学思想所构成的教学论史,就是教学思想的历史。在这一历史当中,不同时代的教学论研究者在其学说中展现了历史性的教学思想及其所思考和探索的教学问题,推动着各类教学实践不断发展、各种教学思想相互碰撞,并呈现了理论形态的教学研究成果,从而构成了教学论持续发展的基石。每个时代的教学论研究,都必须建立在这些基石之上;否则,无论是普通学者还是学界大师都无法在教学论研究的道路上前行和攀登。

虽然中国近现代教学论的发展与引进西方的教学论分不开②,但在研究当下中国的教学问题时,"那种认为中国古代缺乏系统的教学原理的观点",完全照搬西方教学论的思想或打算在教学实践研究中丢掉"历史包袱"和"理论负担"、一味"创新立异"的"雄心壮志",是站不住脚的,因为"中国古代教学思想在学校教育类型逐渐多样化、层次结构日益复

---

① 孙正聿."哲学就是哲学史"的涵义与意义[J].吉林大学社会科学学报,2011(1):49-53.

② 董远骞.中国教学论史[M].北京:人民教育出版社,1998:7.

杂化的长期教学实践中,形成了一个较为完备的教学论体系"。① 我国"教学论遗产是非常丰富的。先秦诸子百家之言、《学记》和'朱子读书法'等等之中所蕴藏的教学论思想,有许多是非常精辟的,至今仍放射出智慧的光辉"②。因此,如果刻意忽视或脱离这些传统教学思想,便难以真正掌握并有效解决当下的教学实践问题。研究教学实践的过程,也是与传统教学论思想不断"对话"的过程。

教学论史作为"教学思想的历史",在发展历程中,任何一类教学论学说都不是某个研究者的"自圆其说",而是同一时代或不同历史时期教学论研究者之间的"交流"和"对话",其基础则是理解和掌握历史上已有的教学思想。对教学现象或问题的研究如果脱离教学论已有的历史经验和研究成果,就会因为缺乏教学论史的根基,而误将某种教学理论视为能够解答所有教学问题的绝对真理,甚至把一些早已被时代和实践所抛弃的学说,当作新颖的教学论知识。因此,在研究教学问题时,以"教学思想的历史"中"历史性的教学思想"为背景或参照系,便是不可或缺的前提。就当代中国教学理论与教学实践的发展而言,从根本上来说乃是中国教学论史长期发展的必然结果,中国教学论研究的科学化发展绝不是、也不可能是全方位的西化,而只能是对多元的历史传统和外来文化,做一番符合时代要求的历史选择与文化重构。因此,应正确认识到"教学思想的历史"中内在的历史根据和源头活水,这种意识就是教学论研究者的历史自觉。

就教学论中的专业概念和术语而言,某一"概念的历史并不总是,也不全是这个观念的逐步完善的历史以及它的合理性不断增加、它的抽象化渐进的历史,而是这个概念的多种多样的构成和有效范围的历史,这个概念的逐渐演变成为使用规律的历史"③。尽管人们会分析、使用各种教学论概念,但对于专业性的教学论研究者和普通的教学研究者是不同

① 熊明安.中国教学思想史[M].重庆:西南师范大学出版社,1989:6.
② 王策三.教学论稿[M].北京:人民教育出版社,1985:79.
③ 福柯.知识考古学[M].谢强,马月,译.北京:生活·读书·新知三联书店,1998:3.

的。在前者眼中,这些概念中积淀着丰富的教学论史,是教学论研究的基本元素;而对后者来说,教学论概念仅仅是教学研究中的词条而已。以对"教学"的界定为例,在普通的教学研究中,只是一个确定的"定义"和"结论";在专业性的教学论研究中,研究者往往是在古今中外的视野与比较中思考和把握这一概念,"教学"既不是给定的"定义"也并非固化的"结论",由此才成为各个时代研究者批判反思和创新发展的对象,从而提出了各种富有时代精神和文化气息的"教学"定义。人们在阅读缺乏专业性的"教学论"著作时,通常会发现一种惊人的相似性,即其论点是"独到的",论据却是"教条的",论证则是"独白的"[①]。之所以如此,就在于作者不了解教学思想的历史,缺少自觉的历史意识和坚实的研究基础。因此,深入理解并正确把握"历史性的教学思想"和"教学思想的历史"之间的关系,从而将教学论史作为教学论研究的基石,就显得特别重要。

二、教学论研究实践转向的历史自觉

以历史自觉的方式转向并回归教学实践,是以掌握已有的教学思想和理论为前提。在教学论研究中,"理论"并不是枯燥的条文和现成的结论,而是由历史性的教学理念和教学实践所升华而构成的思想体系。现代科学和现代哲学提出了一种共同的说法,即"实践渗透理论""实践负载理论""没有中性的实践""实践总是被理论'污染'"等[②]。这就是说,教学论研究者怎样认识教学实践、看到怎样的教学实践、如何要求教学实践、期待怎样的教学实践、将把当下实然的教学实践变成何种可能的教学实践、如何评价变革后的教学实践,都离不开教学论史中已有的教学理论。因此,研究者在研究和变革教学实践的过程中应该明白,正在

---

① 孙正聿."哲学就是哲学史"的涵义与意义[J].吉林大学社会科学学报,2011(1): 49 – 53.

② 孙正聿.超越意识[M].长春:吉林教育出版社,2001:136.

从事的实践探索"渗透"和"负载"着什么样的教学理论？是一种拥有深厚文化历史积淀的理论，还是某种"时髦"的或"过时"的甚至"偏狭"的教学理论？

　　教学作为一种培育人的生命成长与发展的特殊交往活动，随着历史和时代的推移不断生成。① 当下的教学实践固然是历史的积淀，但对于缺乏历史自觉的研究者来说，当下的教学实践可能只有未来没有过去，或者只明白教学有历史，但是教学的历史在他们头脑中仅是一个概念，与当下的教学实践并没有联系。这种研究者发展到了极致，便成为关注于"当下"教学实践的"教学专家"，而算不上严格意义上的专业的教学论研究者。教学论研究毕竟不是局限于"当下"教学实践的研究，当然也不是专注于"过去"教学实践或教学理论的研究，而是作为历史和现实连续体的教学实践与教学理论的研究。"历史"和"当下"在教学论研究中并非截然对立，因为教学论"历史的知识是关于心灵在过去曾经做过什么事的知识，同时它也是在重做这件事，过去的永存性就活动在现在之中"②。教学论如果缺乏"教学思想的历史"，其本身便难以成立，研究者不仅无从了解教学论的过去，更无法在前任研究的基础上进一步提升教学论建设和发展的水平，从而有效推进实践研究。

　　研究者主要是通过教学经验与教学理论两种方式观察、理解和探究教学实践。教学经验作为教学实践与教学理论的中介，教学理论是对教学经验的提升，通过教学理论探索教学实践，两者之间总是保持一定的距离。正是这种"距离"的存在，教学理论研究才能超越表象思维和形式推理，从而全面地洞察教学实践、深层地反思教学实践、理性地剖析教学实践、有效地引导和变革教学实践。因此，当前人们对教学论研究"脱离实践"的批评是必要的和重要的。但是，人们通常忽视了教学论研究到底以何种方式"面向"并"回归"实践，换言之，究竟是以教学经验的方式

---

① 李森.现代教学论[M].北京:人民教育出版社,2011:4.
② 葛兆光.中国思想史[M].上海:复旦大学出版社,2009:3.

还是以教学理论的方式转向实践。部分研究者甚至对教学实践研究持有一种误解,即以探究教学实践之名,往往只局限在"经验"或"表象",而非教学论的层次上提出、思考和解答教学问题,并冠之以"叙事研究"或"行动研究"的名号。这种缺乏批判反思的"经验研究"或"实证研究",缺少深厚的教学理论基础和扎实的教学理论探究,把教学实践研究变成"调研(实验)数据的堆砌"或"教学(经验)案例的总和",①因而无法对教学实践做出应有的理论把握与提升,将实践与理论、现状与历史相对立,刻意限定研究的视野与范畴,就"实践"论"实践"。

例如,当前我国教学论学界正积极呼吁开展"有中国特色、中国气派、中国风格的"学术研究②,这对于突出教学论研究的中国本土特色与文化具有重要意义。但有研究者将"有中国特色、中国气派、中国风格的"教学论研究狭义地理解为继承中国的传统教学思想、关注中国特有的教学问题。中国不是孤立的中国,不是地球中的孤岛。③ 实际上,当人们从国内外教学论史的视野看待这一问题时,便会感受到"中国特有的教学问题"实际上是当前中国所面对的世界性教学问题,以及研究者以何种方式解决世界性教学问题,而并非地域意义上在中国的教学实践场域中所发生和存在的问题。因此,教学论研究的实践转向一方面要强调教学思想有效转化为教学实践,另一方面也应重视教学实践积极向教学思想趋近。因为教学思想对于人们观察和解释教学实践问题、理解和变革教学实践方法,具有重要的基础性价值。"有中国特色、中国气派、中国风格的"当代中国教学论研究,不只是要实践地"面向"世界、现代化和未来,更要以理论的方式"面向"世界、现代化和未来,从而在教学论研究历史自觉的意义上反映和表达中国教学实践的传统与特色,塑造并引导中国基础教育改革和发展的未来。

① 涂元玲.论关于教育实证研究的几个错误认识[J].教育学报,2007(6):14-20.

② 李森,王牧华,张家军.课堂生态论:和谐与创造[M].北京:人民教育出版社,2011:2.

③ 李政涛,李云星.百年中国基础教育改革的方法论探析[M].北京:教育科学出版社,2011:5.

三、教学论研究理论创新的历史自觉

教学理论是教学论的构成与实体,其生命强度和发展趋势事关教学论学科的生死存亡。但在当前,随着教学实践工作者和研究者"反理论倾向"的露头,教学理论无用论甚嚣尘上,教学理论的生存空间受到空前挤压,生存危机接连浮现。有学人分析指出,教育教学理论正处于"萎缩、退化"之势。① 在这一"危机"下,为满足社会发展和学校教育的需要,教学论研究者胸怀历史、立足实践,切实推进教学理论创新就显得尤为急迫和重要。教学理论的创新需要两个重要条件:一是获取丰富的教学理论资源;二是发现教学理论中存在的矛盾。只有获取相应的教学理论资源,才有可能发现其中存在的理论矛盾;而发现了已有教学理论中的矛盾,才能优化并合理运用相应的理论资源。正是在获取教学理论资源和发现教学理论矛盾的双重互动中,教学理论的创新才能得以实现。

（一）以理论的方式探索教学问题

实现教学理论的创新,教学论研究者必须首先以理论的方式洞察并剖析所处时代的教学问题。学校教育充满着错综复杂的教学问题,涉及教学制度、教学政策、教学领导、教学目的、教学价值、教学模式等不同领域。虽然侧重点不同,但都属于促进人的生命成长与发展的教学问题,既不能仅仅凭借某个教学工作者或研究者的"经验""思考"或"独创"来解答,也不能只依靠"调研(实验)数据的堆砌"与"教学(经验)案例的总和"来论证,而是需要以建立在通晓教学思想的历史和成就基础上的教学理论思维为基础,才能在历史自觉的层面上达到对当代教学问题的全面洞察、深层把握、批判反思和有效变革。离开以"教学思想的历史"为基石的教学理论"创新",既经受不住"教学思想的历史"的追问,也难以接受所处时代教学实践问题的考验。

---

① 龙宝新.论教育理论的退化与应对[J].华东师范大学学报(教育科学版),2012(2):1–9.

（二）掌握教学理论的内外部冲突

教学理论创新,还需要教学论研究者在对所处时代教学问题的理解和把握时,一方面重视教学理论与教学实践之间的外部冲突,另一方面深刻掌握各种教学理论之间的内部冲突。由于教学论研究者身处不同的社会文化、继承不同的教学传统、面对不同的教学情境,这些差异较大甚至是截然相反的背景或导向,通过研究者对教学实践和已有理论成果的研究,构成各种理论形态的教学论学说,进而成为人们观察和思考教学实践的教学理论。例如,教学论研究者在探讨基础教育改革中的"教学启发""教学对话"等主题时,无法回避西方自柏拉图、亚里士多德到夸美纽斯、洛克、卢梭再到康德、赫尔巴特、杜威等人的教学思想。一个中国学者研究这些问题时,不仅要重视国外经典的教学理论和学说,更无法回避从孔孟、老庄、朱熹到程端礼、朱孔文、俞子夷、陶行知等学人的教学思想。离开对这些教学理论资源的关注和反思,就难以深刻地提出和研究教学问题,更谈不上教学理论的创新。

（三）化解教学理论资源中的矛盾

在把握教学论研究内外部冲突的基础之上,研究者应"从内向外看,由下往上看"①,发现教学理论中存在的矛盾,以新的理论去突破和解决存在的矛盾,正是在不断发现和扬弃教学理论矛盾的过程中,教学论得以持续发展。忽视教学理论资源中的矛盾,缺少教学论史的深厚积淀,教学理论创新将始终是纸上谈兵。当然,发现和把握教学理论资源中的矛盾无法一蹴而就,研究者不仅需要长期艰辛的教学文献积累,更需要灵活扎实的教学创新思维和能力。比如,布鲁纳在继承杜威教学思想的过程中,客观地扬弃了杜威建立在"做中学"基础上的实用主义教学理论中存在的矛盾,诸如缺乏系统性、过于生活化等,根据当时美国社会发展和教学实践的新形势,构建了结构主义教学理论。在教学论史的意义上,正是由于布鲁纳在批判继承的基础上获取了杜威教学论的理论资

---

① 曹锦清. 如何研究中国[M].上海:上海人民出版社,2010:4.

源,真实地发现了其中的理论矛盾,并以变革教学现状的历史自觉面向教学实践,才提出了一套具有特定历史意义的结构主义教学论学说。

　　综上所述,要使教学论研究保持必要的实践张力与理论动力,必须将"教学思想的历史"纳入研究视域。因此,倡导教学论研究的"历史自觉"以及"教学论就是教学论史",并非刻意标新立异,也不是反对教学论研究"回归"实践、实现理论创新,更非把教学论归结为教学论发展的历史或把教学论研究限定为对教学论发展历程的探索。其真实意蕴,是坚持教学论研究的历史自觉,避免将教学论研究(尤其是教学实践研究)与教学论史研究相互割裂,将传统经典教学思想有效地纳入当代教学论的研究范畴,从而在教学论研究的"历史"同"理论与实践"之间,建立起一种互动对话机制和思想交流平台。"教学论就是教学论史"这个命题的真正价值,并不是要刻意凸显或夸大教学论史在教学论研究中的地位,更不是要以研究教学论史替代对当代教学实践问题、现象及其规律的探索,而是强调在教学论研究逐渐转向实践并积极创新本土教学理论的时代背景下,应避免将教学理论误认为教育家教学思想的罗列、教学文本的堆砌以及教学经验的总和。教学论研究的生命力,源于在教学论史的基础上,通过对教学实践的深入探究,不断丰富和创新教学理论。因此,只有理解和把握"教学论就是教学论史"的真实意蕴与核心价值,才能实现以教学论历史自觉的方式面向和创新教学实践与教学理论。这种研究转向,要求从事教学论研究的学人深长思之、谨慎行之,在思想上悬置对域外流行教学思潮或研究模式的盲目崇拜,在实践研究中合理运用科学方法,避免对"实证""数据""经验"和"案例"的痴迷,让自己置身教学发展的历史情境之中,从历史源头开始,顺流而下,按照中西传统教学思想的内在理路,去呈现其所包含的教学思维方式、教学价值体系、教学知识性质等在内的完整的"教学思想的历史",传统与现代、历史与现实、理论与实践的血脉联系才能在教学论研究中重新贯通和"对话"。

第 6 篇

教学论研究的事实与价值之思①

　　任何教学事实的背后,或支撑教学事实之所以如此的,都是教学价值。如果用"形而上"与"形而下"来描述教学价值和教学事实之间的关系,那么教学活动则是"形而上"的教学价值与"形而下"的教学事实的结合。教学论,一门究"教学之理"的学问,其研究域既涵盖"教学价值之理",也包括"教学事实之理"。教学论研究是教学价值的形上思考与教学事实的形下关怀的有机统一。无论是教学论历史发展的"三阶段论"②,还是基于对教学问题的现代思考而形成的教学论体系"二分法"③,都清楚地表明:在经历了漫长的学科成长史后,教学论终于演变为今天的现代教学论。然而,从前后相继的学科史中一路走来的现代教学论,无论是教学事实研究领域,还是教学价值研究领域,都遭遇到了一些

---

① 本文发表在《西南大学学报(社会科学版)》2008 年第 6 期。

② 徐继存. 教学论导论[M]. 兰州:甘肃教育出版社,2001:35.

③ 李森. 现代教学论纲要[M]. 北京:人民教育出版社,2005:6.

无法回避的问题。这些问题,陷现代教学论研究于困境之中。因此,客观地描述这些困境,冷静地分析导致这些困境的问题及其产生的原因,努力寻求解决这些问题的办法和摆脱这些困境的出路,便成为现代教学论学科建设的必由之路。

一、作为事实之学的教学论面临的困境

教学事实之理,是教学论研究的重要内容。教学论是事实之学。什么是事实之学? 作为事实之学的教学论的内涵是什么? 作为事实之学的教学论研究面临什么困境? 这些是我们要探讨的问题。

(一)事实之学

1. 何谓"事实"

在汉语语境中,"事实"一词有两种含义,即"事情的真相"和"事情的确实所在"①。在古汉语中,构成"事实"一词的"事"与"实",是所指不同而又密切关联的两个词素。"事"是"事实"概念的本体,"实"是对这一本体所具有的基本性质的描述。"事实"之"事",指在特定的时空条件下,人们为了达到一定的目的,针对一定的对象实施某种行为的过程。人、时空条件、目的、行为及其对象,构成了"事"的基本要素。这些基本要素,规定了一件事是"此事"而非"彼事",使"事"具有了不会随着时空改变而改变、不以人的主观意志而转移的基本特性——客观性,这便是"事实"之"实"。由于"事"与"实"的这种不可分离性,现代汉语将二者合而为一,称为"事实",指事的基本要素的有机结合及其不随时空改变而改变、不以人的主观意志而转移的基本特性——客观性。

"事"本身所具有的基本特性——客观性,为人们提供了对"事"予以客观言说的基本前提条件。对于不具有这种客观性、纯属虚构的"事"的言说,只能是无中生有的"戏说"。然而,对"事"的言说究竟能否做到

---

① 徐复,等.古汉语大词典[M].上海:上海辞书出版社,2000:75.

"实"，即人们常说的"还历史以本来面目"，却取决于言说者在当时的时空条件下，对历史性的"事"进行言说时所采取的态度。言说者的态度大致有两种：价值负载与价值中立。

（1）价值负载。言说者对"事"的言说，自觉或不自觉地渗透了言说者的主观意见，让"事"额外地背负了言说者本人的价值判断，这就是价值负载的言说态度。在相当多的情况下，言说者主观"意见"的介入，是因为言说者对"事"的言说关乎自己或所属集团的利益。言说者对现实利益的考量，成了"剪裁""事"之"实"的价值标准。凡是符合这种标准的"事"之"实"，便被言说者精心挑选出来而得以充分、甚至夸大地言说；凡是与这种标准相冲突的，便会自动地逸出言说者的视域，成了言说世界中的所谓"历史尘埃"。这种价值负载的言说态度，遮蔽了"事"本身所具有的客观性，所构造出来的所谓"事实"，成了一种由"事"的客观性与言说者的主观性相互混杂的"混合物"，犹如一团"事"的客观性在其间若隐若现的"历史迷雾"。这样的言说者，便是言说世界的"浮士德"——为了利益而将灵魂——职业操守出卖给"魔鬼"的人。

（2）价值中立。言说者对"事"的言说，以"事"本身的客观性作为衡量尺度，而不是以现实利益为标准来"剪裁"事实，自觉地避免在"事"之中掺杂主观意见，这就是价值中立的言说态度。对言说对象持这种态度，言说者必须具备不计个人得失的奉献精神，在很多情况下还需要一种人生勇气。在"事"之"实"与他人或所属集团的利益存在矛盾的情况下，勇于捍卫"事"之"实"，不为现实利益所撼动；其次需要观察、描述、统计与分析的科学方法。仅有奉献精神和人生勇气，而无科学方法，"事"之"实"，还是不会自动"浮出水面"。言说者应用科学方法，对"事"之"实"的言说，是一个永恒的过程，因为这种言说只能是对"事"之"实"无限趋近而不可能与"事"之"实"完满等同。如果说奉献精神和人生勇气，给予了言说者以价值感和悲壮感，那么，这种永恒便是推动言说者不知疲倦地进行这种言说行为的源动力。司马迁身受酷刑而志弥坚，身陷囹圄而终不悔，便是以这种态度言说历史事实的千秋典范。正是这种态度所激发出来的价值感和悲壮感,成就了"中国史学之父"——司马迁。

2. 何谓事实之学

"学",即学问。何谓学问?学,以究"理";问,即追问、叩问。通过追问、叩问,以求其"理",谓之"学问"。追问世间事物,求其根本之理,便是哲学;叩问自然,求自然之理,便是关于自然的学问,如物理学、化学等;求人类社会之理,便是关于人类社会的学问,如政治学、社会学等;求人之理,便是关于人的学问,如生理学、心理学等。"事实"何以成为一门学问?凡"事",皆有其"理","事"之所以如此,是因为"事"有必然如此之"理"。正因为如此,汉语中"事"与"理"常常连用,即"事理"。我国宋代大教育家朱熹所说的"读书穷理"的"理",指的就是人事之理、人伦之理,即伦理——处理人与人之间关系的基本准则。求"事"之"理",必有求"事"之"理"的态度,必有求"事"之"理"的方法,必有求"理"这种行为之结果,即知识。求"事"之"理"的态度、方法和知识,便构成了事实之学。

(二)作为事实之学的教学论

教学论,是一门事实之学吗?是的。首先,教学是一种特殊的"事实"。之所以如此,是因为教学具备"事"的基本要素,即人、行为和行为对象。这里的"人",指教师与学生;这里的"行为",指教师教的行为和学生学的行为;这里的"行为对象",是指教师教的行为和学生学的行为交互作用,并指向彼此的身心,特别是彼此的心理。作为"事"的教学,与教师和学生的关系非常紧密。离开了教师和学生,作为"事"的教学便永远不会发生。从这个意义上讲,教学是一种"人事"。当这种"人事"发生时或发生后,即在特定时空条件下,以特定的教学内容为中介,教师教的行为与学生学的行为交互作用,给彼此的身心以某种影响,教学便成为由特定的时间和空间交织而成的当下的或历史性的客观存在,其他任何人只能观察它、描述它、回忆它,而无法改变它,否则,便是对这种当下的或历史性的客观存在的歪曲。这种当下的或历史性的客观存在,使教学这种"人事",具有了"实"的含义。于是,教学便成为一种"事实"。其次,教学作为一种特殊的"事实",有其必然如此之"理"。教学论,便是一门求教学这种特殊"事实"必然如此之"理"的学问。这便是"教学论是一门'事实之学'"的特殊含义。教学论之所以成为这样一门学问,是因为它包含学问的三要素:态度、方法和知识。对于教学这种"事实"的言说或者研究,内在地要求言说者或研究者持一种"价值中立"的客观态度,即言说者或研究者不能因为个人或所属集团的利益而把个人"意见"掺杂其中,否则,教学这种"事实"便会沦为"教学事实"与"个人意见"的"混合物"。这就需要言说者或研究者具备一种奉献精神,甚至人生勇气。对"教学事实"的言说或研究,需要一种方法,即观察、描述,资料收集、统计与分析的方法,鉴别出教师教的行为与学生学的行为之间互动的数量关系,鉴别出这种教与学的互动与由此产生的教学影响之间的数量关系,鉴别出教学影响与作为中介的教学内容之间的数量关系,等等,从而形成关于教学这种"事实"的全景式数量关系图景。对这种全景式的数量关系图景的描述,便是运用这种方法所获得的关于"教学事实"的可靠知识。

(三)作为事实之学的教学论

作为事实之学的教学论研究面临的困境,主要表现在三个方面:研究态度、研究方法和研究所获得的知识。

1.研究态度

作为事实之学的教学论研究,在研究态度方面所面临的困境,主要是教学论研究者在研究"教学事实"的过程中采取"价值负载"的态度。这种研究态度,导致教学论研究者在研究教学事实的过程中,不是先以科学的方法去对教学事实做出事实判断,然后再以事实判断为基础对教学事实做出价值判断,而是以研究者本人的某种价值偏好去"剪裁"教学事实,教学论研究者本人的价值偏好凌驾于教学事实之上。价值判断以事实判断为基础的科学研究准则,不但没有被教学论研究者严格地遵守,反而被颠覆为非科学的事实判断以价值判断为基础。这种做法违反了科学研究准则,其结果是教学事实在教学论研究中的基础地位没有被尊重,对教学事实的主观意见表达代替了对教学事实的客观科学研究。总之,教学价值判断以教学事实判断为基础的科学研究准则被持有"价值负载"态度的教学论研究者颠覆的同时,教学论研究的科学性也随之荡然无存。

教学论研究者采取"价值负载"的态度,其根本原因是:教学论研究者缺乏基本的科学素养;对教学论研究的历史遗产继承不够,或对当下的教学实践关注不够。前者使教学论研究者不知道对教学事实的科学研究应避免个人主观意见的介入,对教学事实应保持必要的距离,使自己有可能对教学事实进行客观审视。对如何科学地研究教学事实的无知,消除了教学论研究者在其研究中自觉地采取"价值中立"态度的可能性。后者使教学论研究者既不清楚教学论研究在本学科发展史上关注过哪些具体的教学事实,取得了哪些成果,又是怎样演进的,也不清楚当下教学实践的现状、问题与发展方向。对教学论研究历史和当下教学实践的隔膜或无知,使教学论研究者无法把握历史上或当下的教学事实,或使这种把握成为教学论研究者个人的主观猜想,教学论研究不可挽回地沦为了任由个人主观意见驰骋的疆场。对教学论研究的历史遗产继承不够或对当下的教学实践关注不够,突出地表现在以下两个方面:

第一,部分教学论研究者,在表达对教学论问题的思考时,其话语体系不是已获得本学科研究者普遍认同的基本事实、概念、理论和原理,而是没有经过科学论证、没有获得普遍认同的个人日常教学生活经验。近年来,教学论研究话语花样翻新,大量科学性、准确性本不如原有基本概念的所谓"新概念",却成为部分人表达对教学论问题之思的时髦话语。这种现象与其说代表着教学论学科的繁荣,毋宁说表征着教学论学科的虚弱。教学论研究队伍由一个"承诺同样的规则和标准从事科学实践"①的学术共同体,慢慢地蜕变为一个没有限制、没有边界的松散群体,一些

---

① 库恩.科学革命的结构[M].金吾伦,胡新知,译.北京:北京大学出版社,2003:10.

没有教学论学科学术训练的人,也可以在教学论研究中找到"栖身之所"。教学论研究的勃勃生机被窒息了。

第二,对教学论学科发展历史的研究不够。教学论研究人员数量在不断地增多,但专门从事教学论学科发展史研究的新生力量却在不断地减少。一些原来从事教学论史研究的专业人员,又纷纷淡出教学论史研究领域。以如此单薄之研究人力,欲求教学论学科发展史研究的广度与深度,只能是不切实际的美好愿望,勉强维持研究局面已属不易,哪有余力求研究之创新与发展? 考虑到这些,便不难理解:为什么近年来公开出版发行的教学论史方面的学术著作仅寥寥几本①。这些现象与教学论学科悠久的发展史之间存在着巨大反差,这不能不说是一个可以理解但不可容忍的不正常现象。教学论研究界对教学论学科发展史疏于必要的整理、归纳和研究,已是不争的事实。隐藏在这一事实背后的是:近年来部分教学论研究者为现实利益所驱动,过分关注所谓的教学热点问题,甚至达到了亦步亦趋的程度。表面的虚假繁荣,掩盖了教学论学科发展史研究不够的真实状况。现在是过去的延伸,未来是现在的继续,对于教学论学科而言,不清楚其发展的过去,谈何把握其发展的现在与未来! 古训有云:"欲亡其国,必先亡其史。"教学论学科发展史研究如此不昌,其学科研究的生机便可想而知了。

2. 研究方法

作为事实之学的教学论研究,在研究方法方面面临的困境主要是:以数学为核心的研究方法在教学论研究中应用程度不高。教学论作为一门事实之学,必然要求与之相适应的研究方法,即以数学为核心的研究方法。对于客观存在的"事实"的研究,自然科学的研究方法是可行的。

---

① 近年来出版的有关教学论学科史方面的著作主要有:《德国教学论流派》(李其龙编著,陕西人民教育出版社1993年版)、《原苏联教学论流派研究》(杜殿坤主编,陕西人民教育出版社1993年版)、《美国教学论流派》(钟启泉、黄志成主编,陕西人民教育出版社1993年版)、《教学论问题争鸣研究》(张武升主编,南开大学出版社1994年版)、《外国教学思想史》(田本娜主编,人民教育出版社1994年版)、《中国教学论史》(董远骞著,人民教育出版社1998年版)、《中国教学论史纲》(张传燧著,湖南教育出版社1999年版)等等。

这种研究方法的核心，是对"事实"的量化分析，对"事实"的各项指标进行数量化的客观观察和如实描述，对各项指标的统计和分析，是在此基础之上对各项指标之间所存在的数量关系的揭示、解释和说明等。自然科学研究的每一个主要步骤，都离不开数学方法。因此，数学对于自然科学研究具有方法论的意义。以数学为核心的研究方法在自然科学研究中的成功应用，使人类在科学地认识自然方面取得了巨大的成就。部分人文社会学科研究，如社会学、行为心理学、人类学等，通过借鉴这种方法，也获得了坚实的进步。对于作为事实之学的教学论研究而言，这种方法上的借鉴，也应该是可行的、必要的、必需的，因为作为事实之学的教学论的研究对象——"教学事实"与这种研究方法之间，具有天然的、内在的必然联系。然而，令人遗憾的是，这种以数学为核心的研究方法在作为事实之学的教学论研究中应用程度不高。之所以会如此，主要有三个方面的原因：

第一，研究对象的复杂性。作为事实之学的教学论，其研究对象是"教学事实"，但是，这种"教学事实"的背后，或支撑这种"教学事实"的，却是"教学价值"。"教学价值"和"教学事实"，是教学这种"人事"的两个方面，两者是"一体两面"的关系。因此，对"教学事实"的研究，首先需要把"教学事实"与"教学价值"分离开来。这种分离是非常复杂的、艰难的。尽管复杂，却并非不可能。因为社会学、心理学等学科的研究对象也存在同样的问题——事实与价值的融合，如果这种分离在这些学科没有成功，那么，这些学科也不可能取得现有的巨大进步了。以数学为核心的研究方法在作为事实之学的教学论研究中的应用，是以这种分离为前提的，因为这种方法只能用来研究具有时间和空间属性的客观存在——"事实"，对于那些不占时间和空间的价值，这种方法是无能为力的。

第二，研究者所处环境的复杂性。对教学事实的研究，内在地需要研究者持一种客观态度——"价值中立"。但是，研究者要始终保持这种态度，是非常困难的，因为研究者始终受到四种"科学以外的因素"的影响——社会和心理的作用;道德原则和政治原则;选择理论的目的;世界观、方法论的影响①。尽管保持"价值中立"的研究态度比较难,但是并非不可能,否则自然科学、部分人文社会科学也不会有今天如此繁荣的局面了。

第三,教学论研究者普遍缺乏必要的数学方法训练。长期以来,数学学科被许多人错误地归入自然科学门类。理科生才需要进一步学习数学,文科生只需要接受初级数学训练,这种看法被许多人不假思索地作为一种习惯性认识接受并承袭了下来。其实,数学既不能归入自然科学,也不能纳入人文社会科学,而是一门独立的学科。对数学学科性质的这种科学认识,早已有之。18 世纪的德国著名教育家赫尔巴特认为:数学既不属于经验兴趣的学科,也不属于审美兴趣、同情兴趣、社会兴趣、宗教兴趣的学科,而是属于思辨兴趣的学科,与逻辑、文法等学科并列②。创立解析几何的法国大数学家笛卡儿,同时也是大哲学家,英国数学家罗素曾试图把数学引入哲学研究。对数学属于自然科学学科的习惯性错误认识,造成了人文社会科学研究者普遍缺乏必要的数学方法训练,许多教学论研究者也不能幸免。因此,以数学为核心的研究方法,在作为"事实之学"的教学论研究中应用程度不高,便不幸地成为现实。

3. 教学论知识

作为事实之学的教学论研究,在所获得的知识方面所面临的困境主要是教学论知识的可重复性有待提高。可重复性,是科学知识的重要特征,即在一定的时间、空间和控制条件下,知识可以被重复,在相同或相似的时间、空间和控制条件下,知识具有基本相同的适用性。如:世界著名物理学家牛顿,在历史上发现的关于经典力学的三大定律,现在仍然适用。行为主义心理学关于 S - R 的理论,不论是对中国人的外显行为,还是对美国人的外显行为,都具有基本同等的解释力。社会学关于社会

---

① 徐继存.教学理论反思与建设[M].兰州:甘肃教育出版社,2000:61.

② 王天一,夏之莲,朱美玉.外国教育史:上册 [M].2 版.北京:北京师范大学出版社,1993:325 - 326.

结构的理论,也不仅仅是解释中国社会结构的工具,对其他社会的结构,也具有解释作用。知识因具有可重复性而可靠。教学论知识具有这样的可重复性吗? 虽然作为事实之学的教学论知识有别于自然、心理和社会等学科领域的知识,但是在追求知识的可重复性、可靠性这一点上,各学科应该是相同的。强调不同领域的知识之间的差异,固然是合理的,但这种强调决不能够、也不应该成为替教学论知识可重复性低这一现实进行非理性辩护的理由,如果作为事实之学的教学论研究还在为提高其科学性而努力的话。作为事实之学的教学论知识可重复性低,是不容否认的事实,究其原因,可以说:"价值负载"的研究态度、数学知识与训练的缺陷,与教学论知识可重复性低这一事实之间,有着内在的因果关系。教学论知识的这一现状是直接造成教学理论界与教学实践界之间关系紧张的深层次原因。

二、作为价值之学的教学论研究面临的困境

教学是一种价值负载的特殊"人事"活动。之所以如此,是因为任何"教学事实"的背后,或支撑起"教学事实"的,都是教学生活中的人的价值选择。教学总是以这种价值选择为指向,按照有利于"人的形成"的方向展开的,并试图以"人的形成"为基点构建人、知识、社会三者之间的和谐关系。教学价值不同于教学事实的关键,在于教学价值的不可观察性。如果说教学事实属于"形而下",那么,教学价值则属于"形而上"。对教学事实的研究,在性质上属于"形而下",因而可借鉴研究"物"的方法。对教学价值的研究,在性质上则属于"形而上",研究"物"的方法在这里就不再适用。什么是价值之学,作为价值之学的教学论的内涵是什么,作为价值之学的教学论面临的困境又是什么,将是这里探讨的重点。

（一）价值之学

1.何谓"价值"

讨论价值,有三种角度,即经济学、人与物的关系和社会学。从经济

学的角度看,价值是"凝结在商品中的一般的、无差别的人类劳动"①。从人与物的关系的角度,价值是事物所具有的客观属性与人的主观需要之间的关系,即事物对于人的有用性。虽然事物的客观属性与人的主观需要,是价值概念的核心要素,但价值既不是前者,也不是后者,而是两者之间的关系,是一个关系概念。如果价值仅仅是事物所具有的客观属性,那么价值就一定是客观的、可观察的、可测量的,但这有违常理,因为谁也不曾看见过价值;如果价值仅仅是人的主观需要,那么价值就成为一个空洞无物的东西,一个无法捉摸的、毫无意义的纯抽象概念,因为谁也不可能想象这样的东西。从社会学的角度,价值是事物对于人的意义、对于社会的意义,以及这两种意义的动态平衡关系。事物、人和社会,是社会学意义上的价值概念的核心要素。这里选择社会学的角度来探讨教学价值问题。

2. 何谓价值之学

为了生存与发展,个体不仅必须与事物打交道,而且还必然在与事物打交道的过程中和其他个体发生关系。由于个体既是生物性存在,也是社会性存在,对个体价值(事物对个体所具有的价值)的思考,也必然会涉及社会价值(个体价值对于个体生活其中的社会的意义)。因此,价值之思的核心,不仅包括个体价值和社会价值,而且还包括两者之间的动态变化关系。从理论上讲,个体价值与社会价值之间的关系有两种情况:绝对对立和在对立基础上的统一。前者指社会价值或个体价值的实现以牺牲对方为前提,后者指对立的个体价值和社会价值以某一方为基点而实现的统一。这种统一有两种方式:以社会价值为基点实现的统一和以个体价值为基点实现的统一。在前一种情况下,社会价值的实现是首要的,个体价值的实现居于从属地位,个体价值的实现总和不能或仅能满足维持个体正常生活和社会正常运转的需要。在后一种情况下,个体价值的实现是第一位的,社会价值的实现居于从属地位,个体价值的

---

① 巢峰.简明马克思主义词典[M].上海:上海辞书出版社,1990:470-471.

实现总和不仅能满足维持个体正常生活和社会正常运转的需要,而且还有部分多余。这样,个体与社会便以价值为纽带发生了联系,双方处于一种责任与义务的张力之中:个体以其奉献社会的义务而获得了享受社会公共服务的权利,社会以其向个体提供公共服务的责任而获得了要求个体奉献社会的权利。在个体与社会之间关系的历史演进中,绝对对立是没有的,它不仅会造成社会的瓦解,而且还会危及个体的生存,因为当个体不能以某种形式组织起来而成为社会时,个体之间为生存而进行的利益争夺,由于没有社会调节与控制,便会走向其反面,演变为对个体生存的最大威胁。在对立基础上的两种统一形式,是一种顺序性的历史客观存在,首先是以社会价值为基点而实现的统一,然后才是以个体价值为基点而实现的统一。当个体价值的实现总和不足以满足或仅能满足维持个体正常生活和社会正常运转的需要时,人与社会的关系便只能以第一种形式实现统一。当这种实现总和在数量上大于维持个体正常生活和社会正常运转的需要时,人与社会的关系客观上便有了从第一种统一形式向第二种统一形式转变的可能性。这种转变之所以仅仅是一种可能,那是因为这种实现总和在数量上大于维持个体正常生活和社会正常运转需要的多余部分,并不一定必然地存留于个体。社会财政管理技术的落后,整个社会不能在精确的数字上运行,可能导致多余部分被社会不自觉地占有,部分人的贪欲,也有可能导致多余部分被他们以欺骗性的所谓"正当名义"剥夺①。总之,怎样最大限度地实现事物对于个体和社会的价值,怎样在个体价值和社会价值之间保持一种动态的、历史的平衡,这些是价值之学需要研究的核心问题。

(二)作为价值之学的教学论

1.教学价值之思的基本框架

教学事实的背后,是教学生活中的人对教学活动的价值判断与选择。教学论,究"教学价值之理",必须回答价值之学所追问的核心问题:事

---

① 黄仁宇.中国大历史[M].北京:生活・读书・新知三联书店,1997:154.

物、个体与社会三者之间的价值关系。在作为价值之学的教学论研究视野中,"事物"即教学;"个体"就是教学生活中的人,包括学校里一切与教学相关的人,尤其是师生;"社会"即教学生活中的人所在班级和学校,以及学校之外的社会。与此相应,价值之学的核心问题便派生出六个作为价值之学的教学论研究必须回答的具体问题:第一,在特定社会中,教学生活中的个体对教学有什么样的需求(简称个体对教学的需求)?第二,能够满足这些需求的教学应具有哪些客观属性?第三,教学生活中的个体所处的社会对教学有什么样的需求(简称社会对教学的需求)?第四,能够满足这些社会需求的教学应具有哪些客观属性?第五,借助什么样的中介,教学才能最大程度地满足这些需求?第六,个体和社会对教学的需求是否是对立统一的关系?为什么会对立,怎样对立的?怎样才能统一? 在教学的历史演进过程中,这种对立与统一是怎样演变的?

这六个具有内在逻辑联系、层次分明的问题,就是教学价值之思的基本框架。在任何时代,对任何教学生活世界中的人,这六个问题都存在。不变的,是这六个问题本身;变化的,是时代,是不同时代的个体与社会的需要,是个体和社会对教学的需求,是对这六个问题的不同回答。因此,尽管不同的时代赋予了这六个问题以不同的回答,然而这六个问题本身却不会随着时代变迁而改变。正如"现代课程之父"——拉尔夫·泰勒提出的、对于课程开发具有永恒意义的四个问题一样[1],这六个关于教学价值之思的问题也是作为价值之学的教学论研究的永恒话题。

2. 对基本框架的思考

紧接着要探讨的,不是对这六个问题的具体回答,而是关于教学价值之思的基本框架的合理性。这种探讨指向一个共同的问题:作为价值之学的教学论研究为什么一定要回答这六个问题?通过归纳,这六个问题可以简约为三组基本关系:个体、社会对教学的需求和教学满足这些需

---

① 泰勒. 课程与教学的基本原理[M]. 施良方,译. 北京:人民教育出版社,1994:2.

求应具有的属性;教学满足这些需求与教学应选择什么样的中介;个体对教学的需求与社会对教学的需求。

　　作为价值之学的教学论研究为什么一定要思考第一个关系？这里仅就个体对教学的需求与教学满足这种需求应具有的属性进行探讨。教学生活中的人,特别是师生,始终对教学抱有这样的期待:通过教学,他们的一些需要能够得到直接的满足。这些需要主要包括:求知的需要、以智慧愉悦心灵的需要和审美的需要。对于教学生活中的人来说,能够满足这些需要的教学,便是有价值的、有意义的,否则,便是多余的、无价值的。谁会拒斥充满知识乐趣、求知智慧、审美享受的教学!"不知老之将至"的孔子,"一箪食,一瓢饮,居陋巷"乐而忘忧的颜渊,弃官从教四十载的朱熹,便是明证。谁又甘愿在寥无知识乐趣、求知智慧、审美享受的教学中虚度光阴! 古往今来,教学之所以存而不废,就在于教学的永恒魅力:以知识启迪人的智慧,以智慧引领善的人生。古希腊哲学家苏格拉底"德性就是知识"的至理名言,说的就是知识、智慧、善的人生之间的关系①。现实中,那种被异化了的教学——强求教学提供教学本身所不能直接提供的东西,背离了教学的真义与价值,不但不能满足教学生活世界中的人对求知、智慧和审美的需要,反而使人视教学为异物,视进课堂为畏途,在精神上逃离课堂和学校,师生关系紧张。"书中自有千钟粟,书中自有黄金屋,书中自有颜如玉"及其现代演绎,便是这种被异化了的教学的典型写照。于是,个体对教学的需求,与教学满足这种需求的现实之间,便形成了尖锐的对立与冲突。因此,对这种对立与冲突进行研究,从学理上回答:什么样的教学才能满足个体对教学的需求,就成为作为价值之学的教学论研究必须回答的首要问题。

　　作为价值之学的教学论研究为什么一定要思考第二个关系？思考这个关系的必要性在于:现实的教学不能很好地满足个体和社会对教学的需求这一严峻现实。导致这种状况的重要原因是:教学用以满足个体、

---

① 赵敦华.西方哲学简史[M].北京:北京大学出版社,2001:35.

社会需求的中介(既有知识和语言)出了问题。现实中,教学借助于语言在既有知识的传授中无谓地消耗了太多的时间、精力和智慧。首先,既有知识的传递与接受,把教与学机械地联结在一起,教学过程变成了一种从传递到接受的单向度知识灌注,缺乏不同观点之间的碰撞,缺乏师生间的交互作用,没有新质产生。教学俨然"一台简单的动力机械装置",进去的是"水(既有知识)",出来的还是"水",却没有变成"牛奶"(由既有知识孕育出的新观点、新思想)。教学缺乏知识创新与创造,无意义地重复着,"空转"着。这样,既有知识的教学对于师生所具有的价值,便非常有限了。其次,教学对语言的崇拜,使教学维持在一种低层次上。现实中,既有知识的教学主要借助于语言,包括口语与书面语。相信语言能透彻地阐明知识,是这种教学的前提假设。但是,语言真的能透彻地阐明知识吗?不能。哲学家波拉尼把知识分为"可言明的、浅层次的知识"和"未可言明的、深层次的知识"[①]。语言能有效地传递知识的浅层,而对于知识的深层,语言是无能为力的。关于语言传递知识的局限性,德国生存意志主义哲学家叔本华做了一个形象的比喻:"这种知识(可言明的知识)不过是探索者留下的足迹而已,我们也许看清了他所走过的路径,但我们不能从中知道他在一路上看到了些什么(未可言明的知识)。"我国晋代大诗人陶渊明,"采菊东篱下",于"山气日夕佳"的美妙景色中,见到"飞鸟相与还",虽然感悟到"此中有真义",但却"欲辩已忘言"。对于这实实在在的"真义",为什么这位大诗人居然只能保持缄默?是语言修养不够?否!故弄玄虚?否!是他感到:任何语言所能表达出来的,都不再是他所感悟到的"真义",而这种"欲辩已忘言"的空灵与充实,正是诗人所能寻觅到的、对"真义"的传神表达[②]。语言所能传递的,仅是知识的一小部分——可言明的、浅层次的知识,以语言为媒介传递全部知识的企图,恰好是语言崇拜在教学上的表现。这样的教学所能

---

① 徐继存.教学论导论[M].兰州:甘肃教育出版社,2001:70.

② 宗白华.美学散步[M].上海:上海人民出版社,1981:25–28.

表现的,只是知识的浅层世界,根本无法引人潜入知识的深层世界。因此,如何改进以既有知识为中介的教学,增强其创新性和创造性,如何借助语言之外的其他中介引人进入深层的知识世界,把教学从语言的捆绑中解放出来,充分释放教学满足个体求知、求美、求创造、求善的巨大能量,是作为价值之学的教学论研究必须给予理论思考并做出的重要回答。

作为价值之学的教学论研究为什么一定要思考第三个关系? 个体与社会在价值追求上常处于一种张力状态之中,突出地表现在:个体对身心自由的无限追求与社会对这种追求的有限约束。全然不顾个体追求身心自由需要的社会,是不可延续的,因为个体身心自由是其生存的必需品而非可有可无的点缀品,没有了这种自由,个体生存会遭遇最大的危险,更不必奢谈生存质量了。由一群没有身心自由的个体组成的社会,其不可延续性是可想而知的,"不自由,毋宁死",形象地表达了身心自由对个体生存所具有的意义;完全放纵个体身心自由的社会,在现实中并不存在,因为人是社会性动物,人不可能脱离社会而生存,犹如人不能抓住自己的头发脱离大地一样。如果说全然不顾与完全放纵是个体与社会关系的两极,那么,个体对身心自由的追求与社会所能允许的范围之间的平衡,便是个体与社会关系的"中道"。从某种意义上讲,一部人类社会的发展史,便是社会不断为个体追求身心自由提供条件的历史,这种条件的性质、范围和程度,表明了社会的文明程度和宽容程度。个体与社会之间的这种张力关系,突出地表现在教学上。教学生活世界中的个体对追求智慧、自由思考、创新知识的需要,是教学展现其魅力的前提,也是教学实现对个体所具有的价值的关键。知识创新导致社会变革,这种变革有时是如此剧烈,以至于与其说是对现有社会的变革,还不如说是对现有社会的颠覆,正如"太阳中心说"给西方基督教社会带来的颠覆性影响一样。当由知识创新带来的社会变革超出了现有社会所能承受的程度时,社会必然对之加以控制,因为对社会控制的突破,不仅意味着学术思想的活跃,同时也意味着社会的混乱与动荡。标志着我国学术造诣巅峰的"百家争鸣"与春秋战国时代的社会动荡相伴而行,汉武帝时代的大一统社会与"罢黜百家,独尊儒术"的文教政策先后出现,绝非历史的巧合。一个变革受到控制的社会,是知识创新最大的环境障碍。这样,教学便处于个体与社会之间的缝隙中,两者都不可抛。抛却对于个体自由心灵的价值,教学便真正失去了其存在的正当性,成为多余之物;抛却对于社会存续的价值,教学便成为不合社会时宜的累赘,无以自存。在个体与社会关系的历史演进中,教学总是在对于个体的价值和对于社会的价值之间做"钟摆式的运动",在师生关系发展史上,"教师中心论"与"儿童中心论"总是各执一端,争论不休,相持不下,就是这个原因。因此,思考教学对于个体身心自由的价值与教学之于社会存续的价值,寻找两者之间的平衡点,就成为作为价值之学的教学论研究无法回避的课题,而且随着个体的发展与社会的进步,个体与社会之间的这种辩证关系呈现出不断变化的动态发展趋势,使得对这一问题的思考具有了永恒性。

（三）作为价值之学的教学论研究面临的困境

思考教学价值研究面临的困境,必须回答两个问题:第一,教学价值研究究竟面临着什么困境? 第二,导致这种困境的外部和内部原因是什么?

1.教学价值研究面临的困境

对上面所提出的六个问题,教学价值研究必须做出明确的理论回答,因为现实的教学实践需要明确的教学价值作指导,没有明确的教学价值作指导的教学实践,必然失去方向,陷于混乱。但是,由于社会处于转型过程中,旧的个体与社会的价值关系正在发生深刻的变化,对教学实践失去了规范作用,新的个体与社会的价值关系又尚未完全建立。这样,如何回答这六个问题,教学价值研究沉默了,失语了。在明确回答与沉默失语之间,教学价值研究处于苦闷、迷茫、彷徨、困惑之中。这就是作为价值之学的教学论研究所面临的困境。

2.导致这种困境的外部和内部原因

（1）外部原因。导致这种困境的外部原因，是社会的政治、经济、文化转型。其中，文化转型最漫长，也最深刻。这里仅从社会文化的角度，探讨导致这种困境的外部原因。文化，是人们生活所需要的一切，其核心是人们持有的信仰体系和价值系统[①]。

中国式伦理，指"人与人之间在情感的基础对彼此所负有的一种义务"[②]。人与人被网络在以情感为基础、以义务为纽带的伦理关系中。从中国式伦理演绎而来的"五常"，成为中国人处理人际关系的共同准则。重情重义，是我国传统社会文化的典型特征。法律，是西方文化的重要精髓，其实质是主张与保护个体权利。把权利留给自己，相互苛对方以义务，是西方社会的重要特征。中国传统社会偏重义务，西方社会偏重个体权利，两者是性质不同的两种社会。

近代以来，这两种性质不同的社会发生了激烈的碰撞。迫于西方文化的强烈冲击，中国传统社会开始转型，延续至今而尚未结束，其实质是中国传统文化信仰体系与价值系统的变迁。清末民初的"中体西用""全盘西化"，当代中国提出的"和谐社会"，无一不是以这种社会转型为背景。这种转型虽然复杂，但路径却清晰可辨：由强调情感义务的伦理社会向注重个体权利的法治社会变化、由强调个体绝对服从团体利益的社会向注重团体为个体利益服务的社会变化。社会转型使我国传统文化对个人与社会关系的价值规定正在发生深刻的变化，"只知有家、有国、有天下而唯独不知有自己"的传统中国人逐渐向注重自己合法权利的现代中国人转变。但是，由于深厚的历史积淀和巨大的历史惯性，以社会本位为特征的中国传统文化在现代中国社会仍有一席之地，指导着部分人的日常生活，以个体本位为特征的新型价值关系在当代中国还远远没有确立，没有获得全体社会成员的价值认同，更没有化为全体社会成员

---

① 梁漱溟.中国文化要义[M].上海：上海世纪出版社,2005：6.
② 梁漱溟.中国文化要义[M].上海：上海世纪出版社,2005：72.

的日常生活实践,新旧价值体系的交替仍在继续。因此,人与社会之间的价值关系,在当代中国仍处于这样一种复杂态势:以人为本的新型价值体系和以社会为本的传统价值体系同时并存,犬牙交错,导致教学价值研究茫然不知所归。

(2)内部原因。人与社会价值关系的这种复杂态势,也反映在教学价值研究上。社会转型时期,传统所固有的哪些因素仍然符合现代社会需要而应加以继承,现代社会所需要的哪些因素传统中没有而需加以培育,如何整合传统与创新以构造个体与社会之间的新型价值关系,尚有待进一步探索。在这种背景下,教学对个体的价值和教学对社会的价值常常因为性质上的巨大差异而无法兼顾,不能同时得以满足。儿童本位的教学价值观和社会本位的教学价值观之间,存在尖锐的对立。前者因不能很好地契合现存社会对教学的需求而无法在教学中变为现实,后者因其压抑儿童自然天性的倾向而已经在教学中遭到抵制。如果把儿童本位和社会本位看作教学价值连续体的两极,那么,在这个教学价值连续体中,是否存在一个"价值中道"呢?在社会转型时期,这种"价值中道"存在的可能性几乎没有,因为在个体与社会之间的新型价值关系尚未确立的情况下,教学价值"钟摆",无论"摆"到教学价值连续体的哪一点,无论偏向个体或社会的哪一方,都会遭到另一方的抵制而部分地丧失合理性,性质完全不同的东西方社会碰撞及其所导致的文化变迁和社会转型,并没有给教学价值之"摆"留下回旋空间。这样,我国传统社会条件下所形成的、教学对个体的价值和教学对社会的价值在社会本位基点上所实现的平衡关系,在社会转型的新情况下被打破,走向尖锐的对立。怎样在新的社会历史条件下正确地处理教学的个体价值与社会价值的关系?在社会转型时期,我们究竟需要什么样的教学价值观?对于这些必须思考并做出回答的问题,作为价值之学的教学论研究却难以做出基于合理价值判断的理性回答,这就是导致这种困惑的内部原因。

三、教学论研究的脱困之路

作为事实之学的教学论研究与作为价值之学的教学论研究,各自面临的困境不同,导致这些困境的原因不同,因此,摆脱困境的出路也不同。

(一)作为事实之学的教学论研究的脱困之路

1.提高教学论研究者的科学素养,建立和完善学术规范,树立学术信念,加强教学论史研究

作为事实之学的教学论研究,其研究对象是不以人们主观意志为转移的客观"教学事实"。这在客观上要求研究者不能把个人主观意见掺杂进研究对象之中,必须在教学事实研究中保持一种"价值中立"的研究态度。否则,教学论研究便部分地蜕变为研究者表达个人主观意见的活动,缺乏应有的客观性、科学性和指导教学实践的有效性。"价值中立"的研究态度,是教学论研究者科学素养的核心要素。

建立和完善学术规范,形成一套被教学论研究者广泛认同、在教学事实研究中得到普遍尊重的科学话语体系,防止由于机械套用其他学科基本概念而造成的教学论话语体系的混乱现象。整理、归纳和梳理教学论发展史,弄清楚教学论研究所关注的问题的历史演变脉络,接续研究的历史,注重研究的学术积累,防止因对教学热点问题过分关注而造成的教学论研究方向摇摆不定和不利于学术积累的"虚假繁荣",使教学论研究队伍成为一个有一定学术背景限制、有共同学术信念的科学共同体。

2.加强数学方法在教学事实研究中的应用,提高教学论知识的可靠性

作为事实之学的教学论研究,其对象是可观察、可测量的"教学事实"。这内在地要求教学论研究者必须具备一定的数学修养,能够应用数学方法描述"教学事实"之间的数量关系,形成关于"教学事实"的全景式数量关系图景。只有这样,教学事实研究所获得的教学知识,才可能

突破时空限制,具有可重复性和可靠性,对教学实践的指导才可能具有普适性。

(二)作为价值之学的教学论研究的脱困之路

人一来到世间,便无可选择地被既有社会文化所笼罩,受其熏陶与影响,深深地打上了既有文化的烙印。不仅如此,人还是"能利用符号去创造文化的动物"①。正是在这一过程中,人实现了基于传统的文化创新。在人与社会之间的价值关系问题上,只有既弄清文化传统对个体与社会关系的价值规定,又明了社会转型和文化变迁对这种价值关系的新要求,尊重文化传统,实现传统和现实的对接与整合,"以人为本"的新型教学价值关系才能在传统文化这块沃土上"生根开花"。没有前者,"以人为本"的新型教学价值关系便割断了与文化传统的"脐带",失去了传统文化这块沃土的滋养。个体与社会之间的这种新型教学价值关系,要么由于人们对文化传统的留恋而遭到抵制,要么被人们对乌托邦("以人为本"的新型教学价值关系)的狂热所葬送;没有后者,个体与社会的教学价值关系便会外在于社会转型和文化变迁,一味囿于传统,趋于封闭和保守,被现代社会所抛弃。

因此,加强对社会转型和文化变迁的前瞻性、基础性研究,把握人与社会之间价值关系变化的历史动向,在"以人为本"的新型价值关系引导下,以个体为基点,以知识创新为纽带,实现教学的个体价值和社会价值在新的社会历史条件下的动态平衡,是教学价值研究摆脱困境的一条出路。

---

① 卡西尔. 人论[M]. 甘阳,译. 上海:上海译文出版社,1985:4.

第 7 篇

教学论研究三十年：
实然之境与应然之策[①]

改革开放三十年来，我国教学论研究以其不同的视角和研究重点，呈现出阶段性特征。从价值取向上看，经历了复归理性阶段、理性与非理性相统一阶段、主体性教学理论发展阶段以及关注教学本体阶段[②]；从研究方法上看，经历了恢复重建阶段、借鉴移植阶段、问题反思阶段和自主创新阶段；从研究的内容和关注热点来看，经历了清理地基恢复秩序阶段、关注教学效率与提升教学质量阶段、关注教学生态与价值生成阶段。从我国教学改革发展历程与脉络来看，经历了自发散点式变革阶

---

① 本文发表在《西南大学学报(社会科学版)》2009 年第 6 期。
② 靳玉乐,李森,沈小碚,等. 中国新时期教学论的进展[M]. 重庆:重庆出版社,2001:
2-15.

段、实验探索阶段、适应新课程阶段、整体性改进与变革阶段等①。改革开放三十年正是教学理论与实践相互照应、共同发展的三十年。教学理论研究和教学实践改革的重点从关注质量与效益到关注师生共同成长，从少数人参与到整体推进，从被动适应到主动变革提升，从争取学科独立到致力学派创生。伴随着社会前进的脉搏和开拓创新的足迹，中国当代教学论风雨兼程，步入而立之年。纵观三十年的兴衰荣辱，在引进、批判、继承、反思、重建的过程中不断前行，历史性的进步与令人深思的问题形成了教学论当代发展的实然之境。在新的历史时期，中国教学论要科学把握发展趋势，树立学科意识，形成研究风格，建构有中国特色、中国风格和中国气派的教学论学科，成就光荣与辉煌，是教学论发展的应然之策。

一、三十年来教学论研究取得的成就

改革开放三十年是我国教学论全面发展和建设的重要时期。中国教学论经历了"艰苦卓绝的探索和富有想象力的建设"②，从雏形快速发展为相对独立且日渐成熟的学科，实现了从传统教学论向现代教学论的有效转换。研究成果日益丰富和多样，研究水平不断提高，研究基础日益宽厚，研究视角更加宽广，研究方法丰富多元。

（一）教学论学科体系日趋完善

随着教学论研究的深入和改革实验的开展和推广，教学论学科内部日益发展为彼此关联，相互促进，动态整合的教学论学科群。首先，遵循分析与演绎的逻辑思路和框架，对教学论体系进行深入和细致的分析，逐渐将教学论分化为教学过程论、教学原则论、教学目的论、课程教材

---

① 杨小微.在全国教学论专业委员会学术会议上的发言[R].上海:上海师范大学,2008－11－07.

② 蒋建华.中国教育研究需要中国气派:北京师大教育学院郭华博士访谈录[N].中国教育报,2004－05－15.

论、教学方法论、教学技术论、教学模式论、教学策略论、教学评价论、教学管理论等研究领域。其次,在教学论的应用研究领域形成了分段教学论(学前教学论、小学教学论、中学教学论、大学教学论、成人教学论等)和学科教学论(如语文教学论、数学教学论、外语教学论等)。第三,按照归纳整合的逻辑框架,教学论研究还形成了跨学科的综合性学科,如教学伦理学、教学生态学、教学社会学、教学心理学等。第四,通过学科借鉴、转化和整合,形成了诸多教学论交叉学科,如教学控制论、教学系统论、教学信息论等学科群。经过三十年的发展,教学论形成了既包括基础性学科群又包含拓展性学科群,既有关注存在的本体性学科群,又有关注认识规律和价值的学科群,形成了具有学科群落、理论集块和多维结构的新格局,展现出教学论立体式图景和全面发展的学科框架。

（二）教学论研究方法日渐成熟与多元

教学论研究者不断探索适应本学科的研究方法体系,形成了从各种哲学方法到一般科学方法,从普遍意义的方法到各种具体的个别方法的日益成熟多元的教学论研究方法体系。随着大量新兴研究方法被广泛应用,跨学科交流与合作得到充分发展,多学科方法借鉴、移植与改造被大量吸收到教学论方法体系中。也正是由于研究方法的进步,才推动了教学论研究的繁荣和实质性进展。一方面教学论研究丰富和扩大了如哲学、心理学、卫生学、伦理学等相关学科的研究视角和内容,使得这些学科的研究得到深化与发展;另一方面,大量相关学科如语言学、思维科学、人类学、社会学、创造学等从不同角度渗透到教学论研究中,使得教学论充分吸收多学科的研究成果与方法,为教学论研究注入了新的活力。教学论研究方法日益丰富、成熟和多元,学理性思辨与教学实验紧密结合,书斋与田野相互对话与照应,定性研究与定量研究彼此协调互补。

（三）教学论研究内容日益丰富,知识积淀更加深厚

教学论研究由初期大量引进国外教学理论,开阔了多年被禁锢着的

思路①,发展到20世纪80年代后期不断自主探索与创新教学理论与实践,内容日益丰富。以发表和出版的科研成果为例,三十年来,各种教育期刊上发表数以万计的教学方面的论文,出版了大量教学论专著与教材,推出了大批各级各类教学改革课题和项目。通过CNKI检索,近三十年来,以"教学"为主题词的论文95000余篇,论文标题中直接包含"教学"的文章也达50000余篇,以"教学论"为题名,仅教育类核心期刊就收录490余篇。大批教学论教材与专著相继出版,其中教学论专著近600余种。数量庞大的各级教改课题也纷纷开展和推广研究。有关教学的新理论、新方法、新概念、新术语大量涌现。在教学论的基本范畴研究上取得了丰富的成果,比如教学本质、教学目的与目标、教学模式与方法、教学理论与教学实践等问题。教学论知识基础形成了包括纯理论的思辨启迪性知识、偏向应用和多学科结合的拓展性知识以及体现教学论方法的应用性知识在内的多样化知识结构。20世纪90年代末,我国新一轮基础教育课程改革逐渐兴起,给教学论研究提供了全新的问题域和丰富的实践域,为教学论研究提供了肥沃的生长土壤。同时,教学论研究对象也由简单抽象发展为复杂具体,即由主要研究"教学规律""教学本质""教学活动"等抽象问题,发展为研究教学改革与实践中的具体复杂问题,由主要从哲学、心理学为知识来源发展为多学科、跨学科理论汲取,扩展了理论基础,知识积淀日益丰富,逐渐影响教学论研究问题的取向。

(四)教学论研究队伍逐渐壮大,专业化程度不断提升

改革开放以后,教育学课程得到恢复,教学论从教育学学科中分化出来,并于1981年在全国范围内招收教学论专业硕士研究生,在全国大部分师范院校和教育科研机构中设立了课程与教学论专业,每年培养大量从事教学理论研究的硕士、博士研究生。据统计,全国现有14个课程与教学论博士点,80多个硕士点,形成了一支专门致力于教学论研究的队

---

① 王策三. 教学论十年[G]//《教育研究》杂志编辑部. 党的十一届三中全会以来中国教育科学的回顾与展望. 北京:教育科学出版社,1988:286.

伍。伴随着新课程改革的深入,教学改革试验扩大到全国范围,"校本教研"作为一种特殊的教研形式,使大量教学一线中进行反思实践型研究的教师也加入教学论研究队伍中来,进一步扩大了教学论研究队伍。

1985年6月成立了中国教育学会教育学分会教学论专业委员会,迄今已在全国范围内成功举办11届学术年会,并不定期地开展专题讨论会及国际国内各种类型的学术会议,加强了教学论研究者的联系,提升了研究队伍的专业化水平;不少省市和地区教育行政主管部门与高等师范院校联合成立了学会性质的课程与教学论专业委员会,各地中小学教师教研文化得到广泛普及,不同程度地提升了教师的专业化水平,涌现出一批有价值的理论与实践成果。

(五)教学改革与实验不断深入,教学质量不断提升

改革开放以来,我国开展了一系列教学改革实验研究。改革开放初期,为恢复正常的教学秩序,恢复高考,重新认定了传统与国外教学思想家的教学理论与思想,从政治层面给予教学及教学研究合法地位,随之,以提升学生基本知识和基本技能为目标开展了大量以"教法""学法"指导为特征的个体性教学改革实验,如尝试教学(邱学华)、上海青浦实验(顾泠沅)、异步教学(黎世法)、诱思探究教学(张熊飞)、情境教学(李吉林)、和谐教学(王敏勤)、十六字教学法(张思中)、三位一体教学法(马承)、中学数学自学辅导(卢仲衡)等,这些教学改革实验在一定程度上强调如何实现"双基"教学目标,反映出人们对"一堂好课"完整、效率、规范的迫切要求,提高和丰富了教师教学知识和技能。之后,为整体提升教育教学水平,我国教学论研究引入"交往""对话"等范畴,"主体性教育""生命实践教育""情境教育""成功教育""快乐教育"等一系列研究与实验广泛开展。这个阶段,人们在继续优化教学系统和质量的同时,大量关注学生智力因素与非智力因素在学生认知发展中的作用,关注学生对学习过程的理解和体验,关注情感、态度、价值观三维目标的实现。21世纪以来,多元文化、多种价值选择,教学的多重属性,哲学、社会学、文化学的多维解读,关注知识与发展、教学与生活、传统教学方法与现代

教学方法等关系的研究日渐丰富。以高校整体教学研究推动中小学全面改革实践、通过高校专家与中小学实践相结合,以先进理论相指导,着眼于学校整体改革与学生的全面和谐发展,在教学领域产生了积极的推动作用。

经过三十年的发展,从改革开放初期对国外教学思想的大量引入和对教学理论的强烈关注,到对新世纪我国教学论研究的自主探索创新与本土成长,我国教学论已经在诸多方面出现了可喜的局面。

二、教学论研究中存在的问题

三十年来,教学论研究的繁荣与成就有目共睹,而教学论研究仍然存在诸多问题,形成了"繁荣的低谷"与"贫乏的丰富"之间的典型矛盾。有人形象概括我国现代教学论发展的状态为"躁动、迷惘、困境、危机",也有人产生了"教学论为别的学科领地、殖民地"和"非教学论的倾向"[①]的批判与抱怨,还有人产生了"无根"与"漂泊"[②]之感。尤其是近十年来,对我国教学论发展的反思,已然成为每届教学论专业学术年会的主题。总体上看,教学论研究存在的问题既有来自教学论学者自身的焦虑与迷茫,也有来自教学实践者对教学理论有效性和合法性的追问,还有的来自其他学科研究者对教学论的问难与批判等多方面的困扰。

(一)教学论研究存在不当的价值取向

当前对教学论的价值判断主要存在三种错误倾向:一是"泛化"倾向,即将教学论研究等同于教育研究,认为教学论能研究和解决所有教育问题;二是"窄化"倾向,即否认教学论与相关学科的差异,将教学论等同于教学法、学习论等,忽视教学论整体系统的学科体系;三是教学论"消解"倾向,否认教学论独立存在的价值,即认为教学论不过是对其他学科成果的直接反映,未进行深入加工,只强调其他学科对教学论的意

---

① 张熙.试论"非教学论"研究倾向[J].教育研究,1996(10):47-50.
② 程亮.中国教育学:从"漂泊"到"寻根"[J].教育学报,2008(3):21-25,46.

义,用其他规律代替和类比教学特有规律,忽视教学存在的自身规律,忽视对其他学科发展的功能和作用。这些错误倾向一经恶化,将发展为教学论研究的"去学科感""去科学感""去历史感""去实践感"等学科游离和漂泊状态。

（二）教学论学科性质争议尚存

学科性质是学科定位的关键,学科性质是在学科的基础上,对其本质特征和基本形态的界定。学科体系的建立关键在于认识上逻辑思维的严密性与所反映客观事物本身发展规律的科学性。经过三十年的学科发展,通过不少学者的反复研究与争论,主要观点有教学论为理论学科、应用学科、理论外推型应用学科还是综合性学科等,也有学者因教学论研究体系的复杂性,将其定位为复杂学科。还有学者按照教学研究对象特征规定教学论学科性质,如有学者认为教学论主要研究教学客观规律,认为教学论学科性质是应该定位于教学事实、教学价值、抑或教学事实与价值的统一①。还有学者认为教学论学科性质主要表现为理论性、整体性、综合性、动态性、实践性等特征②。教学论学科性质是学科定位的基础,也是研究范型选择的前提,性质的不确定,导致许多学者对研究范式难以把握,进而导致研究"失范"（未形成科学的学术研究规范）。按照库恩学科范式的标准,我国教学论学科逻辑体系尚未达成共识,在强调对其他学科借鉴与吸收的同时,缺乏对学科间彼此转化条件及转化环节的深入研究,难以形成学术共同体。

（三）教学论学科范畴边界模糊

教学论学科与其他教育学学科边界不清晰,模糊了教学论学科的研究对象和关系,影响了教学论学科研究对象的独立性,未形成教学论"专属领地"。教学论的使命在于论证"教什么""学什么"及"怎么教""怎么

① 李森,潘光文.教学论研究的事实与价值之思[J].西南大学学报(人文社会科学版),2008(6):132-138.

② 李定仁,徐继存.教学论研究二十年(1979~1999)[M].北京:人民教育出版社,2001:22-29.

学"。"教什么""学什么"主要阐释"知识"(包括情感、态度、价值观)的选择问题,"怎么教""怎么学"主要阐释"知识"的传递问题,那么教学双方的知识选择与传递(教与学)及双方的彼此关系(师与生)成为教学论研究和实践的基本"范畴",其衍生范畴即包括教学概念、教学目的、教学任务、教学方法、教学组织形式、教学评价、教学媒介等等,这些构成了教学论学科的内容结构体系。然而由于这些范畴存在的前提,即"知识"内涵(理论性知识、实践性知识的人为对立)尚存在争论,造成知识选择的内容与形式、传递的方式与方法等范畴也存在争论。同时,由于各学科之间的分化与整合、借鉴与转化,在知识体系和研究方法上与其他学科存在彼此重叠交叉,学科间内容相互渗透,导致教学论研究未形成明确的范畴边界,而缺乏或失去教学论特有的学术领域与空间。

(四)教学论话语表达效用不足

效用是指教学论话语表达的适切性和科学指导性,即教学论话语的有效性和有用性。从适切性来讲,我国教学论研究者形成的话语体系,有人批评其为"传统话语迷失、西方话语泛滥",难以充分有效地表达和展示中国传统文化特征、本土化教学实践场域属性,因而这种话语体系难以获得广泛认同。已有的部分话语(理论文本与实践指导的话语),从表现形式看,主要体现为话语的"陈旧"与过于"新潮",陈旧主要表现为教学论教材体系相似度过高,教材的体例趋同,缺乏创新;新潮主要表现为理论上的拿来主义,不少新词汇、新概念及新术语层出不穷,由于文化背景与语言习惯的不同,再加上词汇引入者解释程度不够,缺乏独立的教学论逻辑结构,让人难以理解术语本身的真正含义,体现为教学理论指导性不强。同时,话语的指导性欠缺还体现在教学论理论研究者与教学实践者之间存在着彼此差异的话语体系,缺乏彼此理解的对话基础和素材,对教学观念、教学问题还存在差异的理解,广大实际教学工作者对理论话语的"陌生"[①]。目前,一些教学实践者对教学理论产生悲观、反感

---

① 陈震.中介、转化率与现代教学论的命运[J].中国教育学刊,1997(4):43-45.

和抵触情绪,主要原因也是教学理论在实践外推过程中效用不足,功能欠缺。因而有学者形象地概括为现代教学论的学科"失语"①②③与"概念混乱"④⑤。

三、教学论研究的趋势与应然之策

(一)教学论研究的趋势

反思三十年来中国教学论研究取得的成就与存在的问题,在新的历史时期,随着社会发展和时代变迁,教学论的发展与变革从研究取向上体现科学综合,研究视角倾向多元理解,研究方法综合互补,思维方式复杂多样等趋势。集中表现为以下三个方面:

第一,教学论研究从经验累积迈向科学综合。一直以来,人文学科的科学性遭受着尖锐的质疑和排斥⑥,教学论的人文性主要体现为其理论体系的经验性,但由于人文学科在自身发展中与"认知性"关联,又确实难以摆脱以自然科学为典范的"科学性"身影。教学论作为人文学科,在短暂的历史发展中,学科体系已经由封闭走向开放,不断从其他多学科发展中借鉴和吸收了科学的营养,教学论知识体系与方法体系已不再单薄,研究过程也由单纯的概念移植转化为方法借鉴、观点吸收及思想批判。无论研究方法还是研究过程对传统的经验累积式发展都有所超越,有所创新,在形式上既包括传统教学思想的现代表达,又包括人文关怀的科学展现。教学实践智慧与多种科学研究方法的有机结合是未来教学论研究的一大趋势。

① 裴娣娜. 从传统走向现代[J]. 教育研究,1996(4):17-20.

② 蔡宝来,王嘉毅. 现代教学论的概念、性质及研究对象[J]. 教育研究,1998(2):56-60.

③ 王兆璟. 教学理论问题的知识学研究[M]. 兰州:甘肃教育出版社,2004.

④ 张红霞. 我国课程与教学研究的困境与出路[J]. 教育发展研究,2005(3):39-43.

⑤ 高向斌. 教学本质研究与中国新世纪教学论学科建设[J]. 课程·教材·教法,2007(10):25-30.

⑥ 林毓生. 中国传统的创造性转化[M]. 北京:生活·读书·新知三联书店,1988:3.

第二,教学论研究从简单抽象到复杂生成。当前教学理论研究正从简单性思维向复杂性思维、从实体性思维向关系性思维转变,研究的视角也从单一迈向多元,研究的范畴逐渐由具体的个别概念与实体向整体的实践与关系发展;研究的主体由个别专家学者毕生努力,迈向集体智慧与构建研究共同体。从教学论三十年的发展可以看出,不论是研究对象,研究方法,还是研究思维都逐渐从简单抽象向复杂多样转变。教学论的研究过程、研究观点、研究结果呈现出建构性、合作性、开放性、历史性、动态性等特征,这些特征并非指标量化和简单抽象所能企及。教学过程的主体交往关系、认识关系、价值关系以及实践关系无不体现出其特有的生成性。生成与建构的过程不仅仅是理论的"认识发生学意义",更是在实践场域中教学主体之间的认识生成、关系生成、意义生成与价值生成。这个生成的过程也说明教学论发展必然由简单走向复杂的趋势。

第三,教学论研究从促进学科成长到弘扬学派精神。随着社会变革对教育事业需求日益增长,教学论研究从满足学科发展到满足自身发展与社会多元需求,教师、学生、行政决策部门、社会大众、研究人员等的多元需求是教学论发展的动力基础,其中,教学论自身的逻辑生长与理论丰富是教学论发展的内部动力,社会的多元需求与改进教学实践是教学论发展的现实动力。进一步完善教学论发展的功能和价值,是教学论持续向前发展的客观要求。"教育学者及其学术共同体、教育学产品、教育学研究实验基地三位一体的学科发展架构正在形成"①,三十年来学科发展也构建了教学论研究的基本体系框架,学科知识结构及认知实践场域,造就了学科发展所必需的框架、规模与质量。改革开放取得的巨大成就造就了不少学者强烈的学科意识和浓厚的学术情怀。然而,由于教学活动并非个别人的活动,它是社会整体运动的基本部分。教学研究改

---

① 靖国平. 从"学科立场"到"学派立场":论中国教育学的学派意识及其实践路向[J]. 高等教育研究,2006(1):76-81.

变实践、服务社会的功能绝不可能仅仅由个别专家来完成,它必然要求一个群体,一个有共同研究倾向的团队来推动整体教学改革的前进。教学论近年来集中表现出的"学科独立"困境,本土情感削弱与中国特色不鲜明等亟待解决的问题,以个体力量进入的彼此分散、局部的研究将会由于缺乏必要的规划与统整,造成理论视野的不完整和不深入。历史经验表明,学术研究必须由依赖个人能力转向凝聚集体智慧,由强调个人为主转向组织集体攻关,形成共同关注的研究主题,集中学术共同体的智慧,为大量产生的新理论、新范式提供实践的平台和思考的空间。树立学派精神,凝练中国特色、塑造中国风格、形成中国气派已经成为当前教学论学科发展的应然方向和目标。

(二)教学论未来发展的应然之策

科学分析教学论发展的成就与问题,应然趋势与方向,我国教学论研究者仍需进一步提升研究队伍的专业化水平,增强学科专业意识,重塑学科严肃性、规范性与学理性,科学划定学科边界,加强历史传统的传承与吸收,拒绝平庸而粗浅的话语,着力处理好本土与外来的冲突,传统与现代的激荡,多学科的砥砺碰撞,理论与实践的对话与交流,塑造教学论研究的中国风格与气派等重要课题,从根本上树立教学论内在的理论品质,将以下"六个相结合"作为教学论研究与发展的应然之策。

1. 全球化与本土化相结合

当今世界正处于一个全球化的时代,各种文明相互影响,全球化与国际化是教学论发展的必然趋势。伴随这种全球化的趋势,教学论研究对象将进一步呈现其复杂性和广延性,教学论研究需要进一步拓展思维空间,不断地同国外教学论领域和其他学科进行信息与方法论的交换,使教学论由相对封闭的系统,变革为一个充满活力的开放的理论体系,开放与吸收将不可避免地存在于教学论研究体系中。同时,如果在全球化背景中,中国教学论需要及时将相关学科思想及"西化概念"进行本土化①重构与必要的文化改造,在借鉴国外教学理论时,进行必要的中国式的解读与转化,及时树立本民族的话语特色和继承传统文化精髓,中国教学论将因缺乏独立和特色的话语表达而失去相应专业话语权,也难以影响和推进世界教学论的发展潮流。早在 20 世纪 80 年代,不少教学论研究者就已经意识到"文化仆从"心态所带来的教学论消解危机,如教学论文化适应不足、食洋不化、效用不良等问题,逐渐开始思考和致力于"中国方式"的教学论研究。随着中国本地研究队伍的扩大,教学论研究者也开始意识到本土化的学术共同体构建、研究方法规范及研究成果的本土成长等要素对学科发展的重要意义,用中国式的话语表达和研究中国教学问题,将教学论研究的"自我意识"转化为自主意识与行动,并应用于本土的实践场域。在教学研究过程中树立本土意识和专业意识,体现原创意识、求真意识、自主意识与民族意识,强化学术规范与评价机制,逐渐构架起中国方式的话语体系。同时将本土学术资源与西方的学术成就结合起来,中国式的本土化是全球化背景中的本土化,全球化又必须是建构本土化基础上的全球化,二者统一,彼此结合,不可偏颇。

2. 多元化与个性化相结合

多元对话与争鸣是理论研究向前发展的外部动力因素之一,一个理论问题的真伪与价值,往往需要多主体、多视角、全方位的反复的论证,对话与争鸣也是通过对彼此研究内容、方法、进程与成果形式进行再验证与再推论,在过程中达到成果价值重定或价值增值。多元化倾向已经成为教学论发展的趋势之一,不同视角、不同基本立场、不同观点的研究者将在庞大的多元化教学论学科体系中得到充分发挥。多元化与个性化实质上是一个问题的两个方面,多元化为个性化发展提供了环境与保障,个性化为多元化提供可能和条件。尊重多元化,也就是尊重个性化,没有不同个体彼此尊重,独立发展,就不会形成真正的多元化格局。教学论研究的个性化包含三个层次的内容:其一,保持中国化的学术态度,

① 吴亮奎. 教学论研究请关注"中国"的课堂 [N]. 中国教育报,2008 – 04 – 26(3).

坚持自我的学术风格,及时对外来理论与文化进行必要的理论重建与文化改造。其二,不同地区教学论研究还要保持地方化的研究取向,把握区域教育特色,并为区域性教育教学理论与实践服务。其三,坚持个人立场,突显个体价值。越来越多的个性化教学研究与实践将有利于形成多元互补、流派纷呈,百家争鸣的学科格局。在多元化背景中促进个性化教学理论的形成,鼓励独特的理论视角与实践主张,使多元化与个性化彼此结合,将有利于教学理论的本土成长和学术繁荣。

3.学科分化与整合相结合

在新的历史时期,与现代科技既高度分化又高度综合的发展趋势相一致,分化与整合相结合是教学论学科发展的必然趋势。教学论学科体系既有分化又有整合。分化主要体现在三个方面:一是在研究取向上的分化,如理论取向的教学论与实践取向的教学论,关注事实的教学论与关注价值的教学论;二是研究方法的分化,如定性(质性)研究的教学论与重视定量研究的教学论,重视传统的教学论与重视创新的教学论等;三是基础理论研究内容的分化,即按照知识体系的内容维度进行划分,如教学策略论、教学风格论、教学行为论等等。教学论研究的分化有利于教学论各个具体分支进行更深入的探索。我们对原来的或现行的教学论范畴和体系,不能人为阻碍其正常分化与科学变革。相反,应积极促进它的分化,通过教学论体系内部与外部的多类型的深入探索,进行必要的交叉与综合,逐渐生长各式各样独立领域或专门学科。同时,教学论学科体系的建设又必须防止一盘散沙式的各自为政,盲目分化,造成体系零散。在分化的过程中要注重教学论研究的整合,结合教学论研究的分析和解释框架,加强横向学科及相关学科的科学融合,如教学文化学、教学生态学、教学伦理学等等。这种整合既有利于学术共同体形成研究合力,又有利于建构完整的教学论学科结构,具有更普遍的学科意义。

4.科学化与人文化相结合

20世纪是教学论科学化确立时期,强调教学过程科学规律的探索与揭示,崇尚理论的科学性,追求认知的客观性,关注理论基础的合理性、理论内容的客观性、逻辑形式的严密性、系统构建的完整性等方面。这种现代化、科学化的研究取向为教学论的发展奠定了较好的科学基础。由于教学论研究同自然科学的差异性,教学对象的特殊性和复杂性,不能够完全复制自然科学体系建构的思路,因而在探索教学事实与科学规律过程中,新时期教学论研究还应更多关注教学理论的"价值"与意义。"人"是教学论存在的核心和基础,教学论的发展与当代哲学发展具有内在的一致性,即将目光凝聚在教育活动的主客体关系上,使教育活动中人的主体性问题成为教学论(本体论)的核心问题①,教学论主体化倾向将更好地在教学目的上突破以社会性抹杀个性的现象,实现学生社会化与个性完美的统一,突破唯理性的藩篱,在教学过程上实现师生双方主体间的共同作用,实现师生民主对话,这种对教学主体的人文关怀必将进一步促进教学论研究的人文化倾向。在21世纪,教学论研究将继续在科学化的进程中吸收有益的营养,提升教学论的科学性、指导性和有效性,既要借鉴和吸收19世纪对理性的追求,又要关注非理性的价值,既强调社会价值,又关注个人发展,既是科学的过程,更是生命的体验,不断提升"人"的存在意义,使科学化与人文化有机结合。打破东西文化二元对立,兼容并包,将客体化、机械化、知识化、概念化、工具化、个人化等片面科学文化纳入主体化、生命化、智慧化、直觉化、目的化、人伦集体化等人文文化整体考察,实现人文与科学的有机结合。

5.理论与实践相结合

教学论研究是一种价值承载的文化实践活动。既体现实践旨趣,又蕴含理论诉求,而实践取向是教学论研究的基本动力。从理论到实践与从实践到理论是较为常见的两种思路,前者是一种逻辑演绎的方法,后者是一种归纳总结的方法。20世纪初开展的新课程改革的前期推进方式主要是逻辑演绎的方法和取向,即先建构"先进"理论,再推广实验;新

---

① 邹进.主客体同一性与教育主体性的建立[J].教育研究,1988(2):37-42.

课程改革后期,教学论研究更加重视教学试验的实效性,不再一味"适应新课程",而是一定限度地变革和重构新课程。注重在教学生态中促进师生教学方式的整体变革,即通过实验过程中再生成和建构理论。一方面,越来越多的教学论研究者开始从文献研究走向实验研究,从书斋走向田野,从象牙塔走向课堂,走向一线教学,更多关注教学改革实践场域内部。教学论研究者将承担起指导、总结及反思教学实践的任务,关注教学理论与教学实践彼此的对话、交往与理解,有效实现情感共鸣,生成可理解的情境性话语。另一方面,教学理论也将更加注重一线教师丰富的实践智慧与反思成果,促进一线教师的自我指导、自我建构和自我提升,扩大实践话语权,建立实践与理论对接与生成机制,促进教学论理论与实践的更好结合。

6.体系建构与问题解决相结合

我国教学论学科自 20 世纪 80 年代以来,时而强调"体系意识",时而突出"问题意识"。最近几年,伴随着外界对教学论研究的批判及教学论内部的自我反思与审视,教学论研究视野逐渐扩大,问题研究日益深入,人们对教学问题与热点的关注超过了以往,教学论研究中理论批判、热点问题的思考以及相关社会因素的研究成为研究的主流。同时,不少学者已经意识到,追逐热点和零散的问题绝不能放弃和忽略教学论学科本身的建设。只有继续加强教学论学科的整体性和系统性,加强教学论本身内部问题的思考,才能有效提升教学论研究的内部动力与研究活力[1]。因而在新的历史时期,现代教学论研究既要重视体系建构又要把重点放在对教学实践的问题解决上,确立体系建构过程中的"问题意识"与"实践取向"。同时,进一步开放教学理论的学科体系,加强"问题"间的有效联系,确立研究主线,并以此加强各结构的有机联系和逻辑张力,使教学论学科保持体系完整、结构严谨,又能加强问题间的动态联合,关注个体问题和教育热点,建构教学论研究的对象域、问题域和概念图,切

---

① 胡定荣.论教学论发展的危机与范式转型[J].教育研究,2005(7):44–48.

实体现教学理论"求真""求实""求用"的多重价值。

通过六个结合的应然策略,进一步加强学科发展的规划性,提升社会声望与社会适应性,凝聚学术共同体,激发个性化、本土化创造活动。一个国家教学论的发展与繁荣,离不开教学论学科内部的反思与重建,离不开其他学科的借鉴与富有成效的交流、对话与争鸣,离不开丰富的社会文化基础与教学实践改革土壤,离不开研究者日益增长的求实创新、上下求索精神。在新的历史时期,中国教学论研究者应自觉参与到教学论研究的文化改造之中[①],积极形成较强的民族化、本土化、个性化意识,通过吸收传统文化精华,加强文化鉴别和自我反思能力,在批判与重构中促进理论的螺旋上升,在与国际先进教学论思想的交融碰撞中不断汲取营养,积淀实力、获取动力,并实现优势互补,促进各自理论体系不断完善、成熟与壮大,使我国教学论在国际教学论研究领域独树一帜。届时,我国教学论学科将成就伟大的光荣与辉煌。

---

① 潘光文,李森.论教学理论的文化改造[J].课程·教材·教法,2007(6):37-42.

第 8 篇

从美国教学论流派的创生看中国教学论的发展^①

从 20 世纪中期开始,知识教学与儿童发展的关系问题,成为世界范围内教学论研究共同关注的重要课题,德国、美国和苏联分别取得了以范例教学理论、发现教学理论和新教学论体系为代表的一系列理论成果,形成了德国、美国和苏联教学论三大流派。从规模和影响上讲,美国教学论是当今世界教学论界的执牛耳者。发现教学理论产生于 20 世纪 60 年代的美国课程改革运动,后经施瓦布、奥苏贝尔、布卢姆、罗杰斯等人的批判、补充和完善,又衍生出众多各具特色的教学理论,它们共同铸成了美国现代教学论的繁荣。新中国成立以来,我国教学论研究也一直在关注知识教学与儿童发展的关系问题,取得了一些理论成果,但始终没有形成独具特色的教学论流派。在大致相同的历史时期,美国教学论

---

① 本文发表在《课程·教材·教法》2008 年第 3 期。

流派纷呈,中国教学论流派却萌而不发,繁荣与沉闷之间的强烈反差,成为中国教学论界有识之士挥之不去的隐痛。痛定之后,反思与求索成为中国教学论研究者的自觉行动。"他山之石,可以攻玉",以开放的心态,参照美国现代教学论流派的形成历史,探索中国教学论流派的形成所需要的基本条件,乃是本文的旨趣所在。

一、学术流派解读

教学论是研究各种教学现象并揭示出隐藏在各种教学现象背后的规律的学科,是一种为解决实际教学问题而形成的独特的理论体系与方法,它是一门学问。要探讨这门学问形成流派需要哪些条件,首先还得追问一般意义上的"学术流派是什么"这一基本问题。所谓学术流派,有两大基本特征:第一,必须有"思",即一种学说必须对某一问题有学理思考,有独立的学术见解。第二,其"思"必须汇而成"流",涌而成"潮",即这种学术见解形成一种潮流,具有潮水般的冲击力。从创新的程度来看,学术流派可分为两种:分流意义上的学术流派和分支意义上的学术流派。

(一)分流意义上的学术流派

这种学术流派是指针对某一重大问题而提出的、具有独立流向的开创性学说,如儒家学说和道家学说等。由于社会阶层、政治倾向、职业实践等方面的差异,人们常常对共同面对的重大问题提出不同甚至对立的解决方案。这些方案常常为争夺主导地位而展开激烈的较量。在长期的较量中,这些方案沿着各自的道路深入发展,以至成为流向不同的学术流派。春秋战国时期,社会秩序随着宗法和封建的失效而陷入混乱。恢复社会秩序,成为当时所有人必须正视和解决的严肃课题。对此,寄身于周王室政权内部、分掌志事与推理的"知识分子",根据各自的职业实践先后提出了两套根本对立的解决方案,这些方案被系统化,就形成了儒家和道家。① 儒道两家在学术主张和社会理想上既根本对立,又相互补充,相生相克,相反相成,是典型的分流意义上的学术流派。

（二）分支意义上的学术流派

这种学术流派是指同一学说内部的不同学术分支,如两汉经学的今文经学与古文经学、宋明新儒学的陆王心学与程朱理学等。陆王心学和程朱理学,在学术性质上没有差异,同属新儒学,基本学术主张也相同,都主张复性,使被人欲遮蔽了的天理复归于清明之境。但是,两者在复性的具体途径上却存在着尖锐的对立。程朱理学主要以士大夫为主要听众,因而主张"道问学",读书明理。陆王心学主要以社会大众为宣讲对象,因而主张"尊德性",行"易简之教"。两者并行不悖,一个主要着力于社会上层,一个在社会下层用功,共同完成了新儒学的复性大业。两者在复性途径上的对立,使它们长期相互攻讦,并从中获得了丰富自身感受性的必要启示,成为新儒学中旗鼓相当的两大学术分支。

在美国现代教学论流派的历史演进中,分流和分支意义上的学术流派得到了清晰的表达。

二、美国现代教学论流派的历史演进

自杜威以后,美国教学论实现了以知识教学促进儿童发展的历史性转向。从此,儿童、活动和经验,成为美国教学论的时代主题。自 20 世纪 60 年代以来,发现教学理论、探究教学理论、有意义的接受学习理论、掌握学习理论、非指导性教学理论等先后涌现,美国现代教学论流派基本形成。从学术流派的角度来看,美国现代教学论流派的历史演进是沿着从分流到分支再到分流这条逻辑主线实现传承与变迁的。

---

① 梁启超.清代学术概论[M].北京:中国人民大学出版社,2004:13.

（一）分流意义上的美国教学论流派：发现教学理论

秉持科学主义，强调儿童通过发现学科基本结构而获得智力发展，是发现教学理论的显著特征。从产生的那一天起，这一教学理论就存在一些缺陷：适合智力超群的少数儿童，忽视大多数儿童对教学的正常需求；严重的唯理智倾向，不利于儿童的情意发展；教学内容太难，大多数学生难以适应，大多数教师也难以把握；等等。对这些缺陷，布鲁纳没有掩饰，而是以一个学者的良知和勇气在后来公开发表的文章中进行了深刻而坦诚的自我反思。在《教育过程再探》一文中，他承认："自己的假设过于天真，不切实际。……发现学习虽有这些优点，但不能完全代替接受学习。"[①]20世纪60年代中期以后，发现教学理论指导下的教学实践面临困境，不仅仅是由于理论本身的缺陷，还在于人们对它的误解甚至歪曲，这使发现教学理论在教学实践中被严重地形式化——重发现学科结构的形式，轻通过发现而获得学科结构的实质内容，被指责为"形式教育"。

发现教学理论的出现，标志着美国现代教学论形成了科学主义的发展路向，它对其后的教学理论产生了重大影响。施瓦布、奥苏贝尔和布卢姆等人的教学理论，仍然坚持科学主义取向，可以说它们主要是对发现教学理论的缺陷的完善。罗杰斯的人本主义教学理论，是对发现教学理论的反动。正是在这种意义上，发现教学理论在美国现代教学论发展史上具有承先启后的作用，属于分流意义上的教学论流派。

（二）分支意义上的美国教学论流派：施瓦布、奥苏贝尔和布卢姆等人的教学理论

施瓦布、奥苏贝尔、布卢姆等人的教学理论，主要是针对发现教学理论的特定方面所做的澄清、完善和深化。虽有所创新，但它们仍然秉持科学主义取向，与发现教学理论并无性质上的不同。因此，这些教学理

---

① 顾明远.教育大辞典：增订合编本　上[M].上海：上海教育出版社,1998:806.

论都是分支意义上的学术流派。

1. 探究教学理论

探究教学理论侧重于阐明关于学科基本结构的教学方法,这弥补了侧重于教学内容的发现教学理论在教学方法上的不足。[①] 不仅如此,探究教学理论还是对发现教学理论的深化。施瓦布提出了"探究的科学"与"探究的教学""固定性探究"与"流动性探究""探究之探究"等概念,指出儿童获得的知识是探究过程的自然结果,而不是越过探究过程通过灌输与记忆而直接获取的;探究教学的宗旨,既在于儿童通过探究过程获得知识,也在于形成和发展儿童探索未知世界的科学态度与能力;探究教学不仅是对已经成为科学结论的知识的再验证,而且也包括对新问题的创造性探索。[②] 施瓦布严厉地抨击了脱离科学内容单纯地教授"科学方法"的形式主义做法,称这是"科学方法"在教学中的泛滥。其实质是以方法的机械训练代替儿童的智力活动,它抽干了内在于科学方法的实质内容,使科学方法变成了一种不可理解的东西,使探究变为一种为探究而探究,而不是为知识而探究的无意义行为。这样,探究教学理论不仅澄清了人们对发现教学理论倾向形式主义的误解,还从教学方法的角度给予了后者必要的完善。

2. 有意义的接受学习理论

奥苏贝尔指出:并非只要是发现学习,就一定会导致在学习者的认知结构与学习内容之间形成有意义的联系,发现学习所导致的联系,也可能是机械的。奥苏贝尔肯定了有意义的发现学习的价值,也明确指出了机械的发现学习的弊端。奥苏贝尔关于发现学习的见解,使人们对发现教学有了更加清晰的认识,有利于人们对发现教学保持一种警惕的理性态度,破除对发现教学的迷信。在抨击机械的发现学习的同时,奥苏贝尔还着力研究了有意义的接受学习,形成了独具特色的有意义学习的理

---

① 杨启亮.困惑与抉择:20世纪的新教学论[M].济南:山东教育出版社,1995:221.
② 李森,于泽元.对探究教学几个理论问题的认识[J].教育研究,2002(2):83-88.

论。奥苏贝尔关于接受学习的研究,使人们在选择学习方式时多了一种选项,不仅可以选择有意义的发现学习,而且也可以选择有意义的接受学习。不论是选择发现学习,还是选择接受学习,关键在于所选择的学习方式是否能产生有意义的学习,而不在于它是被称为发现学习,还是接受学习。如果说奥苏贝尔关于发现学习的论断,是对发现教学理论的完善,那么奥苏贝尔的有意义接受学习理论,便是他对发现教学理论的创新,是对美国现代教学论的理论贡献。

3. 掌握学习理论

布卢姆掌握学习理论的核心是运用教育目标分类学和教育评价理论的知识,测定和改进导致学生学习产生个别差异的教学变量,使每个学生都能获得发展。追求所有学生在认知、情感和动作等领域都获得发展,是掌握学习理论有别于发现教学理论的显著特征,因为后者只对少数英才的学习有意义,而且局限于少数人在智力上的发展。从这种意义上讲,掌握学习理论确实对发现教学理论具有纠偏和补救的作用。掌握学习理论的形成与受到普遍重视,是 20 世纪 60 年代后期至 70 年代的事情,而在这段时期内,美国教育质量普遍下降,社会舆论将其归咎于学科结构运动,美国社会对英才教育普遍失去信任。两者在时间上的重叠,不应被视为一种巧合,而是一种历史的必然。可以说,布卢姆在一个恰当的时间提供了美国社会和学校教育所需要的东西,是他在美国社会舆论对发现教学理论的一片责难声中开出的一剂教育良方。因此,我们有理由认为:发现教学理论把自己的服务对象锁定在少数英才,局限于这部分人的智力发展。这种缺陷为掌握学习理论的形成提供了足够的理论成长空间,而美国社会对这种缺陷的清醒认识以及随之而来的巨大舆论压力,则为掌握学习理论的形成提供了充足的动力。

(三)分流意义上的美国教学论流派:非指导性教学理论

当罗杰斯以人本主义眼光打量发现教学理论时,他发现了该理论的另一副面孔:唯理智、科学主义倾向、对儿童丰富人性的巨大压抑、非人性化、非人道等。虽然布鲁纳本人也意识到了课程现代化运动容易产生科学主义的偏向,①但是他的这种警觉被当时汹涌的科学主义浪潮淹没了,发现教学理论深深地烙上了科学主义的时代印记。发现教学理论忽视儿童在教学过程中的情意发展,在教学实践中遭到来自儿童的普遍抵制,这成了催生非指导性教学理论的强大动力。可以说,没有发现教学理论在科学主义道路上的极致诉求,也不会产生以人本主义为价值取向的非指导性教学理论。

非指导性教学理论是对发现教学理论的反动,是对发现教学理论的重大突破,它走出了发现教学理论所预设的科学主义方向,而这是施瓦布、奥苏贝尔、布卢姆等人的教学理论所没有做到的。非指导性教学理论坚持人本主义,开辟了美国现代教学理论的人本主义新天地。在美国现代教学论史上,它享有足以与发现教学理论相抗衡的学术地位,是分流意义上的学术流派。

三、中国教学论流派形成的基础和精神凭借

美国现代教学论流派的形成过程,对创生中国教学论流派具有重要的启示意义。这便是:只有建立在适当的基础之上,中国教学论流派的形成才能获得足够的滋养,只有给建立在这个基础之上的教学论研究贯注某种精神品质,中国教学论流派的形成才能获得可信赖的凭借和持久的动力。

（一）中国教学论流派形成的基础

什么是中国教学论流派形成的可靠基础? 长期以来,我们从方法论的角度,把哲学、心理学和科学技术等视为教学论的基础。哲学、心理学和科学技术等是普通教学论的基础,即撇开了中国这个特殊因素的教学论的基础。它们仅是中国教学论的方法论基础,是基础的一部

---

① 钟启泉,黄志成.美国教学论流派[M].西安:陕西人民教育出版社,1993:28.

分而非全部。普通教学论要具有中国特质,成为具有中国特色的教学论并形成流派,不仅要有方法论基础,还必须具有一定的社会基础和实践基础。

1. 中国教学论流派形成的社会基础:中国社会

从美国现代教学论流派的历史演进中,我们可以清楚地看到:发现教学理论是当时美国社会催生的结果。20 世纪 60 年代,苏美两国激烈对抗,苏联在某些领域的领先地位,动摇了美国人的优越感,危机意识弥漫当时的美国社会。振兴学校教育,造就优秀科技人才,是美国人选择的摆脱危机之路。正是在这种社会背景下,发现教学理论走上了历史的前台。中国社会有源远流长的文化传统,这是形成中国教学论流派必须考虑的社会历史基础,否则,教学论难以扎根中国社会。当代中国社会正在发生深刻而迅速的变化,政治民主化进程加快、经济转型、新社会阶层出现等,是这种变化的重要标志。社会领域的变革必然引起学校教育的相应变化。中国教学论应以"舍我其谁"的历史使命感,把这些因学校教育变革而产生的教学问题囊入自己的研究范围。以中国幅员之辽阔、经济发展的地域差异之大、民族之众多,对全局性的重大教学问题和区域内普遍存在的教学问题,教学论应该发出不同的声音,进而形成不同的教学论流派。因此,剧变中的中国社会,是中国教学论流派形成的社会现实基础。但是,由于西方文化霸权的影响,教学论对中国文化传统中的合理因素继承不够,由于当代中国正处于剧变之中,要及时地把握这种剧变给教学领域带来的变化并非易事,这些导致教学论研究对中国社会及其当代发展缺乏必要的感受力,教学论研究不仅在整体上滞后于当代中国社会的发展,而且在一定程度上外在于中国社会,两者处于相互隔膜状态。缺少中国社会这块沃土的滋养,对形成中国教学论流派极为不利。

2. 中国教学论流派形成的实践基础:课堂教学

教学论专业工作者的教学研究,是以专业的眼光对学校教育中已经存在或正在发生的实际教学问题的研究。因此,教学研究必须关注教学实践,尤其是课堂教学,必须倾听社会舆论对教学实际问题的反映。探究教学理论、有意义的接受学习理论、掌握学习理论、非指导性教学理论,无一不是在研究教学实际问题的过程中产生的,美国现代教学论流派的形成得力于对教学实践的密切关注。毋庸讳言,这些年来,由于各种原因,我们的教学论研究关注教学实践不够,教学论与教学实践之间唇齿相依的应然关系,正在被若即若离的实然关系所取代。教学论研究者进入课堂的机会少,即便那些进入课堂的教学论专业工作者,其中很多人却发现自己难于真正融入课堂,虽处课堂内,犹在课堂外,师生的心声和实际生存状况在教学论研究者那里变得模糊了。教学论研究者远离了活生生的课堂,远离了师生的日常教学生活。研究者关注的教学,是"风干"了的、去掉了一切偶然的、个别的因素之后的典型的、抽象的教学,是超越了具体时空的教学,是只存在于研究者头脑中的概念化的"教学"。① 这种情况削弱了教学论研究的实践之根,也从根本上妨碍了中国教学论流派的形成。

（二）教学论研究者的精神凭借

美国教学论研究者们究竟凭借的是一股什么精神力量在一直不停地往前奔,以致美国现代教学论形成了众多的流派,这是美国教学论的中国同行们在思考中国教学论流派形成的基本条件时应认真对待的一个严肃问题。在思考这个问题时,我们无意美化美国教学论研究者,只求如实反映。敬业、求实、创新、诚实和勇气,是美国教学论研究者的精神品质,创新是这些精神品质中的核心,正是凭借这些可贵的精神品质,美国教学论流派的形成才获得了强大的动力。这些精神品质值得中国教学论研究者学习,它们将会为中国教学论流派的形成注入持久的动力。

---

① 郭华.静悄悄的革命:日常教学生活的社会建构[M].北京:北京师范大学出版社,2003:3.

1. 敬业

美国现代教学论之所以成长快,流派多,一个重要原因是美国教学论研究者的敬业精神。所谓敬业,是指人们以把事情做好、做大、做强的态度从事自己的专业。中文语境中的"敬业"与西方语境中的"天职"有相通之处。在教学论研究领域,布鲁纳、施瓦布、奥苏贝尔、布卢姆和罗杰斯等人所取得的学术成就,以及世界范围内教学论研究者对其成就所表示的由衷敬意,证明他们是非常敬业的。在我国的学术发展史中,也不乏具备敬业精神的人物,如宋代著名学者张载,他的"民胞吾与""续往圣之绝学,为万世开太平",是其敬业精神的形象写照。敬业精神从何而来? 来自对中国社会的责任、对教学论专业的热爱,以及必要的专业生活条件保障。中国教学论要形成流派,需要这个专业的研究者具有敬业精神。

2. 求实

敬业是教学论研究者全身心投入工作而心无旁骛的精神,求实则是教学论研究者面对而不是回避实际教学问题、探索解决办法的态度。我们的美国同行们以求实的态度进行教学论研究,发现并提出了解决教学实际问题的办法,形成了独特的教学理论,不仅成就了他们自己的学术人生,也共同铸就了美国现代教学论的辉煌。发生在中国大地上的教学问题,只能由中国人自己去解决,别人的教学理论,虽然可以借鉴,但是一定要清醒,这些教学理论从根本上讲是为解决他们自己的问题而提出的,我们不可能免费使用他们的教学理论来解决我们的教学问题。除了以求实的态度去思考、解决这些问题外,我们别无他途。否则,中国教学论的发展会受影响,更谈不上形成中国教学论流派。

3. 创新

如果求实是一种正视实际教学问题的理性态度,那么,创新就是站在一定的立场上以这种态度去推陈出新的谨慎实践。创新是在旧东西的基础上生长出新东西。孔子给"周礼"注入"仁"的内容,是创新;取印度佛教的心性学说与中国社会的入世传统而形成禅宗,是创新;以佛教和禅宗的学说改造儒学而形成新儒学,也是创新。探究、有意义、所有学生的全面发展、教学论的人本主义视野,这些都是发现教学理论里没有或需要澄清的东西,是基于发现教学理论的学术创新,只是创新的程度不同而已。可见,学术创新是美国教学论研究者精神品质的核心,正是这种学术创新,使美国现代教学论成长如此之快,流派如此之多。总体而言,这些年来的中国教学论研究借鉴的多,创新的少,创新的速度慢,这迟滞了中国教学论的成长,是制约中国教学论流派形成的瓶颈。

4. 诚实

教学理论的创新需要研究者如实地看待他人和自己的研究成果。施瓦布、奥苏贝尔、布卢姆和罗杰斯,站在各自的学术立场,看出了布鲁纳教学理论的不足,但并没有因此而彻底否定它,他们也没有掩盖自己的真实想法,而是以此为自己教学论研究的起点,他们是诚实的。他们的诚实以及产生的教学理论,是他们所能贡献给布鲁纳教学理论的最好礼物。布鲁纳本人也没有刻意掩盖自己教学理论的不足,更没有因此而否认自己教学理论的长处,他也是诚实的。我们的美国教学论同行们正是凭借着这种学术上的诚实,把他们所从事的教学论事业做到了令全世界的同仁们都肃然起敬的程度。学术诚实,是中国教学论成长及学术流派形成所需要的。

5. 勇气

教学论流派的形成,离不开同行之间的对话与交流,而富有成效的对话与交流,需要教学论研究者具有足够的学术勇气。学术上的自我剖析,或指出别人在学术上的不足,常常造成自己或他人内心的不平静,此乃人性之常。为避免彼此在对话中可能产生的不愉快,中国教学论研究者常常采取一种委婉与宽容的策略。委婉本是一种高级的人际艺术,是点到为止的中庸之道,但若委婉到让人摸不着头脑的地步,则有失对话的本意。别人的宽容,仅证明我们没有歪曲别人的思想,但却并不能说明我们的看法就一定正确,因而别人的宽容不能成为我们自己迁就自己的理由。近年来,"教育研究界'商榷'文章式微了,'唱和'文章兴起了;争鸣之风似亦不再,溢美之言屡见报端;对自我反思及治学弱点缺少批评与自我批评"。[①] 这妨害了中国教学论的发展,也妨害了中国教学论流派的形成。由于美国文化传统的原因,美国教学论研究者更直率,他们的学术勇气在他们的诚实那里获得了力量。布鲁纳公开承认其教学理论的短处,并没有因此而失去人们的尊敬,罗杰斯与布鲁纳之间关于教学理论的问题曾有过激烈的思想交锋,但是双方并没有失去对对方的敬意。教学论研究者的学术勇气,是美国现代教学论流派快速成长的重要原因,也是中国教学论发展及流派形成的重要精神凭借。

---

① 靳玉乐. 当前教育科学研究的几个问题[J]. 教育研究,2007(5):51–55.

第 9 篇

20 世纪中国教学论的
重要进展和未来走向①

　　21 世纪的中国教学论是在 20 世纪中国教学论的基础上发展而来的,如何看待 20 世纪中国教学论,直接关涉到中国教学论的未来发展。本文拟对 20 世纪中国教学论的进展及其未来走向进行初步探讨,以期对教学论学科建设有所助益。

一、20 世纪中国教学论的进展

(一)20 世纪中国教学论发展的内涵

　　20 世纪中国教学论的发展,是在引进和吸收国外现代教学论的基础上,通过扬弃、改造中国传统教学思想,大胆进行理论和实践探索,建立具有现代性质的中国教学论的过程。从翻译、介绍国外教学理论,到结

---

① 本文发表在《教育研究》2009 年第 10 期。

合实际积极进行理论和实践探索,不仅促进了中西方教学思想的融合,而且创生了各种中国本土的教学理论和教学实践,教学论学科也在发展过程中获得了独立地位并越来越受到人们的重视。

1. 教学理论的发展

教学理论的发展主要表现在四个方面:其一,引发本土教学的问题意识,提出从时代语境和文化语境中产生的新问题,并提供对教学问题的解答。问题在教学论发展中占有重要的位置,从静态的、名词性的理论发展观考察,教学理论是教学问题及其对问题的解答;从动态的、动词性的理论发展观考察,教学理论就是教学论学者对教学问题进行的尝试性解答。其二,改变已有的提问方式,提供分析和解决问题的途径与策略,以及新的科学规范和对教学理论进行自我反思的评价模式。其三,创造一种措辞方式,这种措辞方式的核心是本土的思维方式和表达方式。创设一种教学理论转化的路径,包括对中国传统教学思想实行现代转化,对国外教学理论实行本土转化,以及对相关学科的研究成果实行内生性转化。其四,形成一种新的教学研究传统。教学知识形态的深层结构往往表现为形而上学的假设的研究传统,它涉及该研究传统内部的各种假设、价值标准、中心命题、概念和表述方式,以及相应的具体解题模式等。在这种意义上,20 世纪中国教学论的发展首先是发现其研究传统,考量该传统所凝结的中国数千年来的教学思想和教学知识的内生性结构。

2. 教学实践的进展

教学论的创新具体、生动地表现为课堂教学以及在此基础上实现的学生发展与教师发展。以 20 世纪上半叶陶行知、晏阳初、陈鹤琴,以及 20 世纪下半叶"新基础教育""主体性教育"的首倡者等为代表的中国教学论学者以不同的方式对教学实践体系进行了大刀阔斧的改革和创新。这些教学实践的改革和创新是生发于中国教学论研究者自身的体验,是基于中国、在中国之中、为了中国的教学经验的结晶。

20 世纪中国教学理论创新与教学实践创新是教学理论与教学实践

的"双向转化双向构建"①。这些创新并非仅仅是为了适应各种不同的外来因素和改变传统知识结构的渐进过程,而是一种本质上的改变,是在内外动力的激发下,一种新教学论的兴起,这种新教学论完全不需要与激发它产生的那种传统教学论相类似,而是前者对后者的"否定"。这里的"否定"也是肯定,即肯定了新教学论的产生。而且,这是一个持续不断的过程,因为"否定的东西也同样是肯定的;或说……矛盾的东西并不消解为零……而是基本上仅仅消解为它特殊内容的否定;或说,这样一个否定并非全盘否定,而是自行消解的被规定的事情的否定,因而是规定了的否定"。② 正是在这种意义上,新的教学理论和教学实践作为一种新形态,一方面"否定"了传统教学思想和外国教学理论的局限,另一方面又继承和发展了它们的精髓,这是 20 世纪中国教学论创新的核心所在。

(二)20 世纪上半叶中国教学论的发展(1900—1949 年)

自 1901 年我国最早的教育专业刊物《教育世界》创刊以来,中国教育界的革新人士、社会上力图通过教育教学救亡图存的仁人志士,就在大量翻译、引进国外教学论的同时,立足于改造中国学校教学的现状,结合中国教育实际,大胆开展教学论的创新研究。

1.教学理论的发展

20 世纪上半叶,中国教学论作为一门学科能够创生,前提是核心概念的澄清和基本论题的明确,这也是此阶段中国教学理论发展的主要表征。

第一,澄清教学理论的核心概念。"教学"是教学论最为核心的概念。什么是"教学","教学"与"教育方法"或"教学方法"有何异同,如何对"教学"做出切合本国实际的界定,这是当时中国教学论学者首先面对的问题。当时对"教学"的界定,可以归纳为三种方式:③一是注重从"教

---

① 李政涛.论教育研究的中国经验与中国知识[J].高等教育研究,2006(9):22 - 27.
② 黑格尔.逻辑学[M].杨一之,译.北京:商务印书馆,1966:17.
③ 郑金洲,瞿葆奎.中国教育学百年[M].北京:教育科学出版社,2002:62 - 63.

授"的角度把握教学的含义。"方法者,教育者于引导学生为相当的活动,以达到其预定的目的时,所采用的态度、作为与步骤也。在昔谓之教授法,重在教师只灌输,轻视儿童之自学,故有人改为教学法。命意较前差强,然亦有语病,因其所指究为教与学乎,抑谓教之学乎,颇难予人以一清晰之概念。宜改名为导学法,于意义上固较为明显,于学理上亦较有根据也。"①二是注重从教与学两个方面把握"教学"的含义。"'教学'是学习的历程,是指'教者'与'学者'双方共同的活动而言,是积极的、启发的,学者是半主动的。旧时称为传授,是专指教者的活动而言(至少是偏重教者方面),是消极的、注入的,学者完全是被动的,陶行知以为教授二字所代表的意义,与学习原理相违背,主张改称教学。"②三是注重从"学"的方面把握"教学"的含义,"什么是教学?最简单的回答是:教学为一种刺激和指导儿童的学习的活动"。③

第二,明确教学理论的基本论题。教学论的陈述方式主要分为两种,一为概念,二为论题。两者共同反映出 20 世纪上半叶教学理论的发展程度。论题以概念为基础,概念孕育、规范着论题。对论题的阐释,是当时中国教学论成型和发展的基础。当时,中国教学论的论题甚为繁复,难以逐一详尽,其中基本论题主要涉及教学之必要与可能、教学目的、④教师与学生的关系、教学功能、教学影响人身心发展的因素、中小学各科教学法、教学与社会发展的关系等。俞子夷、赵廷为、龚启昌等大批教学论学者针对这些论题著书立言,结合中国教学实际,积极阐发新观点、新思想和新见解,建构了 20 世纪上半叶中国教学理论的体系。

2. 教学实践的进展

在教学理论不断发展的同时,20 世纪上半叶中国教学实践的发展也

① 余家菊. 教育原理[M]. 上海:中华书局,1935:76.
② 杨鸿昌. 教育概论[M]. 上海:中国教育研究社,1947:88.
③ 赵廷为. 教材及教学法通论[M]. 北京:商务印书馆,1944:7.
④ 受杜威教学思想的影响,该论题在当时几乎同教学的定义有着同等重要的地位,讨论的内容包括教学有没有目的、教学目的是什么、如何选择教学目的、怎样表达教学目的等。

如火如荼,具体表现为三种形态。

第一,独创教学法。20世纪初,在引进和借鉴国外教学法(设计教学法、道尔顿制、文纳特卡制等)的同时,国人也开始尝试独创教学法。20世纪30年代,被誉为"教学法中国化"的首位代表、时任河南中山大学文科主任兼教育学系主任的李廉方在开封实验区的两所小学开展"廉方教学法"实验。"廉方教学法"以"一般小学学龄儿童二年半授课时数修完部定四年课程"。该实验开设了常识和国语整合的综合课程,其他学科包括算术、劳作等统称练习课程,因此,这一实验也被称为"合科教学法"①。"廉方教学法"是一个集缩短学制、变革课程、创新方法为特征的综合性教学改革实验,创造了便于操作的新教学方法,被称为当时"国人自创教学法"的第一代表。

第二,以社会改造为目的的宏观教学创新研究。20世纪早期,积极主张以教学实验改良中国社会的首推黄炎培。其主要研究指向为职业教学。在教学改革中,他反复强调"单靠读书,欲求得实用的知识和技能……是万万学不成的"②,提出了"手脑并用""做学合一""知识和技能并重""理论与实际并行"等基本的教学原则。在此期间,梁漱溟和晏阳初主持了乡村教学改革实验与研究。梁漱溟的教学实验地在河南和山东,其教学思想以对中国问题症结的探寻和如何解决中国的问题为核心,开办乡农学校,以农村教学为突破口寻找改良中国农村和社会的方法。晏阳初的研究自1926年开始,1929—1937年在河北定县开展了大规模实验研究,提出了文艺教育、生机教育、卫生教育、公民教育"四大教育",以及学校式教育、社会式教育和家庭式教育"三大方式"。20世纪30年代,陶行知作为杜威的学生,根据中国的教学实际对实用主义教学论进行了积极、合理的创新。陶行知提出了"生活即教育""社会即学校""教学做合一"等思想,在教学方式上积极提倡和落实"教学做合一",正确处理教

① 郭戈.李廉方的教育实验述评[J].教育研究与实验,1991(2):67-72.
② 毛礼锐,沈灌群.中国教育通史:第5卷[M].济南:山东教育出版社,1988:534.

与学、教师与学生的关系,充分发挥学生在教学中的主体性。

第三,以儿童身心发展为基础的教学研究。这方面以陈鹤琴的"活教育"实验为代表。"活教育"强调"做"是学生学习的基础。"'做'这个原则,是教学的基本原则,一切的学习,都要靠做的。"因此,"在学校里的一切活动,凡是儿童自己能够做的,应当让他自己做。"同时,他也非常重视教师在教学中的指导作用和学生在教学活动中的主体地位。"我们教师的责任,是在旁指导儿童,怎样研究,怎样思考。越俎代庖,是教学中的大错。"①

(三)20 世纪下半叶中国教学论的发展(1949—2000 年)

这一时期又可以分为几个时段,从 1949 年至 1966 年的 17 年,中国教学论的主旨是学习苏联教学理论,批判西方和新中国成立前的教学思想与实践,并尝试以毛泽东思想为指导,努力创建中国化的社会主义教学理论。"文化大革命"十年,全盘摧毁了教学论领域从实践到理论的一切。总体而言,这一时期的教学论发展呈现出"失语"的状态。改革开放以来,中国教学论研究逐渐活跃并取得了空前的成效,也为未来的发展奠定了一个富有时代气息的坚实基础。

1. 教学理论的发展

第一,开创了新中国教学论界的理论研究。在新中国成立的前十年中,就有大量教学论研究著作问世,如陈元晖的《教学法原理》(1957)、傅统先的《教学方法讲话》(1957)、车文博的《教学原则浅说》(1958)等。在众多教育学论著中,也包含了相当分量的教学论内容。在学习苏联教学论体系和思想的同时,我国学者对教学论中国化进行大胆创新,提出了不同的见解。例如,对共同规律和特殊规律的关系、古今中外的关系、历史叙述与逻辑证明的关系、政策和理论的关系等进行了中国化的研究。同时,这些论著提出了政治与业务、理论与实际、领导与群众、知识

① 北京市教育科学研究所.陈鹤琴教育文集:下卷[M].北京:北京出版社,1985:653 – 656.

分子与工农等重大关系及其正确认识和处理的原则,强调了教书育人、尊师重教、教学相长、"双基"教学、启发式教学、循序渐进、突出重点、精讲多练、学以致用、因材施教等教学原理和原则。① 这对继承、创新中国传统教学思想的优秀遗产、克服学习国外教学论过程中的教条主义起到了很大作用。

第二,对教学基本理论的重新认识和讨论。这一时期教学论界先后进行了关于全面发展与因材施教的关系、教学竞赛的利弊、教学中的师生关系、教学中的理论联系实际、教学过程本质、教学原则、启发式教学等问题的讨论。这些讨论深化了人们的理论认识,纠正了实践中的一些偏差,但也存在学术视野的局限性和受政治影响等问题。例如,全面发展与因材施教的关系、教师与学生的关系、教与学的关系、教学中理论联系实践等问题曾在教学论学界引起了较为激烈的争论。②③

第三,教学论分支学科和专题研究不断深化。随着人们对教学理论研究的深入和教学改革实践经验的日益丰富,一些边缘学科和新兴学科纷纷登场。教学论学科的发展进入了一个高度分化和高度综合的时期。中国教学论已由一门学科发展成为一个庞大的学科群,整体而言,可以分为理论教学论和应用教学论。④ 理论教学论包括教学哲学、教学社会学、教学心理学、教学伦理学、教学文化学、教学生态学、教学经济学、教学病理学、教学卫生学、教学认识论、教学系统论、教学控制论、教学信息论和教学动力论等。应用教学论又划分为分科教学论和分段教学论。分科教学论包括语文教学论、数学教学论、外语教学论、物理教学论等,密切联系中小学学科教学。分段教学论即为学前教学论、小学教学论、中学教学论、大学教学论、成人教学论等。具有中国特色的教学论分支学

① 王策三.教学论稿[M].北京:人民教育出版社,2005:50.

② 瞿葆奎.教育学文集:第10卷　教学　中册[M].北京:人民教育出版社,1988:649—667.

③ 杨小微,张天宝.教学论[M].北京:人民教育出版社,2007:97.

④ 李森.现代教学论纲要[M].北京:人民教育出版社,2005:6-10.

科体系正在逐渐形成和完善。

2.教学实践的进展

教学实践探索创新包括以下几种主要类型：

第一，同政府和教育行政部门教育改革决策直接有关的教学研究，一般由教育行政部门提出课题、提供经费、参与管理、给予支持，经专家（组）领衔开展研究，相关部门、学校和实践工作者共同参与。例如，有关中小学教学改革、教学改革评估研究等规模较大，涉及的领域往往以教学的宏观或某方面的改革为主，这种教学实践呈现出自上而下的特征。

第二，由教学论学者或专家针对教学现实的状态与需要，提出课题、争取课题、组织团队研究。这类研究的主要特点为具有理论基础和假设，以理论研究为先导，并在实践改革的同时，重视理论本身的建构。同时，又基于教学实践，着力于对实践的改造，但又超越教学经验。它不是由行政指令所发起，但同宏观改革的方向一致，并积极争取政府与行政部门的认同和支持，例如，"新基础教育"研究"主体性教育"研究等。

第三，中小学教学实践工作者基于自身实践经验，通过总结、反思和提升所开展的研究，主要在学校层面展开，是以教学经验研究为主的一线研究，大多是由教学实践中的优秀教师或校长领衔，例如"情境教学"研究，"尝试教学"研究、"六步教学"研究等。

上述研究共同构成了20世纪中国教学论创新的盛况，催生和积聚了教学论学界一股扎根本土、不断创新、勇于探索的研究力量。这些直面实践的教学研究为教学论"中国化"转向"中国式"教学论的建设，即由"引进加工"向"原创发展"的转换，提供了丰富的经验、实践、思想和理论源泉。

二、21世纪中国教学论的走向

（一）中国教学论未来发展的立足点

今天讨论中国教学论未来走向，面临着一个如何看待20世纪中国教学论的问题。当前,教学论界存在两种观点,一种是竭力否认 20 世纪中国教学论的成就。这种对 20 世纪中国教学论成就的否定,并不是说 20 世纪中国不存在教学论,而是指 20 世纪中国的教学论都是从国外引进的理论,没有自己的思想,缺乏原创性。对 20 世纪中国教学论成就的否定,主要是在"反全盘西化"的旗帜下进行的。另一种则认可 20 世纪中国教学论的成就,认为中国教学论固然从国外引入了大量的理论,但这些理论要想在中国扎根必须经历本土化的过程,在此过程中,教学论学者开展了中国化的创新研究。

如果持前一种观点,就只能将中国教学论未来发展的立足点定位于中国古代的传统教学思想或是重新建构中国的教学论。如果持后一种看法,则会把中国教学论未来发展的立足点定位于 20 世纪中国教学论的成就及其已经开启的现代形态的教学论研究道路,并继续走下去。这两个不同的立足点,将深刻影响到 21 世纪中国教学论理论形态的建构。实际上,以 20 世纪中国教学论的发展作为中国教学论未来发展的立足点,既是对 20 世纪中国教学论成就的继承,也是对其的超越;既直接继承了中国教学论的现代转型而持续朝向新的发展,也是对中国古代、近代、现代与当代教学论思想的新阐释和再创造。

当然,以 20 世纪中国教学论的成就作为中国教学论未来发展的立足点,需要对这一成就有具体的了解与深刻的把握,更需要持历史唯物主义的观点和实事求是的态度。一方面是对 20 世纪中国教学论研究成果的继承,另一方面则是对 20 世纪中国教学论局限的克服与改造。

1. 对 20 世纪中国教学论研究成果的继承

所谓对 20 世纪中国教学论研究成果的继承,就不能像"反全盘西化"论者那样,仅把古代的传统教学思想作为中国教学论的唯一基础,而应从中国教学论现代转型的视域出发,从国外教学论的中国化和中国教学论的现代化这两种相互关联的趋向中,发现和扬弃对促进这一转型起过积极作用的全部教学论思想和研究成果。国外教学理论的中国化,也是 20 世纪中国教学论积极成果中的重要内容,是值得中国教学论未来发展重视和继承的重要因素。如果把这些内容都视为"西化"而加以拒斥和抛弃,仅从中国古代教学思想出发,这既是不必要的,也是不合理和难以施行的,更不可能建构出回答21世纪诸多问题的新的中国教学理论和实践形态。

2. 对20世纪中国教学论局限的克服与改造

所谓对20世纪中国教学论局限的克服与改造,即要求对20世纪中国教学论持批判的态度。由于时代背景和教学论学者受主客观条件的诸多限制,20世纪中国教学论的发展也存在诸多局限。在这些局限中最为主要者,一是对20世纪中国教学论的现代转型过于急迫和短促,一些需要认真探究的重要问题未能在广度和深度上展开。例如,学科性质问题、价值取向问题、功能定位问题、体系统整问题、研究战略问题等都还没有获得实质性或突破性研究成果。二是20世纪中国教学论的转型是在西方近现代社会文化和教学论的直接或间接影响和拉动下实现的,因而对于中国本土文化以及教学思想的汲取和继承尚有许多不足之处,中国古代传统教学思想的一些核心和精华的内容以及其现代意义没有得到充分的挖掘和有效的阐释,更无法谈及全面融入近现代教学论的研究之中,即使在20世纪中国教学论本土化过程中建构的理论体系,也未能同中国的文化世界打成一片。在国外教学论中国化过程中,如何避免本民族文化条件下的教学实践自觉不自觉地沦为外来教学理论的"试验田",如何保持教学理论的民族文化特质,而不至于在大量引进外来教学理论的过程中迷失自我,如何在吸收、消化外来教学理论合理成分的基础上,建构具有中国文化特色,能够切实有效地指导中国教学实践的教学理论,是中国教学论研究必须正视的紧迫问题。[①] 这就存在一个在中国教学论未来发展中对20世纪中国教学论进行更新和超越的问题。

(二)中国教学论未来发展的走向:建构"中国式"教学论

如果说20世纪中国教学论发展的核心问题是将从国外引进的现代

---

① 潘光文,李森.论教学理论的文化改造[J].课程·教材·教法,2007(6):37-42.

教学论进行"中国化"的改造和创新,那么,中国教学论未来发展的核心问题即建构"中国式"教学论。中国教学论界之所以有能力创建"中国式"教学论,是因为中国古代传统教学思想和 20 世纪中国教学论的发展成为其重要的生长资源。结合 20 世纪中国教学论发展历程中的经验和启示,建构"中国式"教学论需要把握以下四个方面的内容。

1. 深化"中国式"教学论的历史性

教学论是人类教学发展史的结晶,积淀着人类智慧的理论成果。中国教学论的发展本身是一个历史的过程,只是在不同的历史时代会表现出不同的形态。教学论的未来发展必须以历史尺度去批判地考察教学论史,吸收教学论史中的优秀成果,揭示中国传统教学思想和教学理论所蕴含的内在矛盾,发现其中存在的理论困境,从而以解决这种理论困境的方式去推进教学论的发展。

任何一种类型的中国教学论学说,例如陶行知的教学理论和实践,都在于它的深厚的历史性。阅读陶行知的系列著作,不能不折服于一种历史性的思想和思想的历史性相互辉映的力量。在陶行知教学论学说中,尽管有许多"臆想"的甚至"神秘"的东西,但是,这种"史论结合"所形成的力量,却是发人深省的。在系统总结和深刻反思中国教学思想史基础上,中国教学论才能成为一种建立在贯通本国教学思想的历史和成就基础上的理论表征。贯通本国教学思想的历史和成就,不仅可以使"中国式"教学论自身获得深厚的历史根基,而且也为"中国式"教学论的逻辑性、实践性和境界性建构了坚实平台。

2. 重视"中国式"教学论的逻辑性

任何一种教学论学说都表现为概念发展的有机组织,因此,"中国式"教学论深厚的历史性,必然体现在它的逻辑化的概念展开过程之中。马克思提出的历史唯物主义中有一条极为重要的原则,即历史与逻辑相统一的原则。事物的发生发展都是有其历史的,教学论也不例外,而这种历史的过程也是逻辑展开的过程,是从低级向高级,从简单向复杂演化的过程。提升"中国式"教学论的逻辑性,既是一种理论的说服力量,更是一种冲击中国教学论学者理论思维的力量。

"中国式"教学论的逻辑性,首先是一种教学论学者自我反省的力量和理论思维自我批判的力量。中国教学论的最初表现形态为教学常识,继而形成教学理论体系,但只有当这种体系开始纳入自身反省的对象,并通过反省来确证自身的合理性形式时,"中国式"教学论才真正成熟。批判是人类特有的活动方式,中国教学论学者既要以"实践批判"的方式在行动上"否定"教学中的消极现状,从而将教学实践变成所要求的现实,又要以"精神批判"的方式在观念上"否定"教学的消极现状,为实践批判提供理想性图景和目的性要求。教学论批判则是对"实践批判"和"精神批判"的出发点——这两种批判活动得以进行的根据、尺度和标准的批判,即对教学活动前提的批判。

"中国式"教学论的逻辑性,又是一种冲击教学论学者理论思维的力量。面对中国千差万别、千变万化的教学实践,教学论学者的思维力图在最深刻的层面上把握教学现实的统一性,并以此去解释教学实践中的具体问题。本土教学中的现实之谜、历史之谜、人性之谜等,对于具有理论思维能力和求知渴望的中国教学论学者而言,是一种巨大的、不可遏止的精神上的诱惑和智力上的挑战。面对这些诱惑和挑战,教学论学者以教学思维的逻辑去揭开笼罩在现象、历史和人性之上的层层面纱,并展现教学中现象、历史和人性的本质与规律。"中国式"教学论的逻辑,是思维冲击的逻辑、智力探索的逻辑和理性创造的逻辑,对教学论学者具有巨大的吸引力。

3. 加强"中国式"教学论的实践性

"中国式"教学论不是超然于本土教学世界之外的玄思和遐想,而是教学思想中所把握到的教学实践,换言之,可称之为教学思想中的实践,即"中国式"教学论所具有的强烈的实践性。"中国式"教学论是"教学思想中的实践"具有两重含义:其一,任何一种类型的"中国式"教学论都包含时代性的内容,而不是纯粹的思辨产物。其二,任何一种类型的"中国式"教学论又都是以"思想"和"理论"的方式所把握到的本土教学实践,而不是简单的关于教学实践的表象。"中国式"教学论是教学思想中的实践的第一重含义,表明了"中国式"教学论与本土教学实践不可割裂的密切关联。因此,只有从时代的历史性特征及其历史性转换出发,才能理解教学论的理论内容及其历史演化。"中国式"教学论是教学思想中的实践的第二重含义,则是阐明了"中国式"教学论与本土教学实践之间关联的特殊性,即教学论学者以理论的形式所表现的教学实践,蕴含着教学论学者用以观察和解释教学实践的概念框架与解释原则。因此,教学实践在教学理论中会得到不同的表现和解释。

　　"中国式"教学论作为本土教学实践的理论形态,同教学实践之间是有"间距"的。教学论与教学实践之间具有并保持一定的"间距",这是"中国式"教学论未来发展和对教学实践发挥作用的基本前提。正是由于这种"间距","中国式"教学论才能使人超越教学经验的繁杂性、教学表象的流变性、教学情感的狭隘性,以及教学意念的主观性;才能全面反映本土教学实践,深层地透视教学实践,理性地剖析教学实践,理想地引导教学实践,理智地反观教学实践;才能实现教学思想中的实践,成为中国当代精神的精华。

　　4. 提升"中国式"教学论的境界性

　　"中国式"教学论是一门对本土教学问题寻根究底、追本溯源的学问。这种永无止境的求索及其思想的开放性,构成了教学论博大的境界品质。"中国式"教学论的境界性,首先是由教学论的反思性所决定的,并突出地表现为教学论的反思过程。中国教学论的未来发展不仅仅是具体地去实现教学思想和教学实践的统一,还是将哲学、科学和艺术等所实现的思想和实践相统一的认识成果经过教学论学者的加工之后,构成人们再思想、再认识的对象。不仅如此,作为批判性的反思,教学论总是不断地追问构成自身的诸多前提,批判地反思蕴含在教学理论中的思维方式、价值观念和审美意识等。这种指向教学论前提的批判是永无止境的,因而"中国式"教学论具有广阔的开放性。

　　"中国式"教学论的境界性,又是由教学论的理想性所决定的。教学实践具有无限的指向性。教学实践的现状总有许多不尽人意之处,教学论学者力图把教学实践变成更加理想的现实。基于教学实践的"中国式"教学论,总是竭力在时代最深刻的层面上或最彻底的意义上把握和理解教学世界,确认人在教学世界中的地位与价值。因此,"中国式"教学论的未来发展必然要寻求"知行合一""情景合一"的理想境界。正是这种永无止境的理想追求,使"中国式"教学论获得了博大的境界品质。因此,建构"中国式"教学论在发扬历史精髓的同时,必须具备宽广的国际视野,"中国式"不意味着封闭,只有在国际视域的关照下,"中国式"教学论才会有蓬勃的生命力。

第 10 篇

中国教学论学科发展的反思与建设[①]

　　教学论在教育学大家族中,也许不是"发育"得最好的学科,却是最凸显教育学独特领域、独特问题和独特风格的学科。因此,深入反思中国教学论学科发展,不仅关系到教学论自身的未来,也在很大程度上决定着中国教育学学科的发展命脉。自 20 世纪初至今,中国教学论学科走过了艰难创生、曲折发展并渐入繁荣的百年征程,中国教学论研究近年来呈现出一派欣欣向荣的景象。一方面是时代发展主题赋予教学论全新的理念,另一方面是我国教学论学科领域内研究队伍的迅速壮大为教学论研究增添了新鲜的血液,使教学论学科彰显了时代与青春的活力。[②]但中国教学论在繁荣的背后却隐藏着诸多危机,其发展现状并不令人满意,已有的教学论学说几乎无一例外地受到理论研究者的非议:批评它缺乏严密的科学体系,理论水平不高;实践工作者指责它脱离教学实践,

---

[①] 本文发表在《中国教育科学》2013 年第 3 期。
[②] 王鉴. 教学论热点问题研究 [M]. 桂林:广西师范大学出版社, 2008:23.

应用价值有待提升。许多怀有使命感的学人正试图将教学论改造成为一门既满足科学方法论的规范又满足教学实践要求的学科。但是,要求一种教学论体系兼有科学和实践双重特性,反而使它举步维艰,陷入两难困境,既难以完全符合科学要求,又无法切实满足实践需要,使中国教学论学科虽然研究队伍不断壮大、成果著述日渐丰富,但表现出一种"虚假的繁荣"。其一,许多教学论学说具有寄生性,即攀附在相关学科的枝干之上,缺少自己的根基。其二,教学论未能确定无疑地向人们展示自身独特的视角和思维方式。其三,教学论未能在较大程度上影响和改变人们的教学行为、师生的命运,进而影响和变革社会生活。这是教学论学科的危机所在,也是教学论学科发展的契机。为了使教学论摆脱困境,走出迷惘,有必要对中国教学论学科发展与建设进行全面深刻的反思。

一、中国教学论学科发展反思的意蕴

反思(reflection),是思想以自身为对象反过来而思之。黑格尔在《小逻辑》一书中提出了反思的六种含义:(1)后思;(2)反映;(3)返回;(4)反射;(5)假象;(6)映现或表现。①黑格尔虽然是在多重意义上使用反思,但有其共通性,即把反思视为人类思维发展的积极的中介环节,作为人的一种能力而存在。"反思以思想的本身为内容,力求思想自觉其为思想。"②具体到对教学论领域的反思,就是将中国教学论学科作为自己的认识内容。中国教学论的发展离不开反思,教学论的突破与建设更离不开反思,唯有批判地反思,教学论才能走出既定模式,呈现出新的气象。自教学论学科创立以来,各个时期的学人不断在对教学论进行自觉反思。

自觉反思是人类特有的一种具有超越意义和价值的宝贵精神,是人之为人的主要标志,也是人类自我意识的精华。所谓中国教学论学科的自觉反思,就是要对中国教学论学科的建设与发展历程、现状和未来实

---

① 黑格尔.小逻辑[M].贺麟,译.北京:商务印书馆,1980:74-76.
② 黑格尔.小逻辑[M].贺麟,译.北京:商务印书馆,1980:39.

行批判性的审视,在新的教学实践和认识基础上进行再认识。中国教学论学科建设究竟具有哪些特点?取得了哪些成就?存在哪些问题?这些问题产生的原因是什么?哪些因素推动了中国教学论学科的发展?从哪些方面能够促进中国教学论学科的稳步建设和顺利发展?等等。提出这些问题也许有学人会感到惊讶,我们立足本土从事专业的教学论研究,难道连这些问题都不清楚吗?实际上,熟知的东西未必是真知的东西。如果将中国教学论视为需要认真研究的对象,如果深入剖析学人们提出的关于中国教学论的学说,如果细致考察中国教学论自身走过的道路,不难发现,正是在这些学人们似乎早已熟知的问题中潜藏着许多矛盾和危机,交织着许多误解和偏执;也正是这些为人熟知而又常常不再去深思的教学论学科建设中存在的问题,阻碍了中国教学论学科的正常发展,使其在现实中难以发挥应有的作用。

各国教育学界对教学论的学科性质和内容结构等进行了长期的探索与争论,尤其是进入 21 世纪以来,我国学术界在这方面的研究与讨论也非常活跃,无论是专业出身的教学论理论研究者,抑或身处教学实践一线的教师都纷纷加入、各抒己见。然而,对中国教学论学科的反思绝不是就教学论而谈教学论,在中国教学论本身的范畴内兜圈子;关注教学现象也不同于研究教学论现象,关于教学的知识并不等同于有关教学论的知识,因为它们表述的话语在逻辑层次上存在差异:教学使用一级语言,即关于教学现象领域的语言,表征教学现象或规范教学活动;而教学论所使用的是二级语言,即有关教学现象领域语言的语言,称为元语言,用于表征教学论现象或规范教学论研究。当前,教学论的研究成果大量涌现,所涉知识如果仅仅寄生在教学论的母体内,既不利于教学论自身的发展,又会有碍教学论研究的深化。一些教学论学说在方法论上呼吁得多而践行得少,对教学论问题与现状描述得多而对教学的现象和本质概括得少,甚至以对教学论文献的综述和评论取代对教学实践的观察、分析和思考,其重要原因在于人们常常把两种不同类型的研究和知识以及它们的语言相混淆。结果,这些教学理论体系一方面显得贫乏单薄,另一方面又显得驳杂臃肿,使渴望翱翔蓝天的教学论背负沉重的负担。因此,我们通过对中国教学论学科建设与发展的反思,尝试对上述问题作出较为清晰的解答,减少人们在教学论学科建设中的误解和偏执,确立科学的教学论学科发展观,以此为基础,透视我国教学论学科发展中取得的成绩和存在的问题,并在剖析问题的过程中,进一步深化对中国教学论学科发展与建设的思考。

学科建设的成效反映在学科发展的历程之中。中国教学论学科从20 世纪初创生以来经过持续发展,学科建设逐渐走向自觉,获得了自身发展繁荣的强大动力。[1]

其一,教学论学科建设对教学自身特性及其功能进行了多元化的探讨,学科发展基础日渐扎实。例如,从哲学认识论的角度,学人将教学视为一种特殊认识过程;从文化的角度,学人认为教学是一种有意识的行为,是透过人的意识和情感作用来完成的价值活动;从心理学的角度,有学人认为教学是一种心理变化过程;还有学人从交往论、系统论、理解论等角度来阐释教学的本体特性及其作用。这些多元化的探讨,有助于阐释教学本体的丰富内涵。[2]同时,教学论研究领域越来越宽广,研究成果成为学科建设的丰富资源。此外,教学论学科队伍已基本形成,基地平台已初具规模。这一切为中国教学论学科体系的持续建设和发展奠定了重要基础。

其二,教学论学科从偏向客体论转向强调主体论的重要价值。客体论指导下的教学活动,注重教学的结果而不是教学的过程,关心教学方法的有效性而不是教学方法的伦理性,衡量的是终结性的结果而不是终结性结果的合理性。[3] 而主体论积极倡导人的自主性、能动性、创造性的

---

① 徐继存.教学理论反思与建设[M].兰州:甘肃教育出版社,2000:9.

② 靳玉乐,李森,沈小碚,等.中国新时期教学论的进展[M].重庆:重庆出版社,2001:95－100.

③ 李秉德,李定仁,徐继存,等.教学论学科建设问题的回顾与展望笔谈[J].西北师大学报(社会科学版),2000(1):58.

发挥,成为引导社会向前发展的主题以及号召人们努力前进的时代精神,这是历史发展的必然结果。[①]主体论所阐明的是主体与主体之间或主体与客体之间在积极的交往过程中所表现出来的以"交互主体"为中心和特征的和谐一致性,它致力于主体与主体之间或主体与客体之间的互相理解、对话、沟通,以实现认同,达成共识,形成视界融合。主体论的核心,在于纠正教学论学科建设中存在的客体论偏向。贯彻主体论,就是重视教学中的主体性原则,要求在教学论学科建设以及教学活动中不能仅仅将人视为客体,而应尊重人的主体价值,发挥人的主观能动性和创造性。因此,无论是学校中的课堂教学还是教学论学科的发展,均不再是一种机械性的操作活动,而是高扬人的主体性和生命价值的创造性活动。人在教学中主体地位的确立,是觉醒了的人的自主意识和自身的价值观念在教学中的反映。"主体性成为贯穿整个教学论体系的主线,教学论各部分之间表现出一种有机联系和逻辑张力,整个教学论体系表现为严谨的科学结构。"[②]从教学论学科发展的意义上而言,其重大意义在于更新了教学理念,重建了教学中的主体性原则,有利于构筑以人的生命发展为思维中心的教学论框架与体系。

其三,教学论分支学科研究"百花齐放",初步形成了多类型、互相渗透、动态的学科发展格局。教学论学科每个微观层面的具体专题经由学人的精研细绎,常常被推演成为一个新兴的分支体系,从而又具有了宏观的性质,这种宏观兼具微观视界的形成正是教学论分支学科产生的必要条件。当教学论与社会学、心理学、伦理学、文化学等学科的关系越来越密切,出现了交叉与综合,生成了一系列综合性的教学论分支学科,例如教学哲学、教学社会学、教学心理学、教学伦理学、教学经济学、教学文化学、教学卫生学、教学病理学、教学生态学,等等。[③] 现代中国教学论已

---

① 李森.现代教学论纲要[M].北京:人民教育出版社,2005:18.

② 李森,王牧华.现代教学论生长点试探[J].西南师范大学学报(人文社会科学版),2001(1):50-55.

③ 李森.现代教学论纲要[M].北京:人民教育出版社,2005:10.

经初步形成了一个庞大的分支学科群,由教学论专门学科、交叉学科以及元研究学科相互结合、渗透。动态、多类型的分支学科相继独立的发展格局,使传统的教学论学科体系结构逐渐改变和完善,更富有时代气息。各分支学科正走向成熟,各司其职,各专其能。教学论分支学科的大量涌现,标志着中国教学论学科建设已经转向深入。

其四,中国教学论拥有了多元化、多视角、开放性的研究路径,各项功能呈现加强趋势。新时期的社会主义先进文化是一种开放性、包容性的文化。人们竭力避免一种学科、一种文化的独立自足、自我中心和唯我独尊。国内外各种新思潮、新学科蜂拥而至,学人们积极吸收着外来的优秀文化资源和各类学科的研究成果,丰富和改造自己的思维与知识结构,并运用于教学论学科建设中,从而促进了教学论学科解释、指导教学实践和预测未来发展等功能的有效发挥。中国教学论学科体系建设和发展取得的上述成就,不仅为相关教育方针政策和教学决策的形成提供了坚实的理论依据,而且对教育教学改革实践起了重要的理论指导作用,在一定程度上促进了学校教育和教学质量的提升,并对我国教育事业的发展起到了一定的理论预测作用,推动了教育教学事业的繁荣和发展。

二、中国教学论学科发展存在的危机和误区

成绩与失误同在,机遇和挑战并存,这是任何事物在发展过程中都将面临的复杂情境。肯定中国教学论学科建设所取得的巨大进展,并不意味着可以忽视其中存在的问题。如前所述,经过教学论学人的持续努力,尤其是改革开放以来三十余年的发展,中国教学论学科建设取得了长足进步,在融入世界教育教学改革与发展的浪潮中取得了诸多成就,特别是拓展了教学理论研究者和实践工作者的视野,并深化了教学实践的改革。但同时,教学论在学科建设中也面临着一些危机和困境,制约着学科发展。例如,认真研究一下,真正能提出一些新理论、新观点,突

破旧理论框架、将教学理论推向前进的教学论专著或教材到底有多少？如果多是"人云亦云"，或大多数教学论著的编写采用"择优摘取"的方法，就难以称为教学论"新作"，"拜尔读之"的价值也就大打折扣。①探讨并推动中国教学论学科建设与发展，必须认清曾经走过的弯路，不断反思过去和当下存在的各种误区和价值偏向。

教学论的产生源于教育教学实践的需要，而时至今日，"教学论有什么用"等疑问常常让研究者们如芒在背。服务于本土教学理论和实践的发展是教学论的重要功能，但 20 世纪中国教学论的创生，是以引进和吸收国外现代教学论理论为基础的②，由于各国在文化传统、社会制度、政治经济等方面存在的差异，以及教学论研究水平和质量方面的参差不齐，中国教学论这一功能的发挥不甚理想。更为关键的是，教学论研究成果的学术价值、社会价值和实践价值都被削弱。如是状况一直伴随着中国教学论创生和发展的历程，在较大程度上，教学论发展的历史不仅是被其他学科殖民的历史，甚至也是被轻视、被忽略、被扭曲和被误解的历史。人们对教学论学科长期以来的质疑导致了教学论学科的发展存在诸多危机与困境。

（一）教学论研究缺乏明确的学科意识

一门学科的确认标准一般包括三个方面：一是有明确的研究对象和范围，有相对独立的概念、范畴、原理，正在或已经形成学科体系；二是有专门的研究者、研究活动、学术团体、传播活动、代表作等；三是该学科的思想、方法已被用于教育实践，并被实践检验，发挥特有的功能。③ 其中，尤以学科意识的形成作为一门学科发展到成熟阶段的重要标志。用这些标准来衡量，我国教学论学科体系尚不成熟和完善，仅仅初步确立起

① 瞿葆奎.教育学文集:第 1 卷　教育与教育学[M].北京:人民教育出版社,1993:609.

② 李森,赵鑫.20 世纪中国教学论的重要进展和未来走向[J].教育研究,2009(10):42 - 48.

③ 安文铸,贺宏志,陈峰.教育科学学引论[M].南昌:江西教育出版社,1997:71.

了一定的门类和框架。"只有当科学对其自身的发展过程及现状、发展机制及内部结构作了认真的反思,形成明晰而准确的自我意识时,它才能自觉地寻找自己继续发展的方向,增强发展的自控能力,并减少发展过程中的盲目性,少走弯路,使自己进入'自为'的状态。"①教学论的学科意识是指教学论学科的总体意识,它不是对教学论的某些部分、某一领域的局部看法或意见,而是对教学论的整体认识。例如,教学论对"教学"的研究同教育学其他分支学科对"教学"的探讨有较大差异。教育学其他学科研究中的"教学"主要是作为一种研究客体,而教学论研究中的"教学"则是本体论和方法论层面的思维方式,"教学"既是教学论研究的对象,同时又是研究的本体。目前看来,由于缺少明确的学科意识,导致教学论研究中出现了盲目化、形式化、功利化等倾向,以至于在各类教学论研究成果中,真正能够得到社会关注、官方采纳、学界认可的理念、学说或方法并不多见,从而出现了"一般性成果多,标志性成果少;个人独立研究多,集体攻关项目少;介绍引进的内容多,扎根研究的内容少"②等现象。

(二) 教学论在整个人文社会科学界遭到漠视

在人文社会科学领域,教学论在其他学科面前表现得"人微言轻"。例如,当社会中的教育教学问题成为公共的热点话题、吸引众多学者济济一堂时,可以发现大多数人来自其他学科。这似乎给人一种不是错觉的错觉,或不合逻辑的逻辑,即教学论研究者尚不具备和其他领域的学者共同讨论教育教学问题的资格,似乎还不能够在一个相同层面的对话平台上与其他领域的学者共同探讨与教学相关的话题。此外,在具有中国学术权威象征意义的《中国社会科学》或《外国社会科学》中,教学论方面的论文难得一见,其他综合性社会科学刊物也没有给予教学论研究成

---

① 黄书光.教育史学科发展的自我意识及其思考[J].当代教育论坛,2005(17):30 – 32.

② 张荣伟.我们需要怎样的教育:中国基础教育改革概论[M].北京:教育科学出版社, 2012:213.

果多少发表的机会与空间。①

在社会生活中,包括大多数老百姓和一些行政官员,常常将教学论的相关知识视为一种通过个人生活、工作经验或常识积累即可获得的知识,或者将教学知识等同于一种方法、技巧性的知识,与此相关的工作则被认为只要有经验和能力,无须专门研究和掌握就能胜任。他们可以毫无顾忌地介入教学领域高谈阔论,也不把教师视为专业的教学人员加以尊重。部分教师本人也有类似的倾向,许多人仅仅将所教的学科当作自己的专业,把教学论的学说和知识看作与如何教授有关,希望相关理论是一种能够给出一整套操作模式和实践方法的知识,如果不能满足这一要求,教学论就被视为无用和脱离实际的东西受到批评、指责和轻视。②

（三）教学理论与教学实践常态化的分离

长期以来,书本上的教学论学说与学校实际生活中的教学实践在很大程度上是相互分离的。大多数教师（包括高校的教学名师,以及中小学特级教师或优秀教师等）并不是由于学好了教学论才懂得如何去从事并做好教学工作。实际上,教学论研究成为一种"独白",是一门自言自语、自我欣赏的学科,它试图告诉听众关于教学的真理,但听众却并不需要它,当然,考试和写论文除外。尽管在处于转型变革时期的当代中国教育界,人们已经看到具有教学论内在需要的优秀教师,但这样的教师依然凤毛麟角,无法作为全体中小学教师的代表。由此导致教学论实际上处于"两面不讨好"的尴尬境地:在教学理论工作者眼里,它尚未形成严密的科学体系,随意性较大,理论水平不高;在教学实践工作者看来,它脱离现实,难以指导教学实践。学者们虽然努力改变教学论的这种境况,但结果往往不是它变得面目全非,就是"新瓶装旧酒"③。

---

① 李政涛.教育学的智慧[M].合肥:安徽教育出版社,2008:7.

② 叶澜.世纪初中国教育理论发展的断想[J].华东师范大学学报(教育科学版),2001(1):1-6.

③ 陈桂生.教育学的迷惘与迷惘的教育学:建国以后教育学发展道路侧面剪影[J].华东师范大学学报(教育科学版),1989(3):33-40.

此外,在教学论界,自古以来就有一个独特的现象,那些对人类教育教学产生过重大影响的思想家和教育家们,大多并不是教育学专业出身。例如我国的孔子、孟子、朱熹、晏阳初等,国外的苏格拉底、柏拉图、卢梭、罗素、杜威、皮亚杰、布鲁纳等,但他们的著作已被视为教学思想的经典而为当前的教学论研究者们耳熟能详。此外,当代我国一线中小学教学名师,如魏书生、李吉林、邱学华、李镇西等,也非教学论专业出身。我们不敢将其视为一个确定无疑的趋势或规律,但可以肯定这一现象至今为止仍没有多大的改变。哪怕是在高等教育领域,有关大学教育最强有力的声音也不是那些专职高等教育学的教授们所发出。这些现象似乎反过来展示了一个悖论性的事实,即要成为有影响的教育家,无须接受专业的教学论教育。相对于前一种危机,这种来自内部的打击似乎更加沉重,如同雪上加霜。

(四)教学论学科平台和队伍建设凸显急功近利倾向

近年来,中国教学论学科建设在各师范院校和综合性高校的教育学院(部)、教育研究所(中心)广泛开展。学科建设本是一项严肃的活动,有其固有的规律,切忌违背规律,急功近利地搞起学科建设的大跃进。但在教学论学科建设实践中,一些高校往往不顾自身基础和条件,在目标定位上盲目追求高起点、高层次,比如,有了本科想上硕士点,有了硕士点还想争取博士点,有了博士点的还想争取一级学科博士学位授予权。而为了争取学位点,一些课程与教学论学科负责人甚至学科带头人不是把主要精力放在人才培养、科学研究、学术梯队等学科建设的基本环节上,而是把心思放在攻关活动上,甚至为了争取学位点而不择手段,如不惜采取修改数据、学术造假等手段。学科建设上的急功近利,对于中国教学论学科建设乃至整个学术事业都有严重的危害,将会扼杀创新性和创造力,进而窒息学科的发展活力,葬送中国教学论的发展后劲与前程。

此外,一流的师资队伍是打造一流教学论学科的重要保障。要建设一流的师资队伍,高校就必须以人为本,高度重视人的因素,充分尊重人的劳动价值,积极创造一个适宜人才成长和发展的良好环境,从而为建成一流的师资队伍奠定基础。① 然而,一些高校在师资队伍建设实践中,把教师视为经济人。在人才引进上,过分注重物质待遇留人,轻视事业留人、环境留人、感情留人;而在人才使用上,片面强调教师的科研产出,忽视教师的职业道德水准、教学水平及其他方面的全面发展。除了学科建设实践中存在的上述问题,教学论学科建设认识上还存在某些观念误区。虽然中国教学论学科建设经历了百余年的发展,但一些教学论学人对学科建设机制和规律了解不多,在观念上陷入某种误区。例如,或对学科建设内涵认识不清,把学科建设等同于专业建设或课程建设;或认为学科带头人的水平就等于学科发展水平,于是只重视学科带头人的引进,不重视或轻视学科带头人的培养、学术梯队的形成、学科氛围的营造、学科环境的改善;或将科学研究水平完全等同于学科水平,因而在学科建设实践中过分强调科研成果的产出,不重视或轻视学科人才培养和社会服务的功能,甚至为多出科研成果,不惜降低教学质量;还有的认为没钱就搞不好学科建设,只要有钱就好办,于是只等着政府拨款或学校投入,而不是以学科养学科,让有限的资金发挥最大的效益。② 这些观念上的误区必然投射到实践中,从而对中国教学论学科建设产生不良影响。

三、中国教学论学科发展危机的原因剖析

中国教学论学科发展的危机源于教学论学界缺少真正意义上的自我省思,前述学科危机是教学论发展不可忽视和逾越的问题。要有效地解决问题,推动学科的健康发展,需要深入剖析危机产生的主要原因。

（一）中国教学论学科发展深受政治等外界因素的干扰

政治与学术属于不同的范畴,但中国学界包括教学论研究作为学术

---

① 罗云.中国重点大学与学科建设[M].北京:中国社会科学出版社,2005:89.
② 罗云.中国重点大学与学科建设[M].北京:中国社会科学出版社,2005:101 - 103.

活动领域却长期受到较为严重的行政干扰,中国教学论学科发展中产生和存在的问题同行政干扰与绝对服从有较大的相关性。这种干扰使得中国教学论学科发展丧失了较高的学术性和相对独立性,抑制了学科建设。政治动荡、政治保守和专制会直接阻碍和损害教学论学科的发展,甚至会使学科发展水平倒退,新中国成立之前的状态就足以证明这一点。反之,政治安定、自由民主能够为教学论发展提供一种理想的学术环境,从而有助于教学论学科建设的顺利进行,由此说明政治应该为教学论提供发展的环境保障。但安定的政治并不意味着一定能够为教学论学科发展提供良好的学术环境。行政干扰教学论学科建设最严重的表现是以政治内容取代教学论学说,教学论研究彻底附庸于政治,不再以探索教学现象、总结教学规律服务于政治,而成为意识形态的注脚,教学论学说蜕变为"政治解说"或"导师语录"。[①] 这在"文革"时期的教学论学科建设中表现得淋漓尽致。

政治的干扰,一是限制了教学论新思想和新学说的产生。教学论研究对政治的盲从意味着认可现行教学论的指导思想与政策是合理的、正确的、无须改变的,从而也没有必要再进行新的探索和研究。二是不利于教学论科学性的提升。中国教学论科学化意味着将中国传统教学思想与当代教学问题、西方教学理论相联结,使传统教学思想在面对当代教学问题的挑战与回应中创造性地演变、丰富和发展。[②]而对政治的绝对服从等同于将行政标准搬入教学论研究之中,使学人紧跟政治方向,而忽视了自己的学科立场、学科信念以及学科追求。三是阻碍教学论学科产出具有创新性和突破性的成果。政治的干扰,使学人所做的就是在象牙塔中"六经注我、我注六经",缺少科学的实事求是的态度以及批判思考的精神和能力,无法产生真正有助于教学论变革的突破性研究成果。

需要说明的是,我们并不否定教学论研究应为政治服务的必要性,这

---

① 徐继存. 教学理论反思和建设[M]. 兰州:甘肃教育出版社,2000:179 – 180.

② 赵鑫,李森. 中国教学论科学化的意蕴和路径[J]. 课程・教材・教法,2012(7):32 – 36.

是教学论学科建设的重要内容之一,但应该反对教学论违背学科发展规律、以政策方针注脚的方式为政治服务。教学论研究服务于政治的方式应为科学的政策与方针提供决策参考,由此才能充分彰显自身独特的学科价值,独立、自主、科学、客观地研究教学现象,探索教学规律,遵循严格的科学方法得出符合实际的结论。教学论学科建设与发展需要政治为其提供良好的社会环境和学术环境,从而激发学人独立的探索精神。

(二)中国教学论学科体系建设和发展模式尚未形成

我国虽然在教学论学科体系建设方面采取了引进与创建并存的方式,但由于教学论学科建设相对发达国家起步较晚、整体水平落后,人们强烈意识到新兴分支学科建设的迫切性,中国教学论学科体系建设和发展存在着盲目、浮躁、带有急功近利色彩的"引进热"和"创建热"。国内外"众多的教学论,包括它们的理论和方法,虽然极其纷繁,使人眼花缭乱,互有争议和分歧,但是,却有着共同的背景,面临着共同的课题。这就是说,不论在哪一种社会制度下,持有哪一种世界观,都要面对同一形势,回答共同的问题"。[①]因此,引进并借鉴国外教学论学说的可取之处,对于中国教学论学科建设,改革教育教学实践具有积极的作用,其本身无可厚非。然而,学人们虽然重视了国外教学论新兴学说和理论的引进,但对国外教学论学科建设缺乏系统的了解和研究,引进尚不系统、全面,而且忽视了学科的中国化或本土化;没有在引进的同时紧密结合中国实际进行研究,教学论学科建设与发展尚未形成清晰的中国特色。之所以如此,一方面在于部分学人对引进的国外教学论学说缺乏深刻的理解。当某种教学理论引入我国时,诸如新一轮课程改革之初后现代教学思想的引入,整个教学论学界趋之若鹜,奉之为解决各类教学问题的灵丹妙药,在教学目标、教学内容、教学方法、教学评价等领域"四处开花",既不探其实,也不究其根,使得各类值得深入研究、认真推敲的教学论学说"昙花一现"。另一方面,一些学人盲目地认为国外的教学论学说能够

---

① 王策三.教学论稿[M].北京:人民教育出版社,1985:11.

直接指导我国的教学实践,在他们看来,国外教学论学说都是科学的、先进的、有效的,能够原封不动地搬到我国的教学实践中,从而迅速解决我国教学实践中的棘手问题,提升教学质量。实际上,"任何一种教学理论都孕育于一定的民族文化传统之中,都深深地打上了民族文化传统的烙印,具有该民族的文化特性。……如何避免本民族文化条件下的教学实践自觉不自觉地沦为外来教学理论的'试验场',如何保持教学理论的民族文化特质,而不至于在大量引进外来教学理论的过程中迷失自我,如何在吸收、消化外来教学理论合理成分的基础上,建构具有鲜明民族文化特色、能切实有效地指导本土教学实践的教学理论,是当下教学理论研究必须正视的紧迫问题"①。企图在短时间内完全照搬国外教学论学说来改造我国的教学理论与实践,这种理念和做法无视教学论的文化制约性,对我国教学实际也缺少深入的了解,只能是一种不负责任的空想。

此外,部分学人提出了直接从国外教学论学说中演绎出各类关于中国教学论分支学科的设想,进而力图指导我国的教育教学改革。由此促成"创建热"在中国教学论领域如火如荼地开展,学人们重视了教学论分支学科的创建工作,但这种"创建"大多还停留在表层,缺乏研究、积累基础上的深层次创新,甚至具有随意性,如随意提出一门新兴学科的名称,套用既有学科体系框架模式,搬来一些相关理论,就建构起一门学科,未能充分认识到相关学科对教学论分支学科建设的有限性或局限性等,从而导致教学论各分支学科发展严重不平衡。在我国的教学论学科体系中,有些学科起步较早,如教学哲学、教学社会学、教学心理学等,已初步形成较完整的框架和体系;有些学科本身又分为若干个分支,研究向更加深入的层次、更加广阔的领域发展,处于成熟或继续发展期;有些学科近几年才开始建设,处于汇总材料、构思体系的初步创建阶段;有些学科更为薄弱,尚处于萌发状态,如教学生态学、教学经济学、教学政治学等;还有一些分支学科尚无人研究,空白点较多。这种不平衡性在一定程度

---

① 潘光文,李森.论教学理论的文化改造[J].课程·教材·教法,2007(6):37-42.

上反映了中国教学论学科体系尚不完善。其原因是多方面的,但主要原因在于教学论研究者缺少对学科体系发展的宏观策划意识,对教学论学科体系的宏观思考不够,基本上只从各自所在分支学科出发,在自己所熟悉的学科范围内进行教学论学科建设,以单科拓展和学科的局部开发替代学科整体格局的系统运筹,缺乏对中国教学论学科体系发展与建设的全局视野和整体规划。

正是由于上述原因,中国教学论学科体系的建设和发展尚未形成基本模式,沿袭旧有模式、照搬国外模式、移用相关学科的模式等现象还处处可见。这自然导致中国教学论学科缺乏时代特征和中国特色,一些分支学科甚至成为相关学科的"领地"。中国教学论学科正是由于学科意识尚差,一方面拘泥于国外模式和相关学科模式,难以自拔,开拓创新意识不够,另一方面又不善于从广阔而丰富的教学改革实践中获得营养。所以,其体系发展离真正的成熟尚有距离。

（三）教学论学科发展与教学实践问题研究缺乏互动机制

我国的教学论学科体系建设尚未完全走上同新时期教育教学改革实践同步发展、相互促进的轨道。从目前的教学论学科体系建设来看,实际上遵循着一种"体系先行"的学科建设与发展模式。部分教学论专业出身的理论研究者几乎把体系当作了学科建设的全部内容,为建构体系而建构体系,并且常常仅基于本学科的知识体系考察学科发展。这种"体系先行"的模式在一定程度上导致了学科建设过程中的封闭性和狭隘性,使教学论学科发展的客观前提以及活生生的教学改革实践在学科建设中得不到应有的重视,甚至被忽略。从总体上而言,在"体系先行"模式下建立起来的教学论学科缺乏鲜活的时代感和生命感,有偏向于"纯"理论研究的色彩,跳不出 20 世纪初学科创生时期的框架,难以吸引广大教学实践工作者的重视,在当代教育教学改革大潮中尚未充分发挥教学理论研究应有的作用。许多学人虽然一再强调要对教育教学现实中的重要实践问题作出解释或回答,但思维的触角很难伸向并真正触及丰富的教学实践。

　　此外,在以往甚至现在的教学论研究中,教学领导、决策同教学实践之间虽然有一定的联系,但这种联系常常是零星的、不系统的,抑或是相互遏制甚至冲突的。之所以存在这种状况,一是由于三个群体之间看待改革的态度不同,有的关注变化,有的关注延续,有的关注文本,有的关注过程,有的关注效果,等等;二是由于三个群体对教学要素的理解和解释不同,对待传统教学和未来要求的态度各异;三是由于三者在文化与语言上存在一定的差异,例如教学论研究者在提交的研究成果中没有能够充分考虑到同教学领导者、教师之间的不同;四是由于许多研究成果缺乏有效的传播途径;五是由于教学论研究者在方法论上较为薄弱,例如在研究的各个阶段,研究者同教师之间脱节等。在教学论学科的建设中,怎样才能建构一种适当的机制或策略以便使各项有价值的研究成果得到重视,并进而将这种研究贯彻到与自身的可能性和特定教学资源相适应的教学实践准备、分析和实施过程中,已经成为学人思考的焦点之一。在教学论研究者与教师之间或研究者与教学领导者之间,尽可能消除存在的障碍,建立一种有效的交流机制,将成为中国教学论学科发展必须考虑和解决的关键问题。

四、中国教学论学科发展和建设的趋向

　　中国教学论学科的建设与发展不可能一帆风顺、一蹴而就,甚至要付出一定的代价。鲁迅曾经感叹道:"中国太难改变了,即使搬动一张桌子,改装一个火炉,几乎也要血;而且即使有了血,也未必一定能搬动,能改装。不是很大的鞭子打在背上,中国自己是不肯动弹的。我想这鞭子总要来,好坏是别一问题,然而总要打到的。但是从那里来,怎么地来,我也是不能确切地知道。"①②当前,中国教学论学科正面临着新的突破,即在当代全力"办人民满意教育"的历史时期建构新的教学理论体系与

---

① 鲁迅.鲁迅全集:第1卷[M].北京:人民文学出版社,1981:164.
② 此句中的"那里"应为"哪里"。

格局。实际上,教学论立足的根基不仅在于教学理论和教学实践本身,还在于教学论对人类思想、智慧、精神和文化世界的贡献。两者合一,才是教学论对人类的真正贡献。[①] 中国教学论应在世界教学论学界占有一定的地位,这不仅是中华民族源远流长的文明史发展到当代的必然趋势,也是当代中国教育改革对教学论学人提出的热切希望。学科发展与建设是一项复杂的系统工程,包括学科意识、学科地位、学科体系等要素,要建立一种经得起历史考验并对现实教学具有实践价值的教学理论绝非易事。除了依靠一线教学实践工作者提供丰富的经验素材之外,还需要有一批教学理论工作者的艰苦探索,学人们必须有面对困难的勇气与智慧,借鉴当前多学科领域的优势,坚定自身的学科立场,强化学科意识,以使教学论学科明确新的发展方向,按学科建设的规律把教学论发展落到实处,从而努力使中国教学论学科发展走出困境与危机,促成教学论学科建设的新契机。

(一) 中国教学论学科意识强调文化寻根

现代中国教学论学科的发展仅有一百多年的历史,在发展过程中必然要借鉴西方教学论和其他学科的经验与优势,因为"任何一门规范学科以及任何一门实践学科都建立在一门或几门理论学科的基础上,这是一个具有至关重要意义的定律"[②]。但在此过程中,学人却因为过于注重西方教学论的经验,有意或无意忽视了在中国文化土壤中寻找教学论的立本之根。中国教学论学科的发展,离不开自己的文化根基。这个根既是生成历史的根,也是开出现实的根,维系未来的根;找不到这个根,中国教学论就只能永远地处于世界教育学的边缘,中国的教育事业只能永远地处于一阵又一阵的痉挛之中。[③] 因此,学人们既要有国际视野,也要有本土情怀;既要放眼看世界,也要低头思故乡。只有坚持中国特色,才能建设出真正属于中国的、世界一流的教学论学科。

① 李政涛.教育学的智慧[M].合肥:安徽教育出版社,2008:6-7.
② 胡塞尔.逻辑研究:第1卷[M].倪梁康,译.上海:上海译文出版社,1994:33.
③ 石中英.教育学的文化性格[M].太原:山西教育出版社,2001:357-358.

　　纵观我国教学论学科的形成与发展,在寻求教学论科学化、理性化的过程中,在向西方教育学理论学习与借鉴的同时,与中国历史传统相联系的文化往往是缺席的。[①] 文化缺失正是当代中国教学论所面临的最大问题与桎梏。长期以来,中国教学论研究走的是一条"拿来主义"的道路。这条道路为我国教学论的发展、缩小我们同西方的理论差距作出过巨大的贡献。但是,如果中国教学论学科建设仅仅停留在移植、引进和模仿的水平,势必将成为别人的"实验田"和"跑马场"。"改革开放、打开国门以后,迎面而来的就是国外的教学研究成果,各种教学思潮、流派令人目不暇接……无论是向国外学习各种教学理论,还是借鉴、吸收相关学科的成果,都在求'快',满足于用新名词、新概念、新原则,而不是针对教学实际情况,研究教学问题,提出合理的教学原则体系,由此必然导致貌合神离、无视教学过程特点和缺乏以教学论为基础的所谓教学原则大肆泛滥。"[②]引进、学习国外先进的教学理论或其他学科的相关学说是必要的、有益的,但在借鉴的同时,不应忘记乃至漠视自己的文化,过于迷恋他国或其他学科的相关理论,而不屑于甚至耻于谈自己的文化传统。在全球化背景中,中国教学论经受了一次次的"文化失语"、"文化缺失"和"文化误读"的煎熬。

　　要克服中国教学论对自身文化的淡忘,就必须从文化视角审思之、追问之。忽视了中国文化这一根基,也就无法找到未来发展的方向,困惑着教学论学人到底可以向国外的教学理论或其他学科的相关学说学习些什么,从而难以明确中国教学论究竟要解决哪些重要问题。在学术界,还没有超越国家和民族的教育学,还没有普适性的教育学,任何教育都是在一定的传统文化土壤之上的[③]。中国一方面近代以来多次积极地向西方文化学习,另一方面又具有自己的悠久历史和灿烂文化,离开了

---

　　① 赵鑫,李森.中国教学论科学化的意蕴和路径[J].课程·教材·教法,2012(7):32 – 36.

　　② 刘清华.教学原则研究的反思与前瞻[J].教育探索,2002(2):68 – 70.

　　③ 牟宗三.人文讲习录[M].蔡仁厚,辑录.桂林:广西师范大学出版社,2005:51.

文化土壤,教学论将是抽象的,无法适合中国教学的实际。此外,教学论是一门价值关涉的学科,具有浓厚、不可压抑的文化品性。当"民族话语""文化追寻"成为中国教学论学科研究的热点问题时,意味着中国教学论学人学科意识逐渐确立,这种学科意识包括本土意识和时代意识。

所谓本土意识,是指中国教学论研究关注中国本土的问题、实践与条件;而时代意识是要求中国教学论研究关注研究者所处的时代问题、时代需要和时代精神,使教学论研究紧贴时代的脉搏,适应并以自己的独特方式促进时代的发展。从这一意义而言,陶行知、晏阳初等近代教育学人的教学论研究就彰显了独特的价值,他们是扎根中国本土、扎根中国传统文化的典型代表。尽管教学论研究不能缺少开放、比较与借鉴,但从发展需要来说,对教学论研究和学科发展起着更大制约作用的并非缺少开放、比较与借鉴,恰恰是缺少"自己"——自己的文化、自己的历史和自己的现实。因此,对中国教学论学科发展而言,它需要承担起中国教育改革与发展的核心使命,因为课堂教学的变革是一切教育改革的重中之重,作为教育实践活动的内在领域,教学的有效性决定着教育的有效性,其价值在相当的程度上决定着教育的价值。中国教学论需要形成并强化本土意识、文化意识和时代意识,应以"认识中国、服务中国,以中国历史、中国社会为背景,以解决中国问题为目标"①。陶行知也指出:"教育没有独立的生命,它是以民族的生命为生命。唯有以民族的生命为生命的教育,才算是我们的教育。"②显然,对世界教学论发展走向的关注以及对中国本土文化与实践的关注,依然是中国教学论学科发展的重要资源,但这不能替代中国教学论学科意识中的本土情结、文化情结与时代情结。只有站在时代的高度,具有历史的胸怀和国际的视野,学人才能明了和把握中国教学论的发展方向,贡献自己的力量。③

---

① 崔国良.张伯苓教育论著选[M].北京:人民教育出版社,1997:前言5.

② 陶行知.陶行知全集:第3卷[M].长沙:湖南教育出版社,1985:19.

③ 赵鑫,李森.教学论研究实践转向和理论创新的历史自觉:兼谈"教学论就是教学论史"[J].西南大学学报(社会科学版),2013(3):63-68,174.

因此,中国教学论学科建设必须深深根植于自己的文化土壤,这不仅符合一般科学发展的规律,也符合现代教学论科学发展的逻辑。在当前基础教育改革背景下,教学论研究注意借鉴其他学科的思想方法和分析框架、学习各种外来教学文化思想资源和行为参照,同时随着研究的深入,外来文化资源的本土化、中国化探究的价值就会逐渐凸显。对中国教学论原发性问题的关注及其解决思路与对策的创生性研究,就会逐渐成为教学论学科建设的核心取向。① 无论是对相关学科思想和理论方法的借鉴,抑或对国外教学理论与实践的文化移植,最终都将转向本土原发和本学科原创的创新性研究,从而实现中国教学论学科的文化寻根。

(二) 中国教学论学科立场彰显生命关怀

受近代西方科学主义的影响,学人们认为符合科学化的教学论才是未来学科建设的方向,而且将科学化片面地等同于体系化、结构化和实证化。体系化、结构化和实证化取向使教学论学科发展陷入静态化、符号化,难以对丰富多彩的教学实践生活进行准确全面的解读。它只倾心于使教学论更"科学",更符合某种"人工的逻辑"而不是教学本身的规律,抹杀了教学的生命性和情景性。为使教学论真正摆脱冷冰冰的"科学"之路,就要面向生命本身。这样才能真正走进教学赖以发生的生命世界和生活世界。"任何一个时代,没有像当前时代这样多地懂得人,但任何时候也没有像今天这样少地懂得什么是人的问题;任何时代,人的问题都没有像我们当代一样,成为如此重大的问题。"② 人是自然生命和精神生命的双重存在,无论是自然生命的发育完善,还是精神生命的成长发展,都离不开教学。教学是人的生命的存在形式,具有鲜明的生命性。在一定意义上,教学"是直面人的生命、通过人的生命,为了人的生命质量的提高而进行的社会活动,是以人为本的社会中最体现生命关怀的一种事业"③。

---

① 杨小微,张天宝.教学论[M].北京:人民教育出版社,2007:450.
② 韩庆祥.新世纪中国人学研究应承载的历史使命[J].求是学刊,2001(1):5-9.
③ 叶澜.教育理论与学校实践[M].北京:高等教育出版社,2000:136.

　　教学论学科的最终目标或者说教学论研究的永恒追求是人的生命发展,而非成"材"、成"器"。生命的延续和发展离不开教学,教学是人生命存在的重要形式、生命的一种内在品行、生命自身的需要。学生的生命质量是学校教育教学质量的核心内容。所谓"生命质量",是指教师将"以符号为主要载体的书本知识重新'激活',实现与三方面的沟通:书本知识与人类生活世界沟通,与学生经验世界、成长需要沟通,与发现、发展知识的人和历史沟通。用通俗的话来说,就是使知识恢复到鲜活的状态,与人的生命、生活重新息息相关,使它呈现出生命态"。① 师生在教学中关注生命、理解生命、培育生命、彰显生命、发展生命。

　　作为教学改革和教育发展要求与追求的质量,生命质量是教学质量的重要表征,因为学生各方面素质尤其是德智体素质实质上就是生命的各种元素。"德"意味着道德生命,包括政治立场、思想觉悟、道德品质;"智"意味着情智生命,是智慧和情感的结晶;"体"意味着体能生命,是身体机能和体质的结合。② 教学论提升学生生命质量的途径,大致有以下两个方面。其一,对学生而言,养成对生命的崇敬感与热爱感、对万物的虔敬感,培育同自然、他人、自身和谐相处的生命意识;培育对万物的体验、感悟能力,使自身享受一种充满交往精神的审美人生。反之,一个不崇敬生命、失去体验与感悟能力的人,只会终身生活于"知识"的世界里,为其所奴役,无缘意识到世界和自身所蕴含的"生命"奥秘,劳劳碌碌、混混沌沌度日,教学质量的提高、教育事业的发展将沦为纸上谈兵。其二,对教师而言,着力建构生态课堂。"生态课堂"是具有价值导向性的理念,是对理想形态课堂教学的整体描述,其鲜明特点是生态性,即关注课堂中师生的生命成长,重视学生日常生活的教学意义,强调教学环境的生态整体功能,以关系思维处理教学要素,以动态的眼光看待教学过程,以开放的胸怀面对差异、多元,以积极的心态面对教学中的挫折,

---

① 叶澜.重建课堂教学价值观[J].教育研究,2002(5):3-7,16.
② 熊川武,江玲.论义务教育内涵性均衡发展的三大战略[J].教育研究,2010(8):20-24.

为提升师生的生命质量提供必要的教学时间和教学空间保障。① 教学是最具生命性的事业,生命是完整的、自由的、独特的,致力于生命全面而和谐、自由而充分、独特而创造地发展更是教学论学科的根本目标与使命所在。

而在以体系化、结构化和实证化为取向的"科学化"的教学论学科体系中,人们往往采用实证的方法探究教学现象与教学问题,但由于各种理论学说总有其先见与假设,难免会因自身所具有的各种"成见",影响对教学现象本真的理解与解读。要了解事物就必须摆脱成见,毫无偏见地"回到生命本身",其前提是让生命敞开,没有遮蔽地如其所是,"凡呈现出来的东西,就像它从其本身显现出来那样,是可以从其本身出发加以考察的"②。同样,认识教学现象与教学规律,不是通过控制、限制与制约,而是通过使教学论的诸般现象在自由、宽松的氛围中如其所是地充分展现自身。这意味着要真正认识各类教学显现与教学问题的规律,就必须以其自身显现的方式来了解它。

教学论研究要"面向生命本身",学人必须扎根教学现场,即教学论研究者不仅要通过查阅各种文献,了解国内外教学改革与发展的状况,而且还应该走进教学实践的现场,以一名"他者"的眼光真实感受教学改革的实际。"扎根教学现场"的立场与方式有助于人们真切地"面向生命本身"。这种研究是"以研究者本人作为研究工具,在自然情境下采用多种资料收集方法对社会现象进行整体性探究,使用归纳法分析资料和形成理论,通过与研究对象互动对其行为和意义建构获得解释性理解的一种活动"。③"扎根教学现场"倡导研究者融入被研究者之中,通过现象与问题本身再现现象本身的"生命"。这一方法强调研究者以"移情性理解"的方式对教学现象和教学问题进行分析和研究,从中汲取并借鉴有价值的内容。

---

① 李森.论课堂的生态本质、特征及功能[J].教育研究,2005(10):55-60,79.
② 周民锋.走向大智慧:与海德格尔对话[M].成都:四川人民出版社,2002.
③ 陈向明.质的研究方法与社会科学研究[M].北京:教育科学出版社,2000:12.

（三）中国教学论学科体系立足整体框架

教学论学科体系是由一门门系统化、专门化且具有内在逻辑联系、体系化的教学论分支学科构成的，而不是若干分立、残缺不全的学科的松散结合或简单叠加。从根本上而言，中国教学论学科体系建设就是要按照教学论学科的内部关系结构，从整体上探索和发展教学论学科，促进分支学科之间的分化和综合，使它们以整体的功能作用于教学活动的各个方面和领域，推动教育教学事业的全面进步。因此，如何实现教学论学科的整体框架，加快中国教学论学科体系的一体化进程，也将成为教学论学人着力解决的问题之一。中国教学论学科的整体化，并不是把所有分支学科合并成一门，而是让它们高度分化，把各门分支学科之间的空白地带一一填补和建设起来，使各分支学科处于自己的位置，以协同而非"分类"的方式发展，构成相互联系的整体。为实现中国教学论学科体系的整体化，增强教学论学科体系自身及各门分支学科坚实、有力的内聚力，学人们需要充分研究和揭示教学论各分支学科之间的内在关系，对各分支学科的性质、研究对象、研究方法等作进一步的澄清和梳理，力戒分支学科之间界限不清、互抢地盘的现象，并在此基础上不断促进分支学科之间的相互融合。为此，其前提是强化中国教学论科学建设和发展中的学科群意识。高度重视并自觉建设具有一流水准的教学论学科群，是建构中国教学论学科完整体系的重要任务。

为达成这一任务，中国教学论学人需要进一步拓宽学科视域，提高对教学论学科建设的整体策划能力和反思能力，逐步改变过去那种以单科拓进和局部开发替代学科整体格局的系统运筹的体系建构方式，在对教学论学科体系进行宏观思考的基础上，进一步调整对学科的局部构思，将教学论学科的发展置于整个中国教育学乃至人文社会科学学科体系发展的背景之下，对学科领域进行全面性筹划、全方位决策和根本性指导[1]，不断拓展教学论发展的新空间。在研究并确立中国教学论学科体

---

[1] 陈燮君.学科学导论：学科发展理论探索［M］.上海：上海三联书店，1991：9.

系建设和发展战略的基础上,通过对教学论学科生长点的揭示、学科发展方向的宏观把握、学科发展趋势的预测和把握,引导学科的布局调整。只有确立起自己的整体框架和基本问题,教学论学科的独立性和稳定性才能体现出来。任何一门学科都应有自己的个性,有自己的研究范畴和体系,更要有自身研究的完整体系。因此,中国教学论学科要进一步提高建设水准,强化相关学科成果引进和移植中的消化与融合工作,逐渐强化、清晰对自己研究对象及其特殊性的认识,形成独特的概念系统和研究逻辑,建构起严谨的框架体系,提高学科的专业化水平,在完成解释、指导和预测教学实践的历史使命过程中,不断提高独立地位。其中,怎样做到不仅吸收其他学科成果,不被其他学科所吞食,成为其他学科的领地,而且能保持自己独有的风姿,是至关重要并需研究、解决的问题。正是在这个意义上,中国教学论学科发展才会越来越受到学人们的认可和青睐。

为了更好地按照教学论学科发展的内在规律和内在逻辑去建设和发展中国教学论学科体系,除了改变长久以来不是沿袭旧有模式、照搬国外模式,就是移用其他学科模式的状态,还应研究教学论学科体系建设和发展的理论问题,建立起教学论学科体系对自身建设和发展的自我控制、自我调节以及自主发展机制,建构教学论学科体系和自主发展模式,充分体现科学性和人文性的统一。为此,需要进一步研究和总结国内外教学论学科体系建设与发展的经验教训,探寻其规律,研究其他学科尤其是先行发展、相对较成熟或发展迅速及相邻学科的建设和发展历程,借鉴它们的发展规律、经验和教训中得到的启发,并在此基础上深入探索中国教学论学科的生长条件、发展动力、演化特点及其体系的建立、概念及理论的形成和发展、研究者的素质等问题。[①] 只有这样,才能独立自主地不断提高中国教学论学科体系建设和发展的整体水平。

---

① 金林祥.20 世纪中国教育学科的发展与反思[M].上海:上海教育出版社,2000:289.

（四）中国教学论学科理念重视实践情怀

人们常常把理念视为一种"思"，与之相对应的则是作为"行"的实践，并认为用理念来想象事物，总比实践来得方便快捷，因此人们往往用理念来代替实际事物，有时甚至把自己的想象当作事物的实质。[①] 事实上，理念与实践是辩证统一的，理念根植于实践，实践离不开理念的引导。教学论学科的理念如果离开了对教学实践的关注，就不可能真正引领教学的发展，教学论学科建设也无从谈起，只有基于实践才能真正诠释和理解教学活动。通过实践理念审视教学论学科建设，才能把主观和客观、现象和本质、过程和关系视为教学论学人互动过程中不可分割的动态整体，进而真正理解和把握教学论的发展。教学论学科理念是对教学论学人作为教学情境中的人所具有的独特性、自主性的理解与界定，它以学人对实践的反思、批判和创造的理性能力为核心，在教学论研究和教学实践活动中扮演着重要角色。学人所作出的任何观念上的判断，如果没有基于对教学实践的现实的、真实的理解，它们不可能具备作用于教学实践的力量。同时，教学实践本身就蕴含了它是教学论学人的实践，为了教学实践的理念，便是为了教学论学人。"在这种对于人的规定中，反映了人是实践的主体也是实践的目的。"[②]任何指向教学实践的教学论学科理念，只有真正考虑到教学论学人的理性剖析能力，以对教学实践的关注为导向，才可能具有面向教学现实的实践力量。因此，教学论学科理念从来不是超然于教学世界之外的玄思和遐想，而是教学思想中所把握到的教学实践的反映。换言之，教学论的学科理念可称为教学思想中的实践，它具有强烈的实践性。

教学论学科理念是"教学思想中的实践"具有两种含义。其一，任何一种类型的教学理念都包含时代性的内容，而不是纯粹思辨的产物。《国家中长期教育改革和发展规划纲要（2010—2020 年）》所倡导的"育

---

① 迪尔凯姆.社会学方法的规则[M].胡伟，译.北京：华夏出版社，1999：14.
② 唐莹.元教育学[M].北京：人民教育出版社，2002：452.

人为本""改革创新""促进公平""提高质量"等教学理念和思想,也是当下中国社会和谐发展在学校教学实践中的具体映射。其二,任何一种类型的教学理念又都是以"思想"和"理论"的方式所把握到的教学实践,而不是简单的关于教学实践的表象。第一种含义表明学校教学实践以及教学理论研究同当下社会的发展具有不可割裂的密切关联。因此,只有从时代的历史性特征及其历史性转换出发,才能理解教学实践的理论内涵及其历史演化。第二种含义则阐明了教学论学科理念与社会发展以及学校教学实践之间关联的特殊性,即教学论学人以言语或理论的形式所表现的教学理念,蕴含着他们用以观察和解释教学实践的概念框架与解释原则,因而教学实践在教学思维和理念中会得到不同的表现与解释,并为教学论学科理念奠定了实践的力量。

中国教学论学科建设与发展需要有生命意识、本土观念与合作精神,更需要有科学理论和制度规范。无论是教学论理论研究者还是学校一线教师,都应该将中国教学发展的实际问题作为出发点和落脚点,深入教学实践第一线,而不是"站在后山放空枪"。教学论学人只有在广泛地占有第一手实践资料和可靠数据这一前提下,才可能发现真问题,进而形成解决问题的新思路,从而不断丰富和创新教学理论,建构具有中国特色、中国风格和中国气派的教学论学科体系。具有实践力量的教学论学科理念,形成于两个基本向度的统一,即"向上的兼容性"与"时代的容涵性"的统一。"向上的兼容性"指向教学论学科理念的历史感,是以巨大的历史尺度和恢宏的历史内容去观照教学理念所面向的教学实践;"时代的容涵性"则指向教学论学科理念的现实感,是以敏锐的洞察力审度时代的种种教学矛盾,以思维或理论的形式再现时代的教学意蕴及其发展趋势。教学论学科理念的历史感规范着自身在何种程度上洞察到当下教学实践的本质和趋势,教学论学科理念的现实感则规范着在何种程度上以何种形式在教学实践中体现自己。教学论学科理念的历史感由于其现实感而获得把握和表征教学实践的时代意义,教学论学科理念的现实感因其历史感而获得把握和表征教学实践的时代力度。在教学论学科理念中,离开了历史感的所谓的现实感,只能是一种外在的、浅薄的;而脱离了现实感的所谓的历史感,也只能是一种烦琐的、教条的说教,成为一种学究式的自我欣赏,难以构成"教学思想中的实践"和时代精神的精华。

同时,教学论学科理念作为教学实践的思维和理论形态,与教学实践之间也是有"间距"的。教学理念与教学实践之间具有并保持一定的"间距",这是教学改革与发展以及教学实践发挥作用的基本前提。正是由于这种"间距",教学改革与发展才能使教学论研究者超越教学经验的繁杂性、教学表象的流变性以及教学意念的主观性;才能全面反映教学实践,深层地透视教学实践,理性地剖析教学实践,理想地引导教学实践,理智地反观教学实践;才能实现"教学思想中的实践",并使其成为当代精神的精华。①

（五）中国教学论学科内容突出情感要素

就教学论学科研究的内容而言,人们关注最多的是知识。教师通过向学生传授系统的书本知识,引导学生开展认知活动,学生通过教师的指导,经过感知、记忆和想象等认知过程,习得和掌握书本知识,由此构成了教学活动,因而人们认为教学就是一种特殊的认知活动,而教学论学科研究的内容则是这一特殊认知活动的规律。实际上,认知并非教学论学科内容的全部。因为在教学活动中,伴随师生认识内容的一系列情绪、意志活动、个性倾向等的相互作用,构成了教学活动的情感内容。人非草木,孰能无情。教学作为一项情感劳动,是一种情感实践活动,情感位于教学内容的核心,是教学的基本属性之一。② 正是由于情感的存在,教学才成为一种区别于机械信息传递和人机对话的富含灵动性内容的活动。教学充满着师生的热情和灵感,弥漫着人情味,真正成为一种具

---

① 李森,赵鑫.20世纪中国教学论的重要进展和未来走向[J].教育研究,2009(10):42-48.

② 赵鑫,熊川武.教师情感劳动的教育意蕴和优化策略[J].教育研究与实验,2012(5):17-21.

有生命意义和价值的过程。无论是坚持"学生的全面发展",还是"加强教师队伍建设,建设高素质教师队伍",教学论研究及其学科建设都应始终关切情感因素在教学中的重要价值。

　　情感是一个囊括感受、情绪、心境和性情的宽泛概念。20 世纪中期发生的"认知革命"使认知研究成为当时人文社会科学包括教学论研究的一个主流,并一度忽视了对情感领域的关注。然而,近三十年来不同学科,如心理学、哲学、社会学和人类学等对情感都表现出很大的兴趣,学者萨顿和惠特利将这种现象称为人文社会科学研究的"情感革命"。[①]借着这股"情感研究"的热潮,从 20 世纪 90 年代以来,国外教学论学人普遍意识到情感在教学研究中的匮乏,并对情感表现出普遍而持续的关注,这些研究者尝试对情感这一新兴教学研究领域展开了许多探索。[②]情感是教学情境中师生双向交往和互动的重要体验。师生作为教学主体的任何活动都伴随着一定的情感生活,情感是主体"对周围现实的反映"[③],而师生体验的情感产生于教学交往过程中。同时,教学论研究的认知内容并不排斥情感因素,正如美国教育家布卢姆等所比喻,"一个人用两个并排的梯子爬墙壁……一个梯子代表认知行为和认知目标,另一个梯子代表情感行为和情感目标。这两个梯子的构造,使一个梯子每一级正好在另一个梯子的每一级的中间。通过交替地攀登这两个梯子——从这个梯子上的一级踏到另一个梯子上够得上的一级——就有可能达到

　　① SUTTON R, WHEATLEY K. Teachers' emotions and teaching: a review of the literature and direction for future research[J]. Educational psychology review,2003(4):327 – 358.

　　② LITTLE J. The emotional contours and career trajectories of(disappointed) reform enthusiasts[J]. Cambridge journal of education,1996(3):345 – 359. HARGREAVES A. The emotional politics of teaching and teacher development:with implications for educational leadership[J]. International journal of leadership in education,1998(4):315 – 336. LASKY S. The cultural and emotional politics of teacher – parent interactions[J]. Teaching and teacher education,2000(8):843 – 860. SCHMIDT M. Role theory, emotions, and identity in the department headship of secondary schooling[J]. Teaching and teacher education,2000(8):827 – 842. VEEN K. Teachers' emotion in the context of reforms[M]. Nijmegen,The Netherlands: Catholic University of Nijmegen,2003.

　　③ 雅科布松. 情感心理学[M]. 王玉琴,等译. 哈尔滨:黑龙江人民出版社,1998:21.

某些复杂的目的"。① 教学理论研究与教学实践已经证明,没有情感与认知的互动,理论思维极其有限;情感与认知在教学决策中共同发挥着作用,情感指导认知解决问题;非控制的情感妨碍理论思维,但缺乏情感与认知的互动也不利于理论思维。为将这类观点学术化,耶鲁大学的学者大胆创造,建构了"情感智慧"(EQ),使情感与认知珠联璧合再也无法分离。② 从这种意义而言,师生在教学情境中的交往活动是以认知为基础的情感互动活动,师生之间的情感关系构成了教学论学科发展关注的重要内容。

人之不同于动物就在于人具有深切的情感需要,而在人的精神需要中,充满温情的、富有诗意的、蕴含无限生机的、情感化的人际交往,因为人是情感的存在,人需要他人的体贴、爱护、关心等来丰富自己的生命。教学论研究所关注的师生情感互动是复杂多样、丰富而又微妙的,师生教学交往活动伴随着复杂而又丰富的情感生活,且两者的情感体验存在着差异。教师的情感及其表达形式影响着学生的情感,也关涉教学活动的成效。教师在教学活动中的喜、怒、哀、乐、爱、恶、惧等情绪以及理智感、美感和道德感等情感体验都会直接或间接地影响学生的情感;教师的一种手势、一个眼神、一个动作或说话的语气等各种情感表达形式也能改变学生的情感状态;教师的教学热情更能感染学生的学习热情,进而影响教学活动。"教师自己应是诚笃的、真实的,而不是虚伪的。……教师是一个真诚的人……成功地促进这种自我－主动学习的教师,尊重学生,珍视他们,与他们在情感上和思想上产生共鸣……这样的教师能把学生作为一个完整的个体加以接受,把学生作为具有各种情感、埋藏着大量潜能的一个尚未臻于完美的人而珍视他们。"③同理,学生在课堂

---

① 克拉斯沃尔,等.教育目标分类学:第二分册　情感领域[M].施良方,张云高,译.上海:华东师范大学出版社,1989:64.

② 舒尔茨,等.教育的感情世界[M].赵鑫,等译.上海:华东师范大学出版社,2010:1.

③ 瞿葆奎.教育学文集:第10卷　教学　上册[M].北京:人民教育出版社,1988:712－713.

中的情感体验、情感状态和情感表达也会制约教师在教学中的情感。教学活动中师生之间已不仅仅再是一种简单的、限于知识范畴内的教学相长关系，而是融入了教师情感作用的教学情智关系，师生的情感互动是贯穿于教学过程的一种基本活动。

为确保教学活动的有效开展，教师需要管理和调节自身的情感状态，提升自身的情感修养，在理解情感性质与状态的基础上，对自身情感进行适合教育目的和教育情境要求的认识、管理和表达，从而努力提升情感的合理性，通过合意、积极的情感感化和激励学生，丰富和升华教学活动的内涵。[①] 教师在教学过程中，将自己对学生的积极的情感表达放在首位，积极运用富有情感意蕴的教学方法，培养学生对学习的积极体验。教师之所以要重视情感，不仅因为情感有着独特的教育价值，而且还在于情感在人的心理结构中占有独特的位置。众所周知，人们常常因为心动而行动，学生往往因为亲其师而信其道，教师通常因为爱之深而求之切。

由此可见，中国教学论学科发展道路的关键在于，立足自己的立场，吸纳、整合所有与人有关的知识、情感和理论，将其纳入到人生命的培养、形成与发展的思考、策划和行动之中。教学论是一门整合之学、综合之学、行动之学，是教育学体系中的皇冠之学。换言之，教学论是各类教育学分支学科的会饮之处。就在这样的汇聚和会饮中，中国教学论道出了自身的话语体系与独特魅力。

---

① 赵鑫.论教师的感情修养[J].教育学术月刊,2012(4):57–59.

第 11 篇

教学理论的文化改造①

　　任何一种教学理论都孕育于一定的民族文化传统之中,都深深地打上了民族文化传统的烙印,具有该民族的文化特性。正是对民族文化传统与教学理论之间关系的深刻洞察,俄国著名教育家乌申斯基曾经指出,教育具有民族性。② 我们认为:一种具有强大生命活力的教学理论,一定是民族的,同时也是世界的。不同文化背景的教学理论进行跨文化对话,相互交流,彼此借鉴,"和而不同",多元共存,理论系统走向开放,是现代教学理论的基本特性之　·。③ 但是在这个过程中,如何避免本民族文化条件下的教学实践自觉不自觉地沦为外来教学理论的"试验场",如何保持教学理论的民族文化特质,而不至于在大量引进外来教学理论的过程中迷失自我,如何在吸收、消化外来教学理论合理成分的基础上,

---

① 本文发表在《课程·教材·教法》2007 年第 6 期。
② 滕大春.外国教育通史:第 3 卷［M］.济南:山东教育出版社, 1990:455.
③ 李森.现代教学论纲要［M］.北京:人民教育出版社, 2005. :39.

构建具有鲜明民族文化特色、能切实有效地指导本土教学实践的教学理论,是当下教学理论研究必须正视的紧迫问题。能否成功地解决这些问题,不仅涉及教学理论研究存在的必要性和合理性,以及教学论学科尊严的恢复与重建,而且还关乎基础教育课程改革提倡的自主、合作、探究、体验等教学方式的文化适应与创生。有鉴于此,本文拟对教学理论文化改造的内涵、意义和步骤进行理论探讨,以期对正在进行的具有中国文化特色的现代教学论建设有所裨益。

一、教学理论的文化改造的内涵

一种文化背景中生成的特定教学理论,被应用于另一种文化条件下的教学实践,会不同程度地产生教学理论的文化适应性问题,这就是教学理论的跨文化现象。孕育这种教学理论的文化,称之为"源文化",教学理论将要适用于其中的文化,被称为"目标文化"。在跨文化条件下,教学理论的文化改造,是根据"目标文化"的特性对"源文化"赋予教学理论的文化特性的改造,或根据教学理论所蕴含的"源文化"特性对"目标文化"特性的改造。正如东汉时期传入我国的印度佛教,经中国文化的改造,衍生出印度佛教中原本没有的华严宗、天台宗、禅宗和法相宗一样,[①]教学理论的文化改造,绝非简单机械地对外来教学理论进行不同文化特性的加减,而是外来教学理论在"目标文化"条件下获得文化新质的过程,是对外来教学理论的再创造。具体而言,教学理论的文化改造主要包括以下两方面的内容。

第一,甄别、保留外来教学理论中所包含的与"目标文化"特性相适应的"源文化"成分。任何特定的教学理论,都孕育于特定的文化之中。催生苏格拉底"产婆术"的,只能是偏重民主与求真的古希腊文化传统,而不会是偏重伦理与求善的中国文化传统;中国文化传统所能孕育的,

---

① 梁启超.清代学术概论[M].北京:中国人民大学出版社,2004:76–88.

是孔子的"启发式",而不会是苏格拉底的"产婆术"。同样,从德国理性主义文化土壤里生长出来的,只能是赫尔巴特的主知主义教学理论,而不可能是杜威的实用主义教学理论。把杜威的实用主义教学理论机械地应用于德国文化条件下的教学实践,而不甄别美国实用主义文化与德国理性主义文化之间是否具有相似性,这种应用注定是要失败的。同样,不问中国文化与古希腊文化是否具有相似性,而把苏格拉底的"产婆术"机械地应用于中国文化背景下的教学实践,最终也只会是一场无谓的荒唐闹剧。

第二,甄别教学理论中所包含的与"目标文化"特性相冲突的"源文化"成分,代之以或改变"目标文化"中的某些关键特性,使外来教学理论与"目标文化"相互融合、浑然一体。孕育教学理论的"源文化"与教学理论要适用于其中的"目标文化",各自一定存在着某些文化特质。正是这些文化特质,把两种文化区别开来,使一种文化是它自身而不是他种文化。没有这些文化特质,"源文化"与"目标文化"便是一种文化,而不是两种文化,至多不过是同一种文化的不同分支。把"源文化"与"目标文化"的特质甄别出来,并以"目标文化"的特质替代"源文化"的特质,或对"目标文化"特质进行必要的改造,是教学理论的文化改造的应有之义。中国著名教育家陶行知对美国教育家杜威的"教育即生活""学校即社会""做中学"进行改造,形成以"生活即教育""社会即学校""教学做合一"为核心的生活教育教学理论,绝对不是一种文字游戏,而是他对美国实用主义文化土壤里生长出来的实用主义教学理论的中国文化改造。这种改造,是基于他对以"重践行""指向现实生活"为重要特征的中国文化和当时中国社会文化实际状况的深刻洞察与正确把握。正是这种成功的文化改造,杜威实用主义教学理论在中国文化条件下获得了新质,也产生了陶行知的具有中国文化特色的生活教学理论。

总之,甄别、保留教学理论中所包含的与"目标文化"特性相适应的"源文化"成分,是进行教学理论的文化改造的基础和前提。没有这种文化上的相似性,教学理论的文化改造便没有了可能性。甄别教学理论中所包含的与目标文化特性相冲突的"源文化"成分,代之以"源文化"的特质或改造"目标文化"中的某些特性,是教学理论的文化改造的核心和关键。没有这种甄别、替代与改造,便谈不上教学理论的文化改造,教学理论的文化改造便会成为空洞之物。

二、教学理论的文化改造的意义

在人类文化历史发展的漫漫长河中,一种文化企图"征服""吞并""取缔"另一种文化的做法,已一次又一次地被证明仅仅是一少部分丧失理智的人的妄想。除了给本民族文化和其他文化带来深重的灾难外,这种做法的目的从来不曾实现过,现在和将来也不会实现。对话、交流和借鉴,已经成为不同文化地域的人们处理文化间关系的共识和准则。教学理论是民族文化传统在教学领域的自然延伸,对外来教学理论进行恰当的文化改造,是教学理论跨文化对话的重要内容,也是在教学实践中成功借鉴外来教学理论的基本保证。

(一)对教学理论的文化改造,是教学理论跨文化对话的重要内容

当代,各国相互了解、学习和借鉴彼此的思想、理论,包括教学思想和教学理论在内,已经成为一种浩浩荡荡的世界潮流。以东西方文化对话为例,现代西方社会从古老的东方智慧中得到了摆脱困境的重要启示。"文艺复兴"把西方人从理想的天国世界重新带回到了现实的世俗社会,重新确立了西方人满足自己物质欲望、追求现世人生幸福的权利。在科技和商业的帮助下,西方人对物质的欲望得到了极大的满足,然而却并没有增加他们对生活的幸福感。物质的极大丰富与由生活的无意义感所导致的精神世界萎缩之间的尖锐对立,科技背后的智性基础与以个人

为主体的社会组织之间的深层矛盾,[①]成了困扰西方现代社会的普遍难题。面对由欲望的极度膨胀所导致的人生意义与价值的坠落等精神痛苦,德国生存意志主义哲学家叔本华从印度佛教的"涅槃"思想中找到了解脱痛苦的最佳出路。中国古代"天人合一"的哲学思想,成了现代西方人摆脱科学主义困境的有力思想武器。东方各民族为了民族的生存与富强,从西方引进了科学与民主。就教学理论而言,先后引进的有:夸美纽斯的自然主义教学理论、注重科学知识的斯宾塞的教学理论、赫尔巴特的主知主义教学理论、杜威的实用主义教学理论、布鲁纳的结构 – 发现教学理论、凯洛夫的马克思主义教学理论、赞可夫的发展性教学理论等等。其中,部分教学理论在一些东方国家的教学实践中扎下根,长期实际、有效地指导着这些国家的教学实践,这与对这些教学理论的成功文化改造密切相关。赫尔巴特以旧的"三中心"[②]为特征的教学理论之所以能够盘踞在中国大部分课堂教学实践中,长期"批而不倒",这与德国文化与中国文化在知识观、师生观、教学价值观等方面的相似性,与中国教学理论研究者和教学实践工作者对赫尔巴特教学理论的中国文化解读与改造,有着密切的关系。部分西方国家的教学理论之所以在中国等东方国家的教学实践中"昙花一现",文化上缺乏相似性,教学理论被直接套用而没有通过必要的文化改造,是其失败的重要原因。因此,在一定意义上可以说,没有对教学理论的成功文化改造,而要实现教学理论的跨文化对话与交流,纯属一句空话,充其量只是一种自说自话、看似热闹而毫无实际意义的荒唐闹剧。

（二）对教学理论的成功文化改造,是借鉴外来教学理论指导教学实践的基本保证

没有对教学理论的文化改造,外来教学理论根本无法在"目标文化"中生根,更不可能转化为"目标文化"条件下的教学实践。没有对教学理

---

① 季羡林,张光璘.东西文化议论集[M].北京:经济日报出版社, 1997:562.

② 王天一,夏之莲,朱美玉.外国教育史:下册[M].2 版.北京:北京师范大学出版社, 1993:218.

论的文化改造,任何直接套用外来教学理论的教学实践尝试,任何直接从外来教学理论中演绎出来的教学改革,不仅无益,而且有害。为了论述方便,这里仅以中国教学理论界引进西方教学理论为例。自 19 世纪末20 世纪初以来,在"西学东渐"的滚滚洪流中,中国教育界部分有识之士开始大量引进西方先进的教学理论,以期改革指导中国教学实践几千年的儒家教学理论。这种引进,历时之久,数量之大,内容之全面,实属世界罕见。从历时方面考察,这种引进大致可以划分为四个时期:以日本为中介间接引进欧洲教学理论;直接引进美国教学理论;直接引进苏联教学理论;改革开放以后,引进世界各国的教学理论。就引进教学理论的数量而论,远期的包括:捷克的夸美纽斯、法国的卢梭、英国的洛克、德国的福禄贝尔和赫尔巴特等人的教学理论。中期的包括:美国的杜威、苏联的凯洛夫和赞可夫等人的教学理论。近期的包括:美国的布鲁纳、布卢姆、奥苏贝尔等人的教学理论。可以这样说:凡是国外的主要教学理论,都可以在我国找到。这里我们不禁要问:这么多引进的先进外来教学理论,在多大程度上对我国的教学实践起到了实际指导作用!这些外来教学理论的大量引进,催生出具有中国文化特色的本土教学理论了吗!在这些方面,外来教学理论所起到的实际作用,是值得教学理论工作者反思的。诚如有学者所指出的:在外来教学理论"'繁荣'局面的背后恰恰表明我国教学理论的薄弱和整体贫困。在什么教学理论都有解决问题的可能性的时候,实质上也正是什么教学理论都不可能管用的时候"。[①] 这就是外来教学理论在中国文化背景下的百年躁动与现实沉寂。为什么这么多的外来教学理论在中国躁动了这么长的时间,却最后都相继沉寂了下来!当然,原因是多方面的,也非常复杂,但是,只是引进这些外来教学理论,而没有对其进行成功的中国文化改造,没有文化特征的甄别、保留、替换与改变,是造成这种躁动历经百年而最后沉寂的重要原因。

---

① 徐继存.教学理论的反思与建设[M].兰州:甘肃教育出版社,2000:175.

　　无论中外,任何一种教学理论,都是在特定社会文化背景下为解决当时教学实践中普遍存在的实际问题而创立的。美国著名教育家布鲁纳之所以提出结构 - 发现教学理论,那主要是因为 20 世纪 50 年代美国基础教育存在教学质量普遍下降的严重问题。导致这一问题的主要原因,是此前在美国风行一时的"进步主义教育运动",促使美国教育界反思基础教育教学质量问题的诱因,是苏联人造地球卫星的成功发射。在特定的时空条件下,在特定的社会文化背景中,出现的普遍性教学问题,并非必然地出现在另一种文化背景中。在不同的文化背景中,即使出现了相似或相同的教学实践问题,引起这些问题的内外部原因也不尽相同,即使原因相似或相同,在不同文化条件下,人们解决这些教学实际问题所惯用的思维方式也会不同。新一轮基础教育课程改革在教学领域所倡导的自主、合作、探究、体验等教学方式的变革,其根主要在西方文化,而不在中国文化。这些教学变革,在许多地方的教学实践中遭到不同程度的抵制,致使变革仅仅停留在观念层面上,而没有真正转化为师生的日常教学行为,教学变革在彻底摧毁一个教学"旧世界"的同时而没能建立一个教学"新世界",不能不说与教学理论的文化改造的缺失有密切的关系。这种直接套用外来教学理论或从外来教学理论中直接演绎教学改革方案的做法,其前提假设是:不同文化条件下所要解决的教学实际问题是相同的,而不是相似的,解决相同教学实际问题的思维方式也一样的,采用相同思维方式解决相同教学实际问题的理论或方法也是唯一的。这种做法显然是十分幼稚的,它把本来非常复杂的问题过分地简单化,忘却了教学理论的文化特性。如果仅仅是想想而已,其所产生的实际危害还是有限的;如果把这种幼稚的想法变成一种教学改革方案,并付诸实施,其所产生的巨大危害,便可想而知。产生这种危害的重要根源是:近年来部分教学理论工作者缺乏必要的文化修养,特别是关于中国文化的修养,就教学理论论教学理论,把外来教学理论与其所负载的历史文化信息武断地分离开来,缺乏对外来教学理论进行文化改造的意识,对外来教学理论没有进行必要、艰难、细致的文化改造。

三、教学理论的文化改造的步骤

教学理论的文化改造,是一项复杂、艰巨而细致的工作。要成功地对教学理论进行文化改造,不仅要求改造者具备较为深厚而广博的文化修养和扎实的教学论专业修养,而且必须遵循一定的程序。否则,这项工作难以取得成功。以其所必须遵循的程序而言,教学理论的文化改造主要有以下五个步骤。

(一)教学理论的本体解读

教学理论的文化改造是对教学理论的改造,而不是改造孕育教学理论的"源文化"。因此,准确、透彻地把握教学理论的本来面目,就成为对教学理论进行文化改造的首要步骤。否则,教学理论的文化改造便会因为对改造对象的误读、曲解而成为"无本之木""无的放矢"。这就要求改造者必须具备扎实的教学论专业理论修养。那么,对特定教学理论的把握怎样才算是准确而透彻的呢!首先,必须把握教学理论的理论基础,即教学理论的理论生长点。否则,对教学理论的把握便缺乏理论深度。其次,必须把握教学理论的核心概念和主要观点。最后,还必须弄清楚教学理论的理论基础与主要内容之间的内在逻辑关系。以赫尔巴特主知主义教学理论为例,赫尔巴特主知主义教学理论的理论基础是"统觉论"。"统觉论"认为:一切认识活动都是观念的运动与联合。这种教学理论的核心概念是"观念",主要观点是教学活动的四阶段论,即"明了、联想、系统和方法"。[①] 所谓"明了",是明了新观念;所谓"联想",是由新观念联想到相关的已有观念;所谓"系统",是把新旧观念加以组织,形成一个有内在逻辑联系的体系;所谓"方法",就是用这种体系去解决实际问题。把握了"统觉论",理解了"明了、联想、系统和方法"的内涵,弄清了"统觉论"与"明了、联想、系统和方法"之

---

① 滕大春.外国教育通史:第 3 卷[M].济南:山东教育出版社,1990:281.

间的内在逻辑关系,对赫尔巴特主知主义教学理论的把握就是准确而透彻的。

（二）教学理论的"源文化"分析

任何教学理论都是在特定的时空条件下产生的,都是在特定的社会文化背景中为解决突出并具有普遍性的教学实际问题而产生的。时空条件、社会文化背景以及所要解决的教学实际问题,就是教学理论所负载的主要历史文化信息。深入地挖掘教学理论所隐含的这些历史文化信息,就是教学理论的"源文化"分析。在完整地把握特定教学理论这一问题上,教学论工作者常常仅仅专注于教学理论本身,而其所负载的历史文化信息则从研究者的视线中悄悄地消失了。把原本有机地联系在一起的教学理论和历史文化信息人为、生硬地分离开来,仅仅关注前者,忽视后者,或对后者观照不够,这是一种形而上学的非生态做法,其结果是把教学理论变成一种脱离时空的抽象存在,变成一种不可理解、不可捉摸的东西。因此,仅仅有了对教学理论的本体解读,远远不够,还必须对形成这种教学理论的时空条件、社会文化背景和所要解决的教学实际问题加以分析。以赫尔巴特主知主义教学理论为例,赫尔巴特主知主义教学理论诞生的时代,"统觉论"是当时心理学研究所能贡献的最新理论,远比此前已被人们普遍接受的"种子论""自然类比论"先进。当时的德国社会由于近代工业生产的发展而急需大批有一定科学知识素养的劳动者。重视理性,是德国文化的一贯传统,而追求知识的可靠性和确定性,相信可靠而确定的科学知识对于人的自由所具有的巨大力量,是这种文化传统的重要表征。当时,德国教育界的有识之士思考的重要问题是:什么样的教学活动才能把这些科学知识有效地传授给学生! 这些就是赫尔巴特主知主义教学理论背后所隐含的历史文化信息。正是德国社会当时所处的这种历史文化状况,催生了赫尔巴特主知主义教学理论。可见,特定的社会历史文化状况与特定的教学理论之间,是不可分割的"鱼"与"水"的生态关系。

（三）教学理论的"目标文化"检视

教学理论的"目标文化"检视，是指仔细地检讨、审视某种外来教学理论将要适用于其中的文化的特性。将德国文化条件下产生的赫尔巴特主知主义教学理论适用于中国文化条件下的教学实践，对中国文化相关特性的仔细检讨与审视，就是对赫尔巴特教学理论的"目标文化"检视。对"目标文化"的检视，主要内容包括：外来教学理论原本所要解决的教学实际问题，在"目标文化"条件下是否存在；如果存在，是否具有普遍性，具有多大的普遍性；这些普遍性的教学实际问题在"目标文化"条件下产生的社会条件和文化背景是什么；这些社会条件和文化背景是否与产生这一教学实际问题的"源文化"背景中的社会条件和文化背景相同或相似；等等。以赫尔巴特主知主义教学理论为例，赫尔巴特主知主义教学理论在当时的德国社会文化条件下所要解决的教学实际问题，在清末民初的中国社会条件和文化背景下，仍然存在，而且更加急迫。由于饱受西方列强的蹂躏，当时的中国社会迫切地需要以可靠而确定的西方近代科学知识来"开民智"，如何通过教学活动提高科学知识传授的有效性，是当时的中国学校教育所面临的一个普遍性的重大教学实际问题。中国文化与德国文化在重视理性方面有着高度的相似性。对赫尔巴特教学理论所要适用的中国社会文化的分析，就是特定教学理论的"目标文化"分析。

（四）教学理论的"源文化"与"目标文化"比较

比较教学理论的"源文化"与"目标文化"，主要是发现"源文化"与"目标文化"之间的相似性和各自所独有的文化特质。这种相似性，为教学理论的文化改造提供了可能性，也就是说，如果"源文化"与"目标文化"之间不具有相似性，或相似性不大，那么，便无法或难于对教学理论进行文化改造。如，不立文字、施不言之教的禅宗所包含的宗教教学理论，便难于进行课堂教学条件下的文化改造，因为目前世界各国的课堂教学仍然主要是以语言文字为媒介进行的，离开了语言文字，教学便无法进行。通过比较，找到了相似性，仅仅是为教学理论的文化改造提供了必要的条件,更为关键的是要找到"源文化"与"目标文化"各自所独有的文化特质,因为正是"源文化"所具有的不同于"目标文化"的文化特质,使教学理论在"目标文化"条件下的适用产生了文化适应性问题。推崇民主、重视经验的美国文化与杜威实用主义教学理论之间,有着明显的内在逻辑联系。以儒家文化为主导的中国传统文化,重视差等之爱,即所谓"仁",并以外显的"礼仪"固定下来,反映在师生关系上,就是强调学生对教师权威的尊重与服从,重视书本知识的学习,有"六经注我,我注六经"的文化传统。美国文化重民主、重经验,中国传统文化重"仁"、重"礼"、重书本知识,就是通过比较发现的两种文化各自所具有的文化特质。

(五)改造教学理论中所包含的与"目标文化"不一致的因素,或改造"目标文化"中与教学理论不一致的因素

这是两种不同的文化改造。前者是对教学理论中所包含的"源文化"特质的改造,而后者是对"目标文化"特质的改造。究竟采取哪一种文化改造,既是一个事实判断问题,也是一个价值判断问题。对杜威实用主义教学理论中所包含的民主等美国文化特质,是应该保留的,它符合时代精神的要求。这种价值判断意味着必须改造中国传统文化条件下以教师权威为中心的师生关系。对杜威实用主义教学理论中所包含的过分强调经验、实用等美国文化特质,是应该扬弃的,因为过度地强调经验、实用,会削弱系统知识的学习,从而降低教学的质量,这已经被历史所证明。这种价值判断,意味着以书本知识学习为主导的中国课堂教学传统仍然具有一定的合理性。把学校变成"雏形"的真实社会,在陶行知时代的中国社会不具备实现的可能性。道理很简单,在当时中国社会实际状况的条件下,绝不可能把有限的财力、物力和人力投入到学校教育教学之中。把学校教育的各种因素渗透进社会,渗透进生活,符合当时中国社会的实际情况,也是陶行知对杜威实用主义教学理论在当时的中国社会实际状况条件下的创造性应用和成功的文化改造。"生活即教育""社会即学校""教学做合一"是陶行知对中国式普及教育的最大理

论贡献。正是这种成功的文化改造,使陶行知的生活教学理论既渊源于杜威的实用主义教学理论,更有其不同于杜威实用主义教学理论的中国文化新质,成为在中国大地上产生的、为中国教学实践所需要的、能够切实指导中国教学实践的本土教学理论。

第 12 篇

教学理论与实践：转化方式探讨①

社会转型时期，教学理论和实践面临一系列挑战。一方面，教学实践中新问题层出不穷，迫切需要在理论上寻求解决方略；但另一方面，一些理论成果却被束之高阁，没有发挥出应有的作用。这给我们提出了一个严肃的课题：教学理论与教学实践到底有没有结合的可能，如果有，又该怎样结合。毫无疑问，二者的结合不仅是必要的，也是可能的。笔者认为，当前应大力加强教学理论向教学实践转化方式的研究，探寻两者结合的现实途径。

一、对几个基本概念的界定

在具体探讨转化方式之前，有必要对"教学理论""教学实践""转化"这三个基本概念作出界定。

---

① 本文发表在《课程·教材·教法》2002 年第 3 期。

什么是教学理论？不同的人对此作出了不尽相同的回答。有学者从理论的表现形态入手，将教学理论界定为对教学活动系统化了的理论认识，是人们借助一系列概念、判断、推理表达出来的知识体系。① 有学者指出：教育理论（自然包括教学理论），作为一个名词，它泛指人们有关教育（教学）的理论性认识。所谓理论性认识是指一种认识的结果，它是理性思考的产物，以概括、抽象判断（程度可以不同）为其共同特征，而概括、抽象的层次与类型的差异则构成其内部的层次和类型。② 还有学者指出：教学理论就是人们在思考教学中所形成的旨在探讨、解释和预测教学现象的观念体系，是人们对各教学现象及隐藏其后的各种教学关系和矛盾运动的自觉的、系统的反映。③

尽管人们关于教学理论内涵与外延的理解有差异，但对教学理论的认识达成了以下几点共识：(1)教学理论来自教学实践，是人们对教学实践活动进行理性思考的产物；(2)教学理论在目的上关注如何"改进"和"指导"教学实践，它应是面向实践的；(3)教学理论作为一种知识体系或观念体系，它以各种教学观念、主张和见解的形式出现；(4)教学理论具有层次性和复杂性。据此可以认为，教学理论就是对教学实践活动进行理性思考的产物，是对教学现象及其矛盾运动能动反映所形成的具有层次性和复杂性的可以指导教学实践的认知体系。

关于教学实践，人们的看法大同小异。如认为教育实践（包括教学实践）是对人类所进行的教育（教学）活动的总称。④ 教育（教学）实践是一种有意识、有目的的培养人的活动。⑤ 教学实践是指现实的教学活动

① 迟艳杰.教学领域中的理论与实践：兼论我国教学论学科面临的主要问题及发展选择[J].中国教育学刊,1997(4):40-42.

② 叶澜.思维在断裂处穿行：教育理论与教育实践的关系的再寻找[J].中国教育学刊,2001(4):1-6.

③ 徐继存.教学理论反思与建设[M].兰州：甘肃教育出版社,2000:13.

④ 叶澜.思维在断裂处穿行：教育理论与教育实践的关系的再寻找[J].中国教育学刊,2001(4):1-6.

⑤ 毛祖桓.中介研究：高等教育理论向实践转化的桥梁[J].教育研究,1998(12):41-46.

中感性的职业性行为方式的总和,具体包括教学管理、教师课堂教学行为等。①

教学实践的表现形态是人的活动和行为,它的实施主体可以是个体也可以是群体。其目的在于有意识地影响人并促进其身心发展。教学实践是在一定教学理论指导下进行的,不管这种理论是以显性还是隐性方式起作用。脱离教学理论指导的教学实践是盲目的实践,根本谈不上二者的结合。教学实践是在历史上已有的实践成果基础上并为解决历史实践所未能解决的问题而展开的,它具有历史继承性。随着教学实践中一个又一个问题得到解决,新问题将会不断产生,因而教学实践具有发展性。

所谓转化,从哲学上讲就是一种事物转变成另一种事物,或者事物的一种形态转变为另一种形态,也就是转移变化。但人们往往将转化与推广等同使用,实际上,这两者并非是同一意义上的概念。转化重在"变化",而推广则重在"推行"。判断教学理论是否转化的主要标志是看教学理论除了对人们的思想观念有改变外,还要看教学实践中是否有与教学理论规定一致的行为。转化重在结果,关注是否有变化;而推广则主要是通过行政手段,使教学理论有计划、有步骤地推行和传播。可以说推广是教学理论转化的一种方式,它重在过程。

二、实现向实践转化的教学理论的基本特征

并非所有的教学理论都能向教学实践转化。真正能够转化为教学实践的理论自身必须具备一些基本特征。这些特征是:符合时代要求,具有现实生命力,具有适度超前性和明确性。

第一,符合时代要求,具有现实生命力。教学实践是现实的、具体的、发展的。随着时代的发展,教学实践随时会提出新的要求,指导实践的

---

① 迟艳杰.教学领域中的理论与实践:兼论我国教学论学科面临的主要问题及发展选择[J].中国教育学刊,1997(4):40-42.

教学理论必须反映时代要求。历史上,杜威、布鲁纳、罗杰斯等人的教学理论都深深地打上了时代的烙印。教学理论具有现实生命力,就是说,它必须直面现实,经得起实践的检验。坐在书斋中凭空想象出的空泛的理论,以及超越了社会历史和具体时间、地点、条件而没有具体规定性的理论,指导不了实践,不会向教学实践转化。

第二,具有适度超前性。适度超前的理论能起到预见、导向的作用。教育教学总是为未来社会培养人才,因而教学目标是面向未来的。教学实践要达成这一目标,必须有适度超前的理论作指导。不具有超前性的教学理论,就没有资格指导教学实践,无法成为实践的推动力量。当教学实践已经有很大发展,新问题不断产生,而教学理论没有创新,落后于教学实践时,往往对生动活泼的教学实践活动起阻碍作用,向教学实践转化就会被拒绝。在当今的教学实践中,针对以前教育中存在的弊端,迫切要求培养和提高全体学生的综合素质,这就需要素质教育教学理论、创新教育教学理论的指导。倘若教学实践中仍然以过时的理论为指导,学生综合素质的发展就会落空。必须指出的是,所谓理论要超前,是相对而言的,并非遥不可及,它犹如一盏引路明灯,指引人们达到胜利的彼岸。

第三,要有明确性。向实践转化的教学理论,必须能为人们所掌握。那些模棱两可,似是而非,不着边际的理论很难给人们提供具体明确的信息。在教学实践活动中,起指导作用的教学理论如果没有明确的信息量,实践工作者就会感到无所适从,教学理论也就不能向实践转化。因此,教学理论必须是明确的、清晰的。布卢姆的目标教学理论之所以能够转化为教学实践,很大程度上在于它为实践工作者提供了明确、清晰的信息。赫尔巴特的教学理论在他生前和死后的 20 年里,并没有在教育界引起足够的重视,这并不是说他的教学理论不合时宜,重要原因在于,他不能提供明确具体的信息,其理论本身庞杂而深奥,语言表达又晦涩,一般教师很难理解。齐勒认为,赫尔巴特提出的教学过程四阶段论含糊不清,应该加以提炼,使之成为更清晰更可用的一系列形式、步骤。在齐勒的学生莱因看来,即使最好的理论,如果它仍然是抽象难懂的,那么肯定也不可能对课堂教学方法产生多大影响。他对赫尔巴特的教学阶段论进行了更加清楚、通俗的表达,语言更加严谨,使赫氏的理论进一步系统化、科学化,因而他提出的五段法在西方国家广泛流行。

每一种教学理论都有其适用范围,生长在一定的文化土壤之中。不加分析地将教学理论移植过来解决教学实践中的所有问题,这是不切实际的,也是不可能的。教学理论必须选准适合自己的实践环境。

三、教学理论向实践转化的具体方式

教学理论向实践转化的方式多种多样,基本的转化方式有教学理论传播、教学实验、教学专家咨询和教学行动研究。

（一）教学理论传播

教学理论传播,是指教育科研工作者或其他传播主体通过各种渠道和传播手段把教学理论传递给教学实践工作者,以促使实践工作者和社会各方面了解、掌握教学理论。

从教学理论向实践转化的要求来看,只有那些反映时代要求、具有现实生命力和适度超前性与明确性的教学理论,才有转化为教学实践的可能。但即使是再好的教学理论,如果仅仅停留在理论的物化形态,而不被教学实践工作者和社会各方面了解、吸收、消化、掌握并应用,那对教学理论来说也是一个巨大的浪费。我国近年来教学理论成果众多,但由于缺乏有效的传播,真正转化为教学实践的并不多。唯有通过传播主体的传播,传播受体接受先进的教学理论并将之应用于教学实践中,才能实现教学理论的转化。此外,如果教学实践工作者在思想上排斥它,行为上扭曲它,转化也难以实现。教学理论通过传播,转变人们的思想观念和教学行为,打破人们的"习惯定式"思维,让实践工作者从思想上接受理论的指导,并内化到自己的教学行为中。

教学理论的传播有不同的类型,主要包括以下几种:（1）学术性的传播。它主要通过学术手段传播某种教学理论。（2）行政性传播。它主要

通过组织渠道和行政手段传播教学理论。（3）大众传播。它主要通过报纸、期刊、广播、电影、电视等大众传播媒介传播某种教学理论。（4）综合性的传播。任何一种好的教学理论的传播，在现实生活中都并非采用单一传播方式，而是三种类型的结合，是一种综合性的传播。①

（二）教学实验

教学实验是指在一定的教学理论指导下，控制某些因素，对教学实践进行某种程度的改革，从而检验、应用和发展教学理论，使教学实践科学化。它是理论的应用、验证、发展与实践的改革、发展紧密统一的过程。教学实验是教学理论向实践转化的重要方式。教学理论通过教学实验得到检验、应用和发展，转化为可操作的形式进入教学实践领域。

（三）教学专家咨询

教学专家咨询是指为促进教学理论的转化，教育教学专家和学者应用自己的专业知识和经验，向教学实践工作者推荐先进的教学理论并提供咨询。

教学理论专家具有丰富的专业知识，对教学实践有一定的感性认识。通过向教学理论专家咨询，教学实践工作者可以避免教学理论选择和应用的盲目性，增强针对性。同时，教学理论专家将先进的教学理论推荐给实践工作者，可以解决教学理论的闲置问题，促进教学理论的转化。教学专家咨询在教学理论转化的不同阶段有不同的咨询形式，具体包括实施前、实施中、实施后的咨询。

实施前的咨询。教学实践工作者为解决现实中存在的问题，学习大量的教学理论，尝试选择某种或某些教学理论。在这一过程中，通过向有关教学理论专家咨询，弄清理论的背景、指导思想和基本内涵，对理论进行可行性分析。随后，教学理论专家作为咨询者、指导者和参与者，帮助教学实践工作者进一步明确教学理论的指导思想和精神实质，并以简约的形式表达出来，和教学实践工作者一起形成多种实施方案。

① 王宗敏.教育科研成果转化的系统研究[M].天津:天津教育出版社,1995:139－143.

实施中的咨询。教学理论在转化过程中,会遇到诸多突发因素的影响,而在制定方案时又并未考虑这些因素,这就会出现各种问题。教学实践工作者通过咨询理论专家,共同寻找解决问题的方案,对原有的实施方案进行必要的修整,以利于指导实践,向实践转化。

实施后的咨询。教学理论经过一段时间的应用后,要对其实施效果进行阶段性评价。通过咨询来检测理论是否转化到实践中,是否达到了与预期目标一致的效果,教学效果同实施前相比有无明显的提高,以及教学实践过程中遇到的困难和问题是什么,如何解决,为进一步运用、转化做准备。

(四)教学行动研究

行动研究最早是由柯立尔和勒温于 20 世纪 30— 40 年代提出的。柯立尔把实践者在行动中为解决自身问题而参与进行的研究称为"行动研究",他对行动研究的界定侧重于有实践者的参与。勒温把结合了实践工作者智慧和能力的研究称为"行动研究"。他侧重于实践者自身在行动中的反思。对行动研究作出比较明确界定的是埃利奥特,他认为"行动研究是对社会情境的研究,是从改善社会情境中行动质量的角度进行研究的一种研究取向"。在《国际教育百科全书》中,行动研究被界定为:"行动研究是由社会情境(教育情境)的参与者,为提高对所从事的社会或教育实践的理性认识,为加深对实践活动及其依赖的背景的理解,所进行的反思研究。"我国学者认为,对行动研究的不同认识,归纳起来大致有三种:行动研究即行动中用科学的方法对自己的研究所进行的研究;行动研究即行动者为解决自己实践中的问题而进行的研究;行动研究即行动者对自己的实践进行批判性思考,以"理论的批判""意识的启蒙"来引起和改进行动。这样第一种定义强调行动研究的"科学性";第二种更关注行动研究对教育实践的"改进"功能;第三种定义突出了行动研究的"批判性"。[①]

---

① 郑金洲.行动研究:一种日益受到关注的研究方法[J].上海高教研究,1997(1):23 – 27.

由上可见,行动研究具有不同于其他研究方法的特点,主要表现在以下几个方面。

其一,行动研究强调其参与者即广大中小学教师是研究者,被研究者成为研究主体。在人们的传统观念中,广大中小学教师被视为教学实践者,专家是研究者。事实上,教师既是实践者,也是研究者。英国教育学者斯腾豪斯认为,"教育科学的理想是每一个课堂都是实验室,每一名教师都是科学共同体的成员"。① 他倡导教师成为研究者(teacher as researcher),因为"教师是教室的负责人,而从实验主义者的角度来看,教室正好是检验教育理论的理想的实验室。对那些钟情于自然观察的研究者而言,教师是当之无愧的有效的实际观察者。无论从何种角度来理解教育研究,都不得不承认教师充满了丰富的研究机会"。② 行动研究改变了过去教师作为"局外人"的身份,让其参与到研究中来。

其二,行动研究是在一定的实际情境中进行的,它是为解决实际中存在的问题,将行动过程和研究过程结合起来的研究。行动研究所面临的问题,一般都有其特殊性,是在一定情境下的问题。传统的"研究——发展——推广传播"(R-D-D)研究模式强调的是研究与行动的分离,自然造成理论与实践的脱节。而广大中小学教师在自己的教学实践中,面对实际情境中出现的问题,思考问题产生的原因,进而运用教学理论进行实验研究,这样将研究与行动结合起来,做到教学理论与实践的结合。

其三,行动研究强调研究者自身的反省。在行动研究中研究者面对种种问题,必然会重新考虑自己的行动,反思自己选用的教学理论,并力图予以改变。在经过一段时间的研究之后对自己的反思进行再反思,检验自己的反思是否正确,在哪些方面还需要改进。

---

① STENHOUSE L. An introduction to curriculum research and development[M]. London: Heinemann,1975:42.
② 高慎英. 教师成为研究者:"教师专业化"问题探讨[J]. 教育理论与实践,1998(3): 31-34.

第 13 篇

教学动力来源论纲①

　　教学动力的来源问题一直是心理学和教育史上延续不断的话题。心理学试图从个体活动的角度,以兴趣、需要、情感、意志、性格、动机等非智力因素解释个体行为产生的动力。霍林沃思曾提出:"动机即是教育的动力。"②教育学借鉴社会学、心理学等学科的研究成果,多侧面、多视角地探讨教育教学动力的来源。杜威以人本主义为基础,认为教育的动力完全来自人类本身,亦即受教育者本身,这是一种人力,自然而有的。法国学者涂尔干的观点与英美学者相反,认为教育的动力来自社会,是一种社会力,教育是社会前代对后代的一种同化作用,是由社会到个人,从外而内的。苏联学者以唯物史观为基础,认为教育的动力来自物质,这里的物质是就生产方式而言的。如卜隆斯基认为教育是经济的副产物,是上层建筑,要受经济基础的决定,所以环境力量决定一切(即所谓

---

① 本文发表在《西南师范大学学报(哲学社会科学版)》1999 年第 6 期。

② 霍林沃思. 教育心理学[M]. 台湾中华书局编辑部,译. 台北:台湾中华书局,1979.

存在决定意识）。德国学者那托普认为教育的动力来自人类的精神和理念，教育动力存在于理念之内，以理念为根据，理念即当为，不属于精神世界，因此教育教学动力来自人类之先验的精神，是绝对内在的。[①] 我国学者提出教学动力的来源是多方面、多层次的，从大的种类来说就有主体因素、情境因素、知识因素、社会因素。[②]

根据教学动力的本质并汲取已有研究的合理成分，我们认为，教学动力来源于四个方面。

一、来源于教学主体自身

世界观、人生价值观、非智力因素以及潜能，是教师、学生从事教学活动，达成教学目的的基本条件，是教学主体的内部动力源。

（一）教学主体的世界观和人生价值观是教学动力的首要来源

正确的世界观一旦形成，教学主体就有正确的思想方法和工作方法，并采取正确的行动。如果教师将自己的工作视为是为国家造就下一代，就会对教育事业有真挚的热爱和高度的责任感，乐于献身于教育事业。如果学生把自己的学习与国家的强盛、民族的振兴联系起来，就会努力学习，拼搏进取。

人生价值观指"一个人在一定社会历史条件下，以自身需要、动机、兴趣、理想和信念等为尺度，对人生目的、人生方式、人生手段和人生态度进行评价的个性心理倾向"[③]。人生价值观是一种非常复杂的心理现象，与欲求、需要、态度、信仰既有极为密切的联系，又存在差异。有学者认为，可以把欲求、需要、态度、信仰看作人生价值观的不同表现形式，但人生价值观比兴趣、态度的概括化程度要高，它通常是指相当概括化的

---

① 台湾师范大学教育研究所. 教育原理[M]. 台北:伟文图书出版有限公司,1980:131.

② 吴也显. 教学论新编[M]. 北京:教育科学出版社,1991:104-106.

③ 赵伶俐. 人生价值的弘扬:当代美育新论[M]. 成都:四川教育出版社,1991:45.

态度,因而对个性的影响更具有根本性①。人生价值观"渗透在整个个性之中,影响和调节着个人与他人、与集体、与社会进行思想、政治、伦理等等交往的目的、方式、态度和手段"②。可见,人生价值观对教学主体的行为具有导向作用。正确的人生价值观,如"为他人的幸福而活着"的人生价值取向,必然驱使主体积极向上,充满朝气与活力。

(二)教学主体的非智力因素是教学动力的重要来源

教学主体的非智力因素,包括品德因素、动机因素、人格因素和情感因素。首先,品德因素。在人的身心发展中,思想品德是灵魂,是人的一切言行的指导。苏霍姆林斯基曾说:"人的所有各个方面和特征的和谐,都是由某种主导的、首要的东西决定的。……在这个和谐里起决定作用的、主导的成分就是道德","道德是照亮全面发展的一切方面的光源"③。思想品德是人全面发展的动力。其次,动机因素。动机与需要紧紧联系在一起,需要是人活动的基本动力和源泉,动机则是需要的具体表现或它的内在动力体系。动机是直接推动一个人进行活动以达到一定目的的内在动力,教学动机就是直接推动教学主体开展教学活动的内部力量。兴趣是动机中最现实、最活跃、带有强烈情绪色彩的因素。对感兴趣的学科,教学主体总会积极主动地、愉快地去探究它,使教学活动充满生机与活力,从而获得良好的教学效果。成就动机和交往动机也是教学动力的重要来源之一。心理学大量实验研究表明,成就动机在学习活动中起着重大的推动作用,它与学生的学习毅力、学习效率和学习成绩密切相关。教师对学生的态度与学生的交往需要相互作用,也影响着学习效果。再次,人格因素,这主要指态度和性格两个子因素。教师的教学态度影响着学生的学习行为和教师本人的执教行为,学生的学习态

---

① 黄希庭,张进辅,李红,等.当代中国青年价值观与教育[M].成都:四川教育出版社,1994:7.

② 黄希庭.心理学[M].重庆:西南师范大学出版社,1988:82.

③ 苏霍姆林斯基.给教师的建议:上册[M].杜殿坤,编译.北京:人民教育出版社,1980:158－159.

度也影响教师的执教行为和学生本人的学习行为,甚至影响学习成绩。不同性格的主体对教学产生不同的态度和不同的行为方式,从而影响教学效果。具有耐力和韧劲的学生,兴趣专一,学习行为持久,在学习活动中表现出一鼓作气完成某项学习任务或不把疑难问题解决不罢休的劲头。最后,情感因素。教学主体总是在一定的情绪和情感状态下从事教学活动的。情绪和情感是一种内在的动力,直接影响着教学活动。喜欢、愉快、满意和高兴等积极的情感,无疑会推动主体积极地完成教学任务。

（三）教学主体的潜能是他们从事教学活动必备的基本条件

人的潜能是指人接受、掌握客体对象或主体活动对象化的内在能力,是人的主体性得以自我形成和发展的一种可能性。人的潜能包括体力（生理）潜能和智力（思维、创造）潜能。现代关于人体特异功能的研究,关于气功及其应用的研究,体育竞技中每一次世界纪录的刷新,都表明在人的现实生活中,体力潜能难以测量和限定,又有许多鲜为人知的内容。人的智力潜能集中表现为人的思维能力和创造性解决问题的能力。人在过去、现在及未来所表现出来的一切现实的创造能力,都曾以潜能的形式存在于人本身。人的潜能是人的全部能动性（包括动能、功能、效能）的始基和发源地,是人活动的动力之源。现代西方人本主义心理学家认为,人的潜能使人内部存在着一种向一定方向成长的需要和趋势。因此,教学主体的潜能是他们从事教学活动的动力之源。正是从这种意义上,我们把教学主体自身的潜能视为教学动力的一个重要来源。如果教学主体没有潜能,他们就无法从事教学活动。

二、来源于教学主体与教学客体之间的相互作用

教学主客体的相互作用,实际上是教学主体不断追求、实现主客体统一的过程。教学主客体的统一是教学主客体关系的一种特殊形式。要弄清教学主客体统一的过程,首先应该对教学主体、教学客体以及教学主

客体关系有一个全面的理解和把握。教学主客体问题是一个十分复杂的问题,它不像哲学上的主客体那样明确而单一。教学主客体关系是双边和多边关系的统一。教学主体指学生和教师;教学客体则比较复杂,整体而言,教师、学生以及间接经验和少许直接经验等都是教学客体。

虽然教师和学生都是教学主体,但是两个主体并非等量齐观,他们在教学过程中的地位和作用均有显著差异①。从本质上讲,教学过程是一种特殊认识过程,是教师的教授过程和学生的学习过程的统一体,教师和学生分别是教授过程和学习过程的主体。教学主客体的关系不仅仅是一般的主客体关系,而是"主-客"关系和"主-主"关系的统一,是双边和多边的关系。在"主-客"关系中,教师主体在教学活动中实际上是在引导学生主体学习,起主导作用,学生主体在教学活动中发挥主体能动作用,并超越教师主体的主导。在"主主"关系中,教师主体的客体是学生,教师要了解学生,认识学生,并根据学生的身心特点、个性差异和发展水平,调整教学策略;学生主体的客体是教师,学生也要认识教师,根据教师对自己的评价,改变学习策略。

教学主客体之间的相互作用就是这样不断产生教学动力。只要教学客体发生变化,教学主体也随之产生行为上的变化,因为客体的变化刺激了主体,主体立即作出反应。根据"刺激—反应"学说,在这种刺激—反应中,即教学主客体的相互作用中产生了教学动力。同时,教学主体与教学主体之间,只要任何一方在态度、情感和行为等方面发生变化,也会刺激另一方,并使对方作出相应的反应,产生师生互动现象。瑞士心理学家、哲学家皮亚杰曾指出:"认识既不是起因于一个有自我意识的主体,也不是起因于业已形成的(从主体的角度来看)、会把自己烙印在主体之上的客体;认识既起因于主客体之间的相互作用,这种作用发生在主体和客体之间的中途,因而同时既包含着主体又包含着客体。"②所以,

---

①　张武升.教学论问题争鸣研究[M].天津:南开大学出版社,1994:54-57.
②　皮亚杰.发生认识论原理[M].王宪钿,等译.北京:商务印书馆,1981:21.

我们认为,教学主客体之间的相互作用是教学动力的一个重要来源。

三、来源于教学本身

教学过程是一种特殊认识过程,这个过程较为复杂。它不仅是认知、情感、意志活动的统一,而且是教师与学生、学生与学生、智力因素与非智力因素相互作用、相互结合的过程。无论教学整体,还是教学各部分,都必然影响教学动力的形成。教学是由教师、学生、课程教材、教学方法、教学手段和教学评价等要素相互作用而构成的有机整体,它决定了教学动力的生成范围,即在教学整体制约下形成教学动力。同时,教学的各要素、各环节影响教学动力的生成方式、方向与强弱。由是观之,教学本身也在产生教学动力,它是教学动力的主要来源。

(一)教学各要素、各环节是形成教学动力的主要渠道

课程教材在教学活动体系中居于核心地位、实力地位,是教师、学生从事教学活动的依据。课程教材内容受教学目的的制约,为实现教学目的服务,它对教学过程有着直接的制约作用,其难易程度影响教学主体的成就动机。艾肯逊研究发现,"唯有在工作适当或中等难度时,人类追求成就的动机才最高"。[①] 这说明课程教材内容应与学生的知识结构和能力结构相匹配,如能配合学生已有的学习经验,或与生活发生关联,就能强化学生的学习动机。不同的教学方法,如讲授、启发、发现等教学法的灵活运用,以及教学手段的合理运用可增强学习动机。教学评价是对教学效果,亦即教学过程及其结果所作出的价值判断,它具有检测、反馈、导向以及改进教学等多种功能,因而教学结果及其评价过程影响教学动力的方向与强弱。

教学过程中各种因素以及各要素之间的联系,构成一定的教学结构,进而形成一定的教学模式,诸如讲解接受模式、探究发现模式、问题教学

---

① 黄光雄.教学原理[M].台北:台湾师大书苑有限公司,1988:295.

模式等。教学模式的选择与运用赋予教学动力具体的生成方式。在教学中如果教师选择并运用问题教学模式，那么他就会有意识地创设问题情境，充分发挥学生学习的主动性、积极性，让学生自己提出问题并解决问题。教学艺术的运用与教学风格的创立也都影响着教学动力的效果。精湛的教学艺术能够激发学生的学习兴趣，产生教学动力；缺乏教学艺术的课堂教学枯燥乏味，使学生丧失学习兴趣，不能形成教学动力。教学风格是在教学艺术基础上形成的，是优秀教师在教学改革与研究中长期探索而形成的具有独特性和稳定性的教学个性特点与审美风貌。不同的教学风格对学生产生不同的影响。特级教师李吉林创立的情境型教学风格，具有"情深"的特点，它以生动形象的场景，激起学生的学习情绪，连同教师的语言、情感，教学的内容以至课堂气氛，形成一个广阔的心理场，作用于儿童的心理，从而促使他们主动积极地投入整个学习活动，达到儿童整体和谐发展的目的。① 而特级教师于漪创立的审美型教学风格，"通过教师真实的富于感染力的感情表现来激发学生的情感体验引起他们兴奋、愉悦的感受"。② 所有这一切，都是教学动力的重要来源。

此外，教学组织形式、课堂情境也直接影响教学主体的态度、情感和行为。教学实践表明，以不同教学形式和各种课堂活动情境下呈现出的生动有趣的教学内容，最能激发学生的学习兴趣，形成或改变其学习态度，从而产生学习动力。

（二）教学主体与教学主体之间的互动是教学动力的重要来源

教师、学生均是教学主体，教学主体与教学主体之间的互动就是教师与学生、学生与学生之间的互动。师生之间的交互行为是教学工作和教学过程最基本最具体的表现，只要教学过程存在，师生就会产生交互行为，或者说，只有师生交互作用，教学过程才能运行、发展。有人对此做

---

① 李吉林.情境教学实验与研究［M］.成都：四川教育出版社，1988：23.
② 张武升.当代中国教学风格论［M］.南昌：江西教育出版社，1993：349.

过研究,把师生关系的理论模式归纳为两大类:交互作用的模式和社会体系的模式①。其中师生之间的交互模式,主要是依据群体动力学的研究成果建立起来的。最早系统地运用群体动力学原理研究师生交互行为的,是美国学者安德森②。他将师生交互行为划分为两类:控制型和综合型。前一类教师行为包括命令、威胁、提醒与责罚,后一类教师行为包括同意、赞赏、接受与有效协助等。安德森研究发现,当教师的行为倾向控制型时,学生对于学校课业感到困扰,而对于教师领导,一般较为顺从,但有时反抗亦较激烈。当教师的行为倾向综合型时,学生则表现出能自动自发地解决问题,而且也比较乐意为群体贡献力量。师生的这种交互行为是在教师与学生群体之间进行的。教师与学生个体之间也经常产生交互行为。这方面的研究卓有成效者,首推美国哈佛大学心理学教授罗森塔尔。他将花名册上的学生随机挑出一些,然后告诉老师这几个学生是特别聪明的,老师就对这几名学生倍加关照,诸如上课经常请他们回答问题,一旦有进步就及时鼓励等。一段时间以后,发现这些学生的学习成绩的确比其他学生更优异,表现更好。这就是著名的"期望效应",又称罗森塔尔效应或皮格马利翁效应。因此,在教学过程中期望效应也是教学动力之源。

教学活动中学生与学生的交互行为主要是在学生个体与个体、学生个体与整个班集体之间进行的。课堂内的每个学生都不是孤立存在的个体,他们通过相互交往,形成各种群体。一般把课堂内存在的各种教学群体划分为正式群体和非正式群体。班级就是正式群体,在正式群体内部以个人好恶、兴趣为联系纽带形成的具有强烈感情色彩的群体就是非正式群体。不管是正式群体还是非正式群体,都有群体的凝聚力、群体的规范和压力,都会产生吸引与排斥、竞争与合作等相互作用,这些都

---

① 台湾师范大学教育系. 教学原理[M]. 台北:伟文图书出版有限公司,1979:215 - 249.

② ANDERSON H H. Domination and socially integrautiue behamior[M]//BARKER R G,et al. Child behavior and development. New York:McGraw-Hill, 1943:459 - 483. Also "Studies of teachers' classroom personalities", in Applied Psychology Monogaghs,1945,1946,No. 6,8,11.

在一定条件下形成教学的群体动力①。有关研究表明,轻松、和谐、平等、友好的班集体会给学生一种心理上的安全感和学习上的进取感,增强他们学习的信心和决心。相反,同学间相互摩擦、相互紧张、充满了嫉妒和敌意气氛的班集体,会使学生产生一种心理上的畏缩感和学习上的消极感,缺乏进取精神。此外,良好的课堂气氛、积极的合作、有效的竞争都有助于激发学生个体的热情,提高成就动机和抱负水平。教学的成功或教学质量的不断提高,也可以增强教师教的信心、学生学的信心,提高教、学的积极性。这些表明,教学本身是教学动力的主要来源。

四、来源于社会系统

教学系统是一个开放的系统,它与社会系统之间有着千丝万缕的联系。社会系统的每一次变化都要牵动教学过程的变化,因而社会系统也是教学动力的来源之一。社会系统是一个巨系统,课堂教学社会学研究者认为,它主要包括"社会因素、社区因素和学校因素"②等内容。这些因素是有层次的,分别对教学过程产生影响。

首先,社会因素对教学过程的影响。每一次重大的社会变革,经济和科技的发展,都以直接或间接的方式通过教学目标、课程教材、教师学生推动教学过程向前发展。例如,由传统的计划经济向社会主义市场经济的转轨,是一次伟大的社会变革。它驱使人们把建设具有中国特色的社会主义作为教育的理想和教育教学目标,这个目标制约着课程教材的编制,使之发生相应的变革,进而作用于教师和学生,推动教学过程的运行与发展。同时,这场社会变革必然造成新的力量和新的观念,造成新的交往方式、新的需要,从而激发人的内在驱动力③。表现在:一方面社会

---

① HENRY N B. The dynamics of instructional groups[M]. The National Sociey for the Study of Education,1960.

② 吴康宁,等.课堂教学的社会学研究管窥[J].教育研究,1993(1):64-72.

③ 仲彬.社会主义市场经济激发人的内在驱动力[J].新华文摘,1997(1).

主义市场经济强化了人们的知识需求和能力需求。作为主体的学生为了在未来的市场竞争中取胜,必须掌握与之相适应的专业知识和技能,不断地用新知识充实自己,不断地训练和提高自己的专业技能。另一方面市场经济使人们获得了前所未有的独立性、自主性,从而产生了注重个人独立的人格,崇尚自立、自强、进取、创新的精神,以及敢闯、敢冒尖、敢承担风险等价值需求取向。人们的这种观念的根本性转变必然影响到教师和学生,成为激发他们内在积极性、主动性和创造性的巨大推动力。此外,社会文化传统影响教学方式和方法,社会整体控制方式影响教学控制方式等。

其次,社区因素对教学过程的影响。这种影响包括社区文化环境对教师和学生的群体文化的影响,家庭背景对学生的影响,特别是家长对学生的影响。家长对科学文化知识的态度,对待子女学习的重视程度,在很大程度上影响着他们子女的学习态度。有关研究表明,大多数热爱学习,学习积极性高的学生来自有文化知识修养、求知欲高的家庭。现实生活中许多事例也说明,那些关心子女的学习情况,对孩子的学习态度和学习行为不断地给予指导、检查和奖惩的家长,促进了孩子形成积极的学习态度,这些学生学习动力较强。

最后,学校因素对教学过程的影响。特定学校的社会评价地位影响着教师与学生参与教学活动的积极性,学校的物质环境影响教师与学生的心情、情绪,学校文化氛围影响课堂教学规范,任课教师在学校中的地位影响教师的课堂权威,等等。

综上所述,教学动力主要来源于教学主体自身、教学主客体之间的相互作用、教学本身和社会系统四个方面。它们相互作用,相互联系,形成教学合力,推动教学过程周而复始地运行和发展。

第 14 篇

教学动力的生成机制[①]

　　教学动力是由教学主体(包括教师和学生)自身以及教学内外部诸种矛盾产生的推动教学过程运行与发展,以实现教学目标的无数分力融汇而成的合力。教学主体的教育性交往活动(简称"主体活动")既是教学过程运行的起点,又是教学过程运行与发展的动力源泉。主体活动的目的是为了达成或实现一定的教学目标,因而合理的教学目标是驱使教学主体参与教学活动,发挥主体性和创造性的终极原因和启动器。教学主体在追求和实现目标的活动中形成了各种关系,如师生关系、生生关系等,诸种关系的协调是教学动力生成的中介,是使教学过程充满活力的深刻原因。但是,教学过程的运行与发展并非一帆风顺。教学目标的合理性扭曲,教学活动中教师和学生的主体性受阻,师生关系失调,从而导致教学过程运作失常乃至停滞是经常发生的,这些问题只有通过教学改革才能解决。教学改革是教学过程运行、发展的基本形式和直接动

---

　　① 本文发表在《西南师范大学学报(哲学社会科学版)》1998 年第 3 期。

力。因之,合理目标、主体活动、关系协调、教学改革在教学过程中所发生的功能性变化及其过程和方式,便是教学动力的生成机制。

一、合理目标是教学主体交往活动的终极原因和启动器

教学目标是教学主体在具体教学活动中所要达到的预期结果或标准,它是具体化的教育目的和培养目标。教学实践证明,教学过程能否正常运行,首先取决于所确定的教学目标是否合理。所谓合理的教学目标,是指那些要求既不过高、又不过低,学生通过努力就能达到的预期结果或标准。确定合理目标只能依据学生的"最近发展区",也就是说,要从学生的实际水平出发,教学目标难度适中。符合这个要求的教学目标就是合理的,它能够最大限度地调动学生学习的积极性,积极地促使教学活动健康发展。否则,教学目标不太合理,就不利于生成教学动力,也会挫伤学生学习的积极性。

任何教学主体都是期望得到什么而参与教学活动的,教学情景及其活动的创设就是为了满足他们的要求,使其完成教学任务,取得良好的教、学效果。无疑,达成或实现一定的教学目标(即合理的教学目标)是教学主体交往活动的目的,也是教学主体始终追求的对象。换言之,合理目标是教学主体进行交往活动的终极原因。教学目标在教学活动中有重要的诱因价值,是引导主体投入内部资源的诱因。合理目标是正诱因,具有导向功能。合理目标的这种功能通过影响主体的注意而实现,主体在活动中会把自己的注意集中在与目标有关的事情上,尽量排除无关因素的干扰。有研究者从学习主体的角度分析了学习主体在学习活动中追求的四种目标:学习性目标、取胜性目标、归属性目标、奖励性目标[①]。其中,学习性目标是合理目标。追求学习性目标的学生注意的是学习任务本身,而不是获得外部奖励。他们完全被吸引在学习活动中,

---

① 金生,钱康影.学习主体在教学中追求的目标与动力系统关系的分析[J].现代教育研究,1996(2).

学习的目的是获取知识,培养能力,发展自己。为了满足自己诸如好奇心和求知欲一类的探究性需要,他们会战胜一切困难,努力探索发现未知领域,把学习视为一件快乐的事情。学习性目标的达成取决于学习任务,取决于学生自身的努力。

　　合理目标不仅是教学主体进行教育性交往活动的终极原因,而且是主体活动的启动器。教学目标既具有导向功能,又具有激励功能。但是,并非所有的教学目标都能发挥激励作用,只有合理目标才具备这种功能。一般说来,合理目标顾及到了学生的认知需求,能够激发学生强烈的学习动机,引起学习兴趣,为把教学主体投入到活动状态提供强大的动力,它是教学主体进行教育性交往活动的启动器。教学实践证明,一个难度适中的教学目标能够引起学生持久的学习积极性,激励他们为实现该目标作出不懈努力。

二、主体活动是教学过程运行的起点,又是教学过程运行与发展的动力源泉

(一)主体活动是教学过程运行的起点

　　教学永远是教和学相统一的活动,没有教师和学生就不存在教学活动。学生是教学活动中最活跃、最根本的因素。其他所有的教学要素都围绕学生的学习而组织在一起,为学生这个学习主体服务,教学质量与效果也是从学生身上得到体现。学生是教学活动的出发点和归宿,在整个教学活动中,学生始终处于主体地位①。教学目标、课程教材、教学方法、教学评价等要素一般是通过教师来为学生的学习服务的,因而教师在教学过程中主要是发挥主导作用,以调整、理顺各要素彼此间的关系,优化教学过程,获得最佳教学效果。在教学过程中学生的活动——学,与教师的活动——教,构成教学过程赖以运行的两个并行而且统一的活动

---

① 李森,张武升.关于学生主体若干问题的辨析[J].江西教育科研,1995(5):15-17.

体系。教师和学生是两个能动的主体,他们在自己的需要如求知欲、成就感的驱使下追求共同的目标,相互交往,积极主动地投身于教学活动,从而启动了教学过程。正是因为主体活动能使各种静态的教学要素运动起来,所以它是教学过程运行的起点。

(二)主体活动是教学过程运行与发展的动力源泉

没有主体活动,便没有教学活动。只是当教学主体进行教育性交往活动后,教学过程的运行才正式启动。教学过程的运行与发展,根源于教学过程自身的矛盾性。教学过程内外部的各种矛盾以其独特的运动规律和方式,参与教学过程的总体矛盾运动,同时又互相制约、互相作用,受着某种更基本、更普遍的规律所支配。主体活动是教学过程中各种矛盾得以生长和衍化的原生基,蕴含着各种教学矛盾的胚芽,制约着各种矛盾的发展。教师与教材、学生与教材、学生与教学目标、教师的需要与需要的满足、学生的需要与需要的满足、教师的教法与学生的学法、教师的评价与学生的自我评价、教师的讲解与学生的接受等等矛盾在教学过程中的特殊表现,都可以从主体活动的细胞中找到其胚芽或基因。教师、学生、社会这三者的运动及其相互关系,都可以从主体活动的内在矛盾——教与学的矛盾及其发展中找到其原形与运行轨迹。总之,主体活动蕴藏着各种教学矛盾,由主体活动孕育的教学过程的各种矛盾及其运动,是教学过程运行与发展的动力源泉。

(三)主体活动是主体性发展的源泉

主体教育论把主体性视为全面发展的人的根本特征,因而主体性的发展也就成为衡量人的全面发展的最高尺度。研究教学过程的运行及其动力,一个最根本、最迫切的任务,就是要揭示主体性发展的根源,其根源就是主体活动。因为主体不参与教学活动,主体性发展就成了无源之水,无本之木。主体教育论认为,教育主体的主体性表现在"受教育者的主体性、教育者的主体性和决策者的主体性"三个方面[①]。教育者主要

---

① 王道俊. 关于教育的主体性问题[J]. 教育研究与实验,1996(2):1-5.

指教师,教师在教学活动中的主体性实质上是教学规律、教学规范与教学艺术的统一,这种主体性具体体现在教学活动中教师对学生的主导作用上。教学决策者的主体性主要是以引导和规范教师的主体性,特别是培养学生的主体性为基础。因此,教师和教学决策者的主体性最终都要通过学生的主体性表现自身。

学生的主体性通常以独立性、主动性、创造性为基本特征。独立性指学生有自己独立的意识,独立的思维判断能力和独立的价值取向,有自我调控和自理能力。主动性指学生具有竞争意识,渴望挑战、渴望成功,想方设法使自己有某种特长;喜欢问各种各样的问题,主动要求回答问题,对班集体活动踊跃争先,力求担当积极分子。创造性指学生喜欢标新立异,思维方法新颖巧妙,具有对未知领域进行独立探索,追求新的活动方式和新的成果的内在需求和意向,具有无限发展的创造潜力。独立性、主动性和创造性相互联系,相互作用,共同构成主体性,三者是学生主体性的综合指标。北京师范大学教育系与河南安阳市人民大道小学、天津二师附小等学校开展的小学生主体性发展教育实验研究,把小学生的主体性分解成独立性、主动性和创造性进行培养,建立了可操作与可测评的指标体系。成功教育、主动教育等实验研究,明确提出活动性原则,强调以学生活动为中心,认为只有活动才能体现学生在教学过程中的主体地位,活动促使学生主动参与教学过程。当前,蓬勃发展的主体性发展教育实验以及成功教育、主动教育等教改实验足以说明,学生的主体性、教师的主体性和教学决策者的主体性的发展,无一不是通过教学主体的教育性交往活动而实现的。可以说,没有主体活动,就谈不上主体性的发展,人的全面发展就会落空。综上所述,我们认为主体活动是主体性发展的源泉。

三、关系协调放大和加强合理目标向主体活动发出的动力信号,是使教学过程充满活力的深刻原因

教学主体在追求和实现教学目标的活动中形成了各种各样的关系,

大的种类有教学管理者与被管理者、教学主体与教学客体、教学主体与教学主体等关系。其中,教学主体与主体,即教师与学生、学生与学生之间的关系是核心。在师生关系和生生关系中,师生关系又是核心之核心。师生关系是一种特殊的人际关系,它是由工作关系、组织关系、心理关系、正式关系、非正式关系、伦理关系等组成的关系体系。我们所要讨论的关系协调主要是指师生关系的协调,它构成继合理目标之后主体活动的第二推动力。

(一)关系协调是合理目标与主体活动的中介

良好的师生关系对教学过程的正常运行有着非同寻常的意义。它不仅能把合理目标的动能转换、传送、输入到主体活动中去,而且调节着目标的导向,排除合理目标在向主体活动发出动力信号过程中所出现的失真与变形。合理的教学目标一旦确定并加以表述之后,就会成为一个相对独立的、重要的教学动力因子,具有启动教学过程并把教学主体投入到活动状态的功能。显然,合理目标并不是直接启动教学主体进行教育性交往活动的,必须借助一定的中介,这个中介就是师生之间的协作,即教师和学生在教学过程中双向交流、协调一致、同步前进。教学实践中常常存在这种情况:教师提出了明确、合理的教学目标,可是学生并没被吸引到教学活动中去。原因固然很多,但师生关系失调、互动性太差乃关键所在。究其实质,教师和学生双方没有产生情感共鸣、思维共振、认知一致是主要原因。这说明教师和学生必须产生"共振效应",合理目标的动能才能有效地转换、传送、输入到主体活动中去。在这方面,华东师大教科院与上海市松江县(今松江区)教师进修学校联合开展的"教学共振"实验作了有益的探索①。

(二)关系协调可产生放大和加强合理目标的动力作用

教学目标所具有的导向功能可从三个方面去理解:教学目标作为教

---

① 贺师礼,戴镰隆,潘传文."教学共振"的探索:一项提高中学物理课堂教学效率的理论研究和改革实验的总结[J].课程·教材·教法,1991(8):21-23,62.

材内容的纲领性要点是师生理解把握教学内容要求的导向;教学目标作为师生操作教学过程的依据,是操作程序的导向;教学目标作为师生在探究认知过程中所要达到的预期期望和心理满足的需要,是心理动力的导向。由此可见,有了合理的教学目标,师生就能在积极参与和一致奋斗的气氛中从事教学活动。但是,教师和学生都是能动的主体,他们的积极性主要受各自内在动机的驱使,这个内在动机又是在产生需要和满足需要的教学目标的相互作用中产生的。当师生的需求和教学目标一致时,两者的积极性就会趋向同一个方向;当师生的需求和教学目标不一致时,教师和学生便会产生冲突,积极性受挫。师生从事教学活动的积极性及其方向的协调一致是进行有效教学不可缺少的条件。师生关系融洽、协调,学生的学习热情高涨,教师完成教学任务的信心和决心大大增强,合理目标的动力作用也更加突出。简言之,师生关系的协调放大和加强了合理目标的动力作用。

(三)关系协调是使教学过程充满活力的深刻原因

教学过程是教师的教授活动和学生的学习活动相统一的过程,亦即师生双边活动的过程。同时,它也是一种人际关系的交互作用过程。在教学过程中,人际关系集中体现为师生关系(也包含着生生关系),教学过程实质上是师生之间相互作用的过程。在罗杰斯看来,人际相互作用的最本质特征是一种对他人的积极帮助,它是作为一种"动力"发挥作用的,绝不仅仅是一种人与人彼此间的关系。基于此,罗杰斯认为,人际关系是一种"动力"。师生彼此间的相互作用,是推动教学过程运行的一种强大的动力。可以说,教学中的每一个进程都包含了师生关系的动力学原理。倘若师生之间不能产生情感共鸣、认知共振、思维同步,且反馈渠道阻塞,师生关系必然失调,教学过程则名存实亡,毫无活力可言。相反,师生之间信息畅通、思想沟通、思维共振、情感共鸣,师生关系就比较融洽、协调。良好的师生关系,是师生产生良好的教、学情绪,调动师生教学积极性的重要因素,是教学过程充满活力的深刻原因。一些优秀教师的教学经验表明,一旦师生关系出现裂痕,学生就会情绪低落,课堂气氛沉闷,教学进程缓慢。反之,学生就会情绪高昂,学习积极性高,学习干劲大,教师和学生在课堂中会有更多的愉悦感,课堂气氛活跃,教学过程充满生机与活力。

四、教学改革是教学过程运行与发展的基本形式和直接动力

上述分析表明,合理目标、主体活动、关系协调三者的内在一致,能有效地生成教学动力,促使教学过程正常运行和健康发展。事实上,合理目标、主体活动、师生关系有时也存在不相适应的现象,三者彼此相悖,衍生出各种大大小小的矛盾。这些矛盾不是对立面的统一,更多的是对立双方以及矛盾与矛盾之间的相异,成为教学过程运行的阻力。变阻力为动力,唯有通过教学改革才能实现。教学改革是克服教学过程中各种消极因素,理顺各种关系的有效途径,是解决教学矛盾的根本手段,它是教学过程运行、发展的基本形式和直接动力。在教学动力的生成机制中,教学改革是不可或缺的环节。

(一)教学改革是克服教学过程运行阻力的有效途径

这里的阻力是指阻碍教学过程运行,与教学动力相对立、抗衡的一种力量。它严重地破坏着教学目标的合理性,教师学生的积极性和师生关系的协调性。教学过程运行的阻力是由教学系统内外部各种消极因素形成的合力,教与学的矛盾运动是阻力产生的最主要原因和最深层基础。例如,由于片面追求教育部门统考、排升学率名次等许多指标,使一些教学责任心、荣誉心和事业心强的教师对学生的期望和压力,超过了他们的接受能力和承受能力,引起学生的反感,从而挫伤了学习积极性。有的教师作风专制,利用自己比学生高的地位,以瞪眼睛、踢脚头、讽刺挖苦等粗暴态度伤害学生的人格。师生关系出现紧张、冷漠的格局,久而久之,教师与学生产生对立情绪,成为教学过程运行的不利因素。当前,一些学校在教育法规许可的范围之外,还制定一些违背教育规律的管理制度,任意改变教学计划,减少或取消学生的节假日和课外活动,制

定有损学生健康发展的生活作息和奖惩制度。这种管理办法会使一部分学生因长期内心焦虑而产生心理失常,丧失学习信心和积极性,甚至厌学。总之,所有这些消极因素都会成为阻力,阻碍教学过程的运行与发展。欲变不利因素为有利因素,变阻力为动力,只有通过教学改革才能实现。教学改革绝不是对教学规律、教学原则、教学内容和教学方式方法等的彻底否定,而是对违背教学规律的种种现象并成为教学过程运行的消极因素的扬弃。正是从这种意义上说,教学改革才是克服阻力的唯一有效途径。不进行教学改革,各种消极因素难以克服,教学过程就没有生机与活力,因而教学过程也不能发展。教学改革对推动教学过程的运行与发展有着非常重要的作用,这已由教学实践所证明。

（二）教学改革是解决各种教学矛盾的根本手段,是教学过程运行与发展的基本形式和直接动力

教学过程的运行与发展,除了师生关系必须融洽、协调外,其他各种关系也应该协调一致。然而,教学中常常存在不一致的现象,形成各种各样的矛盾[①]。从宏观层次看,有教学过程与社会过程的矛盾,如社会政治、经济、科技的发展对教学提出的要求与不能满足需求的矛盾。从中观层次看,有课程教材与教学目标、教学方法与教学内容、教学方法与教学手段、教师与教材、学生与教材、教学要求与学生的现实水平等矛盾。从微观层次看,有教与学的矛盾,诸如教师的需求与学生的需求、教师的情绪情感反应与学生的情绪情感体验、教师的教法与学生的学法、教师的讲解与学生的接受、教师的理解与学生的理解等矛盾。所有这些矛盾错综复杂,并不是任何一对矛盾都能直接成为教学过程运行的动力。为使教学过程不断运行与发展,必须时刻注意解决各种教学矛盾,这些矛盾的解决同阶级对抗矛盾的解决有本质区别。教学矛盾属非对抗性矛盾,矛盾对立双方的互相依存、互相作用和互相补充,是教学矛盾发展的

---

① 李森.教学动力研究的反思与构建[J].西南师范大学学报(人文社会科学版),1997(3):46-51.

主要方面,因而不能采用斗争的方式予以解决,只能通过改革消除矛盾双方不相适应的部分,这是由教学本性所决定的。就教学自身的特点来说,教学改革是解决教学矛盾的根本手段。教学改革是教学矛盾对立面、矛盾与矛盾之间的和谐结合,是教学主体自觉地参与教学活动,提高教学质量的重要环节。教学论的每一次进展,都伴随着教学改革;教学过程每向前发展一步,也都伴随着教学改革。可以说,教学改革是教学过程运行与发展的基本形式。教学改革能解决各种教学矛盾,协调教学中的各种关系,保障教学过程在正常的轨道上运行,从这种意义上讲,教学改革是教学过程运行与发展的直接动力。

第 15 篇

"五育融合"的时代价值
及其教学实现①

2018 年 9 月,习近平总书记在全国教育大会上旗帜鲜明地提出"要努力构建德智体美劳全面培养的教育体系"。自此,立德树人、"五育并举"以及培养德智体美劳全面发展的社会主义建设者和接班人的任务成为新时代全体教育工作者的共同目标和追求。2019 年发布的《中国教育现代化 2035》中则明确提出了"五育融合"的教育发展目标,"更加注重学生全面发展,大力发展素质教育,促进德育、智育、体育、美育和劳动教育的有机融合"。从"五育不全""五育分育"到"五育并举"再到"五育融合",是新时代我国教育教学改革和发展的重大命题,也是教育回归初心的大势所趋。目前,关于"五育融合"的理论研究与实践探索尚处于起步阶段,如何凝聚"五育融合"的共识,进而整体推进"五育融合"在教育教

---

① 本文发表在《课程·教材·教法》2022 年第 3 期。

学活动中的有效落地,是促进教育高质量发展亟待解决的重要问题。

一、"五育融合"的现实意蕴与时代价值

当前,关于"五育融合"的实践探索层出不穷,但对其意蕴与价值的学理探究还不够充分。理论是实践的先导,全面认识和深入理解"五育融合"的现实意蕴及其时代价值,是避免"五育融合"在教育实践中被窄化、浅表化和碎片化的前提。

(一)"五育融合"的现实意蕴

从语义学角度来看,厘清"五育融合"的现实意蕴,首先需要阐明"五育"与"融合"两个前提性概念。所谓"五育",即德智体美劳及其各自学科内容上所体现的"善""真""健""美"和"实"学科素养追求。[①] "融合"在《辞海》和《现代汉语词典》中的解释都是"几种不同的事物合成一体",可见,"融合"并非简单意义上的聚集相加或并列补齐,而是不同事物之间相互交叉、相互贯穿、相互渗透和相互滋养,进而生成新的有机整体的过程。其中,聚集是融合的前提,融合是聚集的终极目标。那么,"五育融合"的字面含义即通过融合的形式实现个体德智体美劳的全面发展,是将德智体美劳五育聚集到学校的课程和教育教学活动中,相互渗透,进而实现五育的整体生成。"五育融合"的英文表达直译为"the Integration of Moral,Intellectual,Physical,Aesthetic and Labor Education",意译为"holistic education",即全人教育。它代表着个体的成长发展是全面的、融合的发展,是对新时代"如何培养人"这一教育根本问题的科学回答。

"五育融合"是在"五育并举"基础上发展而来的。"五育并举"并不是一个全新的概念,而是有着特殊的历史渊源。教育思想家蔡元培就提出了"军国民教育、实利主义教育、公民道德教育、世界观教育、美感教育

---

① 宁本涛."五育融合"与中国基础教育生态重建[J].中国电化教育,2020(5):1-5.

皆近日之教育所不可偏废"①这一"五育并举"的教育方针和思想主张,是新文化运动背景下对资产阶级"新教育"的积极探索②。这虽然与现在德智体美劳"五育并举"的表达方式和具体内涵存在着较大的差异,但从整体框架来看,在最初的"五育"概念当中,也涵盖了德智体美劳的内容。在新时代,"五育并举"是对教育整体性和完整性的提倡,重在强调德智体美劳五育内容的缺一不可。"五育融合"则是政策推动前提下的理论提升,是顶层设计的产物,着重于行动和实践的方式,它更多地代表了一种具有时代特性的教育新体系和新机制,也是新时代中国教育的显著标识。在这个意义上,"五育并举"和"五育融合"是理想与实践、目标与策略的关系。③ 换言之,"五育融合"是对"五育并举"这一理想的现实落地和目标的融合实现,是从静态的价值引领到动态育人实践的探索进路。

基于以上分析,不难发现,"五育融合"与"五育并举"在内涵、性质和意义上均存在差异,它区别于传统"五育不全""五育分育"的育人实践活动,旨在通过融合形式的转变寻求五育内容与素养的整体生成。据此,"五育融合"是一种教育理念,它是关于融合行动与实践的观念,是新时代师生在教育教学思维和实践活动中形成的对教育应然状态的理性认识,对学校、教师和学生的教育教学实践具有引导和定向的作用。"五育融合"也是一种教学策略,它直指"五育不全""五育分育""五育失衡"以及"五唯"痼疾,是为了有效达成德智体美劳全面发展这一特定目标而制定的教学活动开展的计策和谋略,是师生双方进行教学活动的总体思路。④ "五育融合"更是一种育人能力,是师生在现实的融合实践活动中,实现德智体美劳全面发展这一目标所体现出来的综合素质,也就是师生

① 蔡元培.对于新教育之意见[M]//张汝伦.文化融合与道德教化:蔡元培文选.上海:上海远东出版社,1994:131.

② 杨清.五育并举视野下普通高中课程体系的构建[J].中国教育学刊,2021(6):45 - 50.

③ 李政涛,文娟."五育融合"与新时代"教育新体系"的构建[J].中国电化教育,2020(3):7 - 16.

④ 李森.现代教学论纲要[M].修订版.北京:人民教育出版社,2018:281.

在现实的教育教学活动中表现出来的正确驾驭融合实践活动的实际本领和能量。

（二）"五育融合"的时代价值

根据"五育融合"的意蕴，"五育融合"是缓解教育内卷、促进学生全面发展的重要路径和有力抓手，追求的是学校教育整体价值的实现。在"立德树人"语境下，当前我国学校教育追求的是包括生命发展的整全性、知识结构的完整性、教育过程的公正性在内的"综合育人"价值，是育人价值、教学价值、社会价值的"融合"。① 为此，学生层面的育人价值、学科层面的教学价值和社会层面的发展价值形成了"五育融合"宏观的、显性的时代价值体系，而每一层面价值的内部又蕴含着"五育融合"微观的、隐性的时代价值关系。

1. 学生层面的育人价值

毫无疑问，任何一种教学活动的开展，首先也是最重要的是满足学生发展的需要。"五育融合"所体现的育人价值，也是指融合育人实践活动对学生的发展价值，即通过融合形式的教学，建立起五育内容与学生个体已有知识经验以及逻辑认知之间的联系，进而涵养学生个体生命成长的整全性。此处人的生命成长并非生物学意义上的自然生命的成长，而是社会学意义上的精神生命的成长，是生命个体全面自由的成长过程，是个体不断充实自我的过程，是自我意识和自主能力不断提升与成熟的过程。"五育融合"对于学生生命成长的意义就在于，通过融合的方式，在帮助学生建立完整的知识结构、提高解决问题和实践创新能力的同时，不断丰富与提升学生主动创造的精神，塑造学生独特、鲜明的个性和品格，进而培养自由自觉的、全面发展的人，提高学生的生命质量。从这一论述层面来讲，"五育融合"在学生层面的育人价值主要体现在知识能力价值、个性品格价值和生命发展价值三个方面。

"五育融合"的知识能力价值在于能够帮助学生获取各育所蕴含的

---

① 刘登珲,李华."五育融合"的内涵、框架与实现[J]. 中国教育科学,2020(5):85－91.

间接知识和经验,完善割裂的、碎片化的、滞后的知识结构,并将这些客观知识转化为自觉的主观知识,进而培养学生解决问题和实践创新的能力,这也是"五育融合"育人价值的表层体现。个性品格价值是指通过某个学科以及不同学科领域之间各育资源的融合教学,学生习得了丰富而复杂的知识与经验,在此基础上,个体独有的禀赋和发展方向得以明确,并据此发展学生个体区别于他人的个性品质,如兴趣、需要、动机、信念、气质和自我意识,以及提升与完善学生的品德和人格,这对学生德智体美劳全面发展具有重要的指导意义,是"五育融合"育人价值的中间层面。生命发展价值是指学生个体的各种才能和身心潜能都得到最大程度的发挥,个人理想和抱负也得以实现,这是人生幸福和充盈的高度体验,也是"五育融合"育人价值的深层表现。从知识能力价值到个性品格价值再到生命发展价值,不同层次的育人价值相辅相成、彼此助益,体现出"五育融合"是从深度和广度上对学生素养和人性进行的培育和开发,也是生命不断成长与实现的历程。

2. 学科层面的教学价值

从关系范畴来看,"五育融合"所体现的教学价值,是指融合育人实践活动中,教学主体与满足教学主体某种需要的教学客体属性之间的一种关系,即融合教学实践活动应该满足主体的哪些需要,当教学价值客体满足了教学价值主体的发展需要,那就说明产生了教学价值。一般来讲,任何教学活动开展的最终目标都是实现人的发展,当然这里的人主要指向的是教师和学生,因而"五育融合"的教学价值便主要包含两个主体,即教师和学生。对于教学价值客体而言,除教学环境、教学内容以及师生自身的内心客观世界[①]以外,价值主体之间也形成了互为主客体的关系,即在价值客体满足任何一方主体需要的关系中,其他主体也成了客体。概言之,融合育人实践活动对满足主体需要属性的教学价值客体

---

① 王彦明.教学价值:一种本体论视角[J].湖南师范大学教育科学学报,2010(1):43 - 46.

的关注和重视对于充分实现教学价值具有至关重要的作用。也就是说，在融合的过程中，影响"五育"课程和活动开展的设施设备、校园文化、校风班风、师生关系、课堂氛围等教学环境得到了支持、补偿和优化，学科内部以及学科之间存在的知识碎片化、逻辑断裂化以及理论与实践脱节等"五育"内容的割裂问题得到了解决，师生主体之间的价值取向也进行了合理的统一，并最终为教学价值的实现，即教学价值主体发展需要的满足创造了条件。

在人的发展价值体系下，从教师这一教学价值主体的角度来讲，"五育融合"的教学价值主要体现为三个层次：一是生存需要层次。根据马斯洛的需求层次理论，教师首先是把教学活动作为一种职业的谋生手段，而在"五育融合"语境下，育人目标的提升与教学方式的变革必然要求教师改进自身的教学方式，方能在融合育人活动中获得相应的物质报酬，满足其生存的基本需要。二是专业发展层次。通过"五育融合"在教学活动中的整体推进，教师完善了自身已有的知识体系，发展并提升了教育教学的相关技能和能力，这比较全面地反映了教师专业发展的需要，从而实现教师从新手教师到骨干教师和卓越教师，再到教育家型教师的转变与发展。三是精神满足层次。在融合育人的教学实践活动中，教师与学生之间进行平等的对话与交流，促进学生身心健康、全面发展，从而为社会发展培养出合格的、优秀的综合型人才，能够使自身在精神上获得极大的满足、愉悦和幸福。从学生这一教学价值主体的角度来讲，如前所述，它主要指向的是学生生命成长需要的满足，体现在知识能力价值、个性品格价值和生命发展价值三个方面。

由上可见，"五育融合"的教学价值可以概括为以下三个由浅入深的层面，即技能工具层面、文化意义层面和社会生命层面。各育的内容、方式和功能是以不同形式和逻辑出现的间接经验，师生要习得并转化这些间接经验首先便是要掌握融合五育的工具性知识，所以技能工具层面的教学价值在于帮助师生获取、发展和养成融合五育的基础知识、基本技能和相关能力，进而服务于个体生命的基本发展以及对客观世界的认识和探索。文化意义层面的教学价值在于师生主体通过融合五育的教学实践活动,将丰富而又复杂的各育经验内化为自身的直接经验,其认知、情感和行为系统得到了和谐发展,主观思想和客观行为也达到了内在统一。社会生命层面的教学价值是不断丰富和完善个体的社会性价值和意义,使师生获得和谐、全面、自由的发展,造就学生成才和教师专业发展的素质,满足社会对人才的需要。其中,技能工具层面的教学价值和文化意义层面的教学价值是"五育融合"的教学基本价值,社会生命层面的教学价值是教学的终极价值,基本价值是终极价值的前提准备,终极价值则是基本价值的根本指导和最终归宿。

3. 社会层面的发展价值

人的本质是各种社会关系的总和,在人与人之间的互动交往中,人的生命发展与社会性产生关联,使个体的自然生命和精神生命的价值和意义都得到了不断的丰富、完善、超越与提升。社会性是人的本质属性,人的发展只有在社会中并且通过社会来获得,在人的社会性成长过程中,呈现出带有差异性的生命质量。在"五育融合"实践活动中,社会为其顺利开展提供了充足的客观条件、资源和环境保障,自然会对融合育人实践活动的育人目标有所规范和要求。反之,融合育人实践活动也会按照自己的特征和逻辑培养出符合社会所需要的人才来彰显自身的存在价值。与此同时,社会在这一过程中彰显了自身的价值主体地位,因而社会也是"五育融合"实践活动的价值主体。那么,所谓"五育融合"的发展价值,即是从整个社会的角度出发来考虑的,指融合育人实践活动对社会需求的满足和对社会进步的贡献,是完成"五育融合"社会职能而产生的社会作用和意义。由于"五育融合"教学实践活动的场所以及环境等条件的限制,其对社会发展的促进作用则主要定位于通过对教育存在的不平等现象以及教育与社会需求相割裂等问题的关注,使个体了解社会规则、获得某种社会态度并坚定其信念,同时在融合育人这一特殊的教学实践活动中掌握在社会中共同生活以及基本的生存能力,在此基础上广泛提升社会的公正意识,培养出满足社会发展需要的综合型人才。据此,"五育融合"的发展价值充分表现为是人格塑造的主导力量,是人才培养的根本保证,也是社会治理的重要手段。

实际上,从上述的价值层次和价值关系来看,"五育融合"是具有三方价值主体的,即社会、教师和学生,其中教师和学生是显性的价值主体,而社会则是隐性的价值主体,缺少了任何一方主体,融合教学活动都会因此失去重要的动力,进而损害活动价值的形成。在学生、教师和社会三方主体与"五育融合"教学实践活动互动形成的育人价值、教学价值和发展价值结构中,各个层面价值内部以及三个层面之间都存在着相互关联和彼此互动的关系,进而构成了"五育融合"时代价值的完整体系,指导着学生素质结构的合理构建、教师教学观念的有效调整、教学改革的深入推进和社会的发展进步。"在一定意义上说,师生所创造的教学价值,只有供社会'消费'才成其为价值……只有学生才是教学价值属性所依附的对象。"①结合上述三个层面的时代价值分析,"五育融合"时代价值体系的逻辑关系具体表现为:在各个层面的价值内部,形成了由浅及深的逻辑关系,而每一个层面的价值形成与表现也都以其他层面价值的形成、表现为前提条件。其中,育人价值是"五育融合"的直接目标与核心体现,教师和学生所形成的教学价值,主要通过学生层面的育人价值进行体现,育人价值和教学价值的实现是发展价值的基础,发展价值是育人价值和教学价值的指导,发展价值的实现也是相对于育人价值和教学价值而言更高的价值体现。

二、"五育融合"价值的教学实现策略

"五育融合"的价值归根结底要在教学中得到落实,因而探讨"五育融合"价值在教学中的实现策略至关重要。从已有的教学实践来看,"五育融合"已经从国家、地方、学校三个维度立体架构起了广泛的实践场

---

① 尚凤祥. 现代教学价值之体系论[M]. 北京:教育科学出版社,1996:228.

域,但当前我国学校教育整体出现"智育"主导的"疏德""弱体""抑美""缺劳"的格局①,加上根深蒂固的效率主义、功利主义以及以此为基础形成的教育教学机制,以至于在学生群体中出现了明显的片面发展甚至偏废的问题,这正是融合育人实践活动亟待解决的问题。面对这些挑战,总揽新时代我国"五育并举"与"融合育人"的整体部署与制度安排,以目标、内容、主体、环境等教学构成要素为基本框架,探寻"五育融合"价值的教学实现策略,促进师生从观念到行为发生转变,确保"五育融合"在教学中的有效落地。

（一）树立五育融通式教学基本理念

"五育融合"是新时代我国在立德树人语境下针对"如何培养人"这一教育根本问题所开具的"国家处方","五育"与"融合"是其主要部分,是对"处方"内容和使用方法的详细说明。其中,五育之间既内在统一,又各有侧重,目标是实现个体全面而有个性的发展,片面追求其中一育或者几育只会产生"水桶效应",严重损害融合育人实践活动的效果。而且,主体不同,对融合教学活动也有自身独特的价值需求,如果他们的价值需求不统一甚至是相背离,那么"五育融合"这一"国家处方"也会随之失去其效用。因此,围绕"五育融合"的基本理念,依据行为主体分工、权责和功能的不同,从顶层设计上利用制度优势自上而下在各主体之间搭建起统一的认知体系和行动框架,就是将主体的价值取向和目标追求合理地统一起来,在主体之间形成并坚守正确的五育融通式教学基本理念,便是有效发挥这一"处方"疗效、确保"五育融合"在教学中有效落地的首要举措。

树立五育融通式教学基本理念,实现融合育人教学实践活动的体系化,可以重点从以下三个层面考虑:一是在国家层面进行全方位统筹。作为国家政策推动前提下的理论提升,"五育融合"的现实落地自然离不开政策制定者从国家层面以政策、文件等形式制定相应的行动指南、实

---

① 刘登晖,李华."五育融合"的内涵、框架与实现[J].中国教育科学,2020(5):85-91.

施标准和原则、管理和监督机制以及相应的配套措施,这可以为统一社会各方认识做准备,并保证融合育人实践活动的合理开展。二是在地方层面进行全方位部署。在"五育融合"教学实践活动中,地方或区域层面的教育组织、机构和部门是国家与学校之间沟通的桥梁,发挥着上传下达、沟通协调的纽带作用。一方面,它们通过对国家政策的解读,向各个学校准确传达政策的正确含义,保证信息流动的畅通与无误;另一方面,在政策的鼓励和呼唤下,组织学校以及研究者以区域、学段、研究共同体等为基本单位,依据各自的特点和规律展开有针对性的探索和研究,以打造区域特色的"五育融合"育人新生态,进而为当地学校的具体行动提供指导。三是在学校层面进行全方位推进。作为一种教育理念、教学策略和育人能力,学校层面广泛的实践尝试是"五育融合"落地的根本保证,也是其实践的前沿阵地。树立五育融通式教学基本理念,还必须从学校层面进行全方位推进。"五育融合"是基于五育的融通性形成的五育之间整合的教学理念,进而指导教学实践活动的开展,这就需要学校围绕国家标准和指南,并结合地区发展规划和实际,确立、生成并坚守超越传统的知识观、课程观、教学观和评价观,探索并构建适切的"五育融合"课程规划、教学模式、资源配置、管理机制以及评价体系等。

三个层面分别由上到下、从大到小、从宏观到微观搭建起了"五育融合"完整的、联动的认知体系和行动框架,为统一各方主体的认识和明确各自的责任分工提出了要求,对融合育人活动的开展具有全局性的指导作用。

(二)构建五育融通式课程结构体系

"五育融合"在教学中的实现虽然不仅仅是五育课程的分设,但课程却是教学活动的核心载体,那么,开好五育课程便是在教学中走向并实现"五育融合"的关键。迄今为止,不管是教育理论还是实践场域,尚没有独立存在的"五育融合"课程,其中,课程结构作为课程的命脉,是推动课程发展的根本动力。因此,构建"五育融合"视野下的课程结构体系是必要的,也是可能的。在学校课程结构体系中,"人与知识"的关系,是

"学与所学"的关系,也是主导性关系。① 质言之,五育融通式课程结构体系的构建与实施过程是在德智体美劳全面发展的目标指引下,处理好五育知识的整合问题,让"五育融合"在知识的重构和本土化过程中迸发师生的情感,并付诸实践。也就是说,"五育融合"视野下的课程结构体系构建既要明确课程结构体系构建的价值定位,又要准确把握学校课程结构的重点,因校制宜,以促进课程结构体系的不断优化与完善。

首先,正确认识课程结构体系构建的目的和意义,明确课程结构体系的价值定位。一是五育融通式课程要基于已有课程和资源,根据校情、师情和学情按需开发,其根本目的在于促进个体德智体美劳全面发展,但这并非意味着与学业成绩是相对立的,而是两者的共同实现。二是五育融通式课程存在的意义在于促进个体的生命成长,是基于某种知识、技能学习的同时,增强内心的获得感与幸福感。其次,立足"三维",形成纵横交错的立体课程结构。作为由各类课程构成的统一体,"五育融合"背景下的学校课程结构应该是多层次的立体多维结构。一是宏观维度基于育人目标而设计的学校整体的课程结构体系。要形成一个整体优化的学校课程结构体系,需要解决好五育课程内容的课时分量和相互关系问题,尤其是对于劳动教育这一弱项课程的建立与完善;需要关注课堂教学与课外教学、必修课程与选修课程、线上课程与线下课程、学科课程与综合课程等比例和相互关系问题,并重视课程与社会、生活及经验活动的融合。二是中观维度围绕课程标准和教材的深度分析,结合校情而形成的系列校本课程。此处的校本课程可以是依据当地或学校特色因地制宜开发的系列独立开设的"五育融合"课程,也可以是在已有课程和教材的基础上,根据学情对教学内容进行适当调整而形成的特色课程,但都需要以满足国家课程基本要求为前提。三是微观层面基于学科内、学科间以及学科领域中五育资源的挖掘,通过概念、主题或任务统整

---

① 郝志军,刘晓荷.五育并举视域下的学校课程融合:理据、形态与方式[J].课程·教材·教法,2021(3):4-9,22.

的方式而形成的学科融合课程。需要把握学科本质、梳理学科核心问题,结合教材内容、学生特点与课程资源,进而选择恰当的方式进行构建。

五育融通式学校课程结构体系构建,是遵循"五育融合"的思想理念,以培养德智体美劳全面发展的个体为目标,依托现有国家课程,做优分科课程的同时,通过学科内、学科间以及跨学科五育资源的开发、协调与统整,强化课程的综合性、实践性和融通性,实现课程的融合育人价值。

(三)发展多元主体的融合育人能力

作为一种由多元价值主体参与的育人实践活动,"五育融合"能够在教育教学实践中有效落地,关键在于发展好多元主体的融合育人能力,尤其是学校管理者、教师和学生等直接涉及教学活动开展的关键主体。这种融合育人能力的培养,对于不同的主体而言,其内涵也有所不同。从学校管理者的角度出发,主体的融合育人能力意味着需要具备管理"五育融合"的基本功,包括建构适应"五育融合"的新型管理方式以及制度体系、课程体系、教学体系和评价体系等。其中,尤其重要的是要促进校长领导力的培养,它并非单纯地指校长的个人领导力,而是一种分布式领导力,是以校长为核心的管理团队为了达成融合五育共同目标而相互作用形成的合力,也是以提升教师能力为其领导实践核心内容的战略性规划和执行能力,包含决策力、沟通力、团队建设力、危机领导力等要素,对于促进教师专业发展和带领学校实现变革式发展具有重要作用。这就要求以校长为代表的学校管理者在客观认识自我的基础上不断强化个体的自我修炼,在专题培训和实践锻炼中积累管理智慧、掌握领导艺术,在榜样的示范中改善管理者队伍建设和校长领导力状况。从教师的角度出发,发展其融合育人能力昭示着教师要掌握在教学实践活动中融合五育的教学基本功,形成基于融合和为了融合的新型教学方式。这就要求教师不仅要善于在自身的学科领域中充分发挥每一堂课和每一个教学实践活动的"五育融合"效应,还要善于挖掘和利用其他学科领域中五育的育人资源,并将其融合到自身的学科领域中,进而实现德智体美劳的全面发展目标。

从学生的角度出发,其融合育人能力的培养核心在于发展其社会与情感能力。社会与情感能力亦即非认知能力,它与"五育融合"的育人目标相契合,已经被证实是儿童和青少年心理健康和人格品质的核心[1],能够适当降低学生身心健康问题发生的概率与频次,并促进学生学业成绩的提升。但是,从当前我国学生的发展状况来看,最大的现实莫过于认知能力和社会与情感能力发展的失衡[2],即当前的教育体系依然注重认知能力的培养,这也就意味着,首先,唯分数、唯升学等依然主导着社会对学生的评价,从而导致学生的发展无法适应社会对个体能力素养的需求。其次,学生群体之间存在多种社会和心理健康问题,如抑郁、敏感、焦虑、不善社交、意志力差等,从而威胁和破坏学生个体身心的健康成长,甚至对社会发展产生负面影响。为此,促进社会与情感能力的培养,可以通过有针对性的教育干预与系统学习,如学校以独立课程的形式直接教授学生社会情感学习技能,教师通过家访活动改善亲子关系,家长通过自身的榜样作用营造积极的家庭关系,将学生的社会与情感能力培养寓于其融合育人能力发展之中,作为"五育融合"育人目标实现的纽带,有助于在真实的教学工作中实现学生核心素养的培育。

所有这些主体融合育人能力,无疑是融合育人实践活动中多元主体面临的前所未有的新挑战,但这却是在教育教学活动中落实德智体美劳全面发展目标强有力的抓手。

(四)营造五育融通式教学生态环境

无论是宏观上的教育,还是微观上的教学,都被认为是一个生态系

---

① WEST M R, BUCKLEY K, KRACHMAN S B, et al. Development and implementation of student social emotional surveys in the CORE Districts[J]. Journal of applied developmental psychology, 2018(55):119-129.

② 刘志,梁晨曦. 将培养学生社会与情感能力作为五育融合的有力抓手[J]. 中国教育学刊,2021(2):1-5,11.

统。在这个生态系统中,生态主体与生态环境作为其子系统,都具有各自的生态位,也有自我发展的内在要求。它们一方面对各自的生态位进行控制和优化,另一方面还在彼此之间发生联系和制约,以达到塑造、适应、改造和优化生态系统的目的。在"五育融合"这一教学生态系统中,从生态主体的角度来讲,如前所述,师生的知识结构、能力素养、个性品格等主体内部错综复杂的因素能够影响教学生态系统的有效运转,且它们之间也因彼此的相互作用而影响生态系统的可持续发展。同理,从生态环境的角度来讲,它们自身内部的要素和成分,以及与主体之间的交互作用也会对生态系统的存在状态和发展趋势产生重大影响。可见,推动"五育融合"在教学中的实现,除发展主体的融合育人能力以外,还需要营造和谐、融洽的五育融通式教学生态环境,即在融合教学过程中,充分开发和利用对其活动开展和主体成长起制约和调控作用的主客观条件和力量,它是教育生态环境的内核,也是学生全面个性化成长的内生土壤,从而对维护生态系统的平衡与良性循环发挥着重要功能。

从广义的角度来看,五育融通式教学生态环境包含学校和课堂两个层面。从狭义的角度而言,仅包含课堂层面的教学生态环境。学校层面的教学生态环境主要指学校依据社会为融合育人实践活动开展提供的充足的条件、环境和资源以及在这一过程中赋予各育无差别地享有这些条件、环境和资源的权利,为融合教学活动开展创设的各项条件的总和,包含活动场所、设施设备、师资队伍、校园风气、管理机制、评价体系等。课堂层面的教学生态环境是教师和学生在融合教学这一活动交流中所必需的情境总和,包含班级的班风学风、管理制度,教室的光线温度、座位编排,教材的内容选择、组织方式,教学策略的选择和利用,等等。不管是广义的还是狭义的教学生态环境营造,指向的都是教学资源的优化配置,进而实现资源的有效化和最大化利用。结合一线教学实践,五育融通式教学生态环境营造需要从广义上进行优化配置。

对于活动场所、设施设备、师资队伍、班风学风、教室的光线温度、座位的编排等,许多研究者都进行了较为详尽的论述,这里主要从学校能力建设、评价体系搭建和教学策略选择等方面探讨五育融通式教学生态环境的营造。首先,坚守正确的教育观,重视学校能力建设。这不仅对学校管理者的校长领导力等内在潜能的培养有所要求,还在于主体决策和执行力度等外在表现的强化,如利用人工智能共享教学资源、拓展教学活动空间,因校制宜配置教学设施、吸引急缺师资、制定管理和评价标准。其次,搭建五育融合效果的评价体系。基于"五育融合"的评价指向的是对融合效果的整体评价,是一种为了检验五育融合度的成效评价。就现有的评价标准来看,"五育融合"要求搭建一种全新的评价体系,它以立德树人为核心导向,以德智体美劳全面发展的质量观为依据[1],在建立"五育融合"国家标准基础上,由教育管理者和师生共同参与形成、拟定评价指标,并采用定性定量相结合的评价方式,不仅包含"某育效果"的评价标准,更要有五育目标达成度的融合指标。最后,基于融合育人活动的清晰认识,采用五育融通式教学实践策略。从课堂的角度来讲,教学实践策略的制定、选择和运用要兼顾"五育融合"的目标、任务、内容和现有的教学资源,并根据活动的开展状况适时调整。在这一过程中,教师个体融合育人能力的培养与提升自然重要,它要求教师熟悉学科教学、教学组织和管理的内容与策略,以充分挖掘与融合学科内部以及学科之间教学内容中的五育因素。与此同时,也不能忽视对认知教学、技能教学和情感教学等基本教学策略的探究,进而指向德智体美劳全面发展目标的实现。

---

① 李森,郑岚. 促进质量提升的课堂教学评价改革[J]. 课程·教材·教法,2019(12):56–62.

第 16 篇

教学思维变革三题[①]

　　众所周知,思维的变革是哲学研究永恒的主题。思维的转变对人们的行为与实践具有重要的理论指导意义。教学思维作为教学哲学的重要组成部分,是影响教师课堂教学有效性的关键性因素。教学思维具有隐秘性,它通常是通过教师的教学行为表现出来,与教师的教学观、学生观、学习观以及知识观等具有内在的密切联系。但是,长期以来,我国教学论研究由于受现代理性的思维方式以及自然科学的研究范式的影响与束缚,教学思维往往重实体而轻关系、重预设而轻生成、重工具理性而轻价值理性。由此,造成了我国教学论研究远离真正的课堂教学实践和学生的生活世界,剥离了学生丰富的生命体验与教学世界相连的意义与价值。因此,反思当前教学思维的存在形态及其问题,既是促进教学论学科研究与发展不断深化的动力需要;也是改革教育教学实践,提升课堂教学有效性与师生交往合理性的价值需要。

---

① 本文发表在《大学教育科学》2010 年第 5 期。

一、教学本质：从实体性思维到关系性思维

长期以来，在我国教学论领域，人们对教学本质的研究一直陷入一种追问"教学究竟是什么"的实体性思维方式。这种思维方式的形成有其深刻的哲学基础。实体性思维认为，世界是本质与现象的结合体。本质是唯一的、绝对的和永恒不变的东西，是超越时空而存在的。认识的根本任务和目的就是透过现象去发现本质和规律。本质是理性认识的结果，对世界具有终极解释的作用。对事物本质的认识是其他一切认识和行动的基础。《辞海》中就曾这样论述现象与本质的关系："人们对事物的认识是从现象到本质，从不甚深刻的本质到更深刻的本质的深化的无限的过程。人们在实践的基础上，进行科学研究，其目的就在于透过现象揭示本质，把握事物发展的方向。"[①]反映在教学论领域，教学论的根本任务就是透过客观的教学现象揭示其存在的教学本质与规律；研究的目的就是去寻找普适性的教学规律和教学原则，并以此来约束和规范教学秩序和教学行为，指导和批判教学实践。

实体性思维方式对于我们研究教学本质、把握教学规律、指导教学实践具有理论前设与理性行动的重要意义。但是，这种将主客体二元对立的思维方式也具有严重的方法论局限性。有学者曾指出，教学本质探究的这种实体性思维方式不但使教学论研究陷入一种玩弄文字游戏的、纯粹的概念思辨的困境之中，而且导致了教学论研究中主客体二元对立的静态思维和深层矛盾，完全忽视了教学中最为生动活泼的人的复杂性因素。这种思维方式最终使研究者远离真实的课堂教学实践，研究结果只见冷冰冰的"真理"而不见精神生命的"人"。在这种实体性思维方式的影响下，教学思维的研究与实践也呈现出一种本质追问、"控制取向、效率取向、等级性格"以及师生关系的主客体二元对立。教学成为一种本

[①] 夏征农.辞海[M].上海：上海辞书出版社，1989：1403.

质探究的"工厂",教学方法寻求最优化的"流水线操作",学生掌握知识程度和获得的分数就成为衡量教师教学水平的标准与教学实践效果的"产品"。在这种教学思维模式中,教师的教与学生的学成为一种简单的知识"授—受"关系,师生关系成为一种控制与被控制、支配与被支配的"人—物"的单一对象化关系。这就从根本上造成了师生关系的"主体—客体"两极对立模式,教学异化为"教师中心"和"去学生化"的活动,这与我们当前倡导的构建"以人为本""学生中心"的和谐的师生关系及教育理念背道而驰。因此,探寻教学的真谛,培育课堂教学自由、民主、和谐的精神,实现学生和教师的解放就必须转变实体性的教学思维方式。正如迈克·富兰所言:"出路并不是爬上山头把更多的革新和改革引进教育系统。我们需要一张不同的处方,以便抓住问题的核心,或者说到达另一个山头。一句话,我们对教育变革需要有一个新的思维方式。"①

近代以来,建构于现代理性基础上的实体性思维方式,遭到了诸多学者特别是后现代主义思想家无情的批驳。自尼采宣布"上帝已死",要求重建世界秩序,宣布世界是非实体性存在而是一种关系性存在以来,到福柯宣布"人也死了",学者们纷纷对本质主义的实体性思维方式进行批驳与解构,并充分论证世界的关系性存在。有学者认为,"不仅所有的存在在结构上通过宇宙联系之链而联系在一起,而且所有的存在内在地是由与他人的关系构成的"②。也就是说,我们生存的世界是一个关系性的存在,脱离与它所处环境的关系而存在的事物是没有任何意义的。就教学而言,教师的教与学生的学既是一种共时性的存在,互相依存;同时也是历时性的存在,承接延续。"在教学中,教师的行为之所以能称其为'教',是因为它引起了学生的反应,促进了学生的学;同样,学生的行为之所以能称其为'学',是由于经教师的引导展开了对未知之旅的探

① 富兰.变革的力量:透视教育改革[M].中央教育科学研究所,加拿大多伦多国际学院,译.北京:教育科学出版社,2000:10.
② 王治河.斯普瑞特奈克和她的生态后现代主义[J].国外社会科学,1997(6):50–56.

索。"①由此可见,离开"教"谈"学"或离开"学"谈"教"都不是教学的根本,即使那种离开师生、课程(教材)和教学情境的抽象的"教学"也不是真正的教学本身。教学的本质探究应该秉持理论逻辑与实践逻辑辩证统一的观点,尤其要关注教学的实践逻辑。教学的根本目的应该指向学生的人格解放和自身的主动发展,使"学生主体接受并超越教师主体的主导"②,获得主动发展的能力;同时也使教师自身不断获得教学经验、增长教学智慧、收获生命体验,并提升自身专业化水平。因此,教学从其实践逻辑而言,就是指师生以一定的课程(教材)知识为中介,在具体的时空条件下展开的关系性交往活动,是一种动态开放的教育性过程。

教学具有"人为性"和"为人性",这就决定了教学是一种人与人之间的关系性存在。这种关系性存在本身具有人的思维的复杂性。对教学而言,就不能仅仅停留在对其本质以及诸要素的实体性追问上,而是需要对教学诸要素进行关系性的分析和整体性的考察。也就是说,教学是作为一个整体发挥作用的。教学系统功能的发挥需要教学诸要素的同时在场,"需要各种教学活动的相继发生,需要各类教学关系的功能发挥,需要教学过程的系统演进③。教学系统功能的发挥既受教学系统本身内在诸要素的限制,又受制于特定的时空条件及文化背景等外在因素的影响。其中,最核心的要素便是人。实体性思维方式把教学设定为知识的"授—受"过程,将教师的"教"和学生的"学"以及学生的发展割裂开来加以考虑,忽视了"教"与"学"的共生性和关系性存在。然而,"人的发展只有在人的各种关系与活动的交互作用中才能实现。因此,不能只从孤立个体的角度来设定对发展的要求,而应以'关系'与'活动'为框架思考教育应以学生的'什么发展'为本的问题"④。就教学中的师生关系为例,至少存在两种关系:第一,指向个体外部世界。师生作为交往中的

① 孟凡丽,程良宏.生成性教学:含义与价值[J].课程·教材·教法,2009(1):22-27.

② 李森.现代教学论纲要[M].北京:人民教育出版社,2005:144.

③ 孟凡丽,程良宏.生成性教学:含义与价值[J].课程.教材.教法,2009(1):22-27.

④ 叶澜.重建课堂教学价值观[J].教育研究,2002(5):3-7,16.

交互主体及其与周围世界的关系;第二,指向个体内部世界。师生作为个体与自我的关系,即对自我在教学世界与生活世界的反思与重建等。在这个意义上,教学可以看作师生在共同拥有的教学世界和各自的生活世界中进行的共生性和关系性的交往。这种交往是师生主体间性的"我-你"关系。在这种关系中,教学双方都有展示各自丰富的生命形式与文化体验的多样性的可能空间,彼此接受与理解对方的生活与生命体验,以超越生命的形式进行精神的交流并共同创造生活。这也是教学应有的实践逻辑。

关系性思维还强调真正的教学是师生间的平等对话,即师生在相互尊重、信任与平等的立场上通过言谈和倾听进行双向沟通与交流。这种对话方式具有开放性、公平性。在课堂教学中,师生对话取代了教师的传授与灌输,通过对话,学生意识到自我的存在与发展。也就是说,"课堂教学不仅是系统知识传授的场所,更是学生实践的场所,通过师生间的对话,学生的批判精神与批判能力得以发展;师生共同对求知过程负责,最终通过沟通而达到'和解'(而非一致)"①。

二、教学过程:从预成性思维到生成性思维

我国传统教学论的教学哲学是以预成论的思维方式作为其理论依据的。预成论的教学论思维源自现代性理论中的本质主义、理性主义和科学主义,是一种预成性的思维方式。这种思维方式强调,世界"建立在一种给定的本体论的假定上","现存的世界是某种在一开始就被给定和固定的东西"②。受其影响,预成论的教学哲学认为,教学目的、教学目标都是预先设定好的,并且是可被证实的、普适性的、绝对科学的;教学的进

① 王坤庆.教育哲学:一种哲学价值论视角的研究[M].武汉:华中师范大学出版社,2006:411.
② 王治河.扑朔迷离的游戏:后现代哲学思潮研究[M].北京:社会科学文献出版社,1988:109.

程也是教学展开之前就已经设定好的,教师在教学中只需要忠实地执行即可;教学所采取的方式方法也都遵循普遍主义和科学主义的"技术理性"取向。

由此而建立的现代性教学理论倡导一种规范的、标准的、科学的控制性的教学过程。在这个过程中,"课程成了在教学过程之前和教学情境之外预设的确定的东西,教学过程成了忠实而有效地传递课程的过程,教育教学同丰富多彩的生活世界日益疏离,丧失了创造性"①。教学重认知而轻情感、重知识而轻经验,教学过程被理解为主要是知识积累的过程,以掌握知识的数量和精确性作为评价的标准,"人们总倾向于掌握更多、更多的知识,掌握知识体系中分支的分支,直到无穷,这种'全面狂'是过度强调教育的一种价值——以知识为目的,而忽视其他价值的结果"②。"教学过程的设计亦是如此。除了课程展开的程序外,重点仍是按教材逻辑分解设计一系列问题或相关练习"③。教师就是围绕学科基本结构编排的课程与教材进行教学,学生的任务就是掌握和理解学科的基本结构,尽可能地获得学习的迁移能力和考试高分。教学成为一种简单、封闭的执行教案的过程。由此可见,立足于现代性基础上的传统的教学思维重视教学过程的预成性和控制性,在这种机械化地思维方式指导下的教学行为,使现代教学脱离学生的现实生活世界:重教学事实而轻教学价值、重理性支配而轻感情体验、重知识传授而轻生命关怀。结果导致教学的异化和师生关系的物化,教学过程中的人文价值、人性关爱以及人本身的意义与价值被人为地忽略了,成为一种不见人的教学。教学的教育性所蕴含的人的丰富性、复杂性被视而不见,代之以教学过程的简单化和机械化的控制与操作。在教学中,学生被动地接受社会和

---

① 王坤庆.教育哲学:一种哲学价值论视角的研究[M].武汉:华中师范大学出版社,2006:416.

② 怀特.再论教育目的[M].李永宏,等译.北京:教育科学出版社,1997:139.

③ 王坤庆.教育哲学:一种哲学价值论视角的研究[M].武汉:华中师范大学出版社,2006:85.

成人所设定的大量知识,却沦丧了自主参与、主动建构和独立思考的基本能力,进而导致学生占有的"材料很多,而生产的知识却如此之少"①。教学沦丧为"学生产品"的生产流水线,而唯独缺失教学培养人的人格与个性、人的创造精神与生命生成的应有之义。

预成论的教学思维方式对于系统传授学科知识,保证教学过程的顺利展开具有重要的意义。但是,大量教学事实证明,过于强调教学过程的预成性,极易造成教学中"人的缺场"。也就是说,教学中人的生命性和教学本身的丰富性以及教学系统的复杂性被人为地忽视和割裂了。由此看来,教学不能没有预设,预设是为了更加精彩的生成;与此同时,生成也是为了使预设更加有效。

"生成性思维是现代哲学的基本精神和思维方式,其特征为:重过程而非本质,重关系而非实体,重创造而反预定,重个性、差异而反中心、同一,重非理性而反工具理性,重具体而反抽象主义"②。生成性的教学思维强调过程思维与生成思维,重视教学过程中人的生活世界、人文世界与科学世界的整合,重视教学过程中的人的意义的自主生成和人的价值的自主建构。生成性思维的教学认为,要摆脱传统预成性思维对教学过程的控制,首要的就是解放传统预定性的人的存在观,建立一种新的人的生成观与实践观,即人是一种生成性的存在。人的生成性存在本身就包括人的多样性、丰富性、未确定性与复杂性等特质。从人的生命成长的时空维度来讲,人在教学中是一种过程性的存在。这主要有两方面的理解:其一,人作为教学认识者,同时又是教学认识的对象,在教学认识的过程中,人便同时具有认识的双重身份。因此,人的教学认识必然非主客体二元对立所能解释,而是渗入了人的主观性和文化性;其二,人永远处于未确定和未完成的状态之中。也就是说,人永远处于生成过程之

---

① 赵汀阳.论可能生活:一种关于幸福和公正的理论[M].北京:中国人民大学出版社,2004:4-6.

② 李文阁.生成性思维:现代哲学的思维方式[J].中国社会科学,2000(6):45-53,206.

中。因此,教学这种人的活动过程必然的也永远处于一种生成性的过程之中。

综上所述,我们认为,生成性思维反对教学过程的过度预设与机械控制,强调重视教学过程中的丰富性、生成性和情境性。首先,课堂教学的丰富性主要是在教学过程中体现的。一般而言,课堂上可能发生的一切,并非都能在课前备课时预测到,教学过程的真实推进及可能取得的最终结果,更多地是由课堂教学的具体行进状态和教师当时处理状态的方式决定的。因此,要展现课堂教学的丰富性,就必须改变预成性思维的课堂教学只关注教案的片面观念,"不但要使师生的生命活力在课堂上得到积极发挥,而且要使过程本身具有生成新因素的能力,具有自身的、由师生共同创造出的活力"[①]。其次,生成性的教学过程观认为,教师不仅要把学生看作对象性和主体性的存在,还要把学生看作教学"资源"的重要构成和生成者。"学生在课堂活动中的状态,包括他们的学习兴趣、积极性、注意力、学习方法与思维方式、合作能力与质量,发表的意见、建议、观点,提出的问题与争论乃至错误的回答等等,无论是以言语,还是以行为、情绪方式的表达,都是教学过程中的生成性资源"[②]。因此,在教学中,教师应该研究学生、倾听学生、发现学生,充分发掘这种生成性资源的活力,"让课堂教学充满活力"。再次,生成性的教学过程观反对知识认识的"旁观者理论",强调学生在知识认识和教学情境中的主动参与与自主建构。例如,它虽然也认为教学应该有知识的传授,但是,它更强调知识学习过程中个人主动参与的意义与价值。在某种意义上,教学就是个体创造新知的过程。教学的意义就在于通过课堂学习使学生获得新知,并且不断增强学生主动探究、合作学习与创造新知的能力,在此基础上彰显个体存在与生成的意义与价值。

---

① 叶澜.让课堂焕发出生命活力:论中小学教学改革的深化[J].教育研究,1997(9):3-8.

② 叶澜.重建课堂教学过程观:"新基础教育"课堂教学改革的理论与实践探究之二[J].教育研究,2002(10):24-30.

三、教学目的：从工具性思维到价值性思维

西方启蒙运动以来，人类的理性逐渐取代上帝的神性成为人类自身命运的唯一主宰者。正如罗蒂所说："启蒙运动的先知们打破了神学的那种至高无上的地位，使人类进入了一个后神学文化的时代。"①那就是人类理性占统治地位的时代。人类理性的确立对于解放神性束缚中的人自身，改造客观世界和人类社会起到了巨大的推动作用。在这个时代中，理性的人被视为能够改变自身、改造客观世界的"完人"。

在这种背景下，学校教育的教学目的主要就是培养具有理性能力的人，亦即"完人"。在现代教学理论中，到处都可以见到这种"完人"教育的主张。这种教学主张很大程度上迎合了时代精神对教学活动的价值要求，推动了学校教育的"繁荣"，提高了课堂教学的效率，促进了社会的发展与进步。但是，"似乎基础教育是一种'完人'教育，是培养完人的，而不是促进活生生的儿童的社会化和个性化"②。"全面、和谐、均衡、理性等这些动听的并伴以宗教、政治、科技、心理等的辩护的词语成为我们当代理想人格的追求、教育目的的内容。"③这种完人教育的主张，正如有学者指出的那样存在诸多问题，导致教育以某种绝对的参照物——预先规定的标准化的"完人"常模，作为中心和出发点的倾向④。现代教育总是从预设的终极目的出发，远离学生的现实存在和可能存在而追求标准化的"完人"目标。这种看似全面、均衡、和谐发展的人，实则是被抽象化为真善美、高大全的"完人"，学生存在的特殊性与个性被湮没了。这种"完人"的教学目的忽视了人的差异性，导致教学理论与教学实践脱离，

---

① 罗蒂. 后哲学文化［M］. 黄勇，编译. 上海：上海译文出版社，1992：32－33.

② 郭元祥. 生活与教育：回归生活世界的基础教育论纲［M］. 武汉：华中师范大学出版社，2002：17.

③ 曹永国. 后现代主义视野下的教育目的探析［D］. 西安：陕西师范大学，2002：24.

④ 王治河. 扑朔迷离的游戏：后现代哲学思潮研究［M］. 北京：社会科学文献出版社，1988.

与教学目的背离,即外在的、社会的、成人的、教育家的甚至教师的教学目的取代了学生内在的、过程中的教学目的。我们把这种建立于现代工具理性和科技理性基础上的现代教育教学思维方式称之为工具性思维方式。事实上,整个现代教育教学体系,都是发端于这种大工业文明时代的工具理性或科技理性之上的,伴随产生的便是工具性思维方式。现代社会是一个注重效率和标准化的工业社会,在科学技术和机器大工业生产的冲击下,现代教育教学本身也被工业化和技术化了。一切都按照预先计划好的统一程序、目标和过程进行控制,这就是现代教育教学之工业化的典型特征。教学的目的就是按照社会和大工业生成的要求培养和制造标准化的"工具人"。

当前,工具性的思维方式已经严重背离了"教学的教育性"的根本宗旨。因为它从根本上忽视了教学所具有的人文性与价值性,更为严重的是,它肢解了"教学为人"之幸福的根本目的。为此,我们需要转变一种关注人本身以及人存在的意义与价值的新的思维方式。也就是说,我们倡导一种价值性的思维方式。这种价值性的思维着眼于学生的"主动健康发展",认为"教学的根本目的和价值在于为学生进而是教师与学生幸福生活奠定基础"①。

基于上述理由,我们认为,教学的目的不应是强加于学生身上的外在的、社会的和成人的教学目的。价值性思维反对那种将人抽象化为真善美与高大全的"完人"的工具性思维方式,认为这种思维方式不仅有悖于人的本性,而且还有悖于"教学的教育性"的根本宗旨。价值性思维主张,人不仅应该是丰富多彩的,还应该是可以有缺点和错误的真实的人。因此,教学的目的就是使学生在真实的生活和教学生活(可能生活)两个世界中,彰显其个性成长与生命生成,增强对幸福生活的敏感性,收获对自然、社会与人生的独特理解,并最终为个体人生的幸福奠定基础。"对

---

① 孟凡丽,程良宏.生成性教学:含义与价值[J].课程·教材·教法,2009(1):22-27.

于人,没有能够高于真实生活和真实幸福的东西"①。价值性思维把个体的幸福生活作为教学目的,就是承认真实的生活和幸福对于人的意义与价值。承认学生作为人的真实存在以及承认学生的真实生活,就是对教学的工具性思维培养"完人"理念及其"工具人"目的的批判与超越。任何无视学生真实存在与学生真实生活的教学,都是一种隔断生活与教学的工具性思维方式,也必然导致教学走上"非教学"与"反教学"的道路。总之,教学不应以牺牲人的个性与创造性为代价来塑造一种"全面发展"而又"全面平庸"的"完人"和"工具人",而应着眼于学生的真实生活、个性成长与生命生成,培养一种富于生活内涵与生命气息的独特的、个性的、真实的与创造性的人。

---

① 赵汀阳.论可能生活:一种关于幸福和公平的理论[M].北京:中国人民大学出版社,2004:4.

第 17 篇

教学道德性的内涵及层次①

伴随着社会主义核心价值观的确立、立德树人根本教育宗旨的回归与倡导,教师教育改革更加注重师德师风建设,提出了"四有好老师""四个引路人"及"四个相统一"的师德要求。同时,中小学也更加注重培养学生的主体性、能动性、创造性以及道德品质。在这种背景下,对教学道德性的研究不仅在教学理论领域越来越受到关注,而且在教学实践领域也逐渐受到重视。于此,本文将对教学道德性进行深入的学理探究,以便为教师教育改革和基础教育改革提供一定的理论支持和实践参考。

一、教学道德性研究的由来

虽然对教学道德性的专门研究较晚,但它本身却有着极其悠久的历史和深厚的思想渊源。自学校教学产生以来,道德性就以不同的形式、

---

① 本文发表在《教育研究》2019 年第 4 期。

方式和程度体现出来,且随着社会历史的更替与发展,教学道德性也在不断地发展着自身的内涵、意义和价值。

（一）教学道德性的历史发展

教育是一种专门培养人的社会活动,学校教育则成为教育活动的主要形式,而教学作为教师与学生之间以对话、交流、合作为基础进行文化知识传承和创新的特殊交往活动则是学校教育的重要组成部分。① 教学是早期教育家们最为关注的教育议题。通过对早期教育家教育思想和教学理论的追踪与深入挖掘,我们发现其中蕴含着丰富的教学道德性的思想,并且不同程度地指导着从古至今的教育教学实践。早期思想集中体现在中国古代论述中,主要有三个方面:其一,中国古代的教学内容是道德知识的传授,教学目标是培养有道德修养的人。由于奴隶社会和封建社会的科学技术和生产力水平极其低下,加之统治阶级为了维护和巩固其统治地位,教育内容主要囿于道德知识的传授与统治阶级思想的传播。即使有少数哲学家或教育家注重科学知识,但大多也是为道德哲学服务的。在教学目标上,儒家强调"仁"和"礼",以培养具有志道和弘道的君子。其二,关注教学原则和方法的道德性,即关注学生的身心发展规律及其生活经验等。儒家思想中就有"启发诱导""因材施教""循序渐进""教学相长""随人分限所及"等。其三,主张平等师生关系,如强调"当仁,不让于师""弟子不必不如师,师不必贤于弟子"等。

文艺复兴之后,随着西方社会科学的日益兴盛和自然科学的迅速发展,包括教育学在内的诸多学科都纷纷脱离哲学母体寻求独立,逐渐建立自己的学科和话语体系,以至最终形成一门独立的科学。由于资本主义经济发展而引起的变革波及社会生活的各个领域,加之人类理性的启蒙和社会实践的不断深入,人们对教学及其道德性的认识也愈加深刻,集中体现于近现代教育家们的教育思想之中。夸美纽斯和卢梭从人与

---

① 李森. 现代教学论纲要[M]. 北京:人民教育出版社,2005:6.

自然的关系及儿童生理和心理发展的自然进程的角度,提出自然适应性教育,体现了儿童本位的教学观。康德及其追随者倡导理性教育,尤其是道德理性的培养,以造就"有理性的、自律的、自由的和完善的世界公民"①。英国经验派则注重智育,关注科学知识的掌握和生活经验的积累。赫尔巴特在实践哲学和心理学的基础上提出了具有综合命题形式的"教育性教学",强调实现教育目的和传授文化知识是同一个过程,即实现德育与智育的有机统一。杜威受进化论、心理学和实用主义哲学等影响,形成了实用主义教育思想体系,并提出了"教育即生活、教育即生长、教育即经验的不断改造"以及"儿童中心、经验中心和活动中心"的教育主张,从而极大地提升了学生的主体地位。总体而言,近代教学的道德性主要体现为以下几方面:在教学目标上,培养身体健康,能够适应社会发展,热爱自由,具有丰富科学知识、独立人格以及高尚道德情操的德智体多方面发展的人;在教学原则上,强调自然适应性、发展性、教育性和创造性等"以人为本"的原则;在师生主体关系上,教学主体的重心开始向学生倾斜,教师由控制者和绝对权威的角色逐渐转换为指导者乃至合作者的角色。此外,还有对教师的培养和要求上,教师应具备丰富的教育学、心理学和学科知识,极强的洞察力和领悟力,以及高尚的道德品质等。这些都为后来人们对教学道德性的探讨提供了丰富的思想借鉴和实践支撑。

（二）教学道德性的研究历程

20世纪50年代,分析哲学对包括教育学在内的诸多学科和研究领域都产生了极其深刻的影响,并且在英美国家形成一股强大的分析教育哲学思潮。分析教育哲学以其独特的哲学立场和论述方式分析和澄清教育的相关概念、命题、语义和逻辑结构,以达到厘清思路和明晰思想的目的。其中,他们通过对"教学"和其相近的概念进行了逻辑分析、比较

---

① 康德.康德论教育[M].李其龙,彭正梅,译.北京:人民教育出版社,2017:32.

和推演,发现"教学"一词本身具有伦理的价值负载性。

教学道德性的正式提出始于 20 世纪 80 年代,是基于研究者对技术主义主导下的教学的忧虑与反思而提出来的。对教学道德性进行专门研究的开山鼻祖汤姆于 1984 年出版了专著《教学作为一门道德技艺》,明确提出教学应该是道德的这一命题。与此同时,斯特赖克和索尔蒂斯于 1985 年合作出版了著作《教学伦理》,认为教师在教学中应该肩负起引导学生走向道德生活的责任。① 2009 年,美国学者古德莱德、索德和斯罗特尼克合作出版了《提升教师的教育境界:教学的道德尺度》一书,提出了"教师的教育力集中体现于教师对教育及教学的道德责任,渗透于教师工作的各个层面,是教师职业的'灵魂'"②之主张。该书被誉为是教学道德性研究出现重要转折的标志性著作。自此,教学的道德性逐渐受到各国研究者们的重视,相关研究成果也纷纷涌现。这开辟了教学理论研究新的领域,并逐步成为教学研究者以及实践者们的共识和追求。

20 世纪末,国内学者也逐渐关注并研究教学的道德性问题。研究取向主要集中在两个方面:一是以"反教学"的现象为出发点,从伦理和人文的角度对教学本质进行再认识和探讨;二是对教学中的伦理问题进行研究,即主要从规范伦理学和应用伦理学的视角来讨论教学中的伦理问题,以期为教学道德性的实现保驾护航。

综观已有研究成果,笔者发现,教学道德性研究已初步建立起自己的研究框架,但由于教学道德性的探讨在国内外均起步较晚,因而无论在研究内容、研究视角还是研究深度上,都显得不够系统和深入。具体表现为两个方面:一是从研究的逻辑框架和内容来看,大都集中于教学道德性的实践问题揭示、原因分析、路径解决以及未来蓝图的描绘等;二是

---

① STRIKE K A,SOLTIS J F. The ethics of teaching[M]. New York:Teachers College Press,2004:5.

② 古德莱德,索德,斯罗特尼克. 提升教师的教育境界:教学的道德尺度[M]. 汪菊,译. 北京:教育科学出版社,2012:总序 2.

从教学伦理和教师专业伦理的角度探究教学道德性的前提和保障,而对教学道德性本体层面的理论研究尚显不足。因此,本研究在以往研究的基础上,再对教学道德性的内涵进行深入分析,并对其进行分层论述。

二、教学道德性的内涵

教学道德性是指教学这一特殊交往活动蕴含道德的向善性,"道德性"表示教学的一种主要属性,是教学中蕴含的正向为善的积极成分。作为一种特殊且复杂的社会实践活动,教学有多种属性,如实践性、科学性、文化性、艺术性和道德性等,且这些属性都不是彼此独立存在的,而是相互包含、相互映衬和相得益彰的。然而,就诸多属性之间的关系而言,并非是并列和均衡的。

首先,实践性先于并高于其他属性。师生在特殊情境中进行思想的碰撞、知识的传递与授受,以及情感的交流这一特殊交往活动所具有的实践性是起决定性作用的,是教学的根本属性,其他属性则是由它派生而来的。有了实践性,教学才能进一步彰显其科学性、文化性、艺术性和道德性。进而言之,道德虽然是人类社会的精神财富,但它始终是来源于实践的,是人类社会实践的产物。

其次,教学派生属性的地位是动态的。教学作为人为的特殊实践活动,不可避免地会受社会经济和政治的影响。不同历史时期对教学不同派生属性的重视和凸显程度也不尽相同,如封建社会更凸显教学的道德性(封建道德),近现代更强调教学的科学性和人文性,而当代社会则注重各种属性之间的平衡。教学的道德性在历史上的任何时期都未曾有过缺席,它隐含于其他属性之中并协调它们之间的关系,间接引领着整个教学的发展,发挥着保证教学顺利开展、学生向善成长乃至社会向前发展的重要功能。一旦道德性抽离于教学,那么教学的其他属性也将随即失去意义,教学就会沦为没有灵魂的"行尸走肉"。教学道德性的表征是教学以道德性为最高目的追求和教师道德在教学中的映射。

（一）教学以道德性为最高目的追求

这里的道德性体现的是一种价值追求，是对教学应然状态的期冀与推崇。将其定位为教学的最高目的追求，前提是以教学的其他属性即科学性和艺术性等为比较对象的，其本身还有不同层次。对这一内涵解读的原型发源自 19 世纪德国教育家赫尔巴特提出的"教学的教育性"原则。他对其进行了系统的阐述：道德是教育的最高目的；[①]"教学如果没有进行道德教育，只是一种没有目的的手段；相反，道德教育如果没有进行教学，它就是失去手段的目的"[②]。这一论述充分说明了他将道德品格养成作为教育的最高目的，教学是实现这一最高目的的途径和手段。

教学的道德性与"教学的教育性"之间有共通点，二者都将学生的道德发展作为教学的目标，然而，二者也蕴藏着差异性。在道德的辐射范围上，"教学的教育性"只强调教学主体个人（学生）的道德，而教学的道德性在强调教学主体个人（教师和学生）道德的同时，还观照教学活动的全方面和全过程；在道德的内涵上，教学的道德性比"教学的教育性"更丰富，后者仅仅体现为道德品格，而前者表现为身心的全面和谐发展，内含高尚的道德品质、独立的生存能力和人格，以及批判和创造性思维等；在对教学的定位上，"教学的教育性"只是将教学作为道德教育的基本途径和重要手段，学生其他方面的发展只是道德发展的"铺路石"，且忽视了教学过程的伦理性，体现的是教学的功用性价值，而教学的道德性不仅将教学当作实现学生发展的手段，还注重教学活动本身的道德属性，体现的是教学的伦理价值。由此可见，教学的道德性是对"教学的教育性"这一命题的内涵式继承与超越。

教学之所以将道德性作为最高的价值追求，主要基于两点考虑。首

---

① 单中惠,杨汉麟. 西方教育学名著提要：最新版[M]. 北京：中国人民大学出版社，2016：102.

② 单中惠,杨汉麟. 西方教育学名著提要：最新版[M]. 北京：中国人民大学出版社，2016：100.

先,从宏观层面来看,教学的道德性与科学性和人文性是高度统一的。这种统一突出表现为教学的道德性往往与其科学性和人文性如影随形、难以分割。从人类道德的认知基础和理性成分来看,道德性在一定程度上高于科学性和人文性,科学性和人文性是道德性的必要条件和基础。这从理论与现实的双重逻辑加以推敲均可以得到证实。我们知道缺乏科学性的教学内容是不能称之为道德的,因为真是善的前提,这也正是有学者认为"教学伦理学必须以教学的科学性作为不可缺少的基础和条件"①的缘故。而缺乏人文关怀的教学过程和环境也更不能称之为是道德的,因为关爱是道德的基础。其次,从微观层面看,教学的道德性与有效性并非是分庭抗礼、南辕北辙的,而是具有互补关系。有效性从属于道德性,道德性与有效性兼有的同时还有其自身特点,不存在二者在绝对意义上的相互脱离、相互独立的状态。孔子在对弟子讲"仁"的道德要求时,强调要做到"恭、宽、信、敏、惠",而其中的"敏"强调的就是做事的效率问题。当然,有效率并不一定是有道德的,但有道德一定是有效率的。正如目前一致认为的,有效的教学并非一定是道德的教学,但只要保证了教学的道德性,就会实现真正有效的教学。

（二）教师道德在教学中的映射

教学的道德性在这里体现为教师道德在教学这一主要而特殊的活动领域中所折射出的一种职业伦理现象,抑或表现出的一种功能,与教师道德密不可分。这也正是只要探讨教学的道德性就一定会涉及教师道德的原因。从逻辑学上看,这里的教学的道德性与教师道德是种属的关系,即教师道德是属概念,教学的道德性是种概念,也就是说教学的道德性只是教师道德的一个分支、一面反光镜。从相互关系的呈现形式上看,教师道德与教学的道德性是"内嵌于里"与"外现于形"的关系,教学道德性是教师道德在教学中显性的道德表征。显然,教学的道德性不同

---

① 欧阳超.教学伦理学[M].成都:四川大学出版社,2008:12.

于教师道德,也不是教师道德的某一方面在教学中的简单、机械复制。教师始终是教学活动的主导者、策划者和实施者,他们无时不在履行教书育人的神圣职责,即教师时刻都在将其思想意识和行为习惯通过教学向外部释放和传递。同时,教师更是道德能动者,承担着落实和实现各种道德性目标的任务。一方面,蕴藏在日常教学中的道德信息,实际上大部分来自教师道德的自然流露和呈现,而无法人为控制,也无法掩盖。① 另一方面,教师作为"知识的领军者"且是学生最直接、最频繁接触的"权威人物",用传播学家麦克卢汉的话来讲是学生的"意见领袖",其个人在教学中的语言习惯和行为方式都具有道德号召的意义,都会对学生产生潜移默化的道德影响。教学道德性是教师道德在教学中的必然反映,教学道德性的实现必然要以教师道德为前提和基础。

有研究者指出,"教师行为中所体现出的道德意义必定是道德内化的反映,否则行为的道德影响也只能是暂时和虚假的"②。这种说法与观点是完全正确的,因为只有教师本人具备了清晰的道德意识和正确的道德认知,他才会不由自主地、不计回报地在日常教学中表现出具有道德性意义的行为影响。退一步讲,即使是外在的规约或者为防止可能出现的负面影响而采取的防范举措,也需要教师遵守最基本的社会规范以及采取"身正为范"的态度,这同样是教师道德在教学中的反映,只不过是被动、消极的方面罢了。教师道德在教学中的影响及存在方式是全方位的、交互性的"融汇式"贯通,而非"分解式"组装。因此,教学道德性既是教师道德内化的要求,也是教师道德在教学中的外在映射。

---

① JACKSON P W,BOOSTROM R E,HANSEN D T. The moral life of schools[M]. San Francisco:Jossey – Bass,1993:77.

② 王晓莉,卢乃桂. 当代师德研究的省思:与国外教学道德维度研究的比较[J]. 外国教育研究,2011(6):79 – 84.

三、教学道德性的层次

虽然教学的道德性难以甚至无法以量化的形式呈现,然而这并不意味着教学的道德性就是完全主观的和无现实意义的。恰恰相反,人们对教学道德性的判断从形式上来看虽是主观的,但其判断的内容却是十分客观的。换句话说,对教学的道德性判断虽然是属于价值判断,但都是以事实判断为基础的。所以对教学道德性进行层次的划分是可能的,也是必要的。我们以教学道德性的内涵表征为分析维度,对其层次进行依序探讨。

（一）教学道德性的目标层次

虽然道德性是教学的最高目标,但其本身还具有不同的层次。以实际教学中所表现出的或追求的道德性层次的高低为依据,可将教学道德性的目标划分为外在的规范目标、理性的"最近发展区"目标和内在的"善"目标三个层次。这种划分有助于学校或班级根据自身教学的实际情况确定适合自己的道德性目标,从而预防与避免满足于现状和不思进取或者因好高骛远而产生希望越大失望越大的"恨铁不成钢"的悲观情绪。

第一,外在的规范目标。名词意义上的规范是指约定俗成或者明文规定的标准,[①]是已经获得官方价值取向上的认可而成为的"权威约束"。它包括两个方面:一是规范对象被迫且必须迎合外部的"价值推崇";二是它是任何角色内的成员所应该遵守的最低行为标准。教学作为社会的实践活动之一,首先是社会的道德观念与道德规范指导和制约下的活动,是反映社会道德观念和规范的教育活动,[②]而外在规范又是教学活动

---

① 罗竹风.汉语大词典:第10卷[M].上海:汉语大词典出版社,1992:329.
② 曹辉.教师专业发展中的教学道德素养及其实践内涵[J].河北师范大学学报(教育科学版),2011(8):25-28.

得以正常运转的"最后一道防线"。所以,教学道德性的外在规范目标是其最低层次的目标,也是必须实现的目标。《关于全面深化新时代教师队伍建设改革的意见》也再次强调了要完善师德规范,以及引导教师坚持学术自由与学术规范相统一的原则。然而,放眼于现实的教学,仍有许多无视国家教育政策和规定的"越界"现象。比如,教育部出台的《中小学教师违反职业道德行为处理办法》明令禁止教师不得组织和要求学生参加校内外的有偿补课,但多地教育行政部门调查发现,教师违规补课的现象仍大量存在且屡禁不止,严重违背了教学伦理和违反了国家的教育法律法规。事实上,它已经突破了教学道德性的外在规范目标这一最低标准,变成了反道德的教学行为。虽然教学道德性的外在规范是远远不够的,但它却是首要的、必需的,更是不能僭越的。

第二,理性的"最近发展区"目标。我们可将"最近发展区"的原理,迁移并运用到教学道德性的目标层次中。在此论域中有两种水平,一种是最低层次的外在规范目标;另一种是基于现实客观条件的基础上,只要努力就可以达到的水平。二者之间的差距就是教学道德性的"最近发展区",即教学的道德理性,是教学道德性的适应与超越之间的平衡点。由于我国教育发展不充分不平衡这一客观条件的限制,在很长一段时间内都还无法实现教学对每一位学生都给予平等的、充分的关注,只能根据客观实际尽最大努力向目标靠近。然而,在班级授课制且是班额较大的现实条件下,牺牲个别学生的发展来换取绝大多数学生的较好发展虽然是不可避免的,但是可以通过教学改革(如分组分层教学)而逐渐向全部学生的全面发展的目标逼近。故有理性的"最近发展区"之说。正如马克思所言,个人的全面发展需要经历一个曲折而漫长的过程,不得以牺牲大多数人的发展为代价而谋得少数人较好的发展,这是一种必经的过程。但是,随着生产力的不断发展和社会关系的不断变革,特别是到了共产主义社会,限制人个体的自由的、充分的、全面的发展的外部条件将彻底消失,最终会克服这个矛盾,使人"类"的发展同每个个人的发展相一致。① 而我们这里提出的理性的"最近发展区"目标,正是人"类"的发展同每一个个体的发展相一致的必要的也是必然的"量"的积累与准备。

第三,最高"善"的目标。这个层次的教学道德性是一种理想化的应然状态,是人们对易受社会历史环境等诸多现实因素影响的"有限"教学的"无限"追求。这种理想的"善"目标,并非纯粹是对当今教学道德性现实缺失的一种回应,或满足纯粹精神的需要而在脑海中凭空臆想构建的"乌托邦",而是作为一种精神和价值引领着整个教学活动,即帮助教学找到正确的方向,促进教师和学生道德理性的发展,以最终实现"以人为目的"的崇高教学目的。虽然历史与现实都证明了,一切因不合实际的高标准、高要求和高期望而不利于实现预期的目标,反而会造成因太"高大上"而无法企及,最终"形同虚设"。但若仅从功利和现实的角度去选择暂时的、实用的"低层次"目标来解决燃眉之急,而放弃以最高层次的道德善为价值目标,那么教学道德性的其他层次不仅将因缺乏终极"善"的导引,而失去对自身善恶判断的能力,进而坠入功利化的泥潭甚至是恶的深渊,甚至会陷入自我否定和自我取消的矛盾境地。因此,当以最高的"善"目标作为一切教学的价值选择依据,同时以其为出发点来审视和反思教学其他目标的合理性和向善性,从而促进教学的自我更新和完善。

(二)教学道德性的师德映射层次

马克思曾在论述中深刻地指出:"动物和自己的生命活动是直接同一的。动物不把自己同自己的生命活动区别开来。它就是自己的生命活动。人则使自己的生命活动本身变成自己意志的和自己意识的对象⋯⋯

---

① 中共中央马克思恩格斯列宁斯大林著作编译局. 马克思恩格斯全集:第 26 卷　第 2 册[M].北京:人民出版社,1973:124 – 125.

有意识的生命活动把人同动物的生命活动直接区别开来。"①这说明了人总是把自己的思想、意识和意志投射于活动对象之中,并以此种方式去利用或占有对象。因此,教学作为教师直接参与和主导的实践活动,教师的道德也必然会在教学中实现映射。教师道德本身具有不同的层次,②师德层次不同,教学道德性的表现也必然不同。根据教师教学境界的高低,可将教学道德性的师德映射层次划分为社会义务层次、育人责任层次和自我实现层次,且每一层次都有其核心问题。这有利于教师在教学中恰当、合理、正确地进行自我身份定位,明确自身应具备的系列教师道德品质以及拾级而上的师德追求,进而在提升教师道德的同时彰显教学道德性的育人价值。

社会义务层次即教师尽社会文化传递的道德性义务。教师在此层面中所扮演的主要是传道者、授业者的角色,也是教师之所以是教师的永恒的角色,因为教师成为一种独立社会职业的初衷便是向下一代传递凝结前人智慧的有关生存、生活的间接经验。教师作为社会文化的代表者和传递者,意味着教师不仅自身首先应成为符合社会所要求的文化品质(包括价值观、信仰、态度以及行为习惯等)的范型,而且还要将其展示于待社会化或正在社会化的学生。因此,文化的社会传递是教师在教学活动中必须履行的义务和必备的职业道德品质。教学的道德性首先反映和体现的也是教师尽社会文化传递义务的道德品质,是教师道德最基本的层次。

育人责任层次即教师承担学生社会化和生命成长的道德性责任。教师不仅是社会文化的代表者和传递者,同时还是学生学习的指导者、生命成长的引路人。学生作为一种独特的社会存在,是一个社会性发展还

---

① 中共中央马克思恩格斯列宁斯大林著作编译局. 马克思恩格斯选集:第 1 卷[M]. 北京:人民出版社,2012:56.

② 王毓珣. 师德分层:师德建设中一个值得重视的问题[J]. 中国教育学刊,2004(12):15 – 18.

不成熟且生活于多重社会环境(家庭环境、社区环境和学校环境)之中的"游离体",是一种"跨社会"的存在,在一定程度上具有"边缘人"的性质。也就是说,学生处于不同的具体的社会环境的影响和熏陶之下,使其不可能只归属于某一种社会范围,而是处于彼此交叉的社会环境之中,这导致学生社会化的进程速度和稳定性都会显示出较大的差异并受到巨大的挑战。所以,教师作为引领学生学习和生命成长过程中的重要他人,必须充分考虑学生的文化背景、能力水平、学习风格和兴趣等以进行差异教学,①进而承担起帮助和引导学生顺利实现社会化和身心健康发展的责任。这也是教师从"经师"向"人师"身份转换与升华的必经之路。

自我实现层次即教师满足自身在教学中的道德性追求。教师是活生生的、独立的个人,有其自身的各种道德需要、认识和追求。教师的这种"个人的独立性"特征,反映在教学上则表现出道德的个体性。教学道德个体性虽然要在道德社会性的框架中筛选和抉择,服从并服务于道德社会性,然而,并非所有的道德社会性都能够得到道德个体性的呼应。道德个体性也非一味被动地、消极地依附于道德社会性,而是在与道德社会性之间不断地相互碰撞与博弈并最终走向外界与自身的平衡,从而实现自身的道德追求。因此,教学道德的个体性一方面基于道德的社会性而表现出"顺应与遵从",另一方面又不满足于道德的社会性,而是通过个体教师道德的自我更新推动着教师职业道德乃至整个社会道德的进步。教师作为教学道德性实现的主体,在满足自身在教学中的道德追求的同时也必然会促进教学道德性的提升。

总而言之,教学道德性的两种层次并非是绝对分离、相互孤立的,而是相互影响、相互贯通甚至相互制约地存在于教学道德场域之中的。教学道德场域中主体之间的道德需要、道德信念、道德行为以及教学中的

---

① 威伦,哈奇森,博斯.有效教学决策:第 6 版[M].李森,王伟虹,译.北京:教育科学出版社,2009:182.

其他要素和环节等都是彼此相连、共存共通的。比如,教学道德性的目标层次可以间接反映出教师的道德层次,且各个层次之间都可能会因相互间能量和信息的交换而彼此印证与相互制约,进而形成一个相互联系的"统一场"。此外,对教学道德性的多层次探讨,并非是降低了对它的要求和追求,而是本着以"中庸"哲学为指导思想、以现实为依据、以实事求是为原则的态度,充分洞悉和彰显教学道德性的育人(教师和学生)功能。

下 编

教学问题之辨

第 18 篇

新时代高质量教学的
基本特征与实现路径①

　　党的二十大报告提出实现高质量发展是中国式现代化的本质要求，在教育领域要"坚持以人民为中心发展教育，加快建设高质量教育体系，发展素质教育，促进教育公平"②。聚焦教育高质量发展，推进教育治理体系和治理能力现代化是中国式教育现代化的题中之义。作为教育体系的核心范畴，教学是师生之间通过对话、合作与交流等方式促进文化传承、自主建构并培育学生核心素养的重要活动，教学质量直接决定了教育质量水平，也影响着中国式教育现代化的进程。在实践中，课堂教学是实施素质教育的主渠道，是贯彻落实教育方针，促进学生五育融合全面而自由发展的主阵地。新时代，促进教学高质量发展既是建设高质

　　① 本文发表在《课程・教材・教法》2023 年第 2 期。
　　② 习近平.高举中国特色社会主义伟大旗帜 为全面建设社会主义现代化国家而团结奋斗：在中国共产党第二十次全国代表大会上的报告［M］.北京：人民出版社，2022：34.

量教育体系的自觉行动,也是直面现实教学问题提升教学质量的客观要求。因此,无论是在理论研究还是在现实教学实践中,都很有必要对新时代高质量教学的丰富内涵、基本特征与实现路径进行深入探讨。

一、新时代高质量教学的内涵解读

党的二十大报告指出,"教育、科技、人才是全面建设社会主义现代化国家的基础性、战略性支撑",明确提出要"加快建设教育强国、科技强国、人才强国,坚持为党育人、为国育才,全面提高人才自主培养质量,着力造就拔尖创新人才"。① 将教育、科技与人才进行"三位一体"论述,彰显了三者之间的内在逻辑关系,而且将教育强国放在首位,足以体现其基础性和战略性地位。"教育强国建设就是要促进教育内涵发展。现阶段教育强国建设,不是简单保障质量底线,而是在保障教育质量底线的基础上,把高质量发展作为教育内涵发展的时代特征,推进教育事业持续、健康、有活力的发展。教育强国建设,是促进以高质量发展为时代特征的教育内涵发展的过程。"②基于此,建设教育强国,亟须推进教育高质量发展,而高质量教学是教育高质量发展的核心要义与实践表征。

教学是学校场域中师生之间围绕人类文化知识进行多重交往互动,进而促进学习者实现意义生成和自我建构的活动。一般而言,教学有两种境界:一是基本境界,表现为教学过程中师生之间的认知共振、思维同步和情感共鸣,这是达成教学目标、完成教学任务和保障基本教学质量的前提。二是深层境界,体现为师生之间的精神相遇与灵魂震撼。教学的深层境界是一种不断追寻的状态,处于动态生成过程中。教师对学生精神和灵魂的影响,关系着学生人生观、世界观和价值观的形塑,甚至影

---

① 习近平. 高举中国特色社会主义伟大旗帜 为全面建设社会主义现代化国家而团结奋斗:在中国共产党第二十次全国代表大会上的报告[M].北京:人民出版社,2022:33 – 34.

② 秦玉友. 从高速增长迈向高质量发展:新时代教育内涵发展战略转型[J].南京师大学报(社会科学版),2019(6):17.

响学生的人生发展轨迹,这是教学实现"塑造灵魂、塑造生命、塑造新人"的价值体现,也是教学高质量的本质所在。在一定程度上讲,高质量教学是相对于粗放型教学、储蓄式教学、浅表式教学而言的,强调教学"高质量"的核心属性。有研究者对学科高质量教学进行了探讨,指出其内涵在于"要以深刻理解学科知识为前提……将知识习得与学科核心素养的养成融为一体,实现学科教学'成事'与'成人'双重目标的有效达成"①。可见,高质量教学与知识学习、素养养成以及人的发展是密切相关的。基于此,新时代高质量教学是指以立德树人为旨归,师生之间在多重交往互动中促进学生素养培育与全面而自由发展的活动。具体而言,新时代高质量教学包括三重意蕴:一是高质量教学坚持立德树人根本遵循,聚焦学生核心素养培育。"培养什么人、怎样培养人、为谁培养人"是教育的根本问题,高质量教学必须直面这一根本问题,坚持"为党育人、为国育才",进而"立中华之大德""树时代之新人",并在现实的教学过程中指向学生发展核心素养。二是高质量教学秉持"五育融合"理念,促进学生全面而自由发展。在教学目标方面意味着所培养的人是德智体美劳全面发展的高素质人才,是潜能得以充分发掘、个性得以充分张扬的作为主体存在的现代人;在教学内容方面表现为"立德""启智""强体""育美"与"助劳"的内容体系,融道德、知识、技能和价值为一体;在教学方式方面主张在教育教学过程中注重德育润化、智育开发、体魄强健、情感陶冶和文化熏陶。三是高质量教学是一个系统性概念,需要从整体的视角理解新时代高质量教学的意蕴。从静态的角度来看,高质量教学是指高质量的教学体系,包括教学目标体系、教学内容体系、教学主体体系、教学组织体系、教学方法体系、教学管理体系和教学评价体系等范畴。具体而言,涉及教学体系内部诸要素以及教学体系之间的结构优化与功能发挥,这是高质量教学得以实现的基本保障。从动态的角度来讲,高质量教学不仅体现为一种教学结果状态,而且表现为一种充满

---

① 周彬.学科高质量教学的教育意蕴及其实现[J].教育研究,2022(8):87.

动力、富有活力和积极向上的教学过程,具体反映在教学活动中教师的素养水平和精神状态、学生的参与情况与发展水平、教学的活力与魅力等。据此,高质量教学既体现了教学的质量水平,是一个不断追求的教学愿景,也是对理想状态的教学的不断探寻与实现的过程。

二、新时代高质量教学的基本特征

新时代,高质量教学是教学高质量发展的结果,是对理想教学形态的现实表达。从形式上看,高质量教学呈现的是一种理想的、趋向于完美的教学形态;但从现实教学活动来讲,高质量教学是处于动态发展之中的,生成状态是高质量教学的常态。无论是现实状态还是理想状态,高质量教学始终以培养全面而自由发展的学生为出发点和归宿,始终秉持"教学育人"的价值旨归。在教学过程中,坚持以学习者为中心的理念,尊重学生的主体地位,彰显学生的主体性和能动性,学生在学习与实践中促进主体性生长。在实践中,高质量教学体现出微观层面的教学公平和课堂正义的特征。在课堂教学中,教师一视同仁,公平公正地对待每一位学生,并在个性化教学中促进学生个性发展。同时,高质量教学追求教学创新,敢于打破既有的教学观念、教学思维和教学方式,在推陈出新中培养学生的创新思维和创新精神。此外,在大数据时代,高质量教学强调信息技术与教学过程的深度融合,充分发挥现代信息技术和人工智能技术的积极功能,不断拓展教学时空,丰富教学资源和优化教学方式。因此,在教学实践中,高质量教学体现出育人性、主体性、公平性、创新性和智能化等基本特征。

(一)高质量教学具有育人性

"作为以人为本的高质量教育,需要逐步回归教育的顺应人的天性、涵养心智、促进人的身心发展、提升人的综合素养的'育人'功能。"[①]可

---

① 范国睿.高质量教育体系建设:价值、内涵与制度保障[J].南京师大学报(社会科学版),2022(2):8.

见,"高质量发展的教育是重德(德育为先)重人(育人为本)的教育"①。作为教育的核心范畴,教学必然体现"重德重人"的属性。育人性是新时代高质量教学的重要表征,这既是教学活动属人性、为人性特征的体现,也是教学高质量发展的前提。新时代高质量教学育人性特征体现在教学的价值旨趣和发展旨归方面,高质量教学始终以"立德树人"为根本任务,指向德智体美劳全面而自由发展的人的培养。高质量教学的育人性特征还体现在教学过程中,无论是渗透教学过程中的"教育性教学"原则,还是"课程思政"理念,都彰显了教学的育人性。高质量教学强调通过增强教学的道德性实现道德性教学,进而在教学过程中润物细无声地实现育德育人。

(二)高质量教学具有主体性

新时代高质量教学是促进学生高品质发展的教学。遵循人的天性,张扬人的独特性,激发人的能动性是高质量教学的属性,这集中体现在教学的主体性这一特征上。主体性是高质量教学区别于"填鸭式教学"和"储蓄式教学"的重要特征之一,它充分体现了对教学活动中人的尊重,回归了教学的人本化本质。具体而言,高质量教学的主体性体现在三个方面:一是无论在教学设计还是在教学过程中,教师始终做到"目中有人""心中有学生",学生持续健康的发展既是教师教学的出发点,也是教师教学的目的所在。二是教学活动中的学生是整体的人和发展中的人,而非片面发展的"单向度"的人。高质量教学聚焦德智体美劳全面而自由发展的人的培养,强调学生的整体发展。三是学生是学习的主体,是教学活动中的能动性存在者。高质量教学是学生凭借自身既有的知识和经验与教师、学生等他者进行多重互动,进而掌握人类文化知识,并促进自身知识习得、能力提升和素养形成的过程。

---

① 秦玉友.从高速增长迈向高质量发展:新时代教育内涵发展战略转型[J].南京师大学报(社会科学版),2019(6):21.

（三）高质量教学具有公平性

教育公平是教育的内在属性和应然追求,在微观上体现为教学的公平,尤其是课堂教学正义。新时代高质量教学是教学高质量发展的理想状态,彰显公平性的基本特征。一方面,教学的"高质量"必然蕴含着公平性,"高质量"既是对教学结果的表征,更是对学生发展水平的体现。"每一个学生都享有充分的教育""每一个学生都获得适宜他自身的发展""每一个学生都成为最好的自己"是教学高质量的根本衡量尺度。另一方面,高质量教学的公平性体现为系统性公平,包括教学机会公平、教学过程公平和教学结果公平。学生能够享有平等地接受教育和参与教学的机会,是课堂教学的参与者和学习的主体,而非课堂教学的边缘人。教师在课堂教学中公平公正地对待每一个学生,不会因为学生的出身、长相和成绩等对学生进行区别对待,真正做到"有教无类"和"一视同仁"。同时,能够根据学生的知识基础、学习风格、学习时机和学习情境等做到"因材施教""因时施教"和"因境施教"。每一个学生在课堂教学中都能够体验到生命的价值、学习的意义和精神的成长。高质量教学让学生不断强化存在感、获得感和意义感,进而增强自我效能感,真正促进学生的自觉性成长和主体性发展。

（四）高质量教学具有创新性

有研究者指出:"高质量教育更加注重学生的发现性学习和研究性学习,注重通过开展与学习内容以及学生的认知发展规律相契合的不同形式创新性学习与实践活动来学习。因此,高质量教育,不是教师苦教与学生苦学的教育,而是持续创新的教育,以创新的方式培育具有创新意识与创新能力的人的教育。"①据此,作为高质量教育的核心范畴,高质量教学必然体现出创新性的特征。在教学理念上将学生视为知识的学习者、建构者和发现者,打破单一的"授受式""填鸭式"和"储蓄式"教学

---

① 范国睿.高质量教育体系建设:价值、内涵与制度保障[J].南京师大学报(社会科学版),2022(2):10.

理念,遵循发展性教学理念,培养学生的创造性精神,促进学生持续健康地发展。在教学过程中,高质量教学体现为师生之间的认知互动、思维碰撞、情感共鸣,进而实现精神相遇和灵魂震撼,是师生之间的深度对话与互动交流的过程。在这个过程中,教师创造开放包容的情境,鼓励学生发表不同见解,形成不同观点,支持学生之间、师生之间的思维碰撞和互动交流,着力培养学生的多样化思维和敢于质疑、勇于挑战的精神。

(五)高质量教学具有智能化

2019 年 5 月,中国政府和联合国教科文组织联合发布《人工智能与教育:北京共识》,明确提到必须利用新兴技术强化教育体系、拓展全民受教育机会,提高学习质量和效果以及强化公平和更高效的教育服务供给。[①] 人工智能、现代信息技术对教育教学的影响日益加深,技术与教育教学的深度融合发展是必然趋势。新时代高质量教学的智能化特征表现在"从单一技术的教育应用,到智能技术全面赋能教与学的过程,泛在学习、线上线下混合学习、自适应学习、沉浸式情景学习、深度学习等适应数字化转型的学习方式逐步成为常态性学习"[②],教学的智能化和学习的自主化体现得越发明显。同时,在遵循教学的根本立场和坚守教学的主体地位的基础上,智能技术在教学的时空、资源、方式方法等方面深度赋能教学,促进教学高质量发展。智能技术使得教学活动突破了物理时空的局限,时间的连续性和空间的无限性使得泛在学习成为可能;线上资源的开发、线上线下资源的融合运用丰富了教学资源的存在方式和呈现方式,实现了资源对教与学的强力助推;具身学习、自适应学习等方式让"颈部以上的学习"转化为"全人身学习",强化了学生的学习体验,增强了学生学习的主体性和能动性。

---

① 范国睿.高质量教育体系建设:价值、内涵与制度保障[J].南京师大学报(社会科学版),2022 (2):10.

② 范国睿.高质量教育体系建设:价值、内涵与制度保障[J].南京师大学报(社会科学版),2022 (2):10.

三、新时代高质量教学的实现路径

2022 年 4 月 21 日，《义务教育课程方案(2022 年版)》和义务教育阶段各学科课程标准(2022 年版)出台。"新课程""新课标"描绘了义务教育课程改革的美好图景，标志着我国基础教育课程改革进入了新阶段。"新课程""新课标"的贯彻与落实离不开教学这一重要渠道，"新课程""新课标"必然呼唤"新教学"的产生。新时代高质量教学是"新教学"的现实形态，是教学高质量发展的结果。为此，需要从目标导向、主体协同、学科统整、循证施教与评价增值等方面促进教学高质量发展，建构新时代高质量教学的新形态。

（一）聚焦人的发展，明晰高质量教学的目标导向

新时代高质量教学是基于学生、指向学生，并促进学生发展的教学。作为人的学生的发展是高质量教学的根本遵循，是教学活动的目标导向。具体而言，促进高质量教学的实现，一是要彰显学生的主体性。在教学活动中，学生始终是学习的主体，尊重学生的主体地位，发挥学生的能动性，促进学生自主发展是高质量教学遵循的基本原则。二是明确认识到学生是现实的、整体的和不断发展中的人。这就需要转变抽象的、片面的和静态的学生观，能够在现实的多重关系中理解学生的现实样态，充分认识到学生是身体和心灵统一的主体，学生的发展是知、情、意、行有机统一的整体性发展。同时，能够正视学生的差异与不足，通过个性化教学促进学生个性化学习，进而实现学生个性化发展。三是在教学实践中通过五育融合，促进学生全面而自由发展。高质量教学指向学生整体性发展，无论是在教学设计中，还是在教学实施以及教学评价中，始终贯彻五育融合原则，通过整全性教育促进学生持续健康发展，进而实现教学育人的目的，真正彰显新时代高质量教学的为人性和属人性特征，推动学生高质量发展。

（二）多元主体协同，增强高质量教学的整体力量

从系统论的角度看，教学活动涉及的主体主要有教师、学生、学校管理者、教育教学研究专家和家长。其中，教师和学生是教学活动的直接相关者，学校管理者、教育教学研究专家和家长则是教学活动的间接关联者。多元主体之间的沟通与互动是推动教学活动有效运行的重要保障。据此，作为一种育人活动，高质量教学的有效运行离不开多元主体的协同合作。首先，各主体需要各安其位、各司其职，充分发挥自身的角色功能。教师认真执教、学生专心学习、管理者精于善治、研究者理论引导、家长积极支持是高质量教学运行的基础。其次，创新机制，促进多元主体之间互联互动。如通过专题研讨、学术沙龙、家校共育等方式推动多元主体之间的互动与交流，形成高质量教学运行的协同力量。最后，提供强有力的制度保障和条件支持，包括教学运行制度、组织保障制度，以及相关的人力、物力和财力等支持条件，方能促进高质量教学有序运行。

（三）注重学科统整，促进课程内容的结构化组织

学科是教学的落脚点和着力点，不同学科的教学质量反映了教学的整体质量。新时代高质量教学必然体现在学科教学质量方面。"任何学科的构成总是包含了知识、方法、价值这样三个层面的要素：构成该学科的基础知识和基本概念的体系；该学科的基础知识和基本概念体系背后的思考方式与行为方式；该思考方式与行为方式背后的情感、态度和价值观。"[①]提升学科教学质量，促进高质量教学的实现，不仅需要在教学过程中教会学生掌握学科基础知识和理论体系，还要帮助学生形成学科思维方式和学科立场，更为重要的是明晰学科价值，形塑学科精神。同时，"学科教学作为完成立德树人根本任务的主阵地，起着贯通教育理论与教育实践的功能"[②]。高质量教学的实现需要打破学科之间的区隔，促进

---

① 钟启泉.学科教学的发展及其课题：把握"学科素养"的一个视角[J].全球教育展望，2017（1）：18.

② 周彬.学科高质量教学的教育意蕴及其实现[J].教育研究，2022（8）：87.

学科之间的跨界融通,加强学科理论与实践的联结。在具体教学过程中,基于特定的主题和逻辑,通过学科之间、学科内部的知识统整和内容重组,实现课程内容的结构化组织,进而优化知识结构和课程内容,促进学生认知建构和核心素养培育。

（四）基于证据施教,提升高质量教学的科学化水平

破解经验主导型教学、主观决断型教学和模仿跟风型教学的弊病,需要教师基于证据施教,进而提高教学的理性化和科学化水平。高质量教学强调遵循教育规律和基于证据施教,走出教学的经验性、主观性和模仿跟风的误区。据此,基于证据施教,实施循证教学是高质量教学实现的重要路径之一。具体而言,一是需要形塑教师的循证教学理念,聚焦学生的科学精神和证据品质,培育学生发展核心素养。循证教学理念是教师主体对循证教学秉持的信念,是教师主体在对循证教学进行理性审辩和实践检验基础上生成的教学思想。在实践中,需要通过循证教学理论学习和强化循证教学实践,促进教师教学理念的转型。二是提升教师循证教学素养。教师循证教学素养是指教师主体基于证据进行教学实践的综合品质,表现为教师主体循证教学的意识和观念,以及基于证据进行教育教学实践的能力,包括知识素养、能力素养、方法素养、证据素养、情感素养、思维素养和精神素养等范畴。这就需要通过培训、学习等方式,提高教师的证据搜集、甄别、应用和评估能力,切实提升主体的证据素养和循证教学能力。三是建立循证教学证据库,为教师循证施教提供证据支撑。如借助现代信息技术和人工智能技术等,构建大型的、分类的、具有内在逻辑的、成体系的循证教学证据库。四是形成循证教学的文化氛围,营造知证、循证与施证的教学文化,奠定高质量教学发展的文化基础。

（五）促进评价增值,形成高质量教学的发展动力

教学评价"是指依据一定的客观标准,以搜集相关信息为基础,运用科学的方法,对师生的教学活动及其效果进行价值判断的活动。教学评

价为改进教学和提高教学质量提供科学可靠的依据"①。促进评价增值，充分发挥教学评价的诊断功能、反馈功能、调节功能、激励功能和反思功能，能够增强高质量教学的发展动力。2020 年 10 月，中共中央、国务院印发《深化新时代教育评价改革总体方案》，明确要求教育评价要"坚持科学有效，改进结果评价，强化过程评价，探索增值评价，健全综合评价，充分利用信息技术，提高教育评价的科学性、专业性、客观性"②。据此，新时代高质量教学的实现需要秉持发展性和教育性评价理念，实施多元评价，充分发挥评价的积极功能，形成高质量教学的发展动力。一是注重结果评价和过程评价相结合，既要看到教学的实践成效，尤其是学生的进步与发展，同时也要关注学生的过程性表现以及教学过程中的生成。二是开展增值评价，以个性化的评价方式促进高质量教学的实现。既要基于国家标准，依据评价指标对教学成效和质量进行统一化和标准化的评价，还要通过纵向比较，即增值评价，反映教学的真实发展水平。三是提升评价的现代化水平。优化评价手段和方式，综合运用现代信息技术、大数据分析技术以及人工智能处理技术等，③实现对评价信息的全样本搜集、精准化测评和科学化运用，为高质量教学评价提供精准的反馈信息和积极的改进建议。

---

① 李森. 现代教学论纲要［M］. 北京：人民教育出版社，2005：342 - 343.

② 中共中央国务院印发《深化新时代教育评价改革总体方案》［EB/OL］.（2020 - 10 - 13）［2022 - 11 - 10］. http://www. moe. gov. cn/jyb_xxgk/moe_1777/moe_1778/202010/t20201013_494381. html.

③ 李森，高静. 在线教学的发展历程、内涵特征及质量监测［J］. 课程·教材·教法，2020（11）：50 - 58.

第 19 篇

教学活动的人性悖论及其合理运用[①]

教学活动是复杂而充满人性的人类实践活动。符合人性的教学活动能够培养身心和谐发展的完整的人。但在实践中,教学活动容易被简单技术化,或者按任务驱动的方式展开,从而忽视了学生的鲜活人性。引起这一现象的原因除了过度的理性主义、功利主义及技术至上观等因素之外,更为深刻的一个原因就是教学活动的人性悖论。如何合理利用教学活动的人性悖论,使教学活动顺性而为,促进人的完整性生成就成为一个值得探讨的问题。

一、教学活动人性悖论的成因

人"是一种悖论的存在,是一种二律背反的存在",[②]这使得人性也呈

---

① 本文发表在《教育研究》2012 年第 8 期。
② 孙正聿.哲学修养十五讲[M].北京:北京大学出版社,2004:11.

现出一种悖论特征。由于任何教学活动的背后都存在着人性假设,作为培养人的教学活动就具有人性悖论的特质。

（一）教学活动的目的取向是赋予人类以文化性

追寻"人性是什么"的一种方式是追问"人如何存在"。马克思指出,人是一种类存在。类是物质存在固有的普遍特性,在初始意义上指事物自身与外部事物之间的同一性和统一体的含义。类作为物的自然本性,只不过是规定物的外在力量而已,表明物是一种"种存在"。只有人才能突破"种存在"的局限转变成为一种"类存在",将自身与外界有机地统一起来,在类生活中采用类意识"同任何一种对象建立关系",成为"世界性的存在"①。

根据马克思主义哲学人类学的观点,人类具有"肉体—工具"物质结构,其中肉体代表人类的生物性,工具代表人类的文化性。从"类存在"的角度出发,人类不断改造自身的生物性存在,转变成为文化性存在。事实上,从进化论来看,人类发展史也暗含了人类从生物性到文化性的转变之路。在这种意义上,人性是"生物性—文化性"的统一体,就是处于由生物性和文化性两个点所构成的连线之间某一点上的综合表征,其发展趋势是从人类起源之处的生物性开始,无限逼近纯粹的文化性。因此,教学活动是一种改造人类的生物性而赋予人类以文化性的人化活动。教学活动的目的取向就是赋予人类以文化性。教学活动的作用越大、功能越强,人类的生物性就日益减退,文化性就日益增强。尤其是随着人类社会的飞速发展,教学活动的作用变得越来越强大,人类的文化性就得到越来越大的提升。

（二）教学活动的功能取向是满足人类的生物性

教学活动可以完全改造人类的生物性,使人类完全具有文化性吗?答案是否定的。迄今为止,教育仍没培养出脱离遗传特点的人来,只不

---

① 高清海.人类正在走向自觉的"类存在"［J］.吉林大学社会科学学报,1998(1):1－12,94.

过把人某些特性、能力发展到一般人所不能及的地步。如果教学活动真正使人性只存在文化性,那么人类将发生质变,即人类将不再是现在的人类,而是"新"人类。因此,在当下和未来很长一段时间内,生物性始终存在于人性之中。恩格斯指出,人的出现代表自然界达到了自我意识,①这正好说明人类一直延续着物质形态的进步,与其他的物质形态保持着不可分割的联系,人类的命运与自然的发展是紧密相连的。最好的佐证是生物化学研究的成果:人体各种器官和组织中有 90 多种元素,其中 60 多种元素的平均含量与地壳中相应元素的平均含量相似,而且这些元素的平均含量的长度及曲度与地壳中相应元素的平均含量的长度和曲度也几乎吻合。这表明,人类与自然在物质上存在某种程度的"同构",是一种共生、共存的关系。因此,从总的方面讲,人的生物性是文化性的基础,没有生物性就没有文化性②。在这种意义上,教学活动不能忽视人类的生物性,只有立足于人类的生物性,才能有效地培育人类的文化性。

人类的生物性出于自身的本能需要,在一定程度上表现为人类的自我中心,在功能上促使人类追求自身机体的舒适、安逸和享乐。而人类的文化性的本质是创造性,因为文化的天职在于创造,正如卡西尔在《人论》中指出,人只有在创造文化的过程中才成为真正意义上的人。在人类的早期阶段,人类为了让自己存活下来,以制造工具为核心的文化性所发挥的创造性被迫服务于人类的生物性。迄今为止,"追求美好而幸福的生活"仍然被人类放在首要地位,这表明人类的生物性仍然控制着人类活动,文化性在人性中还没有取得主导地位。因此,人类的生物性具有存在合理性,并为人类的进步和发展以及文化的创造性提供了不竭的动力。在这个角度上,赋予人类以文化性的教学活动,在功能上必须优先满足人类的生物性,才能让师生激发出自身原始的、充足的教学

---

① 中共中央马克思恩格斯列宁斯大林著作编译局.马克思恩格斯选集:第 3 卷[M].北京:人民出版社,1972:456 – 456.

② 韩民青.哲学人类学[M].北京:当代世界出版社,2000:69.

动力。①

（三）教学活动自身存在人性悖论

教学活动以赋予人类以文化性为取向,致力于改造人类的生物性,培养文明程度更高的人。但是,教学活动又不能完全改造人类的生物性而赋予人类以文化性,甚至因人类的生物性极其难以改造而不能真正有效地赋予人类以文化性。而且为了师生尽可能激发自身的教学动力,教学活动又以满足人类的生物性为取向。因此,教学活动既以赋予学生以文化性为取向,又不能单以赋予学生以文化性为取向,这就在一定程度上形成了教学活动的人性悖论,导致教学活动不能完全实现合目的性和合存在性的内在统一。

二、教学活动人性悖论的影响与运用方式

（一）教学活动人性悖论的影响

在客观上,教学活动的人性悖论在一定程度上激发了师生的教学动力。但是,当教学活动过度地满足人类的生物性,教学活动的人性悖论反而抑制了教学动力的产生,严重地影响着教学活动全面地发挥其育人功能。

1. 教学活动发生异化

教学活动的人性悖论具有使人类的生物性和文化性发生分裂的倾向,导致教学活动受到不同程度的扭曲。在极端的情况下,如果单独强调人类的文化性,教学活动最终演变成为人类中心主义所主导的教学活动,难以长期有效地激发师生的教学动力,因为抽掉人性中的生物性,人类就会无视自然的存在,取消了自己的来源,没有自身存在的物质根基;如果单独强调人类的生物性,教学活动就没有存在的必要,因为抽调人性中的文化性,人类充其量是智力水平高于其他动物的动物。

---

① 李森.教学动力论[M].重庆:西南师范大学出版社,1998:165-181.

2.教学活动所涉及的文化容易被实体化

在人类的生物性仍然占据主导地位的个体本位时代,教学活动的人性悖论加强了教学活动满足人类的生物性方面的作用,弱化了教学活动在提升人类的文化性方面的功能。尤其是在生存竞争日益激烈的时代背景之下,为了满足学生未来生存和生活的需要,教学活动必然过度地关注人类的生物性,致力于传递与学生未来生存与生活相关的知识和技能。德国哲学人类学家兰德曼指出,人是文化的创造者,也是文化的产物。这表明人类的文化性源于文化。教学内容一旦被狭隘地当作与学生未来生存与生活相关的知识和技能,它所蕴含的文化性就大多被剥离了,这在一定程度上将文化实体化。教师、学生、教学内容等教学要素就被物化了,教学活动基本上等同于教师将文化当作知识和技能传递给学生,使文化创生立足于和服务于文化传承。这导致文化创生很难在动机、行为、效果等方面达到像人类改造自然一样的创造水平,使得教学活动缺少灵动的生命气息,不能有效地提升学生的文化性,培养不出人性更加健全的社会成员。

(二)教学活动人性悖论的基本方式

运用教学活动人性悖论的基本方式是承认它存在的合理性,尽量合理运用它,降低它的负面影响,通过它激发师生的教学动力,从而最大限度地提升学生的文化性。这实质上要求教学活动遵循人性,将培育人的方式由物化回归人化,从而使教学活动成为以文化知识的传承和创生为中介,基于人类的生物性提升人类的文化性的活动。

1.合理地处理人类与文化的关系

文化具有双重属性。一方面,文化拥有与人类不同的存在方式,作为一个相对独立的系统,在人类与外界自然之间形成一个中介层,在一定程度上对人类具有排异性。另一方面,文化是属人的,作为人类的构成成分参与人类的发展,并不断扩张、充实和丰富人类自身;也作为人类改造自然的产物为人类的生存、生活及发展提供条件和手段。由此看来,对于教学活动的人性悖论将文化实体化和引发教学活动异化,其根本原因之一是将文化的双重属性割裂开来,过于强调文化的相对独立性,忽视了文化的属人性。显然,从人类与文化的辩证关系尤其是从文化的属人性出发,教学活动就更加符合人性,更为有效地发挥文化在培育人类的文化性方面的作用。因为文化是时刻环绕在人类周围的一个流动的"场",教学活动是师生利用文化共同创生一个功能强大的文化"场",让学生的人性在其中尽情地展现和获得良好的滋养,使学生在生物性和文化性有机统一的背景中有效地提升自身的文化性。

2. 尽力激发教学活动的人性悖论所蕴含的教学动力

按照卡西尔的观点,"在所有的人类活动中我们发现一种基本的两极性……它是稳定化和进化之间的一种张力,它是坚持固定不变的生活形式的倾向和打破这种僵化格式的倾向之间的一种张力"。① 据此,合理运用教学活动的人性悖论的主要途径就是尽量释放它的内在张力,既要让教学活动满足人类的生物性,又要防止教学活动过度地满足人类的生物性,从而最大限度地激发师生的教学动力。首先,教学活动要尊重和依赖人类的生物性,将人类的生物性作为发展人类的文化性的逻辑起点,为发展人类的文化性提供充足的教学动力。其次,教学活动要坚持发展人类的文化性,有效地改造人类的生物性。尤其是随着人类活动逐渐深入改造人类自身,教学活动要进一步着眼于改造人类的生物性,从而更加有效地发展人类的文化性。

三、教学活动人化回归的前提

教学活动的人性悖论使教学活动在功能上主要满足人类的生物性。这要求教学活动首先考虑和尊重人类的生物性,按照"追求美好而幸福的生活"的基本要求,实现教学活动的人化回归,从而产生充足的教学动力,让师生获得充足的快乐感和成就感。而能否有效地实现教

---

① 卡西尔. 人论[M]. 甘阳,译. 上海:上海译文出版社,2004:308.

学活动的人化回归,取决于师生能否有意义、有条件和有能力参与教学活动。

（一）回到教学活动自身的目的使师生有愿望参与教学活动

教学活动自身的目的是促进学生发展。但实际上,教学活动容易受制于和服务于一些外在的目的,而自身的目的往往被遮蔽和扭曲。为了回归自身的目的,教学活动需要尽量防止政治、经济、文化等要素的要求被直接地、强制地、机械地植入其中,而是将这些要素合理地置于影响教学活动的背景之中。在这种情形下,教学活动才可能真正回归培育人的正常轨道,师生才可能在特定的教育与社会的关系之中合理地促进自身发展,使自己在教学活动中更为全面地舒展人性,也使自己更多地感知参与教学活动的意义。

（二）赋予充分的自由使师生有条件参与教学活动

萨特将自由看作人的本体存在,"人的自由先于人的本质并且使人的本质成为可能,人的存在的本质悬置在人的自由之中"[1]。这至少表明自由对于人类存在有重要意义,是人类活动有效地发生发展的重要先决条件。在教学活动发展史上,师生一直希望在自由的教学氛围中获得个性化和人性化的发展。但是,现实的教学活动没有完全满足师生对自由的诉求,甚至压制这种诉求。在深层次上,师生在教学活动中的不自由主要体现为心理上的不自由,他们的心理时空被极大地压缩,他们的心灵不能自由地翱翔于教学时空中,从而限制了他们自由地、创造性地、全身心地投入到教学活动之中。因此,只有赋予师生以充分的自由,教学活动才可能符合人性,学生才可能得到完整性的发展。需要指出的是,由于人类实践活动是合规律性和合目的性相互统一的、自由自觉的活动。师生所需要的自由就不是随意的、无约束的自由。只有教学活动将人类改造自身的主观愿望与人性有机地统一起来,师生才能自由自觉地促进自我发展。

---

① 萨特.存在与虚无[M].北京:生活·读书·新知三联书店,1987:56.

（三）高定位的自我定义使师生有能力参与教学活动

人的自我定义指个体、群体及人类按照某种世界观或认识论对自身做出特定的认识和评价，形成某种相应的概念，刻画某种相应的图像的过程。这是在思维层面上界定人自身，形成与他人相区别的自我概念，从而支配着人自身的行为。人的自我定义实际上是人对人的概念的理解。黑格尔认为，人是否理解人的概念制约着人在活动中的状态，如果不理解人的概念，人就处于自在的状态。如果理解人的概念，人就处于自为的状态，就能主动地、创造性地与外界发生有效互动。因此，如果对自己不能清楚地自我定义，师生在教学活动中就处于一种得过且过的自在状态。如果能够清楚地自我定义，师生在教学活动中就处于一种积极主动的自为状态，才能有效地激发自身的潜能。

人的自我定义的性质和水平制约着人的发展水平。教育在本质上是一种人类整体对自身的定义，它通过特定的方式实现人类认识的积淀并转化为个体的自我认识，实现个体的自我定义。[①] 在这个意义上，教学活动不但能够促进人的自我定义，而且随着时代的进步，人的自我定义的水平越来越高，教学活动就越来越符合人性，相应地师生参与教学活动的能力就更大程度地被释放出来。如果将人的自我定义定位在群体或个体而不是类存在的高度，师生的人性在教学活动中就不能完全展开，部分地被遮蔽，甚至发生扭曲，过于凸显人类的生物性，从而使师生不能完整地投入到教学活动之中，教学活动也在某种程度上成为割裂人性的工具，只能片面甚至扭曲地培养人。因此，将人的自我定义的性质和水平定位在类存在的高度，师生在教学活动中才可能达到完全自为的状态，全面而合理地展现人性，在足够自由的心理状态下自主地做出选择，最充分地释放自身的潜能，创造性地在完整意义上进行自我建构。

---

① 冯增俊.教育人类学[M].南京:江苏教育出版社,2001:126 - 131.

四、教学活动人化回归的理路

不可否认,现实的教学活动外在地表现为传承和创生文化知识的活动,那么传承和创生文化知识就是培育人类的文化性的手段和途径。但在现实中,一定程度上培育人类的文化性的手段和途径容易被当作教学活动的目的,使教学活动偏离培养人类的文化性这一核心目的,跨过人类的文化性直接指向人类的生物性,尤其是以生存为取向的生物性。要实现教学活动的人化回归,就需要从整体上考察现实的教学活动,在有效地满足人类的生物性的基础上,限制和利用人类的生物性,尽可能培育人类的文化性。

(一)教学观念从仿生转向靠生走向改生

仿生是将生物的生命活动和生命规律进行细分和拆解,然后制造出具有"拟生物功能"的机械装置。于是,具有高度可控性和可操作性的仿生原理非常适合以教为主的教学活动。现代教育存在一个根本性问题:受仿生原理控制的教学活动以生命的名义否弃真正的生命活动,以模拟生命活动来控制生命活动,违背了学生生命的不可替代性、不可拆解性和生命活动的不可重复性。[①] 事实上,受仿生原理控制的教学活动违背了人性,使处于物质进化史上最顶端的生命活动效法于低级的生命活动或者无生命的物质运动,让师生的发展变成一种非人的发展。因为这是操纵生命,"生命都是'生'出来的,而不是被什么东西'造'出来的"[②]。在这个意义上,教学活动要真正以人的发展为旨归,远离仿生就是必然的。

首先,从远离仿生转向靠生。远离仿生就是从整体上正视人性的复杂性,杜绝简单模拟生命活动的现象,使教学活动直面生命本身,依靠可

[①] 郭思乐.从仿生到靠生:基础教育改革的根本突破[J].教育研究,2009(9):3-10.

[②] 曲红梅,刘福森."人工设计生命"所引发的哲学和伦理问题[N].光明日报,2010-10-12(11).

以自主地求真向善的人性。从人性不断趋向文化性的过程来看,生命活动处于不断完善之中,因此教学活动不一定必须要尽善尽美,需要给生命的不完善性留下空间,将生命的不完善性转化为学生自我发展的动力。其次,从远离仿生走向改生。"人类形成并发展为万物之灵,而且以基因方式不断地创造和传承着人类发展的根据。在人类的基因中,包含着人类得以形成过去、现在和未来的一切可能。"[①]在这个意义上,教学活动就是一个不断利用人类的文化性改造人类的生物性的生命过程。尤其是在即将来临的类本位时代,人类活动更加趋向于直接地改造人类的生物性,教学活动更需要顺应时代潮流,承担起改造人类的生物性的历史使命。

在教学活动远离仿生、转向靠生并进而走向改生的过程中,靠生只是一种过渡、中介和手段,改生才是教学活动的实质。事实上,无论是罗杰斯的人本主义教育思想和苏霍姆林斯基的全面和谐教育理论,还是当代中国的"新基础教育"理论、主体性教育理论等指导下的教育教学实践,都使教学活动在某种程度上以靠生为出发点,或多或少实施改生。

（二）教学目的从任务到育人

在现实教学实践中,知识和技能的掌握和运用是教学活动的基本任务。于是,教学活动的人性悖论容易将教学活动所涉及的文化实体化,遗忘了人类与文化的关系,忽略文化是一种时刻围绕在人类周围的、鲜活的存在。这恰恰是符合人性的教学活动所竭力反对的,不仅要引导学生掌握和运用知识和技能,还要培育学生的情感、态度、价值体系、自我概念、道德品质等,从而将学生培育成为"有血肉"和"有灵魂"的人。由于生物性和文化性相统一的人性决定了人是以整体的生命存在形式参与实践活动的,因此,作为师生将整体生命"沉入"其中的实践活动,教学活动不能仅仅通过传授实体化的文化而释放有限的教育性,而是要全面地释放它的教育性,至少达到赫尔巴特所设想的教学境界:"教授性的教

---

① 郭思乐. 从仿生到靠生:基础教育改革的根本突破[J]. 教育研究,2009(9):3 – 10.

育,最终通过教授实现道德性格陶冶的目的"①。当然,在社会分工及教育领域内社会分工继续深化的现实背景下,"教学的教育性"仍然是有限的。

(三)教学内容从知识点到知识结构

在以知识的授受为主流的教学活动中,对知识的处理方式深刻地影响着教学效果。为了提高教学活动的可操作性,知识通常被分解成若干知识点。知识点的内涵越小、边界越明确、内部结构越清晰,教师就越能够按照既定路线有序而高效地开展教学活动,能够更准确地判定学生的学习效果。但是,教学活动对于知识的这种处理方式是有危害的。20世纪初,英国过程哲学家怀特海指出,这种教学活动使学生仅仅获得"无活力"的概念,不能将所学的知识融会贯通和运用于实际生活之中。这使得学生不能有效地建构自己的文化知识体系,缺少提升自身文化性的必要载体、甚至源头。对此,怀特海的解决方案是:所教的主要概念要少而重要,尽可能使它们集合成各种组合,让儿童将这些概念转化成为自己的概念,并懂得在实际生活环境中运用它们。这一思路实质上也贯彻到布鲁纳的结构主义教学思想之中。掌握学科基本结构就是先学习一个一般概念,然后把概念作为后续认识的基础,不断扩大和加深知识而构建知识结构。发现法就是让学生通过运用知识和概念来构建知识结构,有利于学生获得"有活力"的概念。当然,如果要在学生头脑中形成更加"有活力"的概念,教学活动就需要克服各学科之间孤立分化的状态,进一步统整多个学科。

(四)教的方式实现技术到艺术的升华及统一

教师需要遵照一定的程序步骤、采取一些技能技巧开展教学活动,这是教学活动的技术化。教学技术主要遵循逻辑思维方式。逻辑思维借助概念,将事物对象化和概念化,使思维主体清晰明了地把握思维对象和获得客观结论;但也在一定程度上将思维主体和思维对象分离,抽掉了

---

① 陈桂生."教育学"辨:"元教育学"的探索[M].福州:福建教育出版社,1998:34.

对象的丰富细节,甚至切割了事物的本质,难以全面真实地把握对象。由此看来,教学技术的最大优点是在逻辑思维的指导下规范教学活动,使教学活动有序有效地运行。但是教学技术所遇到的最大问题是面对主要由一系列概念所构成的教学内容,极其容易将教学活动简化为传递和创生概念的活动。这就容易将学生与教学内容所负载的人类文化相剥离,也可能将学生与他们所处的生活世界隔开。在这个意义上,学生在教学活动中不能有效地在文化的滋养中发展自身的文化性,甚至与无生命的概念"同质",学生的人性就被降格为物性、甚至不完整的物性。

教学活动只有上升为艺术活动,才有可能完整地发挥其育人功能。教学艺术主要遵循审美思维方式。审美思维通过情感把握对象,容易将思维主体和思维对象融为一体,激发人的更大创造力,原因在于"创造想象的最大创造,永远产生于情感之中"①。正是教师将情感灌注到教学活动之中,教学技术才可能升华为教学艺术,教学活动才可能散发出人性的光辉,在提升人类的文化性的同时最为充分地满足和改造人类的生物性。师生在教学活动中最大限度地倾注自己的情感,发挥自己的潜能,释放自己的创造力,从而感受到教学活动之美,将教学过程转化成为欣赏美、追求美和享受美的过程。正如梁晓声所提出的"教育是诗性的事业"②。让师生感受到诗意般美的教学活动,必然滋养着师生的灵魂和人性。当然,教学艺术在一定程度上给师生主观上的随意性开辟了通道。因此,教学艺术必须立足于教学技术③。教学艺术是设计出来的,没有科学地反复利用教学技术进行教学设计,教学艺术不可能在教学活动中创造性地闪现,这需要教学技术与教学艺术实现有机统一。

（五）学的方式实现从模仿到创造的转化及统一

柏拉图认为模仿使教育成为可能,尤其对于青少年来说,很多获得知识的重要过程都具有模仿性。亚里士多德甚至将模仿看作一种遗传能

---

① 捷普洛夫.心理学[M].赵璧如,译.北京:人民教育出版社,1953:114.

② 梁晓声.教育是诗性的事业[N].中国教育报,2004-08-10(1).

③ 李森.现代教学论纲要[M].北京:人民教育出版社,2005:254-257.

力,"从儿童时期模仿就开始表现出来,人类通过自己的模仿能力将自己与动物区别开来,并在模仿和模仿所带来的欢愉中获得了知识"。① 在这个意义上,如果教学活动首先要将人类文化传递给新一代,那么学习就是学生在教师引导下模仿人类文化的活动。因此,模仿是学习所必需的,是学生成长的基础,是学生创造力发展的前提。教学活动中的创造不完全是无中生有,需要已有的经验作为基础,在很大程度上是"仿中创"。

但是,模仿在教学活动中受到了很深的误解。一是模仿不是人类的复杂学习行为,而仅仅是动物之间传递生存技能的简单行为。二是即使人类的学习需要模仿,模仿也等同于缺少活力的"复制"和"效仿",是学习的"死敌"。事实上,模仿不能仅仅被理解为"复制"和"仿效",还具有"使得相似""显示""表达""表现""示范""再现""仿真"等含义。模仿在本质上"是再创造和变形的统一,其目的在于一种'润色'和'发展',是一个'建构化的模仿'",②"为差异性、特殊性和创造性开辟了空间"③。从人性来看,这种模仿不是在人类的生物性层面上的简单复制和仿效,而是上升到人类的文化性层面上的创造性再构。在这种意义上,模仿学习内在地激发了学生的创造力,至少使学生不可能原封不动地接受由学校和教师预先规划的教学内容,而是在心理上自由自主地选择、甄别和重组教学内容。模仿学习是一种"仿中创"的行为,在无形之中培育学生的创造力,为其今后真正进行创造性实践奠定基础。

目前,一个现实问题是为什么学生通过模仿学习,往往不能明显地提升自身的创造力? 如果学生仅仅立足于在人类的生物性层面上的简单模仿学习,学生创造力的发展就处于自发状态,其发展的速度和效果都不理想。那么,只有模仿学习被提升到人类的文化性的层面上,才可能有效地培育学生的创造力。事实上,现实的教学活动往往阻碍着学生创

---

① ARISTOTLE. Poeties[M]. New York:Norton,1982:150.

② 武尔夫. 教育人类学[M]. 北京:教育科学出版社,2009:69.

③ 武尔夫. 教育人类学[M]. 北京:教育科学出版社,2009:93.

造力的发展,原因之一在于教学活动将模仿学习降低为仿效学习。因此,让学生在模仿学习人类文化的过程中尽可能释放自己的创造力,才可能尽快地提升他们的创造力,在此过程中提升他们的文化性。在这个意义上,教学活动需要竭力引导模仿学习转化为创造学习,使学生真正地获得发展。

第 20 篇

教学交往观的确立
与基础教育课程改革^①

　　长期以来,由于以科学认识论为基础讨论教学的本质,因而将教学视为一种特殊的认识活动。科学认识论是一种知识论、工具性认识论。以科学认识论为基础的教学,遵从"知识本位"的文化价值观,倡导"教师权威"的价值取向,把理性知识看作客观存在的真理,将经典性的自然科学知识和能够被规范化、系统化、逻辑化的社会科学知识看作教学的全部内容。其实质是追求认知性目标,给学生传授系统的科学知识,发展学生的认识能力,而情感、意志等非理性目标被漠视了。整个教学是见"物"不见"人",忘却了人赖以存在的生活世界,使教学和生活相分离,人和自然相分离,所培养出的是知识化、理性化的人才。这种知识化、工具性的教学,剥夺了学生作为学习主体的地位和权利,剥夺了学生在教

---

① 本文发表在《教育研究》2002 年第 9 期。

学过程中追问、批判和反思的资格和权利,剥夺了学生创造未来社会文化的资格和权利,最终教师的指导作用也得不到充分发挥。

《基础教育课程改革纲要(试行)》指出,要改变课程实施过于强调接受学习、死记硬背、机械训练的现状;倡导自主、合作和探究的学习方式,使学生在教师指导下主动地、富有个性地和创造性地学习。因此,在新课程条件下,有必要对教学进行重新审视。

与新课程相适应的教学,应是师生之间以交流、对话、合作为基础进行文化传承和创新的特殊交往活动。在这种交往中,师生不断地完善自我,实现自我价值。第一,从教学的形态起源来看,教学起源于人类的交往活动。在原始社会中,交往是人们生活和学习的主要方式,人们通过与家庭成员、氏族成员、长辈、巫师等人的交往来学习。那时,人和人之间的交往隐含着教育构成中的基本要素(如交往双方、交往内容、交往媒体等),当交往双方相对特定化,并以传递经验,影响人的身心为直接交往目的时,交往才会进一步发展为教育。而作为教育之核心部分的教学,是交往的进一步深化。而且,一个人的发展取决于和他直接或间接交往的其他人的发展。社会不是由一个个彼此丝毫不发生联系的个体积聚而成的,社会在最基本的意义上是人与人之间的交往关系。因此,交往是社会性个体的发展源泉。维果茨基的文化历史理论指出,人的心理发展是在人与人的交往过程中掌握了客体化了的人类历史文化发展成就的结果,也就是说,对于社会性个体的发展,尤其是心理的发展,都是在一定的社会环境、文化环境及个体经验的具体情况下的历史的发展。正是在交往中,在成人的引导和指示下,儿童经历了一个由外部活动到个体内心活动的文化发展过程。

第二,从教学的形态存在看,教学是一种特殊的交往形式。其特殊性主要表现在以下几个方面:(1)它有独特的交往目的。作为交往的教学的根本目的,是通过生动活泼的教学活动,促进每个学生的全面发展,使每个学生的人格日臻完善。(2)它有特殊的交往内容。其内容是经过选择、净化的人类文化精华。(3)它有特殊的交往主体。在教学过程中,交往双方是具有特定社会角色、担负不同社会期望的人——学生和教师。(4)它有特殊的交往方式。师生交往具有高度的自觉性和目的性,它是以教材这一文化中介,进行文化传承和创新,促进学生发展为目的的特殊交往。因此,同一般的交往相比,师生交往在交往目的、交往内容、交往主体以及交往方式等方面都有了很大的不同。

第三,教学这种特殊的交往是以对话的形式表现出来,对话构成了师生间的"我－你"关系。在"我－你"关系中,师生双方并不把对方看作一个对象,而是一个与"我"讨论共同"文本"的对话的"你",师生双方都是作为真实的完整的人存在的,两者均亲临现场。可以说,"我－你"关系就是一种"我们"的存在,"我们"是平等的。在"我－你"的师生关系中,教师的隐喻不再是"蜡烛""工程师""园丁""水桶"等,学生也不再是"产品""花朵""仓库"等。师生的角色都有了新的发展,教师成为平等的合作者,学生越来越成为学习的主人和文化的建构者。在对话这种交往形式下,教学走出了科学世界的藩篱,谋求科学世界、人文世界和生活世界的整合。在师生对话中,培养一种生活意识和生活态度,通过对话,人与人之间相互沟通、交往,人与自然、人与"文本"之间相互认同、相互体验,使学生真正感受到其学习的过程就是自己的生活过程,教师也将这一过程视为是自己生命活动的过程,在教学中真正实现自己的人生价值和意义。在这种对话式的教学中,教师和学生共同接受双方所建构的"文本",实现着文化的传承,在协商过程中,师生之间不断产生着新的"文本",影响着对方,进行着文化创新。

第 21 篇

课堂的生态本质、特征及功能[①]

生态学是研究生命系统和环境系统之间相互作用的规律和机理的科学。把生态学原理和方法运用到教育研究中,早期的探索始于 20 世纪 30 年代。1932 年,美国教育学者沃勒,在《教学社会学》一书中提出"课堂生态学"这个概念。40 年代,美国堪萨斯大学心理学家巴克和赖特从社会的自然生态角度,探讨儿童行为的发生、发展特点与教育的关系问题。70 年代召开的有关人类环境问题的三次国际会议促进了教育生态学的研究。此后,许多学者对人类生存的宏观环境和教育之间的交互关系进行了卓有成效的探讨。经过 70 多年的发展,人们对教育生态学的宏观研究形成了较为完备的理论构架,但在微观层面上对课堂的生态学研究还比较薄弱。本文拟对课堂的生态本质、特征和功能进行初步探讨,以期对建设生态化的课堂,使课堂充满生机与活力有所裨益。

---

① 本文发表在《教育研究》2005 年第 10 期。

一、课堂的生态本质

作为一个科学概念,"生态"一词出现于 19 世纪 60 年代。1866 年,德国动物学家海克尔,给生态下了一个较为明确的定义,即它是"有机体与周围环境之间的关系"①。我国学者认为,生态是指"生物与环境及共同生活于环境中的各个个体间或种群间的种种关系"②。可见,生物和环境是构成"生态"的基本要素。

无论是广义的课堂,还是狭义的课堂,都具有生态性。与自然生态或者文化生态相比较,课堂生态是一种特殊的生态。之所以特殊,是因为课堂生态具有自然生态或者文化生态所不具有的、独特的生态主体和生态环境。本文着重探讨狭义课堂的生态性。

总体而论,课堂生态主体是教师和学生。具体而言,师生作为课堂生态主体又分为两种情况。其一,相对于课堂生态环境而言,师生共同构成课堂生态主体。课堂生态环境从总体上影响着课堂生态主体的存在状态和发展趋势,而后者又以各种方式保持、改变或改造着前者。两者相互依赖,相互作用,形成一个完整的课堂生态系统。其二,师生彼此互为参照,从而构成两类课堂生态主体,即教师生态群体和学生生态群体。以学生为参照,教师形成了教师生态群体。在其内部,教师个体与教师个体之间、教师个体与教师群体之间、教师群体与教师群体之间存在着各种联系,正式的或非正式的,物质的或精神的。以教师为参照,学生形成了学生生态群体。在其内部,学生个体与学生个体之间、学生个体与学生群体之间、学生群体与学生群体之间也存在着各种联系。这两类课堂生态主体不仅各自内部关系错综复杂,而且彼此之间也相互作用、相互塑造、有机联系。

从与课堂生态主体关系的角度,课堂生态环境可分为三类:客体性课

---

① 吴鼎福,诸文蔚.教育生态学[M].南京:江苏教育出版社,1998:2.
② 李聪明.教育生态学导论:教育问题的生态学思考[M].台北:学生书局,1989:7.

堂生态环境、派生性课堂生态环境和客体性课堂生态主体。客体性课堂
生态环境指那些独立于课堂生态主体而客观存在的课堂生态环境因素，
主要包括一些物理因素，如教室颜色和温度、课桌、教室光线和照明等。
派生性课堂生态环境指那些由课堂生态主体派生而形成的课堂生态环
境因素，主要包括人际关系、班级学习风气和班级管理制度等。派生性
课堂生态环境一旦正式形成，便具有相对独立性和稳定性，会对派生它
们的课堂生态主体产生客观而持久的影响。客体性课堂生态主体指作
为客体性环境因素而存在的课堂生态主体，主要包括对学生这个课堂生
态主体具有影响作用的教师个人因素，如专业素质、文化修养和个性倾
向，以及对教师这个课堂生态主体具有影响作用的学生个人因素，如家
庭背景、知识结构和个性倾向。根据马克思的观点，人在作为认识主体
而存在的同时，也总是作为对象化的认识客体而存在。人总是从对象化
的客体来认识自己的。也就是说，人总是把他人作为一面认识自己的镜
子（对象化的客体），从中了解自己的不足与长处。教师在认识学生的同
时，也通过学生认识自己，而且其自身也成为学生认识活动的客体，反之
亦然。在课堂生态中，师生之间、生生之间，是交互主客体关系。当教师
或学生成为他人的认识对象时，其自身便成为相对于他人的主体性客
体。从这种意义上讲，师生在作为课堂生态主体的同时，也是客体性课
堂生态环境因素。

　　根据以上分析，课堂是一种独特的生态，课堂生态具有自然生态和
文化生态的双重属性。课堂生态主体与课堂生态环境之间、课堂生态
主体与课堂生态主体之间存在着各种联系，使课堂形成一个有机的生
态整体。通过彼此之间的物质循环、能量流动与信息流通，课堂生态各
要素有机联系、相互作用，各自在维护课堂生态的平衡中具有举足轻重
的作用，从而形成一定的课堂生态结构（如图所示）。它分为两个层
次：其一，宏观层次，主要是由三类环境因素所构成的课堂生态环境与
由教师和学生所构成的课堂生态主体之间的相互作用。其二，微观层
次，主要是在课堂生态主体内部，教师个体和群体、学生个体和群体之

间的相互作用。

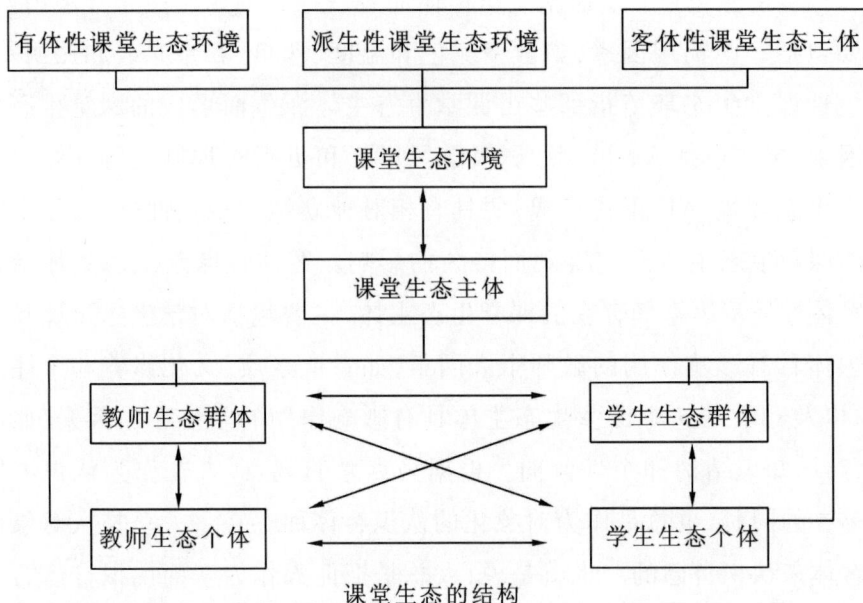

课堂生态的结构

图中实线表示课堂生态的基本构成要素;箭头表示课堂生态构成要素之间的物质循环、能量流动和信息流通。

二、课堂的生态特征

作为一种独特的生态,课堂具有整体性、协变性和共生性三大生态特征。

1. 整体性

课堂生态是由彼此之间具有有机联系的要素构成的统一整体,要素与要素之间具有内在统一性。首先,课堂生态主体和课堂生态环境是交互影响的有机整体。通过教授和学习课程教材,课堂生态主体的知识结构和认识能力发生相应的变化。这种变化的性质和程度一方面取决于课程教材的性质,另一方面也取决于课堂生态主体教授和学习课程教材的方式。比如,教授和学习繁、难、偏、旧的课程教材,课堂生态主体在知识结构和认识能力等方面所发生的变化在性质上就会显得有些"不合时宜",而且变化可能被局限在小范围的课堂生态主体内,而其他课堂生态主体则"逸出"了这种变化的范围。这种情况则可能导致课堂生态主体的反思,对课程教材进行必要的改变或改进,以相互调适。在颜色柔和、温度适中、光线充足、亮度适度的教室环境中进行课堂教学活动,课堂生态主体必然心情舒畅,精神饱满反之,则容易疲劳,情绪低落。这就是中国人所说的"钟灵毓秀"。教室座位编排方式内在地决定了师生之间的沟通方式和范围。在"秧田式"的座位编排方式里,师生之间的信息沟通以教师向学生进行单向沟通为主,沟通的范围局限在学生个体和教师之间,而学生个体或群体之间,几乎没有信息的交流和沟通。"马蹄组合型"的座位编排方式便会产生与之相适应的沟通方式和沟通范围。[①] 其次,课堂生态主体之间通过彼此的交互作用,形成相互适应的有机整体。教师在以某种方式成功地"塑造"着学生的同时,学生也以其相应的方式在教师的心灵上留下了深深的痕迹。在课堂管理中,学生常常因为教师管理行为的专制性而变得或顺从或抵制。反之,学生在行为上所表现出来的顺从或抵制对教师的专制性行为具有强化作用。也就是说,教师的专制和学生的顺从或抵制具有内在的统一性,学生之间也是如此。

2. 协变性

构成课堂生态的各个要素相互作用、相互影响,一方的变化导致另一方发生协同变化。国外学者 H. 科特查姆对教室颜色变化与学生学习变化之间的协同性进行过比较研究:在第一所学校里,教室没有油漆过;在第二所学校里,教室的墙壁和天花板分别粉刷成普通的淡黄色和白色;在第三所学校里,按照颜色产生动力的原理,教室的走廊被刷成令人兴奋的黄色,配上灰色门。朝北的教室粉刷成淡玫瑰色。朝南的教室用的是冷色,如蓝色和绿色等。前方墙壁的颜色比两侧墙壁的颜色深。美术室用非彩色的灰色,以减少耀眼程度。经过为期两年的观察,得出的研

① 吴康宁.教育社会学[M].北京:人民教育出版社,1998:343－348.

究结论是:第三所学校的学生在几个方面都有很大的进步。第一所学校的学生进步最小。第二所学校的学生所取得的进步介于前两者之间。[①]该研究表明:作为课堂生态物理环境因素的教室颜色的变化与作为课堂生态主体的学生的学习变化之间具有显著的协同性。在课堂生态中,作为课堂生态主体的教师和学生在情绪情感上的变化也具有协同性。在课堂教学活动中,教师和学生的情绪情感相互交织,形成一个生态性的心理张力场。不论是教师,还是学生,其情绪情感的变化,甚至是微弱的变化,都可能使处于这一心理张力场中的其他学生产生情绪情感上的协同变化。教师精神饱满、情绪激昂,常常会不经意地感染、打动学生,使后者渐入情绪情感唤醒状态;相反,教师精神萎靡、情绪低落,常常会使学生的情绪情感由激情状态或正常状态转入休眠状态。面对一批精神萎靡不振、情绪低迷惆怅的学生,就是处于激情状态的教师也不能幸免其负面影响。学生之间也同样存在着这种情绪情感上的协同变化。在教学论的话语体系中,课堂生态主体之间在情绪情感上的协同变化及其结果被称为课堂教学气氛。

3. 共生性

生活于同一课堂生态中的教师和学生在存在形态上表现为一种共生态,即一方的存在状态以另一方的存在状态为条件和依托,一方存在状况的变化直接或间接地对另一方的存在状况产生影响。这种共生关系有两种形式:互利共生和偏利共生。[②] 互利共生,是指双方的共生关系对彼此的存在和发展都有利。偏利共生,是指双方的共生关系只片面地有利于其中一方的存在和发展,一方的存在和发展是以牺牲另一方的利益为前提条件的。

师生之间主要是一种互利共生的生态关系。课堂教学既是师生双方的生命活动,也是价值活动。对教师而言,这种活动价值的实现,部分地

---

① 范国睿.教育生态学[M].北京:人民教育出版社,2000:233-262.

② 李聪明.教育生态学导论:教育问题的生态学思考[M].台北:学生书局,1989:23.

依赖于学生的发展。离开了学生的发展,教师生命活动的价值就难以实现;没有学生的发展,这种活动的价值就失去了重要的依托。从某种程度上说,学生发展的程度体现了教师生命活动价值的实现程度。"你中有我,我中有你",是师生之间互利共生关系的形象写照,其实质是由师生自我认同在人际间的相互拓展而形成的自我部分融合——生态自我,是师生生命活动的价值在彼此间的凝结。这正是"天地与我并生,万物与我为一""教学相长""学而不厌,诲人不倦"的生态意蕴。

三、课堂的生态功能

对于班级规模、教室座位编排和教室的颜色、温度、光线和照明与课堂生态主体之间的相互作用,许多论著中都进行了较为详尽的论述。这里主要从课程教材、班级人际关系、班级学习风气和班级管理制度等方面,探讨课堂的四大生态功能:滋养功能、环境参照功能、动力促进功能和制度规范功能。

1. 滋养功能

这是从课程教材的角度探讨课堂的生态功能。课程教材是课堂生态主体成长的教学生态资源.课程教材影响着课堂生态主体(特别是学生)的身心发展。

首先,教学生态资源的性质在很大程度上决定着课堂生态主体发展的方向。在中国古代,以"四书""五经"为特定内容的课程教材所要造就的是封建社会的治术人才,即封建官吏。在古希腊斯巴达,以"五项竞技"为主要内容的军事体育训练课程所要培养的,是能够在战场上冲锋陷阵、克敌制胜的武士。19 世纪初,英国著名教育家斯宾塞所提倡的以科学知识为主要内容的课程,旨在为当时所谓的"完满生活"培养理想的预备人才。

其次,课堂生态主体对教学生态资源的加工、处理、消化和吸收,决定着教学生态资源所蕴含的信息和能量的转化及其程度。经过教师的重组、加工和处理,教学生态资源对学生身心发展所具有的价值逐渐由可能性向现实性转化。这种转化的性质、方式和水平直接影响着学生对教学生态资源中所含信息和能量的吸收和消化。在此过程中,教师是教学生态资源所含信息和能量的组织者、加工者和转化者。通过吸收和消化蕴涵于教学生态资源中的信息和能量,学生将独立于主体而客观存在的客体性知识逐渐内化为主体性知识。这种内化过程不仅使学生获得了必要的关于外部世界的知识,使学生在认识上保持与外界的动态平衡,而且还有可能使学生进一步获得一些生成性知识,使学生形成关于外部世界的独特认识。学生是教学生态资源的吸收者、消化者、利用者和建构者。

2. 环境参照功能

这是从班级人际关系的角度探讨课堂的生态功能。班级人际关系和班级群体是课堂生态主体成长的社会性环境。

在人际交往中,人们依据彼此间的人际关系或心理距离,结成各种不同性质的群体。从交往者的组织关系的角度,群体可以分为正式群体和非正式群体。在正式群体中,交往者之间的关系是从组织形式上予以明确规定的,是制度赋予的,如上下级关系、领导者与被领导者之间的关系。在非正式群体中,交往者之间的关系是以共同的情感或观点为基础而形成的,如单亲家庭的孩子以共同的生活背景和经历而自愿结成的小群体、学生之间由于具有共同的文学兴趣和爱好而结成的兴趣小组或文学团体等。从交往者在交往活动中的角色,群体可以分为主导型群体和松散型群体。在主导型群体中,有在群体生活或活动中处于主导地位、起支配作用的"领袖人物"。在松散型群体中,成员之间互不隶属,享有较高程度的行为自由。

在班级社会或课堂教学活动中,师生之间和生生之间也同样会形成一定的人际关系和以人际关系或心理距离为基础的班级群体。从组织关系的角度,班级群体可分为正式群体与非正式群体、主导型群体和同伴型群体。从信息沟通的角度,班级群体可分为圆圈式小群体、链状式小群体、Y 字式小群体和轮状式小群体。① 以班级人际关系或心理距离为基础的班级群体一旦形成,便具有相对稳定性,成为班级日常学习生活中的"生态群落",与生活于其中的教师和学生构成一种生态系统,成为影响师生身心发展及其课堂教学运行的重要环境因素。师生之间、生生之间的谈话交流,课堂教学活动,乃至学生的身心发展,便在这样的班级"生态群落"和生态系统中展开和实现。需要指出的是,班级非正式群体和同伴型群体的性质与学生的身心发展和课堂教学活动的进行之间有着密切的关系。"玩乐型"班级群体在一定限度内有利于其成员在正常的课余玩乐活动中获得身心的自然、健康和积极的发展,对课堂教学活动的进行则影响不大,而"学习型"班级群体则对于上述两方面都有较大的促进作用。"亲社会型"班级群体容易使其成员养成和睦、友爱和团结等"亲社会"行为;而"反社会型"班级群体则容易使其成员盲目地蔑视、抵制或反抗班级"权威",藐视、有意违反或破坏班级规章制度。那些游离于任何班级非正式群体和同伴型群体之外的学生,由于心理上的归属需要得不到适当的满足而容易养成孤僻、冷漠、任性、偏执甚至仇视等不良个性心理特征,成为班级日常生活学习的"边缘人"或"弃儿",其身心发展会明显地受到不良影响;而那些班级群体生活或活动中的成员、"积极分子"、"明星或领袖人物"等,则会由于其正常的心理归属需要得到不同程度的满足,从而容易养成热情助人、协商合作、宽容忍让等良好的个性特征,成为班级群体日常生活或活动中的"人缘儿"或"主持者",其身心获得正常的发展。

3. 动力促进功能

这是从班级学习风气的角度探讨课堂的生态功能。班级学习风气是课堂生态主体成长的环境动力。

班级学习风气实质是班级成员的价值观在学习活动上的具体体现。班级成员价值观的相对稳定性,决定了班级学风一经形成便具有一定的

---

① 王旭东.国外师生关系研究[M].海口:海南出版社,2000:69 - 70.

持久性和客观性,不会随着班级成员的个人好恶而改变。

班级成员对学习活动所具有的价值有不同层次的认识,因而班级学风也有不同的层次。一般说来,班级学风有三种层次:工具性价值层次、内在性价值层次和无价值层次。工具性价值层次的班级学风,是班级成员普遍地把学习活动主要地作为实现个人人生理想抱负、班级荣誉或社会政治理想等超学习活动的目的之手段,并在此基础上逐渐形成的对学习活动的倾向性态度,在日常话语体系中,常常表达为"为了……而学习"。内在性价值层次的班级学风,是班级成员普遍地把学习活动的主导价值定位于体验和享受求知欲的满足、问题的圆满解决或茅塞顿开等学习活动所直接带来的结果上,并在此基础上逐渐形成的对学习活动的倾向性态度,即人们常说的"为知识而知识,为学术而学术"。无价值层次的班级学风,是班级成员普遍地认为学习活动既无工具性价值,也无内在性价值,并在此基础上逐渐形成的对学习活动的倾向性态度,即人们常说的"学习活动的无价值感"。

不同层次的班级学风对于生活和学习于其中的学生的成长,如同不同的生态环境对于有机体的生长,犹如"蓬生麻中,不扶而直;白沙在涅,与之俱黑",两者之间的生态性联系十分清晰而明显。在工具性价值层次的班级学风中从事学习活动,学生有明确的学习方向和较强的学习动力,其成长和发展速度较快。但同时,其所堪忧有二:其一,如果班级成员所推崇的班级荣誉或所抱有的社会政治理想不正当,那么,学生的成长或发展便会发生悲剧性的方向性错误;其二,如果把学习活动所具有的首要价值限定在实现个人人生理想抱负的维度上,那么学生所表现出来的方向明确、动力较强的学习行为极有可能隐含着某种程度的道德隐忧——学生可以为实现个人人生理想抱负而不择手段、处心积虑地干扰甚至败坏他人的学习和成长。在内在价值层次的班级学风中从事学习活动,学生在学习上也会有明确的方向和较强的动力,在学业上的成长和发展速度较快,但也不乏隐忧:学生"两耳不闻窗外事",醉心于学业这块圣洁的"桃花源"的过程,同时也可能成为学生对每时每刻生活于其中的社会产生疏离感、陌生感和隔膜感的过程。学业上沉潜愈深入,回归社会生活之路愈迷茫,甚至极有可能忘却"回家之路",最终竟成为社会生活领域的"白痴"或"陌生人"。无价值层次的班级学风具有明显的动力促退作用,在这种学风下,学生的学习行为既无明确的方向,也无较强的动力,学生的成长或发展更无从谈起,极有可能成为碌碌无为的"撞钟人",而抱憾自己在学习期间的青春年华。

4.制度规范功能

这是从班级管理制度的角度探讨课堂的生态功能。班级管理制度是课堂生态主体成长的规范性环境。

班级管理制度是从形式上对这种组织、协调和规范行为的制度化。班级管理制度对生活于该制度中的课堂生态主体的行为具有规范作用。能否有效地发挥这种规范作用,关键之一在于班级管理制度由此形成的模式。在现实课堂管理中,主要存在两种班级管理制度形成模式,即教师制定—学生执行模式和教师指导—学生协商制定模式。

在教师制定—学生执行模式中,班级管理制度的制定和执行是分离的,教师和学生分别担当着性质迥然不同的角色:教师既是制度的制定者,也是制度执行情况的监督者和评价者;学生仅仅是教师所制定的制度的执行者。由这种模式生成的班级管理制度,在师生之间无形地画上了一条难以逾越的"制度鸿沟",使师生关系在班级管理制度面前处于一种不平等的状态。它反映出班级管理制度上的经济取向和技术取向。学生基本上被排除在班级管理制度的制定、监督和评价过程之外,其结果不仅使制度本身在产生之前就存在"先天"性缺陷,而且还使这种制度在较大程度上成为外在于学生的东西,使学生在不同程度上对这种制度产生一种"强加于人"的异样感觉,不合理地成了制度的"局外人"。它消解了学生在班级管理中所应享有的主体地位,并在很大程度上削弱了学生参与班级管理的主体意识,沦为班级管理制度的机械管理对象。学生每天执行着"异己"的班级管理制度,既无权拒绝,更无权更改。学生在执行班级管理制度过程中所处的两难境地,不仅会在很大程度上抵消制度本身的有效性,而且可能进而使学生在执行制度的过程中对制度本身和制度的制定者产生不满、抵制甚至反抗等消极情绪或行为。在由这种班级管理制度所形成的规范环境中,制度由于其自身的不合理性而丧失了或部分地丧失了本应该具有的对生活于其中的课堂生态主体行为的约束力。取而代之的是,一方面,学生不得不经常违反甚至有意破坏管理制度,扭曲地为其身心发展开辟荆棘之路,仿佛正在发芽的种子冲破岩石的窒碍而将根深深地扎进岩石缝隙一样,不管这个过程有多么艰难。另一方面,面对学生种种所谓的不良行为,教师往往无可奈何地挥舞制度之剑予以所谓的"矫正",从而强化了不合理的制度所不应具有的权威。在这种由"刺激—反应"所构成的无休止的恶性循环中,班级管理制度对课堂生态主体的行为同样充分地发挥了规范作用,只不过这种作用与教育的理想所期待相去甚远罢了。

在教师指导—学生协商制定模式中,教师和学生分别担当着不同的角色。在班级管理制度的制定、执行和改进过程中,教师所扮演的是指导者和参与者的角色。作为指导者,教师的指导作用主要表现为:确保班级管理制度的制定过程严格按照预定的民主程序进行;确保最大范围的班级成员对班级管理制度的制定、执行和改进享有平等而充分的参与权和发言权;保证班级管理制度的全面性;保证班级管理制度与学校相关管理制度的衔接性。作为参与者,教师享有与学生平等的制定、执行和改进班级管理制度的参与权、发言权及建议权等。教师在制定、执行和改进班级管理制度中所扮演的角色及其特殊性,决定了教师不仅享有与学生平等的地位,而且是"平等中的首席"。学生所扮演的角色不再单单是制度的执行者,同时也是制度的制定者、改进者和评价者。角色的转变标志着学生地位的变化:由机械地受制度约束的单纯客体提升为制定制度的真实主体。这样,课堂生态主体在制定、执行和改进班级管理制度中所享有的权利及所承担的责任由分离走向统一,所形成的班级管理制度对班级全员(包括教师和全班学生)具有同等的约束力。这种模式不仅消弭了横亘在师生之间的"制度鸿沟",实现了师生在班级管理制度面前的平等,而且还有效地消除了学生对于班级管理制度的外在感,真正确立起学生的主体地位。更为重要的是,这种模式把制定、执行和改进班级管理制度的纯管理过程变成了学生学会与他人平等地交换意见、沟通看法、合作共事和共同生活的教育过程。这一切都有助于从源头上提高班级管理制度的合理性。制度的合理性和违反制度的行为的不合理性之间呈显著的负相关,所以由这种模式所确立的班级管理制度更容易营造积极而宽松的管理氛围,更能够被班级成员自觉自愿地有效执行。这有利于对课堂生态主体的行为发挥更大的规范作用,也为课堂生态主体的成长提供了更有利的规范性生态环境。

第 22 篇

从功能角度看教师的教学实践理性[①]

在教育高质量发展时代,教师不仅是教学实践的参与者,更是教学变革的积极推动者。这意味着教师不仅停留于关注教学"怎么样"和"如何做"的实然层面,而且更关注以"善"为最高目的的应然层面,即"应如何"与"应如何做"这一更高层次。[②] 那么,教师如何促进教学从实然状态走向应然状态? 教学实践理性则是对这一问题的有效应答。

一、教师教学实践理性的内涵与存在形式

在教学这一特殊实践场域中,作为教学主体的教师不仅面临着认识论意义上如何认识、理解与说明教学的问题,而且更需要对实践论意义上如何改造乃至变革教学实践的问题作出有效回应,这就关乎着教师教

---

① 本文发表在《课程·教材·教法》2021 年第 9 期。
② 李森,高静. 论教师的教学理性与教学道德[J]. 教育研究与实验,2019(3):1-7.

学实践理性。那么,教师教学实践理性是什么? 它以何种形式存在? 这些是首先要探讨的问题。

（一）教师教学实践理性的基本内涵

从存在论角度来看,理性是社会主体在长期的社会实践中逐渐形成的主体性能力,且这种能力是随着人类社会实践的不断变化和深化而随之更新与发展的。由是观之,实践与理性是相互构成和彼此蕴含的,即实践是理性的实践,实践并非是无目的的任意而为,而是充满目的和价值的主体性行为,理性蕴藏于实践之中并指导和规约实践的走向及效果;理性是实践的理性,是实践主体在长期的实践活动中形成的主体性能力,实践规定了理性的作用范围和表达方式。教学作为一种特殊实践或实践的特殊形式,其理性是作为主体的教师在长期的教学实践过程中形成的教学实践理性,是在特定社会背景下,遵循教学的普遍价值原则、教学过程规律与教学规范,并借助一定的方法进行教学实践活动即将应然教学转化为实然教学的意志性能力。这种意志性能力是一种相对于认识能力而言的现实行动能力,即在认识教学实践的基础上指导并转化为教师的教学实践行动,其实质是教师将观念中的理想教学转化为现实教学的行动能力,否则教师教学实践理性就会因仅停留在意识或观念层面无法促其转化为教学行动而失去效力。它旨在以合乎理性的方式将应然教学转化为实然教学,从而实现对教学的应然改造与教学质量的不断提升。教师教学实践理性不同于教师教学实践合理性。前者强调教师如何使教学走向合理性的过程,它不仅对外界规范性条件进行反思与批判,而且对自身的合理性进行反思和批判,以辅正自身朝向合理性发展;后者在观念形式上属于评价论概念,更侧重教师教学过程或结果与评价标准之间的符合程度,不对教学理论或教学规范本身的合理性进行反思。

需要说明的是,教师对教学的认识包括感性认识与理性认识,其中教师对教学的感性认识是对教学理性认识的前提和基础,教学理性认识依赖教学感性认识,换句话说,只有经过教学感性认识才能达到教学理性认识。由此,教师教学实践感性和教学实践理性统一于教学实践活动之中,并在教学实践中辩证地发展。具体而言,二者之间的关系表现为:一是教师教学实践感性是教师教学实践理性的实现前提和重要构成要素。教师对教学实践的认识和理解必须首先将自身置于教学实践的真实场域之中,使自身与教学实践中的主客体充分接触并相互作用,从而形成教学实践感性。但教师对教学的认识不是仅仅停留于感性认识,而是随着教学实践的不断推进和深化,教师教学实践感性逐渐发展到高级阶段即教师教学实践感知,进而上升到理性认识的层次,把教学实践整体纳入意识和思考的范围,从而获得关于教学更全面和更深刻的认识和把握。二是教师教学实践理性是对教师教学实践感性的凝化与升华。教师教学实践理性源于丰富多样的教学实践过程,是在教师教学实践感性对教学活动感知的基础上,经过抽象化、逻辑化的思维能力对感性材料和感性认识结果的再加工、整理和系统化,使教师原有浅表的、零碎的教学实践感性经过理性的凝化实现质变,从而达到教学实践理性的高级形态。教师教学实践理性不仅有助于教师把握教学实践的静态关系,也能有效把控教学实践的动态进程,明确未来教学实践的方向和目的。

（二）教师教学实践理性的存在形式

1. 教学实践理性蕴含于教学理论之中

教学理论既不像自然科学所信奉和界定的那种只能是建立在观察、实验和统计等科学方法之上的所谓"价值无涉"的自然科学理论,也并非人文主义所高扬的单凭感受、理解、体悟而产生的自由浪漫的诗性理论,而只能是二者的有机结合。[①] 这种结合表现为,教学理论既具有一般理论的普遍、规律、逻辑等性质,又具有实践的涉身性、经验性和情境性,是对教学历史与现实规律的把握,乃至教学未来可能性的建构。那么,教学理论的特殊性何在?

就一般理论的形成而言,社会实践主体整个生命的成长都是建立在

---

① 郝志军.教学理论的实践品格[M].北京:教育科学出版社,2008:14 – 15.

历史文化和社会实践的基础之上，并在与世界的互动中逐渐形成对世界的初步认识。在此过程中，社会实践主体的理性开始萌芽，并随着实践活动范围的扩大、内容的丰富和程度的深化而不断发展。与此同时，实践主体凭借理性对其所感知到的社会实践现象进行整理、归纳、分析和总结，进而形成实践理论。从个体的角度来看，一方面理论存在先于个体存在，另一方面人们在实践的过程中逐渐积累实践经验并生成实践理性。这种实践理性在下一阶段的实践中以指导者和调控者的角色规范着整个实践过程，且再次将新的实践现象上升为新的实践理论或更新原有的实践理论。可见，实践理论蕴含着实践主体的实践理性，是实践主体在实践需要的驱动中，在实践活动过程中生成的实践理性建构起来的，是实践理性显性化的理论成果。

就教学理论的形成而言，教学作为一种实践活动，是教师与教学实践对象在特定的时空条件下相互作用的活动，教师只有参与教学实践活动才能获得对教学现象的感知乃至对教学实践的理性认识，进而形成教学理论。事实上，教师在正式参与教学活动前，就已经通过专门学习掌握了相关教学理论，并在某种程度上形成了间接的教学实践理性，即在学习已有教学理论的基础上形成了对教学世界初步的理性认识，并在真实参与教学实践时自觉或不自觉地以其为指导，从而帮助教学活动的顺利和高效开展。教师作为教学实践主体，总是亲身参与教学实践，从具身认知的角度，教师的思维和意识也随之发生，且随着教学实践的不断深入而形成教学实践理性，它与前教学理论发生碰撞而逐渐生成新的或教师个体所特有的教学理论。比如教师遵循的"因材施教"原则，是在学习和研读相关理论的基础上，根据自身参与一线教学实践经验，而形成符合具体学情的教学实践理性，并以此改造或丰富原有的教学理论且以此为指导改善教学现状。可见，教学理论是在教学实践理性的中介作用下形成的关于教学实践的理论，教学实践理性则是教学理论形成与更新的重要因素，以概念、逻辑体系等形式彰显于教学理论，同时在现实条件下促进教学理论的生成、修正与完善。

2. 教学实践理性在教学实践中生成

教学虽然是教师主导下的实践,但绝不是教师个体主观、盲目和随意的行为,而是始终在教师教学实践理性指导和规约下的活动。从宏观的纵向层面来看,"人们自己创造自己的历史,但是他们并不是随心所欲地创造,并不是在他们自己选定的条件下创造,而是在直接碰到的、既定的、从过去承继下来的条件下创造"①。这种历史制约性以历史理性的方式在当代社会延续,是渗透在当代每个人生命里的基因,无法消除也无法忽视。正是这一历史理性的当代延续为人们理解和领悟自身实践提供了可能。作为人类社会活动之一的教学,同样是在具体的历史条件下进行的,教师总是会受到历史性的制约,他们的教学也总是在确定的历史铺设的地平线上进行和开展的。② 它既包括隐匿在教学现实活动中的教学历史理性,也包括显性化的教学理论。无论教师是否意识到自身的教学历史理性,它都存在于教师自身并影响其教学行动,只不过这种理性是隐性的、未被意识到的被动理性。

从微观的横向层面来看,教学本身作为一项社会实践活动而具有社会性,是社会为满足一定需求而有目的开展的专门活动,它蕴含着所处时代的价值取向和精神追求。教师作为教学活动的主体,必须响应社会的号召并实现教学的社会目的,一方面是教师这一社会角色的基本责任承担,另一方面是为学生在未来社会的生存、适应和发展保驾护航。教师从事教学活动,最初通常根据自己的需求、知识、能力等主观因素进行,以维护自己的存在和发展、人格与尊严。逐渐地,教师形成对教学的整体感知并产生对教学的整体认识,进而形成教师的教学实践理性。这也就意味着教师的教学实践理性是教师在其教学实践过程中生成和发展的,且由此指导和规约着教师的教学行为,并通过教学活动不断地进

---

① 中共中央马克思恩格斯列宁斯大林著作编译局.马克思恩格斯选集:第 1 卷[M].北京:人民出版社,1995:585.

② 徐继存.主观主义教学及其批判[J].山西大学学报(哲学社会科学版),2015(1):81 – 87.

行着自我确证、自我发展和自我改造。此外,教师教学实践理性要求和指导教师考虑教学的目的、学生的需要以及所处的教学环境等因素,以实现对教学活动的应然改造,最终促进学生的全面和可持续发展。

二、教师教学实践理性的内生功能

教学作为教师主体发起和主导的一种特殊实践活动,总是以教师的教学实践理性为内在依据,指导、深化、规范和调节自身对教学活动的认识以及正在进行和即将采取的教学行动。同时,教学实践理性所内含的教师主体自由,则是教师在教学实践过程中的价值追求。

(一)教学实践理性是教师教学的内在根据

从教学理论的建构主体来看,教学理论分为"前见"教学理论和个体教学理论。所谓"前见"教学理论即"他者"教学理论,指的是前人(他人)所构建的先于教师个体存在或外在于教师参与、感知和认识现实教学世界的教学理论,是人类整体教学智慧的理论结晶,受到历史和现实的多重检验而传承至今。在相当长的一段时间里,我们总是倾向于认为教师教学应该以这种"前见"教学理论为指导,因为它具有普遍性和权威性;或者认为教师教学就是在教学理论指导下的实践,因为教师教学不是本能的反应,而必定是教师在学校学习的教学理论指导下进行的。这是对教学理论作用的误解,是对教学理论的理想化认识。前者在某种程度上将具有实践性质的教学理论绝对化、抽象化和权威化,以致在其指导下的教学实践沦为僵化的、机械的、无生机的操作行为。由于教学理论本身可能具有的滞后性、文化不适应性以及反映教学实践的程度不足而导致其指导下的教学实践效果走向消极的反面。后者忽视了教师的能动性以及社会的历史性和情境性。事实上,指导教师教学的从来都不是未经教师个体内化的"前见"教学理论,必定是教师主体在教学实践过程中生成的教学实践理性,因为它促使教师根据现实需要能动地处理"前见"教学理论与教学实践的矛盾,或根据教学实践对原有教学理论进行深化、调整或丰富，形成个体教学理论，并以此为指导更好地为教学实践服务。

　　教学理论对教学实践的作用是毋庸置疑的，关键是"前见"的教学理论是通过什么与如何更好地作用于"当下"的教学实践，这实质上是教学理论对教学实践的作用机制问题。教学理论对教学实践的功能表现为：在认识论层面，教学理论为教师认识和了解教学现象提供了依据，并有助于教师根据教学规律预测未来教学的可能性；在发展论层面，有助于教师教学价值理念的启蒙和重塑。① 然而，教学理论这一功能的实现，必须借助教师的教学实践理性，因为它是连接教学理论与教学实践的桥梁，即它将已有的教学理论与教师自身的教学实践感知在观念中集合，并凭借实践理性本身的意志性能力将教学理论付诸教学实践，从而使教学理论作用于教学实践。

　　教师教学实践理性在教学实践中主要表征为教师的教学推理。教学推理"是教师出于某种教学目的，根据已知教学条件及个体情境认知，分析、判断教学客观事实并使其导向未知结果的连续性思维活动"②，凸显了教师教学实践理性蕴含的基本逻辑推理能力，且是指向教学实践行动的推理能力。教学推理与教学行动的关系表现为教学推理指向教学行动，教学行动基于充分的教学推理，二者统一于完整的教学实践之中。教学推理为教师关于教学"应当做什么""如何做"与"为何应该这样做"提供了基本的解释模型，赋予教师教学实践行动的合理性。如一位小学教师想尽可能促进学生合作能力的发展，在研读相关教学理论并结合教学经验的基础上推理出项目式教学和小组合作教学能够有助于实现这一目的，而此时的教学内容正好适合采取项目式或小组合作的教学形式，于是教师就采取了这种教学方式进行教学。这位教师的教学推理过

――――――――――――

　　① 彭泽平."教育理论指导实践"命题的再追问：从命题合理度、作用机制的角度进行分析[J].教育理论与实践,2002(9):1-6.
　　② 卓晓孟.教学推理：教师走向教学实践智慧的思维艺术[J].中国教育学刊,2020(6):77-82.

程基本符合芬斯特马赫提出的价值性前提、规定性前提、经验性前提、情境性前提、行动或行动意愿的教学推理结构过程。[①] 由此可见,作为教学实践理性重要表征的教学推理是教师教学的内在根据。

(二)教学实践理性是教师教学的内在诉求

从教师作为自由自觉活动的个体来说,自由自觉地活动是人的存在本性,[②]自由自觉地教学则是教师的存在本质,内在地要求教师建构教学实践理性,因为没有教学实践理性,教师自由自觉地教学就不可能现实地展开,教师也就无法根据教学目的和自己的意志实际地改造教学实践。教师自由自觉地教学与教学实践理性的两个方面是一致的:一是教师自由自觉地认识教学世界;二是教师自由自觉地改造教学世界。教学实践之所以是自由自觉的,在于教学实践是有目的的活动,一方面教师在教学活动之前就已经在大脑中建构起了关于教学理想的观念模型,可以将其称为与教学实践相对的教学"虚践";另一方面教学实践目的的实现需要借助一定的教学手段,教师在需要和意志的支配下充分调用身体各个器官和心理各种机能操作教学工具并作用于教学,以使教学"虚践"转化为教学"实践",这一系统性活动的完成便是教师在教学实践理性的牵引和指导下实现的。在这一过程中,教师不仅像在意识中那样理智地复现自己,而且能动地、现实地复现自己,从而在他所从事、参与和创造的教学世界中直观自身。

教学实践作为主体性社会实践,既有"实然"表征,也承载着教学主体对教学的价值吁求和"应然"期望,那么如何处理教学"实然"之状与"应然"之需的关系? 教学实践理性是否定教学现存世界中不合理、不和谐与不合需求的成分,提出教学"应如何"的策略建议,在了解教学客体要素的存在状况、内部结构与本质属性的基础上,进一步寻求教师关于教学应该如何做。教学实践理性是教师对教学理论知识和教学感性经

---

① FENSTERMACHER G D,RICHARDSON V. The elicitation and reconstruction of practical arguments in teaching[J]. Journal of curriculum studies,1993(2):101 – 114.

② 王炳书.实践理性论[M].武汉:武汉大学出版社,2002:53.

验的合理运用,是对教学现实目的需要、教师主体价值需求的判断与选择,是对教学实践过程的自觉调控,最终实现对教学实然状态的应然改造。因此,为了使教学从实然状态走向应然状态,教师需要建构和发展教学实践理性,它能够回答"教学是什么""教学怎么样"和"教学应如何"的问题。

三、教师教学实践理性的外化功能

20 世纪 60 年代,教师专业化运动兴起,随之教师专业发展在理论层面和实践层面都受到高度重视。整体而言,教师专业化发展的取向经历了两个阶段:第一个阶段是注重教育教学理论,教师应该成为"研究型教师"或"专家型教师",即一线教师应深谙教学理论,提升教学理论认知和教学理论研究水平;第二个阶段转向教师个体的教学实践,教师应该成为"实践型教师",即对教师而言最重要的不是去模仿教学理论研究者如何进行教学理论的研究,关键在于教师如何顺利、高效地开展实际的教学实践活动。[①] 事实上,教师专业发展是教师在教学道德和教学能力方面的整体性发展。教师专业发展的实践取向是教师专业发展的必然走向。教师的教学实践理性作为教师个体教学实践的重要组成部分,其发展的过程同时也是教师专业发展的过程,是教师特有的专业化存在状态。

(一)教学实践理性帮助教师完整理解教学实践

教师教学实践理性不仅是实践认识论意义上教师对教学现象的认识,更是教师对教学本质的理解,这种理解关涉教学实践的全面性、系统性和深刻性,它促使教师更好地理解教学实践,让教学本身的丰富意义得以凸显。教师教学实践理性的功能,首先表现为帮助教师意识到理想教学的实现,前提是要全面正确地理解教学并践行这种理解,如此有助

---

① 曹永国. 从实践主义到实践理性:教师自我专业发展的一个现代取向[J]. 南京社会科学,2014(7):122 - 127.

于教师在专业上获得完整性、持久性的发展。

理解是对人类生活实践中各种关系的理解,并在此基础上指导未来的社会实践行为,以保证人们生活的合理性和向善性。在教师专业发展和教师教学实践转向的初期,教学实践更多地被理解为一种技术实践,认为教学是遵循教学规律并运用合理的手段与方法实现特殊目的或完成特定任务的活动过程,追求的是目标的可达成性、过程的可操作性和可控性,以及效率的最高化和效果的最大化。具体包括两个方面:一是把教学本身理解为技术实践,即把教学仅仅看作服务于其他外在目的的一系列技能和手段,除了实现外在目的,它本身没有任何目的和意义。二是把教学过程看作技术操作的过程,即教学各个环节在实施过程中以技术化、程序化和模式化方式进行。在这一教学理解的影响下,一方面教师将自己定位为知识的搬运工而忽视价值判断,只关注如何高效地完成既定教学任务,而不考虑教学各环节和要素本身的价值性和人文性,即使有道德上的考量,也仅是服务于技术手段以实现教学效率最大化的目的,从而导致教师的专业发展沦为流水线操作工人的技术培训,异化了教师专业发展的真谛①;另一方面,教师偏向教学理论和教学专家经验的移植,关注精湛的教学技术和系统的教学模式,而忽视自身在教学实践中的自主性发展。这是教师教学在实践主义主导下被窄化、功利化和肤浅化的滥觞。

教学实践理性有助于教师全面、系统和动态地理解教学实践的丰富内涵,关注教学实践的特质,进而反促自身的专业发展。首先,教学实践理性是关注具体的、情境中的教学实践的特殊理性,它要求教师积极投身于教学实践,并助推教师全面动态地理解教学实践,包括理解教学历史与现实、教学关系、教学要素结构以及教学文化等。由此教师不再是消极地将教学看作外在的强迫性的和重复乏味的工作,而是将其作为自

---

① 郑伟,张茂聪.从“工具理性”到“实践理性”:中小学教师专业发展的范式超越[J].现代基础教育研究,2019(3):40-45.

身生命的自然展现。其次,教师教学实践理性提醒教师始终坚守教学的本真,分辨教学实践与其他实践的本质区别,理性抵制各种偏离、僭越和背离教学实践本真意旨的教学行为,自觉地使自己的教学观念和教学行为复归到教学的本质和师生的幸福生活上来。①

（二）教学实践理性推进教师专业发展自我审视

教学实践理性是教师审视教学实践的一种方式,它不同于教学理论着眼于对教学相关概念的界定、原则和体系的建构,其目的在于促进教师更好地教学,为师生共同的发展和幸福生活而努力,正所谓我们探索实践是什么,不是为了知道,而是为了合乎实践的生活②。基于此,教师教学实践理性的审视包括教师对教学的顺向审视和逆向审视。

首先,教师对教学的顺向审视。它是指对教学活动从无到有、从少到多的认识和理解,是教师教学认识的量的积累,也是教师"目的——手段"式思考的体现。教学实践理性首先是教师对自己教学实践的认识和了解,包括对教学目的的审视,对学生个性差异和已有经验的了解,对教学内容选择、排列和组合的思考,对教学活动组织与教学关系的认识,以及对教学手段的实用性和教学评价的有效性的考虑等。这种对教学实践的基本认识为教师更好地进行教学实践提供了认知基础。此外,与其说教师是思想家在行动,不如说是行动家在思考。教师教学实践理性虽然是教师在观念中对理想教学状态的构想和对教学实践过程的预演,但是由于实践理性本身具有将观念变为现实的能力,这些观念上的预演和构想都将体现并贯穿教师的教学实践过程中。同时,教师通过这些观念以及观念与行动的相互转化而使自己逐渐成为一名教学实践专家,从而促使教师自身的观念转变和专业发展。教师正是在为了更好地实现这一目的,才尽可能全面和深刻地认识、理解教学实践,而教师教学实践理性的功能就在于它在教师教学观念与教学行动之间架起了桥梁。教师

---

① 曹永国. 从实践主义到实践理性:教师自我专业发展的一个现代取向[J]. 南京社会科学,2014(7):122-127.

② 亚里士多德. 尼各马可伦理学[M]. 廖申白,译注. 北京:商务印书馆,2003.

教学实践中渗透着理性，渗透着教师对个体亲身参与教学实践的观察、思考和审视，凝聚着理性的智慧，从而将自身与其他教师区别开来，区别于盲目而精明的教学模仿者，转而成为一个独具特色和拥有个体教学实践智慧的专家型教师。

其次，教师对教学的逆向审视，即教师对自身教学的批判性反思，是从量变到质变，浅表走向深入的过程，是以善本身为目的对教学整体进行的批判性反思和再理解。质言之，教师立足教学的未来可能性，对现实教学实践加以理性反思，并致力改善和超越现实教学。根据教师对教学活动反思的不同情境，可将其分为教学中的反思和关于教学的反思。教学中的反思是教师与教学其他要素互动并得到及时反馈的动态循环过程和结果的统一。教学活动是处于特殊教育时空中的特殊交往活动，教师在此情境内与教学文本、组织形式及师生关系等教学要素互动，并通过各种感官要素、情感要素和智能要素等协同作用而产生对教学的初步理解，并由此产生相应的教学行为。① 教师的反思与教学行为是一个统一的过程，每一种有意义的教学行为和教学环节都包含着教师对教学情境的判断及教学行为的反思性理解，如果没有内在的反思，教学情境中的外显行为就无法理解。关于教学的反思，是教师在教学情境之外通过对已经发生的教学行为或事件进行整体反思和再理解，指向的是教学实践的改善和教学的可能性。教学的顺向审视关注的是"教学是什么"和"如何教学"，因而是线性的和封闭的，只有与"教学符不符合真善美的原则以及带来了何种影响"或者"我对教学的认识与教学行为是否产生了偏差"等逆向反思相结合，并与其不断地交流与互动，形成一个连贯的、结构化的动态交互过程，才能不断打破原有认识的壁垒而逐步实现教学认识和教学实践的螺旋式上升。这种逆向审视的关键在于教师的教学实践理性，具体而言是教师内在的反思自觉，表现为教师将其教学

---

① 杨晓奇.教学现场感:内涵、特点及其培育策略[J].课程·教材·教法,2019(1):48－53,71.

生活经验作为理解教学的重要根据,且有意识地从未来筹划和教学实践改善的角度去反思自身的教学实践。

(三)教学实践理性促使教师走向自我超越

教师教学实践理性要求教师教学不只根据现行的规范任务式地去行动,或者仅仅将教学作为自己生存和利益获取的手段,而是教师具有较强的批判性意识,追求超越现状的理想教学。这不仅是对教学现状的超越,更是教师不断实现对自己的超越。当然,教师的批判和自我批判意识并非先验的,而是在教学实践中不断感知、积累、学习与反思才获得与发展起来的。教师教学实践理性催动教师教学不以个人偏好、主观主义或独断式实践主义为原则,而是遵循向善的、普遍正当和有效的原则,尤其是当教师在教学实践过程中面临某种或某些困境时,能够勇敢地运用自己的理性去分析、评估和解决,或坚持自己的理想。具体而言,教师教学实践理性在教师专业发展方面的超越功能表现在如下三个方面。

第一,教师对教学前提的反思批判。一般而言,教师在真正参与教学之前乃至整个教学生涯都伴随着先在的或他人的"前见"教学理念,充斥着当下流行的教学实践模式,以及盲目模仿其他教师的教学方式与教学风格等。新手教师常常通过践行外在的教学理念或模仿其他教学模式和风格,由此既获得开展教学的基本技能,也有助于增强教师的职业认同感和群体归属感,从而进一步在专业共同体中获得身份的认同,这也是教师专业发展的必经过程和必要前提。但是,由于"人似乎不可能保持在一个水平或者持续地向前发展。他的生活更多地由于习性和疲乏而被'损耗',由此而陷入非其存在本意的退化状态"①。教师常常由于处于消耗的惯习状态而停留于此,把这些所谓的"教学公理"视为不证自明的和不容置疑的,只关注如何教学以及自己的教学观念和教学行为与所谓的"教学公理"是否相符,而不关注它们本身是否合理。然而,教师的教学实践理性提醒教师,在尊重先在教学理论、普遍推崇的教学模式以

---

① 博尔诺夫.教育人类学[M].李其龙,等译.上海:华东师范大学出版社,1999:65.

及对教学有进一步体验和认知的基础上,反思这些已存在的教学范型本身是否合理,以及是否适用于自己的教学实践,助力自己摆脱"有知无思"的实然状态,走向"知而深思"的应然状态,进而实现自我超越。

第二,教师对自己已有教学观念和惯习的批判。教师除了对先在教学理论或他者教学模式进行反思批判,还应对其在教学实践中形成的教学观念和教学惯习进行反思批判。诚然,我们不能否定教师教学惯习和自己特有教学理论的作用,但教师作为具体的现实的人,其亲身参与的教学实践以及对教学的认知理解是极为有限的,在形式上碎片化而不关联。教师所形成的教学观念很可能只是一家之谈,既不能有效迁移到其他教学情境,也不能有效运用于其他不同类型的教学内容,甚至有碍于教学活动的深化与改善。教师的教学惯习有时会让教师陷入一种拒绝成长的消极怪圈,使教师缺乏灵敏的教学感受性,甚至在一定程度上导致教师教学的机械性和无意识性,并由此限制了教师获得更加丰富的教学经验的可能性以及教学实践革新的可能性。教师教学实践理性是打破教师故步自封的超越性力量,帮助教师教学认知关联化、系统化和逻辑化,并在此基础上对其进行批判性反思,使自身教学经验不断注入新鲜血液,教学惯习也间歇性得到更新,将改善教学实践与自我完善有机统一起来。

第三,教师基于自身教学实践经验的批判。前面已经阐述了教师教学实践理性的反思和批判的对象,这里还需要进一步明确教师的反思和批判的方式。教师教学实践理性来源于教师教学实践,脱离了教学实践这一活动场域,教师对教学的经验感知与理解也就不复存在,教师教学理性也就没有生存的土壤。同时,基于教学实践理性对教学进行改造使教学"向善而行"便难以产生,教师自身的专业发展也随之失去根基。教师教学实践理性不是在思想世界里对教学实践在理论层面"自圆其说",而是教师必须经历教学实践才能生发关于教学实践的批判反思。若成为一名分析实践者,就必须参与实践并对实践有所理解,否则就无法开展任何理性的探寻,唯有自身是实践亲验者,方能了解作为对象的实践与实践活动的对象,并把这种对象性实践作为整体进行批判性分析。[①]
由是观之,教师专业发展需要教师教学实践理性批判那些漠视教学实践
的虚假反思,助推教师不断地挖掘教学实践的丰富意蕴,并基于教学感
知、体悟和理解进行反思,从而促进教师自身教学智慧的提升以及教师
专业的可持续发展。

---

① 赫费.实践哲学:亚里士多德模式[M].沈国琴,励洁丹,译.杭州:浙江大学出版社,
2011:37,41.

第 23 篇

教师的教学理性与教学道德^①

　　"教学是师生之间以对话、交流、合作为基础进行文化知识传承和创新的特殊交往活动"②,作为教学主体的教师是有理性的存在者而具有教学理性。教师的教学理性不仅仅囿于教学的现象世界,即教师运用理性进行归纳、总结、分析、判断和推理教学现象,以把握"是什么"和"怎么样"的教学规律;还将理性运用于教学道德领域而回归本体世界,回答"应该如何做"的问题,进而促进教师的教学理性走向更高的层次——"道德善"。这既是康德实践哲学的复归和对其的承扬,同时也是新时代教师教学理性的本质要求以及对教学道德性重构的有效回应。

一、教师教学理性的内涵及构成

　　"理性"一词最早可追溯到古希腊哲学的"逻各斯"（logos）和"努斯"

---

① 本文发表在《教育研究与实验》2019 年第 3 期。

② 李森. 现代教学论纲要[M]. 北京:人民教育出版社,2005:6.

(nous)。"逻各斯"指的是自然的规范和规律,而"努斯"表示一种能动性、超越性和自发性。[①] 亚里士多德在此基础上提出了被动理性和主动理性,前者是指与感觉相联系的推理形式,后者是推理的纯粹形式[②]。康德则在亚里士多德和巴奈修对理性分类的基础上再次明确地将理性分为理论理性和实践理性。基于此,教师的教学理性是教师在教学场域中运用逻辑推理而形成的认识能力及其指导下的实践能力,它包括教学理论理性和教学实践理性。

(一)理性的构成:理论理性和实践理性

康德首次以对人的理性能力的批判为基础建立起了批判哲学,[③]并明确地划分了理论理性和实践理性各自的领域和范围。他以理性在不同领域的运用(理论与实践)和功能的不同(认识功能与意志功能)而将理性划分为理论理性和实践理性,认为理论理性只处理认识能力,诉之于人科学和经验的知识,其客观实在性依赖于直观经验;而实践理性则处理人的意志(欲求能力),具有作用于对象的实在性,[④]理性贯穿于人的意志行为和有目的的行为并起主导作用。理论理性的生成路径是从经验世界的现象和感性材料出发,再经过人自身的知性先天经验范畴的加工与整理,进而形成对现象世界的整体认知和把握,即归纳的过程。它关注的是事物本来"是怎样",是对世界的"描述"和"解释",关注的是符合自然律的必然结果。实践理性的生成路径则是从最高的道德原则出发,再运用到社会生活经验之中,并实现意志规定自己在现象世界的行动,即演绎的过程。它指向的是意志的规定根据,即面对社会现象而凭借理性规定自己"应该如何做"的问题,是对感性材料和经验事件的"加工"与"改造",追求的是符合自由律的必然原则。

---

① 邓晓芒.康德《道德形而上学奠基》句读:上[M].北京:人民教育出版社,2012:20.
② 冯契.哲学大辞典:上[M].修订本.上海:上海辞书出版社,2001:823.
③ 强以华.康德的形而上学革命[J].哲学研究,1996(4):46-54.
④ 康德.实践理性批判[M].邓晓芒,译.杨祖陶,校.2版.北京:人民出版社,2016:2.

（二）教师教学理性的构成：教学理论理性和教学实践理性

作为有理性的存在者，教师所从事的教学活动也必然蕴含并始终贯穿着理性，即教学理性。这一理性同样因其在教学的现象世界和教学的本体世界这两个不同领域的运用而呈现出不同的理性，即教学理论理性和教学实践理性。教师教学的理论理性是指教师对已经形成体系的教育学及相关知识的学习，以及将教学现象世界的感性材料纳入自己的知性范畴而形成对教学现象甚至本质的认识的能力，旨在解释和说明实然教学之状。教学由诸多教学要素构成，既包括教师和学生等主体要素，也包括课程、教材、教学设备等客体要素，这些要素之间的相互联结共同组成了教学现象。然而这种未经处理的现象是碎片化的、不成体系的教学表象，只有经过教师理性的加工、重组和内化，才能实现对教学现象的整体认识以及对教学规律的深度把握，否则教师的大脑就如镜面成像一般只是对教学现象的机械反映。教师教学实践理性，即教师运用自己的自由意志并遵循道德律而进行教学活动的能力，意在追寻应然教学之理想。教学是教师在由时间和空间的纵横坐标交织而成的二维时空里进行的具有动态性和情境性的活动，但教师作为有限理性的存在者而具有双重属性，即感性的存在和理性的存在。感性的存在决定了教师必然会受教学物理要素和教学情境等感性经验的影响而导致行为在逻辑上的不一致；理性的存在在实践（道德）领域则表现为教师运用自由意志的同时以道德自律为原则来摆脱经验和表象的束缚与控制，进而真正实现教学上的"应当"。

（三）教师教学双重理性的内在逻辑

在理论理性和实践理性二者之间的关系中，康德认为人只有一种理性，理论理性和实践理性只不过是在不同领域的运用，但同时认为实践理性是一种把理论理性（其目的是增进人的幸福）作为自己下属的一个环节而包含于自身之中，因而是对理论理性占有优先地位的更高层次的理性,①因为实践理性中的意志自由是人之所以为人以及为其人格尊严辩护的根本意义和价值所在。教师教学理论理性促使教师获得了教育学、心理学等学科知识以及教学知识和技能,这些作为教师和学生追求现世的幸福是必不可少的。但在实践领域,倘若这些只是作为教师追求幸福的手段而不为学生的道德性成长服务,那么仅仅凭借教师作为人的本能就能实现而不需要其所特有的理性。因此,无论在宏观层面的人格尊严和道德至上的意义上,还是在微观层面的教师道德提升和教学道德性的实现方面,教师教学实践理性始终优于教学理论理性。

二、教师教学理性与教学道德的关系

教学作为一项为人的事业,以学生道德人格的发展为终极目的;而作为人为的行动,则需要教师具备教学道德,即对教学行为进行善恶判断并以善指导行动的品质。教师教学理性不应仅仅停留在对感性教学现象的认识、教学经验的总结、教学知识的掌握以及对教学行为的合理性反思层面,更应将其上升到对道德这一更高层次的追求。

(一)教学理性以教学道德为指引

理性作为人所固有的本性其本身不是目的,而是达到人们所欲求的各种目的的手段,理性只有在目的达成的过程中才能进一步彰显出自身价值,否则理性就没有用武之地。目的本身有善恶性质和层次高低之分,这主要取决于个人或集体的现实性需要抑或是对至上德性原则的追求。教师作为有理性的教学主体,其教学理性的运用必然首先指向的是教学目标的实现,即使是教学工具理性,其中理性成分的量也是依据其与教学目标的吻合度为依据进行判断的,这无疑也为教师的教学活动指明了方向。

教学目标依据不同的维度可以划分为多种类型:依据时间可分为短

---

① 康德.实践理性批判[M].邓晓芒,译.杨祖陶,校.2 版.北京:人民出版社,2016:6.

期教学目标和长期教学目标;依据内容分为知识与技能目标、过程与方法目标和情感态度价值观目标;依据学科分类可分为语文、数学和英语等学科教学目标,这些都是教师教学理性所指向的同时也是最乐意和最容易实现的实用性目标。然而,所有这些目标都必须从属于至上的综合性目的,即最高层次的道德善,此时其他功用性的教学目标都将转而化身为实现这一最高目的的手段,因为只有道德善的引领才能促使教师的教学理性找到正确的方向并实现自身的价值与尊严,才能进一步真正地实现"以人为目的"的崇高教学目的。假使教师仅以暂时的和利己的功利性目标作为自身教学理性孜以追求的对象,而放弃或失去以道德为方向的指引,那么教师即使有教学理性也会失去对教学目的本身善恶判断的能力,进而坠入功利化的泥潭。所以,教师应在知识掌握和技能提升的基础上,以道德善为引领使其教学理性超越理论理性的局限而走向道德理性这一更高的层次,同时以其为出发点审视和反思教学目标本身的合理性和向善性。

（二）教学道德以教学理性为根据

早在古希腊时期,西方哲学家就主张理性在道德领域的主导作用,[①]康德继承了这一观点中的合理成分,但同时也对其不合理部分进行了清理、批判和改造,进而形成了与以往在其根本性质上不同的道德哲学。他强调道德是建立在自由意志的自我立法的基础之上的,是一种基于理性的道德自律。而以往的无论是理性派还是经验派的道德学说,无不建立在以上帝或宇宙等绝对精神为根据抑或是以经验对象为目的的他律基础之上,这些道德学说虽然都承认道德含有理性的成分,但始终将理性置于他律的奴隶之位而放弃了理性自身的能动作用。康德的道德哲学保护了理性在道德中的崇高地位和积极作用,同时更捍卫了人的尊严。

教师以理性将德性法则作为教学最高的原则来规约自己的自由意

---

① 刘清平."道德理性"是否可能?［J］.天津社会科学,2017(3):28－34.

志,这是在现实功利的教学目标以外的纯粹的善良意志,由于意志本身有实践的能力,故教师的善良意志会在教学活动中表现出来,进而实现真正的教学道德。被誉为"科学教育学之父"的赫尔巴特,其实践哲学思想虽然主要来源于康德,强调每个人都可以凭借自己的实践理性不受外界因素的干扰而独立自主地作出判断,进而是道德领域的"仲裁者"和"最高法官",[1]但他同时也吸收了英国经验派关于道德学说的观点而主张"意志、情感、道德和认知一样是观念联合的产物",并"提倡以认知为主要对象和途径的'主知说'"。[2] 影响所及,我国师德培养和道德教育皆以道德知识的获得为基础并辅之以道德情感的陶冶,抑或是以道德情感和理性的调和为主要路径。这种以教师的不稳定情感、个性化的喜好和掺杂了各种感性经验的"伪理性"为根据而表现出来的教师教学道德和教学道德性必然是"偶然的"和"失去灵魂的",换言之,教师教学道德会因此而可能是教师为了满足个人的私利或是服从他律的一种"伪道德"。事实也证明,教师教学的理论理性在道德知识上的获得,凭借经验对教学道德情境的分析、判断和推理无疑具有极其重要的作用,但对教师教学道德的提升并非能起到实质性作用。只有以教师的理性为根据,以教师的善良意志为前提,才能实现真正意义上的教师教学道德和教学道德性。

三、教师教学理性与教学道德的疏离

由于传统文化和思维惯性的持久影响,加之西方功利主义和幸福主义伦理学思想的传播,无论在教学实践领域还是在教学研究领域,人们都习惯于将教学理性和教学道德看作彼此相互独立的两个领域,也由此

---

① 肖朗,叶志坚.赫尔巴特实践哲学的教育学意蕴:以赫尔巴特与康德的思想关联为考察中心[J].中国教育科学,2014(2):127 – 143.

② 肖朗,叶志坚.赫尔巴特实践哲学的教育学意蕴:以赫尔巴特与康德的思想关联为考察中心[J].中国教育科学,2014(2):127 – 143.

导致了教学各种病象的丛生。

（一）教师教学理性与教学道德疏离之病象

当代教师专业发展领域和教学实践场域都提倡教师应重视、关注和回归教学实践，但同时也推动和固化了缺乏实践理性和实践的终极目的的实践主义独断论，①进而导致教学充斥着有理性"无道德"的技术理性和有道德而"无理性"的他律道德，二者的疏离使前者如"歧途亡羊"而落入工具主义的窠臼，后者如"无源之水"而成为他律道德的奴仆。

1. 有理性"无道德"：教学工具理性的充斥

伴随着科学技术的飞速发展以及社会对教学活动的功利性要求，②教师的教学理性也逐渐沦为工具理性并丧失了对"人是目的"这一终极教学目的的追求，从而改变了教学原本"向善"的性质和"培养人"的使命。虽然科学主义主导下的教学在某种程度上为教师教学理性的提升提供了技术支持，进而为教学功利化目标的实现加大了马力，但在没有道德作为方向指引下的教学理性促使原本作为目的的教师和学生沦为现代化教学技术的工具，同时还使他们成为各种目标达成的手段，最终导致师生变成没有灵魂的"行尸走肉"，教学则变成一个因利益而相互利用和厮杀的"格斗场"。

教师教学工具理性的最突出特点是教师只考虑达到教学目标的手段是否有效即"如何做"的问题，而不对教学目的本身进行善恶的价值判断，他们将自己看作一名旁观者而置身于教学目的的善恶之外，同时又束缚于教学经验现象之中。教师教学理性的工具化在教学实践中主要表现在两个方面：一是教师将自己当作实现教学目标和满足自身需求的手段。从历史的发展来看，教师首先作为一种谋生的职业而存在，它既包括教师作为个体的直接谋生也包括教育学生而有助于"类"的间接谋生，这些首先依赖于教学目标的达成。然而，由于社会和教育自身因素

---

① 曹永国.从实践主义到实践理性：教师自我专业发展的一个现代取向[J].南京社会科学,2014(7):122 - 127.

② 王健.教学实践理性及其合理化[M].南京:南京师范大学出版社,2009:92.

的影响,一方面教师首先要实现的教学目标并非由教师自主确定,另一方面在教育市场化的影响下,教学逐渐演变成实现利益最大化的活动并充斥着物欲和功利,教师为了获取更大利益而运用其教学理性以实现他定的教学目标和个人的私利,将其为人的价值与尊严置于身后进而使其成为自己欲望的工具。二是教师将学生看作完成任务和获得利益的手段。在技术主义和主知主义的长期主导下,现代教学往往将知识和技能的获得、能力的发展作为教学的主要目标,而忽视学生在道德上成长为完人的终极目的。在此背景下,教师则将学生当作储存知识的容器以及被统治和控制的工具,以完成已定的教学任务进而满足自己对欲求客体的需求,在教学实践操作层面体现为教师教学过程的程序化和对学生评价的单一量化等,从而使教师枉顾了其为"人师"的道德责任。这种失去道德支撑和引领的教师教学理性无疑催生了教学的异化和助长了教师与学生的"去人"化。

2. 有道德"无理性":教学道德他律的桎梏

道德有两个层次:一是从动机的角度看出于义务的道德。二是从结果的角度来判定的合乎义务的道德。这里的道德主要指后者,它只考虑教师教学行为与道德规范之间"符不符合"的结果,而不考虑它"何以如此"的动机,即是出于理性规约的自由意志还是某种现实性的利益,不管教师的教学道德行为凭何为据,只要在现象中表现为合乎教学伦理规范的教学行为都称之为道德的。然而,这种不以理性为根据,不以道德法则为行动准则,而是建立在服从外在的道德规范或是对个人现实利益追求之上的教学道德都是"伪道德"或是"非道德",相比于真正的教学道德要低一个层次,只是走向更高层次的教学道德的一个台阶。

在依法治国背景下,教育领域强调依法治教和依法执教,教师的教学活动首先应在《教育法》等法律所许可的范围之内,以保证教学的基本运行和学生获得一般性的发展。然而,法律在为教学提供基础和保障的同时,也不可避免地带来了消极影响,即强化了教师教学的他律惯习。随着教师教育教学质量的提升以及教师准入制度的逐步健全,教师的教学道德水平也在不断提高,但在这种道德声誉的外衣之下,却暗藏着不同的动机:一是来源于本体世界的道德自律——德性法则,它是从教师教学动机出发的基于善良意志的实质性道德;二是来源于经验世界的道德他律,如道德情感、道德规范以及欲求客体等,是与教师职业道德规范不相违背的在教学行为结果上的形式道德。反观当前的教师教学道德现象,则以后者居多,只是在表现形式和程度上有所差异。一方面,教师以教学伦理规范为行为准绳,教师肩负"教书育人"的崇高使命,对学生道德人格的培养更是不得怠慢,这在一定程度上提高了对教师教学道德的要求,而教师往往由于惰性和工作压力等主客观原因不愿"费力"提高自身的道德修养,认为只要行走于教学伦理规范的边缘不僭越就是道德的,从而将自己的理性当作了摆设。另一方面,教师为追求个人的利益而"委曲求全",在社会加速转型和功利主义的影响下,教师从事教育事业更多的是为了追求自己的利益,为了满足自己在感官上的快乐或是更加长远的现世幸福,比如获取更多的报酬或者更高的社会声望而选择服从教学伦理规范。此种情况下的教师教学道德虽然含有理性的成分,却是对其的利用而不是运用,也就是说教师将其理性当作实现自己利益的手段,而不是用作教学道德的提升。

（二）教师教学理性与教学道德疏离之病

因受历史和现实、文化和制度等多重因素的交叉影响,当前教师的教学理性和教学道德表现出分道扬镳之病症,即教师教学理性面临着缺乏善恶价值引领的困境,教师的教学道德则遭遇缺乏理性根基的窘境。究其原因,主要有三。

1. 中国传统伦理思维的固化

中国传统文化积淀着中华民族最深沉的精神追求,包含着中华民族最根本的"精神基因",优秀的传统文化不仅铸就了历史的辉煌,而且在今天仍然充满着思想的力量。[①] 然而,任何事物都是辩证的,中国传统文

---

① 刘奇葆.大力推动中华文化走向世界[N].光明日报,2014 – 05 – 22(3).

化在闪烁着思想智慧光芒的同时,不可避免地带有历史的和民族的局限性。中国传统的伦理思维以儒家伦理思维为核心,其对道德的培养是建立在人固有的"善端"和情感基础之上来实现的。在思维方式上更多体现为直接给予既定的"道德定律"进行道德说教,以及从后果的角度来解释道德教化的作用,而缺乏对道德原理的阐明与论证。即使有形而上的思维方式论证,①也仅体现为从小家之"孝"进而上升拓展至大家之"忠"的情感迁移,也即在范围上由家至国的垂直式,在内容上由内及外的平行式"推类"的思维方式,比如被视为世界各国文明都一致承认并奉为"金规则"的"己所不欲,勿施于人"的"推己及人"道德原则,②在儒家伦理思维方式的羁绊下,同样难以摆脱说教和教化的命运。康德认为:"它绝不可能是普遍法则,因为它既不包含对自己的义务的根据,也不包含对他人的爱的义务之根据,最后也不包含相互之间的应有义务的根据。"③即是说这一原则是建立在感性的情感而非理性的法则之上的,进而甚至可能走向它自身的反面而成为不道德的。这种传统的根深蒂固的伦理思维方式波及社会生活的各个领域,透视教育场域的道德,教师的专业道德和教学道德无不是在各种职业道德规范的统治和规约下"萎靡不振"的,它所带来的是教师教学道德失去理性的根基,使教师和学生成为自身难以证成的道德教条的盲信之徒而失去人的自由与尊严。

2. 教育和教学管理的科层化

我国历来有"以吏为师"和"学而优则仕,仕而优则学"的"官师合一"的官本位传统,加之一直以来的大班额的教育现实,教学主要实行的是科层化的行政管理体制,其组织结构是由下至上的"金字塔"式分层结构,④即根据权限对教学内部进行职责分层、权利分等、各司其职的管理方式。科层制教学管理下的教师和学生个体均处于管理链上的一个微

---

① 吴克峰.《周易》与儒家伦理的思维方式[J].道德与文明,2006(2):24-27.

② 邓晓芒.全球伦理的可能性:"金规则"的三种模式[J].江苏社会科学,2002(4):1-6.

③ 康德.道德形而上学奠基[M].李秋零,译注.北京:中国人民大学出版社,2013:51.

④ 周建平.生态式管理与教学管理制度变革[J].教育理论与实践,2004(2):52-55.

不足道的一环,最终受到来自最高权力阶层的管理。其中教师受到来自校长、教导主任和教研组长等的管理,学生则主要受教师、班长和小组长的管理,在这种层层控制、级级施压的行政化教学环境下,教师和学生主要学会的是服从,无条件地服从权力比自己大、职位比自己高的"上司",从而将自己的理性和理性命令下的意志自由抛之脑后。在教师道德及其教学道德方面,教师无不受到《教师法》的控制和教师职业道德规范的约束,即使社会上实施的以为广大教师树立道德榜样的"最美教师"和"十佳教师"的评选活动,也仅是为教师提供模仿和学习的模板,鼓励教师学习榜样外化的道德行为,而并没有向教师说明榜样中的理性原型,此时教师的学习是一种变相服从,其教学道德也是一种变相他律。教师这种只有盲目服从而非出于理性的自我立法的教学道德,本质上服从的是利益,是没有理性、没有自我的规范约束,不是真正意义上的道德。

3. 教师教学实践理性的缺位

这里的实践理性专指康德意义上的道德理性。当前无论是教育研究领域,还是教师专业发展领域,抑或是教师教学实践领域,都大力提倡要注重实践理性。然而,这里的实践是指教育教学活动,是教师所从事的教学活动和与教学有关的行为。实践理性则是从教学现象和问题出发,以建构理想中的"应然"教学活动,说明教学"何以如此"以及"如何行动",其价值在于理念地建构教育行动及其结果,最终指导教育实践,具有"实用功能"。① 更多指向教学理论在教学实践中的合理与有效运用,使其作用于并改进教学实践,虽然其中含有理性的成分,同时也回答了教学"应该如何做"的问题,但它特指的是理论理性在教学实践中的应用,即应该如何做更有效、更有现实价值,而不是在道德实践领域"应该如何"的问题。前者是教育理论和实践近来比较关注的议题,但却忽视了后者对前者的统摄与价值导引作用。由此,教师的教学理性也多是教

---

① 李太平,刘燕楠. 教育研究的转向:从理论理性到实践理性:兼谈教育理论与教育实践的关系[J]. 教育研究,2014(3):4 – 10.

师运用其理论理性来关注教学现象、分析教学情境、把握教学规律,以更好地服务教学实践,从而使学校忽视了对教师在教学道德理性方面的培养,以及教师自身对其教学道德理性发展的忽视,进而导致教师教学实践理性的缺位。

四、教师教学理性与教学道德的链接

教师的教学理性统归于教师的教学道德之中,教师的教学道德则导引着教师的教学理性,二者本是相互依存、不可分割的统一体。因此,针对当前二者相互脱离之现象,应将二者有机链接,以实现教师教学理性有所指和教学道德有所依的教师教学实践理性。

(一)教师教学实践理性的启蒙

我国历史上的几次思想启蒙都"没能超越一般的思想呼吁的层面,没有找到直接从根基上触动这些自在的文化基因的方法和途径"①。反思其原因,主要是我们仅仅注重启蒙的功用价值,即把它当作救亡图存的一种手段,而并未以人为目的而将其作为对人性的解放,对理性本身的启蒙。② 由于传统思维方式的囹圄以及启蒙的不彻底,教师的教学理性思维至今也仍在原始的思维怪圈中挣扎。所谓启蒙,即走出自我封闭的状态,以人的理性而不是激情为基础,因而对教师教学理性及其思维方式进行启蒙显得尤为重要。

首先,以理性作为教学道德的基点。理性的职责是依据德性的最高原则对自由意志进行自我立法,运用自己的理性约束自己的意志而实现道德自律,只有出于意志自由的且受到自己理性的命令才是真正意义上的自由。所以,教师应转变以往的认为道德就是行为符合道德规范,以及道德自律也是在道德规范条目下的自律这一传统封闭的思维方式。教师在教学中要善于运用理性并从最高的道德原则出发,为自己的道德

---

① 衣俊卿. 现代化与日常生活批判[M]. 北京:人民出版社,2005:336 – 337.
② 邓晓芒. 康德《道德形而上学奠基》句读:下[M]. 北京:人民出版社,2012:569.

选择进行正确的善恶判断,而不是屈从于现有的道德规范,或以变化多端的喜好为依据进行所谓的道德实践。前者条件下的教师教学道德是实质意义上的教学道德,即出于善良意志的道德;后者情境下的则是虚假的教学道德,即仅仅是结果的合乎道德。其次,运用理性进行道德准则的论证。长期以来,我们习惯于并一致认为道德理性是道德主体在掌握道德知识的基础上分析道德情境、进行道德判断和推理,进而确立自己的行为准则的理性能力。① 虽然此种道德判断也经过理性仔细严谨地推敲,但在很大程度上它是以感性材料和临时情境为依据的,具有效用的临时性和个人的偏好性等特点,会在一定程度上出现"一千个人有一千个道德原则"的尴尬境地,甚至会导致走向道德的相对主义。教师运用理性对其秉持的教学道德原则进行论证也需要遵循严密的逻辑,教师首先判断自己在教学中所青睐的道德原则是否具有普遍性,即对每一位学生和在任何情况下都适用,然后看它是不是以学生的人格为目的,再看它是否出于自己的自由意志而立的法。

(二)教师教学实践理性的制度保障

伴随着"立德树人"教育根本任务的提出以及对"四有好老师"等师德师风的倡导,教学的伦理制度也在应需革新。然而,现行的教学伦理制度仍然沿用的是教学伦理和道德条目的规范制度,虽然在形式上既包括积极的方面,也包括消极的方面,前者指除规则禁止以外的有所为,后者指除了许可以外的有所不为,但内容上也仅是在规范的框架和具体的条目上进行了些许的调整和完善,在其本质上并没有改观。就教师教学道德的自由方面而言,还需要进一步调适,也即是说教学制度应满足教师的教学道德是从自己的自由意志出发的,且基于教学理性建立的道德法则,并始终如一地以此来审视自己的教学行为。

首先,教学伦理制度的理念从注重被动转向主动。制度一般倾向于被动性的控制,更有利于教学的高效运转和秩序的维持,但是教学伦理

---

① 杨宗元.论道德理性的基本内涵[J].中国人民大学学报,2007(1):85-90.

制度作为对具有能动性的教师的教学道德的引导,则更应该注重的是教师在教学道德方面的主动性,因为它在性质和功能上均不同于其他一般的教学制度,指向的是教师个体的主动性,教师对其专业身份的认同性以及教学道德上的自律性。如果仅以控制的方式防止教师教学道德越界,只会促使教师教学理性的缺失和主体人格的丧失。其次,教学伦理制度的形式从封闭走向开放。当前的教学伦理制度多是从大量的经验中归纳总结而形成的多项规范条例,囊括了大多教学实践中出现的以及可以直接使用的规则,但这种封闭式的制度规范是任何经验事实的总结都难以穷尽的。一旦遇到规范以外的特殊事件,教师就很难以合乎理性、合乎逻辑和合乎道德的方式去处理。因而,只有以开放的方式设计教学伦理制度,即在不违背教学道德的情况下,允许教师基于自身理性建立具有普遍性的道德法则,这样既保证了教学的道德性,也承认和保护了教师的教学理性。最后,教学伦理制度的内容经过逻辑的论证。综观教师职业道德规范的内容,皆是对"教师应该"和"教师不得"的道德要求,而未曾有对其原则进行原理的阐释和证明,以至于教师始终处于"日用而不知"的"未开化"状态。对教学道德原则进行理论上的论证有助于训练和提升教师的理性,比如论证"关爱学生"和"为人师表"是教师对学生的完全义务,"终身学习"是教师对自己同时也是对学生的完全义务等,从而促进教师在教学的各种道德情境下均可以运用自己的实践理性,进行道德的判断、意志的自我立法以及德性原则的践行。

（三）教师教学实践理性的自我养成

在日常教学活动中,由于传统思维的惯性、教学伦理制度的规约、教师自身的惰性等多方面的束缚,教师往往弃其理性不用而致使其实践理性的缺位。事实上,教师教学实践理性是教师教学理性与教学道德的有机结合体,也是教师教学自由及其人格尊严的最集中体现。教师作为理性存在者,应有意识地摆脱教学外部条件的影响,尽可能地克服自然因果律的他律钳制,自主追求基于意志自由的道德自律。教师应积极主动培养自身的教学实践理性,一方面要知道自己"应该如何做",另一方面更要理解"为何应该这样做"。

首先,以外在的教学伦理规范"抛砖引玉"。教师未曾受到实践理性的训练或是已经习惯了他律的方便以及心灵已经受到恶的侵染时,需要外在的教学伦理规范以作牵引,以保证教师的教学行为"不越轨","不过一旦这种机制、这种管束产生了一些效果,那么纯粹的道德动因就必须被完全带入心灵"。① 就必须向自律的阶段发展,使教学道德法则作为自己唯一的教学道德动机。未经理性检视的教学伦理规范始终是他律性质的,教师容易受到各种教学经验条件的限制以及个人利益的诱惑,故教师要积极并善于运用理性将教学道德的他律转化为自律,严格并一贯持久地遵循教学道德律的原则,以最高"善"为教学目标的同时满足自身在教学中的道德性追求,②进而实现真正的教学道德善。其次,养成对教学道德律的敬重感。这种敬重感是出于对教学实践理性本身的敬重而非对他律的道德规范或是出于对自己利益的考虑而产生的敬重感,敬重感是由教学道德律引起的,而非是教学道德律的根据。教学道德律之所以会促使教师对其产生敬重感,是因为其本身会让教师感受到他自己的人格尊严,同时能够为教师的内心提供一种出乎其意料之外的力量,教师教学道德敬重感的养成反哺对教学道德律的恪守。再次,明确自身的价值和"育人"的责任。教师首先是人,具有人的价值和尊严,而教学的终极目的也是人,即人性的完善。教师不能把自己和学生仅仅当作手段,而应同时当作目的,只有如此,教师在教学的全过程中才能始终如一地坚守内心的道德法则,始终为学生的学习和人格发展服务,充分洞悉和彰显教学道德性的育人功能。

① 康德.实践理性批判[M].邓晓芒,译.杨祖陶,校.2 版.北京:人民出版社,2016:188.
② 李森,高静.论教学道德性的内涵及层次[J].教育研究,2019(4):107 - 113.

第 24 篇

教师教学道德决策的意蕴、特征及实践策略①

　　教学的根本目的是教学生成人、成事。这既是教学教育性的体现,也是立德树人的根本之所在。从这种意义上讲,教学就是一种道德活动和道德努力。② 由于其内在于活动自身的善,可以说,教学就是麦金泰尔意义上道德的实践③,它是一个以善至善的过程。作为决策者的教师,其所做的每件事几乎都充满着道德的分量并关乎学生的利益。④ 但已有研究表明,教师在教学工作中,面临着诸多道德困境,教师对此并无明确意

　　① 本文发表在《课程·教材·教法》2018 年第 4 期。

　　② HANSEN D T. Teaching as a moral activity[M]//RICHARDSON V. Handbook of research on teaching. 4th ed. Washington,D C:American Educational Research Association,2001:828.

　　③ 程亮. 教学是麦金泰尔意义上的实践吗? [J]. 教育研究,2013(5):119 – 128.

　　④ 周坤亮. 教师专业伦理决策研究[D]. 上海:华东师范大学,2016:8.

识①,对道德困境的解决准备不足②,教师道德决策能力有待提升,教学决策活动迫切需要伦理观照③。目前,国内关于教师道德决策的相关研究质量较高但数量缺乏,且主要是基于广义的教师专业实践的视角。本研究拟从微观层面的教学实践出发,探究教师日常教学中面临的诸多道德困境,教师教学道德决策的实践策略及其影响因素,揭示教师教学道德决策的内在机理,从而为教学道德性的生成及教师道德决策能力的提升提供一定的参考和借鉴。

一、教师教学道德决策的意蕴

(一)教学道德困境的界定与类型

教师教学道德决策是教师在面临教学中的道德困境时所作出的判断与选择。道德困境通常被称为道德冲突。柯尔伯格最开始利用虚拟的道德困境来测试儿童的道德判断能力,进而提出儿童道德认知发展的三水平六阶段理论。这里的道德困境是一种在道德价值上互有冲突的两难选择困境,也即传统意义上狭义的道德困境。而在教育学中,我们通常使用广义的道德困境概念,即任何带有道德特性的困难或问题④。因此,教学中的道德困境从广义上讲,既包括狭义上的道德两难问题也包括非两难的道德问题,即教师在教学活动中所面临的,任何与学生有关的,带有道德特性的困难或问题。而道德的特性就在于道德是一种以善恶为标准的价值判断,其实质是对各种利益关系的协调。同时,它是一个以善至善的过程,最终要导向人的幸福生活。因此,教学中的道德问题便是教学过程中,需要教师围绕"什么是真正为了学生好"这一目的而进行

---

① JOSEPH P B,EFRON S. Moral choices/moral conflicts:teachers' self – perceptions[J]. Journal of moral education,1993(1):45 – 49.

② NONA N. Dilemmas of knowing:ethical and epistemological dimensions of teacher's work and develop – ment[J]. Harvard educational review,1990(60):159 – 181.

③ 凌鹏飞.教学决策的伦理诉求及其实现条件[J].中国教育学刊,2017(6):46 – 51.

④ 罗肖泉.社会工作伦理教育研究[M].徐州:中国矿业大学出版社,2005:85.

价值判断的问题。它需要教师协调好教学中相关主体的利益需求,它关涉是否以善的手段来达成为了学生发展这一善的目的。它的解决需要作为决策主体的教师,借助某种价值理据,以善恶为评价标准对问题进行价值判断。但这一价值判断是以对教学科学性的客观认识为前提的,因此,教师的判断是事实判断与价值判断的统一。

教学的核心要素是教师、学生、教材,在教学过程中教师与学生是以教学内容为中介进行着以促进学生发展为目的的特殊交往。[①] 因此,教学中的道德冲突从教学实践的主体利益关系来看便主要体现为师生之间的道德冲突。日常教学中教师需要应对的道德冲突主要包括以下四个方面:一是师生之间的利益冲突。当教师自身的利益与学生的利益发生冲突时,教师需要在维护自己的利益还是坚定地维护学生的利益之间作出判断和选择。这也可以理解为教师职责与教师个人利益之间的冲突,这种冲突主要由教师角色的多样性所决定。如在教学准备阶段,教师对教学内容的选择到底是以便于自己教学还是以为了满足学生的需求为标准。二是师生之间的直接冲突。师生之间的直接冲突主要体现为师生之间课堂上的语言冲突。[②] 当教师感觉自我的权威或者“师道尊严”受到挑战,或者学生感觉教师未给予自己足够的尊重或“面子”时,如果教师不能理性地对待和处理学生对自己的“挑衅”,冲突就有爆发的可能。三是教师平衡不同学生利益的冲突。到底是为了绝大多数学生还是应该照顾到有特殊需求的学生,这是教学过程中突出的道德冲突,对教师自身而言则是一种价值冲突,它突出体现在公正与关怀的矛盾之上。四是其他相关主体与学生利益之间的冲突,如学校的管理制度及量化考评与学生利益的可能冲突。这些冲突从道德价值分类来看,又可以分为两大类。一是善与恶的冲突。这种冲突需要教师对什么有利于学生的发展,什么不利于学生的发展作出价值判断与选择。二是善与善的冲突。

① 李森.现代教学论纲要[M].北京:人民教育出版社,2005:90.
② 王晓莉.西方视野中的教学道德冲突研究[J].中小学德育,2014(12):10 – 13,17.

这种冲突主要表现在两种或几种正向的价值观的冲突,如公正与关怀之间的冲突,这种冲突需要教师进行一定的价值排序。道德冲突的产生与主体的道德认知能力、道德境界有关,还与环境中的文化、组织结构等因素密切相关。①

(二)教师教学道德决策的概念与内涵

《辞海》将决策定义为:人们在改造客观世界和主观世界过程中,以对事物发展规律及主客观条件的认识为依据,寻求并决定某种最优化目标与行动方案。② 可见,决策是一个动态的思维活动过程,它是意识与实践的桥梁。而道德既包含道德的外部规范,也指向个人的道德品质与价值取向,道德的本质是对利益关系的协调,其终极目的是要促进人的幸福生活。因此,教师教学道德决策是指教师在教学这一道德性实践过程中,为解决特定的道德问题,依据一定的道德规范,借助某种或某些价值理据,结合自身及教学情境中的主客观因素,作出道德判断并选择道德行为方案的动态思维过程,在这一过程中实现着师生的共同发展和以精神自由为前提的德性生活的构建。简单地说,就是教师在教学过程中,为解决教学中的道德问题而作出的决策。它的目的是产生道德实践,解决道德困境,从而提升教学的道德性,最终实现人的发展。面对道德困境,教师或凭经验性的道德直觉快速作出即时性道德决策,或经过审慎思考而作出决策,决策的过程是内隐而复杂的,其影响因素也是多样的。因此,教师教学道德决策由即时性道德决策与系统性道德决策共同组成。前者依据的是道德直觉,后者主要依据实践理性。相关实证研究结果表明,对环境的敏感度可能引发认知过程的自动化③,经验丰富的教师对教学情境都很熟悉,因此教师通常不需要慎重的推理而依据道德直觉

---

① 李琰. 义务教育阶段教师专业实践中的伦理困境研究[D]. 重庆:西南大学,2014:49-68.

② 辞海编辑委员会. 辞海[M]. 上海:上海辞书出版社,1999:1046.

③ Walker J S. Choosing biases,using power and practicing resistance:moral development in a world without certainty[J]. Human development,2000(43):136-156.

迅速地作出判断与选择。教师个体在进行直觉式的道德判断时,主要依靠的是道德惯例。道德惯例是教师的道德认知与道德行为之间多次联系后的加强与固化,从而使得决策的过程逐渐由"有意识"变为"下意识"。因此,教师的教学道德直觉并没有游离于理性之外,有效而系统的道德认知是产生道德直觉思维的前提。① 但只凭经验的直觉式道德决策也容易带来决策不当的后果,教师在教学中特别是在面临一些棘手的问题或计划性工作时,更需要教师基于实践理性,进行系统的思考与判断,从而作出理性的决策。由于道德困境大量存在于教学过程的各个阶段,教师教学道德决策也广泛地存在于教师教学准备、教学实施、教学评价的全过程之中。教学目标、教学内容、教学方法的设定与选取是教学准备阶段教师教学道德决策的主要内容,它具有很强的预设性。教学实施阶段的道德决策是教师在课堂教学过程中,在与学生的互动交往中而产生的道德决策,即时性是这一阶段决策的主要特点。教学评价阶段的道德决策是教师依据一定标准对学生的学习效果进行事后评价时所作出的道德决策。决策是一个内隐的思维过程,教师教学道德决策的结果主要通过教师的教学行为及其后果得以体现。

教师教学道德决策过程包含两层含义。首先,教师教学道德决策的内容是教学过程中与学生相关的道德问题,教师需要对这些问题进行价值判断与选择,决策的主体是教师。由于基础教育阶段的学生认知水平的局限,教学过程主要是教师指导学生学的过程。儿童特别是低龄段的儿童具备很强的向师性,教师的一言一行都可能给孩子的身心带来极大的影响。这些因素决定了教师需要以善恶为标准进行审慎的主体价值判断,这种价值判断的直接目的是想出方案、解决问题,使教学得以顺利开展,其终极目的就是"促进学生的发展"。道德产生的目的便是协调人与人的利益关系,因此,教师教学道德决策的前提与基础还是对利益的

---

① 彭凯平,喻丰.道德的心理物理学:现象、机制与意义[J].中国社会科学,2012(12):28-45,206.

衡量,善恶标准在根本上表现为利益标准[①],决策者教师考虑的核心问题就是"什么是学生的最大利益"。现实教学中,教师对这个问题的理解不同,会作出不同的道德决策并外显为不同的教学行为。当教师及其他主体的利益与学生的利益发生冲突时,教师又会基于自身已有的道德水平,在对利益、责任与道德理想的权衡中作出现实的决策。通常,教学的道德信念越坚定的教师越能清晰地意识到自身的道德责任,并坚守自己的道德理想而在决策时更坚定地维护学生的利益。相反,教师则容易更多地考虑自身及其他主体的现实利益而放弃学生的利益。

其次,道德决策的独特之处在于对决策本身的道德辩护[②],教师教学道德决策本身需要进行是否合德性的价值判断,这一判断的主体为教师、学生、同行、专家、教学管理者等相关决策主体。因此,教师教学道德决策本身的德性包括两层含义。一是教师教学道德决策要符合相关的道德规范,它既包括一般的社会道德规范,也包括教师作为专业人士需要遵守的职业道德规范。二是教学道德决策的主体及相关主体要具有德性,教师的德性是保证决策道德性的关键。亚里士多德认为,"人的德性是那种既能使人成为善人,又能使人圆满地完成其功能的品性"[③]。教师教学道德决策的德性主要取决于决策主体自身的德性,其中最关键的是教师的德性。由于道德本身意味着实然与"应当",教师自身的道德既包括教师现有的道德水平,也包括教师的道德理想,因此,教师教学道德决策便有实然与应然的层次之分。教师在面对教学道德困境,进行道德判断并选择一定方案时,以底线道德为最低标准,这种底线与教师的义务紧密联系,它体现为教师对外部道德法规的遵守。同时,教师的道德判断与选择应以对"德性人"的追求为最高标准。德性是教师道德决策的终极目的与最高理想,它是教师道德义务的根源。教师对教学道德决

①　罗国杰.伦理学[M].北京:人民出版社,2011:378.

②　苏启敏.教师专业道德决策:概念、依据及实践推理[J].教育研究,2015(1):90-97,107.

③　亚里士多德.尼各马可伦理学[M].廖申白,译.北京:商务印书馆,2015:译注者序.

策的德性的追求源于自身道德品质与理想人格的完善与追求,是教师对自身想要成为一个什么样的人,自身想要过一种什么样的幸福生活的终极哲学追问。

二、教师教学道德决策的特征

国内相关研究表明,面对道德困境,教师会对利益、职责、德性三者进行衡量并依据其中之一作出决策。① 而实践考察发现,利益、职责与德性并非截然分离的因素,真实的教学实践中,教师并不仅仅依据单一的理据作出决策,道德决策通常是两者甚至三者交织的结果,只是这些动机中通常有一个处于主导地位,并对教师决策及其行为起着支配作用。教师教学道德决策具有复杂性与整体性、主观向善性与实践指向性、预设性与动态生成性等基本特征。

(一)教师教学道德决策的复杂性与整体性

教师教学道德决策的过程是教师自主、自觉的判断与选择过程,这既是在理智指导下的选择,也是情感与情绪的选择,理智与情感的适应与合作,才可能使决策产生良善的结果。② 教师教学道德决策的复杂性与整体性由决策影响因素的多样性与决策过程的主观内隐性所决定,它是主客观因素共同作用的结果,这一过程是综合的、整体的,而不仅仅由某个单因素所决定。

首先,教师教学道德决策的过程是教师自主、自觉判断与行为选择的过程,教师的道德信念是教师教学道德决策的关键。道德信念的养成是教师在长期的教学实践中,基于深刻的道德认识、笃定的道德情感、果断的道德意志而形成的,它是教师道德人格的标志。决策的过程既是教师对教学实践中道德问题的理性思考,也是教师基于自身道德情感的倾向

---

① 周坤亮.教师专业伦理决策研究[D].上海:华东师范大学,2016:8.
② 李森,高岩.教师教学决策的情感机制与实践策略[J].课程·教材·教法,2012(10):14-20.

性选择。几者相互交织、相互作用,共同影响着教师的道德信念及人格养成,进而决定着教师教学的道德决策。具体表现在以下几方面:第一,道德认识是道德决策的基础。道德认识是个体对道德现象、行为规范及其意义的认知。教师只有充分认识教学中的善与恶、教师的道德义务与道德规范,才能明确道德决策与实践的方向。第二,教师的道德情感是道德决策的重要影响因素。它会加强或者弱化教师的道德认识,从而影响教师的道德决策。教师的认识总是受到相应情感体验的"映射",进而形成教学决策的意愿或态度。[①] 但教师的道德情感并不是一种理性无涉的价值依据,而是一种有意识的理性的情感。[②] 它是个体对于客观的道德事实、现象是否符合主体需要的一种情绪体验,道德认知只有在道德情感上得到认同与共鸣才会促使教师作出符合德性的决策,进而转化为教学道德行为。教师只有经常对自身教学的德性进行有意识的反思,才能产生积极的道德情绪体验,道德情绪不断积累与强化进而产生稳定的道德情感。积极、稳定的道德情感又进而强化正确的道德认知,不断被强化的道德认知又能激发稳定的道德情感的产生,两者相互促进、共同作用,进而促使教师道德意志的产生。第三,教师道德意志是教师道德人格形成的关键。没有坚强的道德意志,就不能在教学的道德实践中克服外部障碍,从善弃恶,作出正确的决策。教师的道德信念是教师道德人格的体现,它由教师在长期的教学实践中对教学的道德认知、道德情感、道德意志共同作用、相互影响而形成。

其次,教师教学道德决策还要受到诸多外部因素的影响。人本质上是社会关系的总和。教师的决策需要考虑到学生、家长、学校、社会等多方面的因素。道德的心理物理学研究表明,即使微小的情境,如物理变量的改变也能改变人类的道德行为,所以康德所言的纯粹实践理性是不

---

① 李森,高岩.教师教学决策的情感机制与实践策略[J].课程·教材·教法,2012(10):14-20.

② 靳玉军.教师职业道德提升的实践机制[J].高等教育研究,2014(9):44-49.

存在的。① 道德决策的外部因素主要包括以下几方面：一是考试与外部的量化评比因素。这是影响教师教学道德决策的主要外部因素。受功利主义思想及工具理性的影响，许多学校将教学业绩作为评价教师优秀与否的唯一依据。二是教师所处的学校制度文化。学校制度建设在导向教师职业道德发展时，没有充分考虑教师的应有权利和利益，给予教师足够的理解和尊重。受传统文化"圣人"形象的影响，一味地以崇高的理想道德来要求与约束教师，教师成为在量化考评与理想道德的夹缝中生存的人，教师的主体性难以彰显。三是学生的个性特征等个体因素。学生的成长背景、个性特征、思维品质、言行方式等各不相同，如对问题学生的教育，有的学生适合教师一针见血、单刀直入式的指出其问题，性格敏感的学生却需要更温和地对待。教师在决策过程中，只有充分考虑到学生的个体差异，才能更好地因材施教。另外，当前开放、多元、竞争、功利的社会价值观及社会现实也会给教师的道德决策产生一定的影响，使得教师容易急功近利，而放弃道德决策的德性。

（二）教师教学道德决策的主观向善性与实践指向性

首先，教师教学道德决策的主观向善性是由教学道德冲突的特性所决定。师生共同体不是群体利益博弈的场所，教师的行为主要是为了促进学生的发展，是建立在共同价值追求之上的有机系统。② 因此，师生之间不存在利益根本不一致、不可调和的道德冲突。教师道德决策的目的从主观而言主要是促进学生学习的发生，同时也指向教师自身的发展，这其实是师生从"此在"出发，共同构建一种可能的德性生活的过程。"无人故意为恶"，作为学生的引领者的教师绝不是主观上的"故意为恶者"。其次，教师教学道德决策的情境依赖性与实践指向性由教学、道德的双重实践性及决策的实践指向性所决定。一方面教师教学道德困境总是具体教学过程中的困境，教师教学道德决策是教学实践过程中的决

① 彭凯平，喻丰.道德的心理物理学：现象、机制与意义[J].中国社会科学，2012（12）：28－45,206.

② 罗国杰.伦理学[M].北京：人民出版社，2011:54.

策。道德的实质是一种实践精神,它不仅是价值,还是实现价值的有目的的活动,其目的是为着人类自身的完善。[①] 另一方面决策虽然是一种思维活动过程,但决策的目的是为了产生相应的行为,去解决特定问题。决策的结果将成为下一步行动的依据,它是意识与实践的桥梁。

（三）教师教学道德决策的预设性与动态生成性

首先,教师教学道德决策具有很强的预设性,这由教学的育人目标所决定,并突出体现在教学设计的教学道德决策上。教学是有着明确目的性的实践活动,教师教学的终极目的就是要实现学生作为独立个体的全面而自由的发展,在当下则体现为对学生核心素养的培养,具体到某一学科、某一单元、某一堂课,都有其具体的教学目标。而教育教学目标主要是通过教师的课堂教学得以实现,课堂教学科学性的关键则在于优化课堂教学,这包括对教学目标、课堂结构、教学方法和教学环境、教学评价等的优化。这就意味着教师要坚持以学生的多维发展为主旨,以促进学生的"学习"为中心,在教学设计中对某一单元、某一节课,从目标的设定、内容的整合、方法及手段的选取、内容的实施及预期的效果等进行理性思考。其次,教师教学道德决策具有动态生成性。决策的动态生成性是由教学对象的特殊性、教学活动的复杂性、决策主体的能动性所决定。中小学教师面对的是身心均在成长中的未成年人,具有极大的可塑性。另外,教学是一种基于师生特殊交往的实践,具体的教学情境总是处在不断的动态发展与变化之中。即便是同一个教师,面对相似的道德困境,具体教学情境不同,也会对他的决策产生不同的影响,从而作出不同的决策。最后,教师教学道德决策的过程是教师自主、自觉的判断与选择过程,教学过程中教师作为教的决策主体、学生作为学的决策主体,彼此在互动中实现着相互的调适与主体的自我建构。

---

① 罗国杰.伦理学[M].北京:人民出版社,2011:54.

三、教师教学道德决策的实践策略

瑞士学者奥泽在 20 世纪 90 年代初即与其团队对"教师在道德困境中如何做选择"进行了一系列的研究。他们择取"公正""关怀""真诚"三条基本道德原则,评价教师面对教学道德冲突的处理策略并总结出教师道德决策的五种策略类型:规避、寻找庇护、独揽、不完全言谈与完全言谈[①],其中完全言谈被认为解决道德冲突的理想模式。实践考察发现,由于受文化惯习、思维误区和环境制约等因素的影响,教师教学道德决策的本体价值受到了遮蔽,导致其存在着认识偏差、目标模糊、决策随意、路径单一及反思乏力等诸多现实问题。教师的无意识决策现象普遍,但奥泽的五种策略并未考虑到这一现实。同时,"完全言谈"这一理想的决策模式也并未真正产生,这在国内一项研究中也得以验证,"教师更关注的是说服的结果而较少意识到学生参与这个过程本身的重要性"[②]。究其原因,这或许与研究者所处的不同文化背景有一定关系。教师在教学过程中面临道德困境时所作出的道德决策可分为无意识道德决策、规避、寻找庇护、独揽与不完全言谈五种。

(一)无意识道德决策

现实教学中,相当多的教师对教学困境的道德内涵意识不足,将教学道德困境当成一般的教学问题对待,将教学中的价值与事实相剥离,认为这些问题仅凭教学技巧就可以解决,教师倾向于按照习惯做法或者自己的心理定式作决策,决策具有随意性与偶然性。以下为某小学二年级学生的作业及教师的评语:

宋朝诗人杨万里有一首诗:篱落疏疏一径深,树头花落未成阴。儿童

---

① OSER F K. Morality in professional action:a discourse approach for teaching[M]//OSER F K,PATRY J L. Effective and responsible teaching:the new synthesis. San Francisco:Jossey – Bass Publishers,1992:109 – 125.

② 王晓莉,卢乃桂. 教师应对教学道德冲突的策略及其实证研究[J]. 课程·教材·教法,2011(9):84 – 89.

急走追黄蝶,飞入菜花无处寻。学后,老师要求学生根据对诗的理解写几句话。学生作业如下:从前,有一个小男孩叫杨万里。有一天他在玩的时候看见了一只黄色的蝴蝶。他说:"真好看呀!"追着追着他来到了一片油菜花丛中,蝴蝶却再也找不到了。后来,杨万里长大后就把这首诗写了下来。老师给的评语是:人物不对!诗的背景没有了解!修改!

这是一个教师教学评价的问题:儿童可否是杨万里?教师应该作何评价?评价是为了什么?首先,按照小学生的思维,诗歌里的儿童何尝不可以是杨万里?其次,教师的评语让人感觉到的只是强势的规训,儿童的想象力或许在这毫无温度而强势的文字里,慢慢地消失殆尽。评价不是为了分层与甄别,而是为了对学生的学习有客观的了解以便于后续的改进,因此,鼓励便应是评价的主要原则。但教学实践中教师往往为了追求答案的标准化而忽略了自身决策的道德因素。

(二)规避

教师意识到教学困境中的道德因素,也明白自身的判断与选择可能会对学生的身心发展产生重要的影响,但教师倾向于有意忽视而不愿承担道德责任。教师对道德困境的有意忽略通常存在以下三种情况。一是教师自身有能力解决,但当教师更多地考虑到自身或他者而不是学生的利益时,便倾向于规避问题的解决。一位物理教师在访谈中说:"现在的娃儿不自觉,在课堂上没弄明白,自己又不问,学习就会出问题。我在学校的时间的确有限,而且回家后还有孩子要照顾,所以,那些能主动来问的,我就给他们讲一讲,不问的,我也没有办法。"这位教师知道如果投入更多的时间、精力去帮助学生复习、巩固,学生对重难点知识就会更好地把握,可是由于自身的多重角色冲突,他无奈地选择了放弃。二是教师认为自己没有能力解决,如课程改革与考试之间的矛盾,教师便倾向于有意规避从而悬置矛盾。新课程改革更加注重对学生综合能力的培养,而教学内容从量上并没有减少,所以如何平衡以知识考点为重点的中考,与以培养学生能力为主的教学之间的矛盾是老师们感觉颇为棘手的一个道德困境。H 市某重点中学教英语的 L 老师如是说:"按道理英语还是应该要增强交际性,但目前中考英语依然是以笔试为主,而且按照部颁计划,我每周一个班只有六节英语课,现在的教材内容又不简单,感觉时间比较紧张。英语一交际、一搞活动就需要大量的时间,学生又多,到时候教学任务又完成不了。所以我感觉课程要求与考试的'两张皮'现象依然存在,我也没办法,只能主要为了考试。"三是教师自己不太确定是否能有效解决问题,如对待课堂上的"边缘人",教师便习惯于放弃对他们的管理。由于课堂上的"边缘人"通常是那些成绩不太理想、课堂上心不在焉的"问题"学生,要真正使他们有效学习,需要教师耗费大量的精力,且不一定见成效。因此,只要这少部分学生在课堂上不发出任何动静,不影响教师的教学,教师通常会选择"睁一只眼闭一只眼"。L老师如是说:"你在课堂上看到的最后一排的那几个男生,从来就不好好学,上课就喜欢睡大觉。我总不能因为这几个人而耽误了大多数同学的学习,影响教学进度,所以只要他们动静不大,我也就随他们了。"

(三)寻找庇护

面对困境,当教师认为自己不能解决,或教师有能力解决但不愿意投入过多的精力时,除了规避,另一种选择就是寻找庇护。这时,他们习惯将矛盾转移,交给校长或其他人员如家长来处理。这时候教师所面临的困境通常是由外部结构性因素所带来的,这种策略的运用突出地体现在教师面对学生的行为习惯、思想道德品质相关问题时的处理。"冰冻三尺非一日之寒"。学生的习惯、品质非一日养成,因此,不少科任教师觉得学生的习惯、品行问题与长期的家庭教育或班级管理有密切的关系,对这些问题的解决是家长或班主任的职责。L老师说:"这个班的班风学风一直不太好,有几个学生特别调皮,在其中起着非常坏的作用,上课也不好好听,每次我都给他们班主任说,刚开始,班主任还会教育教育他们,后来说多了,班主任也不教育了,教育了也没用,我就不再说了。"无独有偶,某市重点小学的班主任W老师则把这一责任推卸给了家长:"那些上课经常调皮的,我也教育了,可成效并不良好,你知道我们学校的老师真的很忙,没办法,我只好请家长配合教育,孩子的成绩上不上得去,和家长的督促有着很大的关系。"

（四）独揽

独揽的策略通常出现在以下两种情况：一是教师的学科专业知识领域。教师认为学科专业知识是教师专业性与教师权威的体现。因此，在面对自身专业知识范畴内的道德困境时，教师通常习惯于独立作出决策。M 老师是 D 市第一小学三年级班主任、语文老师。自 2015 年开始，她对所教班级一年级的新生就开始了大胆的课堂教学改革，除了国家规定的语文课本内容，她还给学生准备了"中华经典素读文本"，以期给学生进行大量的阅读积累。这样大胆的改革对于习惯了传统教学模式的家长来说，却不一定能够接受。教学初期，就有家长向她提出质疑，并有个别家长向学校领导反映。M 老师说："我一度十分迷茫。但不改革的话，学生一学期就只能阅读那么一点点书上的文章，这对孩子的人文素养的培养与语言的积累肯定是不够的。我最后还是决定按照自己的想法去做，语文学习就是这样的道理，久了，家长领导们看到成效了，他们也就不再反对了。"二是在课堂教学中，当教师的权威当众受到学生的质疑与挑战时，出于对师道尊严的维护，教师通常会立即或课后采取独揽的策略进行解决。

（五）不完全言谈

这包括个别谈话与课堂上的公开讨论，其中个别谈话是教师日常教学中更为常用的决策方式。不完全言谈中，教师能给学生机会表达看法，但这种交流，多数时候并不真正是为了尊重学生的个性与意愿，而是以一种"柔和"的方式，在对学生进行着"规训"。

从以上理论分析与实践考察可知，教师教学道德决策是教师日常教学工作的常态，教师教学道德决策能力的提升将直接决定教学德性的实现。教师通过系统训练和专业认证，从应然层面讲，其职业的专业性与特殊性要求教师能够进行客观的思考与公正的判断。① 教师教学道德决策能力的提升除了依靠教师自身的德性,还需要教师、学生、家长、学校、社会各方作为决策的主体真正发挥其主体作用,共同构建发展与决策的共同体。

---

① 陈春梅.大学教师的"道"与"德":读《教师的道与德》有感[J].重庆高教研究,2016(4):90-95.

第 25 篇

教师教学决策的情感机制与实践策略①

20 世纪 90 年代以来,西方教育学界兴起了一场"情感革命",情感成为教育教学研究的热点。② 然而,在长期强调理性认知的教师教学决策领域,相关研究对情感的理解还远未深刻,甚至常被人误解,主要表现为:一是"情感有害论",情感被视为女性化、非专业的表现,③认为在教师教学决策中强调情感因素,会产生消极影响,阻碍教师的决策思维;二是"情感无用论",认为教师教学决策中的核心要素是知识和智慧,情感因素则于事无补、无足轻重;三是"情感简单论",认为强调情感因素,无非是在教师教学决策中重视尊师爱生,缓解师生的教学焦虑,把情感体验等同于基本情绪;四是"情感玄虚论",认为情感只能体验、意会,不可捉摸、操作,教师在教学决策中对其似乎无法掌控,无章可循。凡此种种,

① 本文发表在《课程·教材·教法》2012 年第 10 期。

② 舒尔茨,等.教育的感情世界[M].赵鑫,等译.上海:华东师范大学出版社,2010:275.

③ ZEMBYLAS M. Teaching with emotion:a postmodern enactment[M]. USA:Information Age Publishing,2005:43 – 61.

导致教师教学决策及其研究有意或无意忽视了情感。有鉴于此,本文从剖析教师教学决策的过度理性化及其局限入手,阐释情感在教师教学决策中的状态与作用机制,还其在教学决策中的价值和应有地位。

一、教师教学决策的过度理性化及其局限

教师教学决策是教师为了实现教学目标与完成教学任务,通过对教学实践的预测、分析和反思,从而确定最有效的教学方案等一系列发挥教师主观能力的动态过程。① 在已有的教学决策研究中,强调作为决策者的教师与决策对象(即教学人事,教学中"人"与"事"的统一体)之间是一种理性的、逻辑的关系,关注的重点是决策目标是否准确,程序是否严密,然后才根据目标择取决策内容和方法,形成决策方案。对理性的强调源于教师教学决策研究兴起伊始,"教师作为教学决策者"这一理念的提出者比杰斯泰德认为,教师每天的工作就是在教学活动中承担决策者的角色,基本的教学技巧就是决策,优秀教师与普通教师的区别不在于提问和讲授的能力,而是指何时何地针对什么对象提出或讲述一个问题的决策能力,而该能力取决于教师的理性认知,教师认知与决策的研究将成为教学决策研究的根本方向。② 因此,教学决策被视为一项理性认知活动,核心是教师对教学过程诸要素相关信息的搜集、判断和对教学决策方案的专业评估与选择,合理性及其实现成为衡量和优化教师教学决策的根本标准。③

对理性的单一追求并非教学决策研究本身使然,而是受近代以来自然科学研究中理性绝对地位的影响。受此影响,教师教学决策在对理性的强调中,作为决策对象的教学人事被物化,教学决策主体与对象之间

① 宋德云,李森.教师的教学决策:内涵、构成及意义[J].课程·教材·教法,2008(12):22.

② BJERSTEDT A. Critical decisions situations on video – tape:an approach to the exploration of teachers' interaction tendencies[M]. Didakometry and Sociometry,1969:54 – 76.

③ 张朝珍.教师教学决策的合理性及其实现[J].现代教育管理,2010(3):81 – 83.

的"人—人"关系蜕变成了"人—物"关系。在这种"人—物"关系中,理解教学决策对象中的人同理解一个典型的事物没有本质区别。例如,通过对课堂教学中学生相似行为的理解可以帮助教师在教学决策中理解学生品性,在这个时候,相似的行为变成了教师在教学决策中把握学生品性的要素和工具,仅此而已。在这种决策关系中,作为教学决策对象的人被物化,完全服从于理性的解释。教师面对的不是教学世界中活生生的人事,而只是决策中必须考虑的对象和因素。教师在教学决策中重点关注的并非自身和学生的主观感受,忽略了情感、动机以及价值观等一系列作为现实教学生活中的人所具有的内在生命元素。为了服从理性原则,以"合理性"名义剥夺了教学决策非理性要素的话语权。

由于盲目追求理性,势必导致教学决策的过度理性化倾向,这种倾向直接表现为对科学决策方法的"痴迷"。教师教学决策从成为一个独立的研究领域以来,就致力于决策的科学化,提升教学决策的合理性。主要表现在对实证方法的追求,强调教学决策过程的程序化和数据化以及有关决策对象的操控,使对象符合决策程序的要求,即教学决策的过程与要素是客观、可操作和可量化的。这点对自然科学而言是合理的,因为其对象是客观的、可共证的经验或事物。而教学决策的对象不是绝对的客观事物,还包括具有主观生命经验的人,这是难以共证的,是个体自我的生命元素及其彰显。人的这些生命元素是不可能被量化的,带有强烈的主观色彩,诸如情感、道德、动机、愿望等。面对这一问题,已有教师教学决策研究在方法和对象之间偏向于方法,以方法为中心,通过方法衡量决策的有效性。如果教师教学决策的方法遭到怀疑,不论决策过程和内容是否恰当,其决策效果都会受到质疑;如果教学决策的方法完善,即使决策的过程或内容有所偏差,也不会遭到太多责难。因此,如果决策的内容不符合方法的要求,那么这样的要素将会被排除在决策过程之外。① 教师教学决策借助自然科学的方法与手段,积累了大量的研究经验。但同时也面临着一个难题,即许多与师生教学生活息息相关、但无法被量化处理的因素被教师在教学决策时所抛弃。而恰恰是这些因素构筑起师生真实的教学生活,诸如情感、态度、价值观等。教师教学决策对理性的过度追求用牺牲决策内容和对象的代价换来决策方法的精致,根据理性的标准,将人的主观经验排斥在教学决策之外,线性化地理解教学决策过程与结果中复杂的生命现象与情感体验,这将会导致教师教学决策的过程变成了一堆方法和程序的集合体。

由于将教师和教学人事的关系物化,必然会导致教学决策以理性的名义剥夺决策的现实性和真实性。最终产生抽象化的决策过程,对教学决策做形式化的解释,用对决策方法的研究代替对教学实践中人与人之间关系的考量,用对理性决策思维的研究代替对教学现实中师生个性与情感体验的探索。注重教师教学决策的结构和形式,忽略了作为决策对象的教学人事。例如,有研究者为了明确教师教学决策的具体环节,严格记录一些教师的教学程序、课堂言行以及教学材料的使用步骤等,排除或忽略了师生的主观感受,诸如情感、动机等因素,由此推导出教师教学决策的操作环节,显然,这样的结论并不具有普遍性的解释效果。

已有的教师教学决策研究彰显了理性的原则,具有重要的价值和意义,但只关注理性,用合理性取代了合情性,背离了教学的人文关怀精神,往往事倍功半,甚至事与愿违。有研究证明,在教学决策中如果仅仅强调理性认知,将会导致师生感受能力减弱、认知兴趣泯灭或扭曲、丧失自尊心和责任感等弊病。② 因此,有效的教师教学决策必须既要合理,更要合情。

二、教师教学决策的情感机制

作为理性和情感的结合体,教师的教学决策过程会带有浓厚的感情

---

① STARKO A, et al. Teaching as decision making: successful practices for the secondary teacher[M]. Merrill Prentice Hall,2002:19.

② 朱小蔓. 情感教育论纲[M]. 北京:人民出版社,2007:67-68.

色彩,情感在教学决策中的意义不容忽视。"缺少情感的参与,理性的决策是不可能的。"①实际上,教师教学决策作为一种情感实践,情感是教学决策的核心要素之一。② 首先,教学决策归根到底是一项以育人为目标的活动,因此不可避免地包含情感维度。其次,教师会将自我投入到教学决策活动中,把个人与专业身份融为一体,因此教学决策成为他们获得自尊和自我实现的主要来源。再次,除了"自我"之外,教师还对教学决策投入了较多情感因素,如对教育事业的热情、对学生的关爱、自身的信念和价值等情感要素,这也使教师对教学决策产生了复杂的感情。同时,教学决策的性质以及教师所处的组织和文化脉络也会使他们在教学决策中产生大量的情感反应。在教学决策活动中,师生都具有先天性的情感倾向,情感决定着对教学情境是接近还是回避,即趋向积极的情感体验而回避消极的情感体验。尤其是教学情智能力成熟的教师,会努力在教学决策中预测、筹划和安排教学活动,以便体验尽可能多的积极情感或尽可能消解消极情感。③ 在此,相应的情感体验本身,已成为教师教学决策所追求的重要目标之一,并构成决策行为的直接动因。这就是教师教学决策情感机制的基本构架。

情感体验作为一种先天的行为倾向,成为教师在教学决策中认识和理解外界教学人事与自身之间关系的价值参照系。教师对于符合其情感体验的教学人事必然表现出兴趣和热情,在教学决策中趋近并加以接纳;而对于不符合其情感体验的教学人事表现出冷漠和厌倦,在教学决策中回避并加以排斥。教师教学决策的动力和方法也在很大程度上受其情感体验的影响。例如,在教学决策过程中,对教师教学决策行为起主导作用的不仅包括教学目标和社会要求,也涉及与教师情感体验相联

---

① 特纳.人类情感:社会学的理论[M].孙俊才,文军,译.北京:东方出版社,2009:1.

② HARGREAVES A. The emotional politics of teaching and teacher development:with implications for educational leadership[J]. International journal of leadership in education,1998(4):315 – 336.

③ LAZARUS R. Emotion and adaptation[M]. NewYork:Oxford University Press,1991:406 – 411.

系的主观动机。由于情感在发生上处于教师教学决策心理活动的前沿，因而教师关于教学人事等决策对象与自身关系的认识总是受到相应情感体验的"映射"，进而形成教学决策的意愿或态度，并决定自己的行动方法、动力水平以及决策方案的制订与执行。具体而言，情感机制对教师教学决策的作用主要表现为对目标与内容、动机与思维等决策对象和决策主体的影响。

（一）情感对教学决策目标和内容的作用机制

情感对教师教学决策目标和内容的作用，主要表现为目标和内容的可接受性问题。一般而言，教师对教学决策目标和内容的接受，取决于两个方面，一是能不能接受，二是愿不愿接受。其中，"能不能"主要受制于理性认知因素，即教师已有的教学知识和智慧水平；"愿不愿"则主要在于情感因素，即教师对教学决策目标和内容的情感体验以及由此而产生的教学动力。在教师教学决策过程中"能不能"的问题并不突出，因为教师通常会充分考虑自身和学生的已有认知水平；与之相比，"愿不愿"的问题则是教师教学决策能否落到实处的关键和难点。教学决策首先强调激发教师的教学动机、调动教师的教学主动性、增强教师的教学兴趣等，归根到底旨在解决教师愿不愿全身心投入教学决策的问题。这在很大程度上受教师情感的影响。

教师的情感体验直接制约他们在教学决策中对教学目标和内容的理解与接受程度。当教学目标和内容符合教师情感体验的习惯时，教师在教学决策中对教学目标和内容表现出明显的期待与努力倾向，他们不仅深入理解教学目标、汲取与转化教学知识，而且常常以跃跃欲试的心态对待其中的重难点，结合学生的特点想方设法达成教学目标、规划教学内容、设计教学方法；而当教学目标和内容不符合教师情感体验的习惯时，教师在教学决策中会对教学目标和内容表现出厌倦甚至抵触的倾向，他们尽义务式地讲授知识，只满足于应付性地完成上级布置的任务，草草完成。在前一情感状态中，教师在教学活动中的理性认知多采用交替、网络式策略，注意范围广阔，能主动地从多方面、多角度去搜寻教学目标和内容的提示线索与意义特征,因而对目标和内容有较多的归纳与梳理;而在后一情感状态下,教师的理性认知则更多地采用简单、直线式策略,注意范围狭窄,仅集中于教学目标和内容的形式表征而忽略其意义特征,运用的教学方法较为有限,常机械地转述教材中的定理、公式与例题,对目标和内容也缺乏有效的归纳与整理。

此外,教师在教学决策中"根据决策目标和内容,会设计出一组可以比较与选择的决策方案"。[①] 一般而言,教师最终选择的教学决策方案往往是其最满意而非最优化的方案,即达到最大"满意度"的方案。原因在于,其一,教学决策目标和内容的客观条件对决策过程具有重要影响;其二,教师的认识能力有限,不可能考虑到所有的教学决策因素及其中的因果关系;其三,教师的教学分析能力有限,无论是教学专家、教研员的引导,或是校长、同事的协助,都不可能得出一个完美无瑕的教学决策方案;其四,师生的执行能力有限,执行一个理论上可以达成的最优化的教学决策方案所付出的成本和代价大多超乎想象,加之教学时空的限制性、教学情境的易变性、教学要素的制约性等,最优化的教学决策方案更无从谈起。既然教师选择的是最大满意度的教学决策方案,其中就已经包含了教师的情感因素,因为教师会对不同教学方案所能预期达成的目标产生不同的情感强度。教师对教学人事的认知偏好、教师对克服教学困难的决心和意志、教师对习惯性行为方式的依赖等情感因素时刻影响着他们对决策目标和内容的接受与选择。因此,教师在教学决策过程中,必须充分考虑情感对择取决策目标和内容的作用。

(二)情感对教学决策动机的作用机制

在教学决策过程中,教师决策动机的激发与内化涉及两个相互关联的因素,即教学的必要性和意愿性。其中,教学的必要性来自社会的间接导向和学校的直接要求,反映了教师在教学决策过程中"应该"做的事

---

① GILHOOLY K. Thinking:directed,undirected and creative[M]. London:Academic Press, 1996.

情和"应该"达到的目标,它对决策动机的作用在于规定了教学目标与主要内容。教学意愿性来源于教师的需要和态度,反映了教师在教学决策过程中"愿意"做的事情和"愿意"达到的结果,它对决策动机的作用在于决定了决策行为动力水平以及教师个体所投入的程度。必要性和意愿性反映了教师教学决策动机中的二维性:一方面,教学决策不能脱离教师的意愿性而单凭必要性的驱动,那将使教学决策变成一种迫不得已的活动,容易导致教师的应付或抵触行为;另一方面,教学决策也不能脱离社会和学校的要求而单凭教师自我意愿的驱使,那将使教学决策成为缺少目标性和系统性的随意活动。所以,教学决策动机的强弱依赖于教师对教学决策必要性的感受程度以及对教学目标的渴求程度。一个对教学和学生漠不关心、得过且过,甚至无动于衷的教师,不可能全身心地投入教学决策。例如,当教师怀有"不求有功但求无过"的消极情感时,其教学决策思维方式必然是保守的、封闭的;反之,当教师在教学活动中怀有积极的、进取的情感,将有助于他们运用灵活的、开放的决策思维方式,激发起丰富的想象力和果断的决策态度,制订出满意度较高的教学决策方案并有效执行。情感机制就是要使教学必要性和意愿性在教学决策过程中相互联系、彼此加强,最终化教师教学决策的被动性为主动性,化外在要求为内在需要。

情感体验伴随着教师教学决策的始终,故教师对教学必要性与意愿性的认识总是受到自身情感体验的影响。其结果,教师对于教学必要性的情感反应,将直接影响其对教学决策的社会要求及其实现过程所具有的主观意义的认识,并构成教学决策活动的直接诱因和决策动机的制约因素,从而决定教师对教学决策的态度和是否全力投入的意愿。换言之,与教师对教学必要性的认知理解相比,教师对教学必要性的情感反应对教学决策行为具有更直接、更强烈的驱动性。我们在实验学校的研究也证实了这一点。在日常教学决策活动中,教师的决策动机往往更多、更直接地来源于因教学内容和学生表现的吸引力而产生的情感反应。此外,教师在教学决策过程的每一阶段所产生的情感反应,都会直接影响其自我投入的意愿和程度,并对决策动机的效能起到增力或减力、巩固或改变的作用。①

因此,在教学决策动机的激发与内化过程中,需要借助情感的力量来调节教师的教学意愿,使之与社会要求相契合。如果教师能使教学决策活动与自己的情感体验相一致,即能使教师通过教学决策的内在力量和阶段性的教学成效感受到教学决策的意义与乐趣,或通过教学决策过程直接体验到教学效果的价值,那么不仅会对其教学决策产生强化和激励作用,使其愿意不断改进与完善教学决策的理念和方式,而且会促使教师在心理上产生一种引导自己决策动机与教学实际相一致的自我调整倾向——从积极的意义上确定教学决策的必要性与自身情感的关系,同时确立相应的态度。一旦教师通过自身情感体验认同了教学决策的必要性,就会心甘情愿地遵从并实现这种必要性。此时,教学决策不再是社会或学校等外力作用下的"迫不得已",而是一种自我满足和自我实现的过程;教师教学决策动机也不再轻易为各种情境性因素所左右,具有了较为稳定的目标指向。由此,教师教学决策的动机也就因在内容和动力上取得情感契合而得以激活并实现内化。

(三)情感对教学决策思维能力的作用机制

教师教学决策是一个系统的、完整的、动态的过程,②需要教师大量的情智投入,因此决策过程要求教师积极运用自身的创新思维。教师情感对教学决策创新思维的发挥起着重要作用。因为不同性质的情感体验对教师思维活动具有相应的影响:积极情感对教师决策思维能力的影响显示为一种"曲线相关",即过低或过高的情感唤醒,不如适中的情感更有助于发挥教师的思维能力。如果教师情绪过于高涨,以致头脑发热,则在教学决策中容易犯冒进的错误,致使教学要求超出自身和学生的能力;反之,如果教师缺乏热情,情绪低落,则无法产生教学决策的动

---

① 熊川武.教育感情论[J].教育研究,2009(12):53-58.
② 威伦,哈奇森,博斯.有效教学决策:第6版[M].李森,王纬虹,译.北京:教育科学出版社,2009:3-4.

力,因而也无决策行动可言。而消极情感对教师决策思维能力的影响表现为一种"直接相关",即痛苦强度越大,对决策思维的影响越大,教学决策效果当然也就越差。

实际上,教学决策过程归根到底是教师发挥思维创造力的过程,离开了创造性思维不可能有效制订并执行内容合理、成效显著的教学决策方案。那么,情感何以能够激发决策思维的创造力?教师情感体验不同于理性认知的特征就在于它具有波动性,当教师情感在其决策活动中占据了主导地位,成为支配因素,由它组织教学决策思维活动时,就会使决策思维活动也富有灵活性和跳跃性,呈现出与有序平稳的逻辑思维明显不同的思维运动状态。① 决策思维在教师积极情感的诱发下,会不拘泥于固定的、恒常的逻辑思维框架而表现出发散性和创造性的特点,促进教师能动地、创造性地认识教学的现状,考察教学的未来,从而确定教学决策将要达成的目标及其实现路径。

一般而言,教师的创新思维能力总是在符合积极情感的活动中得以有效发挥。这一点可以从教师面对教学困难的情感反应特点来理解。以往对教学困难的理解多局限在认知范围,很少从情感角度加以界定。其实,对教师来说,教学中的各类困难具有强烈的情感特征,其复杂性和阻碍性更多地与情感体验相联系。如果教学决策中的某种困境或问题是在伴随着积极情感体验的活动中产生,那么教师通常会将其看作一种有益的挑战,视为一种促使自己提升专业能力发展的重要契机,因而会以志在必得的心态对待困难,并以灵活、有效地克服困难为乐。换言之,此时教师克服困难已带有满足和愉悦的性质。相反,如果教学决策中的某种困难是伴随着教师消极情感体验而产生,那么教师通常会将其理解为一种痛苦、难受的差使和负担,甚至视为对自尊心和安全感的威胁,因而他们会表现出厌倦甚至抵触的倾向,至多尽义务式地或应付性地努力一下。②

---

① 朱小蔓.情感教育论纲[M].北京:人民出版社,2007:57-58.
② 乔建中.情绪追求:教学中值得重视的动机问题[J].教育理论与实践,2000(8):50-53.

三、教师教学决策的实践策略

作为人的先天行为倾向之一，情感体验不仅对教师的教学决策行为具有直接的驱动功能，而且发挥着内在的调节作用。在教学决策过程中，教师不情愿也不可能长时间忍受消极情感的困扰。当教师处于消极情感状态中时，他们会自发地进行决策行为调适或动机置换，寻求并从事可以转换心情的活动，以避免消极情感体验的持续。例如，当教师觉得教学决策中的内容"没兴趣"或"没意思"时，普遍会以显性或隐性的方式转换内容形式或干脆暂时不从事教学决策，投入到其他教学活动，适当调整心态后，再重新投入，正如常言道"换一种活动，换一种心情"。这种转换的行为动机，正是一种与情感体验相连的力图回避消极情感困扰的自我调节。教师普遍反映，如果兴趣索然地从事教学决策，时间稍长就觉得实在难受，容易使教学决策的过程与效果事倍功半；与其如此，还不如干点其他可以转换情感的事情，拓展思路后再谋划决策。

需要注意的是，这种与情感体验相联系的教师自我调节实现的是在教学决策中即时调整情感的功能，并不能获得某种有形的结果，因而所引发的情境性决策动机容易使教师仅仅集中于教学决策过程和活动本身，而"遗忘"了教学决策的目标，这一点在"新手"教师的教学决策中体现得尤为明显。教学经验较为丰富的教师大都清楚，刚刚毕业任教的新教师由于对教学内容和学生不熟悉，在教学决策过程中常感到困难重重。究其原因，除了教学能力与经验不足之外，情感也是主要原因之一。新教师和其他教师一样，需要积极情感的满足，需要在教学中获得自尊，获得学生、同事和领导重视，但他们一般很难单凭自身的能力和经验在教学决策中得到这种满足，如果此时因教学效果不佳而遭到批评、训斥甚至嘲讽，就会开始从教学决策之外的人事上去寻找情感的需要和满足。

由此可见，如何运用情感机制的积极作用并弱化、消除其消极影响，是教师在教学决策中必须掌握的实践策略。

第一，情感机制对教师教学决策动机和决策行为的作用表明，教师最容易在适合其情感体验的决策活动中激发最大的动力，其教学决策的主导动机常常与某种能给自己带来积极情感体验的情境性活动相联系。因此，当教学决策过程本身不足以使教师感兴趣时，情感体验的性质导向就很容易使其教学决策的终极性动机与情境性动机或社会要求与自我意愿之间产生冲突。此外，尽管教师作为教育者普遍都能从道理上明白教学决策的目标及意义，并时常为自己种种脱离教学目标的情境性动机行为而后悔、自责，且下决心改正，但是在动力上还远不足以克服情感机制的自发作用，其为排除消极情感影响而坚持教学决策所做的意志努力难以持续保持。因此，应重视情感体验的内在驱动和自我调节功能，加强教学决策过程本身诸如教学目标和内容等要素的情感吸引力，使教师能从教学决策中获得尽可能多的积极情感满足，从而使其决策动机能在教学决策过程中不断得到强化。

第二，情感的"趋乐避苦"特性和自我调节功能及其对教师教学决策的影响说明，如果教师不能从教学决策过程本身获得积极的情感体验，那么他们势必会到教学决策过程以外去寻求这种体验。因此，要确保教师教学决策的有效性，除了提升教师的决策认知能力和智慧，另一个重要的方法，就是能使他们从教学决策过程本身获得积极的情感体验，尤其是对刚刚从教的教师而言，更需要在教学决策中获得成就感和满足感。例如，实验学校一位优秀的教研组长介绍了这样一条经验：她所在的教研组新进了一位刚从师范院校毕业的年轻教师，教学经验缺乏，很难在短时间内达到资深教师的教学决策水平。为增强其教学信心和动力，尽快提高教学决策的成效，教研组长除了平时对他多加留心外，每次在教研组集体进行教学决策之后对他进行个别辅导，一方面帮他梳理、组织教学内容，分析学生特点，设计教学方法；另一方面基于自身丰富的教学经验，有意"透露"若干教学中的重难点和可能遇到的困境，并提出可行的应对策略，使年轻教师在教学决策中对课堂教学中可能遇到的各

类情境和问题都能有所预知,掌握解决问题的基本思路。同时,在每次
教学评估时,教研组长都在教研组对年轻教师的进步予以大力表扬。通
过一学年的努力,年轻教师的教学决策积极性不断提高,教学热情持续
增长,积累了一定的教学决策经验,决策水平快速提升。

　　第三,情感是把"双刃剑",在强调情感体验对教师教学决策影响的
同时,也应重视对情感本身的调节和控制,利用各种有效的情感管理方
法将之引导到教学目标的指向上。当前,随着人们对情感在教学中作用
的认识逐渐深入,教育研究者已经开始意识到教学决策的情感特性,强
调教学决策要"寓教于情"。但是,对"情"的理解还有待科学化。不少人
将"情"简单地等同于快乐、焦虑等基本情绪,认为"寓教于情"就是要在
教学活动中使师生感到快乐;同理,对教师教学决策情感机制的强调,也
可能使人产生类似的误解。在教学决策过程中单纯地强调快乐等基本
情绪,实际上是片面的。因为在教学决策中,教师感到快乐的方法是多
种多样的,其中有许多会背离既定的教学目标、教学内容和学生发展要
求。例如,背离教学目标的要求,随意降低教学难度、简化教学方法,从
而教师易教、学生易学,可能都会感到"快乐"。但从情感社会学的角度
分析,强调教学决策的情感机制是为了借助积极情感的调节作用更好地
达成教学目标。因此,教师教学决策中"寓教于情"的"情"应该侧重于兴
趣或热情。这是因为,"兴趣"作为一种复杂的情感而非简单的基本情
绪,不仅能产生中等强度的愉悦、舒畅、满意等主观体验,而且能引导师
生产生积极探求和勇于创新的教学倾向。因此,当教师通过挖掘教学内
容的内在情感力量和生动活泼的教学方法激发起教学决策的兴趣与热
情时,既能使自身的决策过程处于相对轻松的愉悦状态,又能使决策动
机和行为指向教学目标所要求的方向。总之,强调教师教学决策的情感
机制,旨在利用其积极功能保障教学目标的顺利实现,决不能脱离教学
实际而单纯迎合师生的情感体验,否则只会降低决策的自觉性和有
效性。

第 26 篇

教师教学模仿的三重境界及其提升路径①

　　教师在专业成长过程中少不了向行业内的优秀教师、先进的教学经验、经得起推敲的教学案例学习和模仿。然而,人们对"模仿"存在着诸多误解,认为这种行为是机械的、呆板的,只能被动接纳。正如苏格拉底认为,"模仿术乃是低贱的父母所生的低贱的孩子",模仿由此被打上了负面评价的阴影。② 在教育教学实践中,"模仿"有时被认为是一被动的复制行为,对发挥学习者的主观能动性并无益处,甚至会"扼杀"学习者的创造性。但是,在现实教学活动中模仿行为却时时刻刻发生着。从人类进化的角度看,在思想和文字出现之前,人类就通过模仿来体验世界、

---

① 本文发表在《中国教育学刊》2022 年第 6 期。
② 艾诗根."模仿"观念的教育基础与学习意蕴:基于词源学的比较分析[J].基础教育,2018(1):15－22.

他者和自我。①　作为一名教师,除了已有的专业知识之外,还需要向其他优秀的同行学习借鉴,从而不断优化自己的知识结构,获得专业提升。向优秀同行借鉴教学设计、教学组织与实施、教学语言、师生交往等教学行为,都可以视为是"教学模仿"。因此,教学模仿在教师专业成长中有着重要的意义和价值,值得开展深入研究和探讨。

一、教师教学模仿的基本内涵

"模仿"问题并不是新鲜话题,早在古希腊时期就有探讨,但主要是从人类学、艺术学视角开展的研究,教育学领域则关注较晚。在较长一段时间内,对教育中"模仿"的研究并非热点,一是因为对"模仿"的诸多误解,认为其机械、刻板,忽视学习者的创造性,难登"大雅之堂";二是因为"模仿"过于低阶,无法与创新型教师的专业发展相"媲美"。

"模仿"一词最早是作为人类学概念而存在的,主要研究艺术活动的模仿行为,其落脚点在如何通过想象塑造模仿过程,让"已模仿的事物"获得新的品质。②　有学者这样解释"模仿"的内涵:"一种群体性的社会心理现象,能使组成某一共同体的人们做出相同或类似的举止行为。模仿还可使人们在吸取别人经验的基础上扩大自己的经验,成为进一步发挥创造性的基础。"③在人类学视野中,对模仿的解读落脚到获得"新的品质"、成为"创造性的基础",可见,模仿的价值不仅仅在于简单复制,而是要走向创新、创造的一种活动。社会学习理论认为,人的思想、情感和行为都是从观察别人的行为及其结果在"替代"的基础上所发生的直接经验那里学得的。凭借观察学习以简化获得过程,对于发展和生存都是极其重要的。④　人类的模仿行为就是在观察学习的基础上经替代性强化后

---

①　邱关军.比较视野下的伍尔夫模仿学习观探究[J].外国教育研究,2015(1):57-63.

②　武尔夫.教育人类学[M].张志坤,译.北京:教育科学出版社,2009:61.

③　陈国强,石亦龙.简明文化人类学词典[M].杭州:浙江人民出版社,1990:501.

④　班杜拉.社会学习理论[M].陈欣银,李伯黍,译.北京:中国人民大学出版社,2014:10-11.

所获得的经验,模仿可以让人类的学习过程进一步简化和快捷。在我国先秦时期就已经出现了"模仿"的思想,常用"法""象""效"等词表示,比如中国古人所说的师法天地自然,主要是指对自然之道的效法。文化的创造首先就是模仿或效法这种自然之道。① 所谓"道"就是天地万物的秩序、自然的规律等,先秦模仿观的基本主张是对万物之规律、法则和秩序的模仿,是传承文化的基础。

模仿在教师教学和学习中具有重要价值。教师在专业成长过程中,需要不断积累教学经验,所积累的教学经验有来自直接参与而获得的直接经验,还有通过从书本中、从他人的建议中、向他人的学习中获得的间接经验。模仿活动一般都是来自间接经验,凡是被广泛认可的、优秀的行为或观点都会有人去模仿、去效仿,目的是期望能够获得更直接有效的自我提升。也就是说,如果人们有模仿的意愿,就说明是想去改变现有经验。教师教学模仿是建立在教师愿意改变现有经验的前提之下,对自己专业发展有新的要求,期望教学质量有所提升的一种学习活动。人类的经验从一开始就是从模仿中获得,模仿活动是人类学习行为发生的源头,如果连学习都未发生,学习者的创造性发展就无从谈起。未来的教师是应该具有创新能力的教师,要培养具备创新能力的教师绝非无源之水、无本之木,探寻教师专业成长的源头,与教学模仿有着密不可分的关系。教师在专业成长过程中,不断学习和吸收优秀教师的教学策略和方法,这个过程就是在观察、思考和模仿,经过长时间的积累形成自己的教学风格。因此,对教学模仿的讨论是有意义的,能够为教师专业成长指出一条既快捷又有效的道路。

从上述分析可以看出,"模仿"是人类学习的起点,其中包含着复杂的过程,不仅仅是一种复制和效仿,还蕴含着个人情感和体验,孕育着创新意识的萌芽,其终点是使人类走向发明和创造。通过模仿不仅可以缩短人类学习的过程,还可以让人类在模仿中找到万物之法则,与万物和

---

① 彭树欣.论先秦的模仿观[J].江西财经大学学报,2008(3):87-92.

谐共生。教师可以通过教学模仿在教学经验上获得积累,从而缩短教师自主探索的过程。所谓"教师教学模仿"是指教师在教学活动中,通过对优质教学高级榜样的观察与分析,理解高级榜样教学设计、教学组织与实施、教学评价的基本原理,并在效仿其教学语言、教学行为的过程中,通过反思不断改进与完善自己教学的活动。教师通过对他者教学的观察、慎思、效仿与反思,不仅可以内化知识、习得技能、熟悉教学规范,而且能深度地理解教学的潜在意义,进而生成教学实践经验。[①] 不同发展阶段的教师在教学模仿中对高级榜样的优秀教学经验理解多少、吸收多少、运用多少均不一样。

二、教师教学模仿的三重境界

依据教师教学模仿的内涵,它有三重境界,即"镜像"的投射模仿、"意像"的内化模仿和"离像"的批判模仿。

(一)"镜像"的投射模仿

拉康·雅克提出的镜像理论认为人们通过"他者"不断地确认"自我",主体不断地去趋近"他者",内化"自我"。[②] "自我"的形成是通过镜像中的"他者"内化而来,人们需要通过镜像中的"他"来确证自己的存在。人的自我确证是一种对象化活动,而其最基本和最主要的方式则是实践。[③] 新手教师入职后首先面临着在新环境中的身份确证,即证明自己是一名教师,需要"传道、授业、解惑"。新手教师模仿高级榜样正是希望通过学习他们的教学组织形式、策略和方法,努力践行在自己的教学活动中,力争达到榜样的样子,以确证自己教师的身份。他们需要通过镜像中的高级榜样来获得自我的存在,获得被认同。通常情况下,新手

---

① 崔友兴,李森.教师教学模仿的多重特征与实践价值[J].课程·教材·教法,2015(9):103 – 107.

② 潘安琪,楚江亭.认知"镜像"与教育管理:拉康镜像理论解读及启示[J].教育理论与实践,2015(4):16 – 19.

③ 易中天.艺术人类学[M].上海:上海文艺出版社,2001:39.

教师入职后会被安排一位有丰富教学经验的"师傅"来带领,他们会在"师傅"的引领下逐渐积累相关教学实践经验。这位"师傅"就是新手教师能够直接模仿的高级榜样。新手教师将"师傅"视为自己的"镜像",努力模仿他们的教学行为,试图成为像"师傅"一样能够自如应对教育教学实践的那个人。在这个实践过程中,新手教师通过视觉通道,直接获取榜样的外部行为信息,即教学语言、肢体动作、师生互动等,通过将其进行动作表征,"投射"到自己的教学活动中,这种教学模仿称之为"投射的教学模仿"。据波兰美学家符·塔达基维奇的考证,模仿的最初含义是指巫师所表演的祭祀节目舞蹈、音乐与唱诗,尚未包括雕塑、戏剧等视觉艺术。① 模仿也称"效仿、摹拟",是通过观察榜样的外部行为获取其特征进行学习。② 因此,投射的"模仿"始于通过视觉通道而获取的直观信息,并通过"镜像"反射到自己的身上,从而获取榜样组织教学活动的直观行为。

投射的教学模仿对于专业基础比较薄弱的教师具有一定的支持作用,体现着基础性、先行性和先导性的特征。"镜像"的投射模仿是将榜样行为原封不动地复制和拷贝的过程,体现了"模仿"原始的特点,即对模仿之物进行客观的、惟妙惟肖的临摹,不改变其原有样态"依葫芦画瓢"般的效仿过程。处在这一教学模仿境界的教师受其专业知识结构和信息加工能力的影响,一般只能关注到高级榜样外显行为特征,尤其是对于新手教师,从外显行为开始模仿,努力追求达到"像"的状态是符合其专业成长要求的。即使达到了"像"的状态,在其教学过程中也经常会出现一些突出的问题,比如他们按照教学榜样行为原封不动地进行了模仿,但是所呈现出来的师生互动效果却不佳,甚至很混乱。"镜像"的投射教学模仿缺乏对高级榜样内在教学行为机制的剖析,使得教师知道了高级榜样如此操作,但却不知为何如此操作,这对于教师教学模仿来说

---

① 杨向荣."模仿"与"再现"新读[J].云南社会科学,2009(3):123 – 128.
② 邱关军.比较视野下的伍尔夫模仿学习观探究[J].外国教育研究,2015(1):57 – 63.

并非一种有效的方式。"镜像"模仿如果不提升其模仿的境界，会走向"呆板""复制""抄袭"的状态，长此以往是不利于教师专业成长的。

（二）"意像"的内化模仿

人的认识是从感性到理性的，通过感官通道认识的事物，需要通过一系列的思维过程上升到理性认识，理性认识需要具有对事物的判断、抽象、概括和领悟能力。当人们看到某事物时，实际上就开始了思维的过程。教师在"镜像"的投射模仿过程中，通过视觉通道学习榜样的外显教学行为，但其学习并不止于此，而是随着学习的深入，对其外显教学行为进行判断、抽象，并将其符号化，形成"意像"，即赋予其意义的一种形象。"意像"的获得是"镜像"投射模仿阶段沉淀的结果，在具有一定积累的基础上，对榜样教学活动才能有更为深入的思考，并提炼出其基本规律、原理等抽象符号。

在教育教学实践中，也有一些教师可能会停留在相对较长的"镜像"模仿的阶段，如一直模仿高级榜样的神态、肢体动作等外部特征。如果一直停留在此无法超越，会影响其专业成长的速度。也有一些教师想超越，但一直不得其法停滞不前。如果说"镜像"的投射模仿是一种对外显教学行为的直接学习，那么"意像"的教学模仿将走向对模仿对象内在结构的加工阶段，如果不去分析高级榜样教学活动的内在机理，是无法模仿到其"精髓"的，只能停留于"表象"。所以，教师首先要知道"是什么"，其次还要知道"为什么"，这就需要教师对自己已有知识与经验进行再加工，内化为自己的教学知识。

在"镜像"的投射教学模仿中，教师只关注到高级榜样外显的行为，却无法看到高级榜样是如何在内部认知结构中完成该教学任务的。所谓"意像"的内化模仿就是对榜样教学范例进行意义解析，了解其教学设计的每个环节和教学组织与实施过程中的关键要领；同时，也对高级榜样的教学语言、身体动作、教学行为、师生互动方式等一一作出分析，了解其背后的缘由，将这些教学原理内化为教师自己的教学知识，并在此基础上进行教学模仿的过程。进入任何学习情境时，学习者都已经具备多种多样的知识,他们将利用已有知识去"理解"所获得的新信息,"理解"的过程涉及对先前知识的激活以及对这些知识进行加工的各种认知过程。① 将高级榜样的教学活动抽象出教学原理背后的意义,并进一步理解,对教师内化高级榜样的教学活动有着重要作用。当教师理解教学背后的原理,明确其意义,并结合高级榜样在不同情境中解决教学问题时所表现的基本特征和一般规律,自主建构有关教学的概念性知识,有助于教师在教学模仿过程中找到教学活动中的关键要素,以完善自身的教学。

概念性知识只有在不同情境中使用才能被掌握,鼓励学生对概念本身的意义进行更深的理解,并在它们与问题解决情境之间建立丰富的联系网络。② "镜像"的教学模仿偏重于对高级榜样外显教学特征的学习与模仿。要达到更高的教学模仿境界,需要慢慢地跳出临摹、仿照"原型模子"的限制,模仿的重心由"仿"到"模"转移,反映模仿过程中的个人感悟和体验。③ 这就要求对高级榜样的教学活动进行深入分析和解读,形成概念性知识,并理解其教学活动组织与实施过程中内在的运行机理,在教学实践中不断练习、体会和反思,就能够在教学模仿过程中突破"镜像"中的他者。

"意像"的内化模仿要在此基础上进一步深化,需要建立教学榜样范例的"结构"或"模式"才能有效理解教学的概念性知识,也就是对教学活动建立具有一定序列和规律的结构性框架。比如从诸多优秀教学课例中找到设计活动的基本程序,即"范例—分析—练习—反馈",并根据此程序在实践中进行教学模仿,将所理解的教学知识进行组织与加工,再付诸实践,就能够加深其印象。布卢姆认为,将概念性知识与深刻理解

---

① 安德森.布卢姆教育目标分类学:分类学视野下的学与教及其测评 完整版[M].蒋小平,张琴美,罗晶晶,译.北京:外语教学与研究出版社,2009:30.

② 索耶.剑桥学习科学手册[M].徐晓东,等译.北京:教育科学出版社,2010:60.

③ 艾诗根."模仿"观念的教育基础与学习意蕴:基于词源学的比较分析[J].基础教育,2018(1):15-22.

两者结合能够帮助人们将所学的知识迁移到新的情境,从而在一定程度上克服"惰性"知识问题。① 在教学模仿过程中,有意识地建立"结构"或"模式",便于教师对高级榜样所呈现的教学活动进行辨识和理解,并提取信息,以提升教学模仿的有效性。这里的"模式"是一种跳出顺序排列的表面特征而发现序列内在结构规律的思维方式,是指有规律的序列、事物、现象。② 简言之,教师一旦理解了高级榜样的教学活动原理,那么就能够对其教学知识进行有意义的建构,为其批判的教学模仿奠定基础。

(三)"离像"的批判模仿

所谓"离像"就是在前面"镜像"和"意像"境界的基础上,突破他者的影响,建构自我的教学经验,获得超越自我的状态。"离"即为"摆脱、脱离","离像"可以理解为超脱于榜样的教学框架,同时也具有教学原理的基本规范,走向批判性模仿的境界。在教育教学实践中,很多特级教师设计的教学被普遍认为是创新的、凸显教育智慧的教学,当细致斟酌却发现也有一些借鉴其他优秀经验的痕迹。纵观人类文明的历史长河,所有被发明创造出来的东西都有其"原型",如鲁班发明的"锯子",其原型就是长着许多小细齿的草;飞机的制造是仿照鸟类飞行的原理,等等。模仿的最高境界就是通过在模仿中习得的知识与技能,结合自身经验进行主动创新、创造的过程。创造涉及将要素组成内在一致的整体或功能性整体,创造的认知过程通常需要学生先前的学习经历的配合。③ 凡是被认为具有创造性的事物都需要知识和技能的积累,以及个体的主动建构才能实现。

"离像"的批判模仿是基于对高级榜样教学活动的进一步分析,并结

---

① 安德森.布卢姆教育目标分类学:分类学视野下的学与教及其测评　完整版[M].蒋小平,张琴美,罗晶晶,译.北京:外语教学与研究出版社,2009:33.

② 梁坤,马欣悦,韩会君.幼儿体育活动"热身操"创编新视角:由"模型"学习转向"模式"学习[J].体育学刊,2020(3):103-109.

③ 安德森.布卢姆教育目标分类学:分类学视野下的学与教及其测评　完整版[M].蒋小平,张琴美,罗晶晶,译.北京:外语教学与研究出版社,2009:63.

合自身已有的知识经验和所学的教学原理,建构了教学模仿对象设计与实施的"模式",掌握了其内在的规律,在继承中发扬。这种教学模仿不仅蕴含着他人宝贵的教学经验,同时也融合了自身知识结构体系中关于教学的认识和理解。该教学模仿具有批判性,能够在他人经验的基础上推陈出新。虽然在教学模仿中有高级榜样的痕迹,但也有自己独特的教学风格及特征,同时也遵循着教学的基本规律和原理。批判的教学模仿仍在模仿,但已经超越了模仿,在教师分析与评价的基础上,将其教学中的精华融入自己的教学中。

处在"离像"境界的教师是在长期的实践中不断反思教育规律与教学实践,对高级榜样教学活动进行分析与评价的基础上,形成自己的实践理性。所谓实践理性是遵循教学的普遍价值原则、教学过程规律与教学规范,并借助一定的方法进行教学实践活动即将应然教学转化为实然教学的意志性能力。[①] 教师的实践理性有助于教师对高级榜样的理性分析,结合教学规律和教学原理进行归纳、演绎,对所模仿的对象进行批判性吸收,实现对教师个体教学知识的重新组织,生成具有超越先前教学的想法和做法。在批判的教学模仿过程中,对高级榜样的教学活动进行分析使之"结构化"是非常关键的,这便于教师有效迁移其学习的内容,为富有创造性的教学模仿做好准备。所谓"结构化"就是各要素之间有相互的关系,并构成了一定的意义,能够在意义中找到规律,架构其关联,形成具有一定结构性的内部组织。结构化能够让教师找到优质教学活动组织的框架,方便归纳和提取信息。批判的教学模仿超出了"镜像"与"意像"境界的榜样原型与教学原理的意义,融入了自己的风格和特色,不仅具备了高级榜样的优秀特征,同时也结合自己的教学情况进行了改进与完善。虽然在模仿,但是已超越。

由上可见,在教师教学模仿中,因教师自身专业知识结构、学习策略

---

① 李森,高静.从功能角度看教师的教学实践理性[J].课程.教材.教法,2021(9):63 - 70.

与方法、学校环境等诸多因素的影响,存在着复杂的、相互关联的关系。教师教学模仿的方式与策略不同,所达成的教学效果也各自迥异。而"教学"本身就是一个复杂的师生互动过程,既有内在的生成机理,同时也有外显的行为表现。教师教学模仿的三重境界并非自下而上逐级递进,而是处在不同发展阶段的教师,因其个体知识结构的丰富与否、所在专业学习共同体互动和谐与否、反思品质的优良与否,都会影响教学模仿所达到的境界。在教师教学模仿中处在"离像"的境界显然是最能彰显模仿的意义和价值的,是能够让教师体现自主性、主动性和独立性的一种学习状态。

三、教师教学模仿的提升路径

在教学实践中,关注教师自身知识结构的建构、建设和谐的专业学习共同体、有意识培养教师的反思品质,有利于教师教学模仿走向至高境界。

(一)教师教学知识结构化提升教学模仿的品质

教师的教学知识包括理论性知识和实践性知识,理论性知识就是有关教学组织与实施的基本理论和基本原理,以及与儿童学习与发展相关的知识;实践性知识是教师在进行教学实践中具体运用的可操作的知识。这两类知识共同构成了教学知识。所谓"结构化"是在一个集群的范畴下,其"形式""关系""逻辑"等的集合,它反映的是一种"抽象思维"。教学知识的结构化是指将理论性知识和实践性知识进行整理,将其序列化、条理化和原理化,能够将教学知识的信息形成组织,便于教师进行分析、归纳与演绎。建立"结构"的教学过程是有助于教师深入学习高级榜样的过程。布鲁纳将人认识事物的表征方式分为三种,第一种是动作性表征,第二种是映像性表征,第三种是符号性表征,这三种表征方式意味着学习是经过从具体到抽象的过程。① 教师在教学模仿过程中也同样会经历不同的表征形式,表征的不同会带来教学模仿方式的不同。"结构化"是将形式、关系、逻辑等抽象的结果,并通过"符号"表征的方式表现出来,符号性表征是教师教学知识结构化的基本形式,体现着教师教学知识被概念化和抽象化。

教师在进行教学模仿时并非完全被动的、没有任何思想意识的机械式模仿,而是一种建立在个人知识结构基础上的模仿过程。当高级榜样呈现在学习者面前时,教师结合自己已有的知识结构对模仿对象进行辨识和对比,根据已有知识经验经过"同化"与"顺应"后,对其进一步进行挖掘和理解,在此基础上,教学模仿的过程会具有内在认知过程的转化,是一个复杂的学习过程。教师个人知识的组织结构与其个人学习经历、学习背景和对知识的理解与吸收相关,不同发展阶段的教师处理新信息的过程也有所不同。新知识的建构必须来源于已有知识。② 在学习过程中,通过识别"原型榜样"的基本原理、规律和模式,为学习者有效提取信息提供了条件。而这种对规律和模式的建构在提升教学模仿境界中起着一定的作用。有研究者发现,当学习者能够辨识并发现教师示范动作中的动作运行规律,并利用该规律自主解决动作学习问题的更高层次的学习,那么"模式"就形成了。③ 由此可以推测,学习者要达到更高层次的学习,对"原型榜样"进一步分析并提炼规律和模式是有利于教学知识结构化的。

教师教学知识的结构化有助于建构教学模仿的支架。在对专家型教师和新手教师学习科学的研究中,专家不但能获得知识,而且能熟练提取与具体任务相关的知识,而且专家的知识是"条件化"的,能够根据具体的情境提取有用的信息,对于解决问题没有帮助的知识,尽管关联但

---

① 布鲁纳.教学论[M].姚梅林,郭安,译.北京:中国轻工业出版社,2008:9.

② 布兰思福特,布朗,科金,等.人是如何学习的:扩展版[M].程可拉,孙亚玲,王旭卿,译.上海:华东师范大学出版社,2013:10.

③ 梁坤,马欣悦,韩会君.幼儿体育活动"热身操"创编新视角:由"模型"学习转向"模式"学习[J].体育学刊,2020(3):103-109.

未激活。① 教师教学知识结构被激活有利于知识组块之间的相互链接，能够将旧信息中与其相关的知识进行有意义的联系，使其理解高级榜样的内在教学机理，从而实现有效的教学模仿。因此，教师教学知识结构影响教学模仿，教学模仿的层次也在教师建构教学知识的过程中逐渐形成。随着教学知识的建构从具体到抽象，教学模仿也从认真专注地"复制"他人，逐渐摆脱高级榜样走向批判的模仿。无论处在哪个专业发展阶段的教师，影响其教学模仿层次的都与其自身的知识结构有关。教师个人知识结构所储备的相关知识体系越丰富就越能够实现高效的教学模仿。这在对教师进行职前职后培训时，为其解读教学原理、分析教学设计，了解教学语言和教学行为背后的意义，对建构教师知识结构有着显著的效果。任何发展阶段的教师对优秀教学范例的积累是其专业成长过程中必不可少的学习方式，尤其是符合教学原理和规律的示范性教学活动，更有利于丰富教师教学知识结构。

（二）教师专业学习共同体建设提升教学模仿的效果

教学模仿并非孤立存在，它需依托于教师专业学习共同体。"模仿"是在群体共同生活的背景下存在的，教师有对高级榜样的教学模仿，同样也需要同侪互动、相互借鉴，汲取同行的建议并获得提升。因此，建设教师专业学习共同体有助于提升教学模仿的效果。教师专业学习共同体是在学习共同体基础上发展而来的，其目的也是提升教师专业能力。它是针对教师专业社群中共同面临的实践难题汇集专业创见、凝聚专业共识、寻求专业良策，努力实现个体发展与群体发展的共赢与互促的团体。教师专业学习共同体的内在机制是专业学习，②它形成教师学习的向心力。教师专业学习共同体是建立在专业学习前提下的专业社群，共同体成员也是该专业领域中的成员，具有共同的专业信念和专业学习目

---

① 布兰思福特,布朗,科金,等. 人是如何学习的:扩展版[M]. 程可拉,孙亚玲,王亚卿,译. 上海:华东师范大学出版社,2013:38.

② 陈晓端,龙宝新. 教师专业学习共同体的实践基模及其本土化培育[J]. 课程·教材·教法,2012(1):106-114.

标,这种专业社群之间的互动是建立在具有对专业知识共同认知的基础之上的,每位专业共同体中的成员都有自己对专业知识独特的理解,能够促进成员内部知识与经验的传递。教师专业学习共同体是教师群体文化的体现。群体文化是教师个体文化间互动、互构、互生、对流的产物。① 教师群体文化不能孤立存在,而是与教师个人在认识上达成共识,并能够共同参与实践,在共同的问题情境下进行互动交流,分享专业学习的困惑,每位教师调动个体知识,进行头脑风暴以期解决共同体在专业学习中的问题。教师群体与个体之间的碰撞能够帮助教师在积累个体经验的同时,也积累群体经验,扩充了教师专业学习共同体的"知识库"。这种"知识库"是具有共同知识背景的群体互动状态下,在真实的教育情境中积累而成的共享性"知识库"。

教师专业学习共同体中有处在不同发展阶段的教师,他们在共同体中能够相互学习、相互借鉴,形成双向互动的关系,从而进行"双向模仿"。双向模仿路径则是指模仿者和模仿对象之间的相互影响、相互作用和相互模仿,模仿的作用不仅是拓展自己的范围,而且是走向双向互动,把一切单向的关系转变为彼此的双向关系。② 教师在教学模仿过程中的实践互动强调教师主体在教学模仿过程中与他者之间的互动行为,实现了教师主体自身、教师主体与他者以及教师主体与环境交往互动的内在机理,使得教师个体式模仿走向群体式模仿,极大地拓展了教师互动交往的空间,丰富了实践经验。③ 教师专业学习共同体体现着个体智慧与群体智慧的碰撞,在碰撞中提升教师的专业学习敏感性和对专业知识的理解程度,有利于提升教学模仿的效果。

(三)教师自我反思提升教学模仿的能力

教学模仿是否真正对自己专业成长起作用,需要教师不断回顾教学

---

① 陈晓端,等.教师专业学习共同体:国际视野与本土实践[M].西安:陕西师范大学出版总社有限公司,2016:34.

② 塔尔德.模仿律[M].何道宽,译.北京:中国人民大学出版社,2008:154,264,265.

③ 李森.论教师模仿学习的运行机制[J].课程·教材·教法,2017(2):108-113.

的过程,进行理性思考,结合所遇到的问题进行调整与验证,透过实践背后的现象来分析原因,帮助提升教学模仿的能力。因此,教师主体的深度反思是提升教学模仿效果和促进专业成长的关键机理。[①] 反思是高级思维发展过程中必不可少的环节,是教师专业成长过程中的重要品质。教师的反思品质决定着教学质量,甚至教育质量。反思的主要形式是批判,批判是建立在对现有知识进行对比、分析和评价的基础之上的。批判的前提是对高级榜样和自身教学现象的价值判断。教师的自我反思基于实践,同时也有对实践的批判。教师在开展持续的实践活动中形成反思意识与批判能力,反思是建立在基础知识理解、分析与应用的基础之上的,如果没有不断地实践将不会有反思。教学模仿是实践的过程,在此过程中,不仅仅是对榜样的简单"投射",而是教师在模仿的过程中结合自身的知识结构和教学经验,在实践中不断进行调适的过程。

杜威曾提出"教学要加强反思性"。[②] 他指出:儿童进行有意识的模仿,并在之后达到了目的,找出成功与不成功的,并在自己的信念中估量一下,价值是增加或是减少,从而继续选择、顺应、安置与实验。[③] 这是学习者在学习过程中,通过对所达成目标的反馈而展开的反思过程。在进行反思的过程中,回顾自己的学习历程,及时对比、匹配信息之间的差异,并作出调适,这是提升学习效率的重要途径。反思是一个复杂的思维过程,反思能够让学习者对自己的学习过程进行审视与批判,能够找到学习中的问题与差距并进行完善与提升。教师通过反思,一方面澄清概念、理解教学原理、总结教学规律,另一方面加强了自己对知识建构过程中的理解程度,对后期学习过程中信息的提取提供帮助。在教学模仿中,需要有意识地关注教师的反思习惯,针对不同发展阶段的教师组织开展适宜的反思,帮助教师不断优化自己的知识结构,有助于完善教学模仿的实践过程。

① 崔友兴. 论教师教学模仿的反思品质[J]. 课程・教材・教法,2017(5):95 – 99.

② 熊川武. 反思性教学[M]. 上海:华东师范大学出版社,1999:25.

③ 杜威. 我们如何思维[M]. 伍中友,译. 北京:新华出版社,2010:132.

第 27 篇

课堂教学目标创新的
意义、原则和策略^①

课堂教学是学校实现教育目的和功能的主要方式,在学校教育中起着重要的作用,承担着为社会培养更多具有创新精神和实践能力的人才的重任。显然,课堂教学应加快改革和创新的步伐,以适应不断变化的社会发展和学生发展的需求。要实现课堂教学创新,首当其冲的是课堂教学目标的创新。教学目标对整个课堂教学起着统贯全局的作用,规范和指导着整个课堂教学活动的进行,同时也为教学效果的评价提供了标准。

一、课堂教学目标创新的意义

1. 反思传统课堂教学目标

(1)以单一的知识传授为中心的课堂教学目标。课堂教学目标的确

---

① 本文发表在《上海师范大学学报(哲学社会科学·基础教育版)》2005 年第 9 期。

定与教学理念是紧密相连的。长期以来,我国中小学课堂教学受应试教育的影响,应对考试、选拔高分的思想观念牢牢地束缚着人们的手脚,于是就形成了以教师为中心和知识传授为目标的课堂教学模式。传授知识成了课堂教学的主旋律,形成了"考什么,教师就教什么""教什么,学生就学什么"的恶性循环。学生成了知识的储存器,而教师的责任就在于将自己所备教案里的全部内容强制性地灌输给学生。一切的教学都围绕着考试这根无形的指挥棒转,教师和学生都成了应试教育的奴隶。

（2）一种制度性的目标。传统的课堂教学目标不仅是单一的知识性目标,而且这一目标是刚性的、制度性的,是封闭性的。也就是说,传统的课堂教学目标没有给教师留下发挥的余地,束缚了教师的教学思维和教学行为,导致在课堂教学实践中,教师不敢越雷池半步,只能严格地按教学大纲所规定的教学目标施教,用统一的目标来要求和塑造每一个学生,用"一刀切"的方式来评价每一个学生。这严重地忽视了学生的个体差异性,把学生当成了工具,而不是充满生命活力的现实中的人,这最终导致培养出来的人才缺乏个性和创造性,不能适应社会的需要和时代的要求。

2. 课堂教学目标创新对课堂教学其他方面创新的意义

课堂教学目标的创新是课堂教学创新的关键,对课堂教学创新起指导作用。它约束和规范着课堂教学内容、教学过程、教学方法、教学评价等各方面的创新,同时在课堂教学各方面得到创新的基础上又不断调整自身,以得到更进一步的创新。

（1）有利于课堂教学内容的创新。教学目标不仅决定着教学的方向,而且制约着教学的内容。创新型课堂教学目标不仅具有稳定的性质,而且有动态生成的特点。这就要求摒弃教学内容等于教材的观点,充分认识到教学内容是在教学过程中生成的,除了基本的教材内容之外,还有许多再生的教学资源,这些资源可来源于教师、学生、教学环境以及相联系的社会生活。这些资源的发掘,关键在于教师善于去发现和把握。教学内容是随着课堂教学的进行而不断生成的,在目标的指引下不断地得以创新，并且越来越重视与学生生活实际、与社会相联系。新课程改革明确指出，改变课程内容"繁、难、偏、旧"和过于注重书本知识的现状，加强课程内容与学生生活以及现代社会和科技发展的联系，关注学生的学习兴趣和经验，精选终身学习必备的基础知识和技能。可见，课堂教学目标的创新，有利于新课程的有效实施和目标的达成，有利于课程内容的不断创新。

（2）有利于课堂教学过程的创新。知、情、意、行相统一的创新型课堂教学目标，与新课程标准将知识与技能、过程与方法、情感态度价值观统一起来的基本思想是一致的，不仅注重知识、技能的学习，而且强调学生的情感、意志、态度和价值观的培养。在教学过程中，教师和学生在平等的基础上交往互动，达到相互交流、相互沟通、相互启发、相互补充，实现师生共同发展。课堂教学过程的实质就是教师的价值引导与学生自主建构的有机结合和统一。只有当师生都处于积极参与教学的状态，课堂教学才算是成功的，才能达到预定目标甚至超越目标。

（3）有利于课堂教学方法的创新。当课堂教学目标确定后，教学方法就成为提高教学质量的关键性因素。教学方法是为把课程内容转化为学生的知识、能力、思想、情感，从而实现教学目标服务的。要想使教学获得理想的效果，就一定要讲究教学方法，随时创新教学方法，而教学方法创新必须以课堂教学目标为导向。对于低层次的教学目标，如识记、理解等，宜选用信息传输量大的系统讲授法；对于中等层次的教学目标，如应用、分析等，宜采用引导式讲解法、问题教学法；而对于较高层次的课堂教学目标，如综合、评价等，宜采用发现式、探究式教学法。

（4）有利于课堂教学评价的创新。教学评价是师生双方主要围绕课程和方法而表现出来的，课堂教学目标与课堂教学评价，二者紧密联系、相互影响。课堂教学目标为课堂教学评价提出了一个基本的准则，让课堂教学评价有章可循。课堂教学评价一方面依靠课堂教学目标，另一方面又为课堂教学目标提供反馈信息，使课堂教学目标不断创新，从而又推动课堂教学评价得以创新。

传统课堂教学的知识性目标导致了单一知识掌握的终结性评价,而课堂教学目标创新基础上的课堂教学评价应该是多元的、开放的评价,过程评价与结果评价相结合的评价,知识与能力并重的评价。总之,课堂教学目标的动态发展决定了课堂教学评价也应该是动态的评价,这样才能促使教师和学生在教学中积极配合,形成不仅可以教师评价学生,而且学生也可以评价教师,以及学生与学生互评的局面,促进师生共同发展、共同进步,推进课堂教学的创新进程。

二、课堂教学目标创新的原则

1. 主体性原则

学生是课堂教学的主体,一切教学工作都是为了学生获得最大的发展。在课堂教学中应充分发挥和建构学生的主体性,即自主性、能动性与创造性。这就要求做到:第一,课堂教学要面向全体学生,这是基于学生既具有共性又具有个性的基础上提出来的。针对共性,应制定相对稳定的具体的课堂教学目标;而针对个性,要制定出可调控、可变动的目标,即随课堂情境变化而能调整的具有弹性的目标。第二,课堂教学应该把时间和空间更多地留给学生,改变传统教学教师一讲到底,学生只带耳朵进教室的局面。让学生有更多的时间来参与教学,评价教学的质量,不是看教师讲了多少内容,而是看教学是否最大程度地让学生参与。

2. 发展性原则

课堂教学目标只有得到创新,才能求得发展;也只有发展了,才能得到进一步的创新。在新基础教育改革思想的指导下,教学是富有生命的教学,是充满活力的教学,课堂教学目标不应再是僵死不变的教条,而是适应教学需要时刻变化着的目标。不仅在目标的内容上体现发展的思想,即使教师的教和学生的学都取得发展,而且在目标的实施过程中坚持发展的理念,发现和探索新的目标,使教学活动取得更圆满的效果。

课堂教学目标虽然是预先制定出来的,但它不应成为课堂教学的包袱,束缚课堂教学,而应被视为一个基本的参照点,它"应该有一定的弹性化空间"。首先,课堂教学是由一系列可变化的因素构成的,包括学生、教师、环境等,都是在不断变化、发展的,所以许多预期不能控制的情况就会随着教学的进行而出现,期望目标与预期目标结果可能出现差异。而预先制定的目标也应随时调整,以适应变化着的教学。其次,课堂教学目标应考虑每个学生的差异,针对每个个体的兴趣、爱好、特长,因材施教,它应该是动态变化的。对于学习成绩超常的,应鼓励他们达到更高的目标;而对那些个性不突出、成绩不是很优异的学生就要循循善诱,善于发现他们的闪光点加以鼓励,让他们振奋精神,对自己充满信心和希望,以达到最基本的目标。总的来说,应把课堂教学目标看作开放的、多样的、可选择的,允许有例外的、因人而异的,把它作为一种方向的指引,一个随时有待修订的模型。

3. 系统性原则

在学校教学目标的指导下,课堂教学目标是由课程目标、单元目标和课时目标三者有机联系构成的一个完整的目标系统。各个教学目标之间不仅有纵向联系,而且有横向渗透。课堂教学目标创新必然是整个目标系统的创新,只有目标系统中的每一个具体化的目标得以创新,整个课堂教学目标才能创新。当然,整体的创新并非部分创新的简单相加,而是部分有机结合的创新。课程目标、单元目标和课时目标三者也是一个小系统,是不断具体化的。从纵向上看,前一个目标是后一个目标的上位目标,起着指导作用;从横向上看,课程目标之间也有不可分割的联系,应打破学科间森严的壁垒,加强学科间的合作,单元目标之间不仅存在知识逻辑的相关,而且始终有一条暗线,即注重学生情意发展的目标在联系着单元之间的目标。

课时目标这一小系统,是由具体的小目标组成的,它具体反映课程目标和单元目标,是一堂课效果的检测标准。不仅包括本课时的目标,而且教师可以依据课程的内容、课堂的环境,适时地延伸出新的适合学生发展的目标。课堂教学目标创新坚持把教学目标看作一个系统,让学生从整体上把握课程目标、单元目标和课时目标,明白近期的和长远的学习目标和方向。这样,有利于学生实现学习的三个转变,即由被动学习向主动学习的转变、由苦学向乐学的转变、由维持性学习向自主创新学习的转变。

4. 多元性原则

传统的教学主要是分科教学,而现代科学的发展逐渐打破了学科壁垒森严、相互割裂的状态,科学知识综合化和一体化的趋势明显加强。这种趋势一方面要求现代人具有综合的科学素质和多方面能力,另一方面要求教学内容综合化。21 世纪所需要的人才,应该是全面发展的人才,不仅应该具备丰富的科学文化知识,而且应该具有人文修养、创新精神和实践能力。人才的多样化决定了课堂教学目标创新必须遵循多元性原则,把认知性目标、发展性目标和教育性目标结合起来,把课堂教学与生活实际联系起来,让学生不仅学到知识、发展能力、培养健全的个性,而且能适应多元化的社会,得到综合性的发展。课堂教学目标的创新应该走向科学性与人文性综合,以利于学生的综合发展,培养学生的创造力和思维能力。

5. 科学性原则

没有科学性作保证,制定的课堂教学目标不能用于指导教学实践,更谈不上创新。首先,课堂教学目标要反映社会的需求,适应社会的需要,与社会生活实际紧密联系。其次,课堂教学目标要符合学生的年龄特征和认知水平,促进学生身心健康、和谐地发展。最后,课堂教学目标应该具有现实可操作性,即它必须是科学可行的。传统的课堂教学目标在这方面做得不够,很大程度上忽视了其操作意义。课堂教学目标创新,就是要做到让教学目标具有科学性,能真正起到指导教学的作用。

三、课堂教学目标创新的策略

1. 生本化策略

以学生的发展为根本,是新一轮基础教育课程改革的核心理念。它强调,学生是教学活动的主体,教学应该充分尊重学生的实际需求,教师在教学中起主导作用,引导学生积极参与教学活动,鼓励学生交流合作、大胆质疑、探究发现,让学生成为课堂的主人,成为知识的探索者和自主建构者,实现其自主性、主动性和创造性的发展。同时,还强调,学生是一个人,一个有独立意志、有独特思想的发展中的人。其发展应该是知识与技能、过程与方法、情感态度与价值观三个方面的整合,学生的发展力求全面的发展。课堂教学目标要实现创新,应该首先就认识到这一点,制定创新的目标,就应坚持"以学生的发展为本"的理念,以提高学生的综合素质为重任。

课堂教学目标创新在以学生发展为本的前提下,应注重学生的创新精神和创新能力的培养。学生创新能力、实践能力的培养是学生发展的重要表现。在教学活动中,在创新型的教学目标指导下,教师对教学应该有完整的把握,做到既能放又能收,收放自如,即是说,既能让学生放开手脚,大胆地让学生去探索、发现问题,勇敢地去解决问题,在这一过程中充分展现学生自己的创新思想和创造性能力;又能在活动中适时控制,适时启发、引导和鼓励学生,让学生在学习活动中更能积极主动地展现自我,让学生敢于有奇异的、独特的、创新的思想,敢于根据自己的思想去创造性地做。这样的教学才是成功的教学。

2. 师生共创策略

在教育教学改革不断深入的今天,师生双方更应该清楚地认识到自己的角色,转变自己传统的角色意识。教师由教的主导者转变为学的引导者,由单一的知识传授者转变为学的参与者和促进者;学生由被动的接受者转变为主动的建构者和创造者。建立民主、平等与和谐的新型师生关系,是教学的润滑剂。课堂教学目标要实现创新,当然必须有一个和谐、民主的师生关系的课堂作为保证。基于师生的民主、平等关系,师生才能更好地共同参与教学、促进教学顺利进行。教学目标的确定也应改变过去教师依据教学大纲独自决定的局面,应让学生参与进来。当然,师生共同确定教学目标,要结合四个方面的理解:一是教师对学科教学目标的理解;二是教师对教材的理解;三是学生对教材的理解;四是对学生生活世界的理解。教学目标最终是促进学生的发展,应参考学生的兴趣、爱好、意愿和需求,以及他们的生活世界。学生参与教学目标的确定,一方面体现了学生的主体性,另一方面学生从自身的角度出发发表他们独特的看法、意见,体现他们的价值取向。显然,教学目标创新应采取师生共同参与确定的方式,这样,教学目标才能成为全面、科学的具有指导意义的目标。

3. 整体呈现策略

传统课堂教学以应试为目的,强调知识的获得和巩固,虽然教学目标也提出了技能、情意发展等目标,但很少落到实处。而学生更是不明确教学目标,只知道听课、记笔记、做作业、考试,以至于成了考试的工具。教学目标要实现创新,一方面让学生对将要学习的内容有整体了解,做到心中有数,能有意识地根据内容去设计自己的学习方法,知道怎样去解决其中的一些问题;另一方面,目标对学生有指向、激励作用,学生明确了学习目标,就有了学习的动力,能让学生更加积极主动地去实践、探索,努力达到目标。

对于不同层次教学目标的整体呈现,可以采取不同的具体方式。学科目标的呈现一般放在开学初期,可以采取学生人手一册教学目标图的形式,即由教师将已经制定好的教学目标图发给每一个学生,让学生全面系统地了解本学科的特点、体系和结构,具体要学习哪些知识内容,该学科重点培养哪方面的能力。课程单元目标的呈现显然应放在学习一个单元之前,让学生明白本单元的任务和整体目标。而课时目标是最具体的、一节课的目标,其呈现方式更多样,可以在一堂课之前给出目标,让学生总体把握学习的方向;创新型教学目标有动态发展性,教师可以根据教学情境、氛围,适时延伸、扩展教学目标,即可以在教学中、也可以在教学结束时呈现。

4. 多元评价策略

长期以来,人们在教育价值取向上的分歧,在内涵上表现为关注知识价值、智力价值、情感价值或整体素质价值。课堂教学目标要实现创新,就应实现多元化的评价,要打破传统的只注重知识传授的单一目标取向,改变学生被动接受学习的局面;把学生看作有独立性、创造性的形成性主体,看作一个既有理性,又具有感性和灵性的"全人",实现知识性目标、发展性目标和教育性目标的有机统一,进而实现从知识、能力和情感态度价值观三个维度出发对学生进行多元化的评价。

注重知识的评价,即是参照认知性目标的评价,关注学生在规定的学习内容、学习时间内,认识上所要达到的"懂"和"会用"的范围和水平。认知性目标不是一味否定传统课堂教学的知识传授目标,而是对传统的课堂教学目标的重新认识、重新定位和革新。创新型教学的认知性目标,不仅仅强调知识的接受和掌握,而且强调学生达成认知性目标的过程,即在掌握陈述性知识的同时,要掌握程序性知识和策略性知识;在"学会"的同时要"会学"。知识的掌握不是课堂教学的终极目标,掌握学习知识的方法才是最重要的,教育应该较少地致力于传递和储存知识,而应该更努力寻求获得知识的方法(学会如何学习)。这也适应了新一轮基础教育课程改革不仅注重学生对知识、技能的获得,而且注重过程和方法的要求。

注重能力的评价以发展性目标为标准,即注重学生能力发展,包括语言、动作等各种技能的发展,逻辑、思维能力和自主、合作、探究等学习能力的发展。这是针对传统课堂教学重知识轻能力提出来的。传统的课堂教学围绕考试的指挥棒转,强调教师多讲,学生多记、多练,不注重激励学生质疑、解疑、独立思考、解决问题的能力培养,不注重学生动手操作能力的培养,不注重学生合作意识的养成,完全忽视了学生是一个主体性发展的人。要实现学生的发展,首先就应该端正对学生的态度,即应有正确的学生观,视学生为一个主体性发展的人。只有端正了学生观,在课堂教学中,教师才能更好地从学生的兴趣、爱好和需要出发,引导学生充分发挥其主体性去发现问题、探究问题和解决问题,培养学生自主、合作和探究的精神和能力,培养学生创造性解决问题的能力。

注重情感态度价值观的评价以教育性目标为标准,强调的是在注重学生知识、能力发展的同时,注重学生的良好思想品德和健康人格的培养,以及正确的世界观、人生观的形成。传统的课堂教学目标只强调知识传授,它忽略了学生是一个有丰富情感、有独特的审美意识、有自我意识的人,导致"重书轻人",处理不好"教书"与"育人"的关系。要革新课堂教学,就应该强调在教学中,教师必须依据学生的兴趣、动机、情感、态度和价值观等心理特征,结合课堂教学内容,创造一定的情境,有意识地培养学生健全人格和良好的思想道德修养,正确引导学生把学习和做人结合起来,让学生健康地发展。

当然,这三方面课堂教学目标并不是孤立的,而是相互作用、相互依赖、彼此渗透的,贯穿于整个课堂教学始终。我们不应重知识轻能力,也不应重知识轻品德,认知性目标、发展性目标和教育性目标三者对于学生的全面发展都是举足轻重的。课堂教学目标要实现创新,就必须兼顾三者,缺一不可。

总之,在新一轮基础教育课程改革精神和理念的指导下,课堂教学亟待创新,而目标的创新又是最重要的一个环节,应予以相当的重视。在反思传统教学的同时应注意到,课堂教学目标的创新应紧紧围绕着学生的发展而展开,以提高学生的综合素质为重任,培养学生的创新意识、创新精神和创新能力。让创新的课堂教学目标真正地为课堂教学指明发展的方向,把课堂交给学生,使课堂教学真正焕发出活力,成为有生命的课堂。

第 28 篇

课堂教学中的"边缘人"
及其转化策略①

　　学校课堂应是让每个学生都受到适合的教育并且能积极、健康成长的课堂。然而,在现实课堂教学中,总有一些学生游离于教学活动的中心,处于课堂教学的边缘,没有得到良好的发展,这就产生了课堂教学中的"边缘人"现象。从实质上讲,"边缘人"现象是教育不公平现象在课堂教学中的折射和反映。《教育规划纲要》指出,要关注学生不同特点和个性差异,发展每一个学生的优势潜能。因此,如何正确认识课堂教学中的"边缘人"问题,针对"边缘人"的特点寻求相应的转化策略是一个具有现实意义的课题。

---

① 本文发表在《教育研究》2014 年第 7 期。

一、课堂教学中"边缘人"的概念与本真

(一)"边缘人"概念的提出

"边缘人"概念来自德国社会学家西美尔于 1908 年提出的"陌生人"概念。① 所谓"陌生人",是指那些"虽然生活在社会里,却处于边缘,不了解这个社会的内部机制,并在某种程度上处于社会群体之外"的外国人。后来,西美尔的学生帕克在 1928 年发表的《人类的移民与边缘人》一文中正式提出了"边缘人"概念,并界定为"处于两种文化和两种社会的边缘的人"。② 显然,"边缘人"概念最初是在社会学研究领域里广泛使用的,而真正在教育领域中得到应用则是 20 世纪 80 年代的事情。美国有关研究发现,大量处于学业失败边缘和辍学境地的学生,无论在家里还是在学校均缺乏一种成功体验。美国斯坦福大学学者莱文把这些来自贫困家庭面临学业失败的学生界定为边缘生(at - risk/marginal students)。③ 随着"边缘人"理论在教育研究领域的不断应用,关于课堂教学中边缘学生的研究也取得了一定成果。美国创造力教学研究专家威廉斯确立了有关边缘学生的五个选择标准:一是智商低,二是学业成绩差,三是父亲的职业不是专门职业,四是父亲没有中学毕业,五是母亲没有中学毕业。④ 威廉斯的研究成果对深入理解课堂教学中"边缘人"的本质有极大的启发意义,正如霍瑞和辛克莱所说的"边缘学生的研究可以增强我们对学生在学习中所具有的而又时常被忽视的系列问题的批

---

① GOLDERG M M. A qualification of the marginal man theory[J]. American sociological review,1941(1):52 – 58.

② PARK R E. Human migration and the marginal man[J]. American journal of sociology,1928(6):881 – 893.

③ Accelerated schools project[EB/OL]. (2011 – 02 – 21). http:/american – education. org/20 – accelerated – schools – project. html.

④ 范国睿. 教育生态学[M]. 北京:人民教育出版社,2000:230.

判意识"①;也使我们意识到,导致课堂教学中的"边缘人"现象的因素不仅仅源于学生个体,而是一个内外相交的综合性因素,有家庭背景和课堂环境等因素。

根据上述学者的观点,"边缘人"是处于边缘境地的人。然而,在我国的《辞源》和《辞海》中"边缘"均没有单独的记录,只是分别从"边"或"缘"的角度加以注释。随着社会形态的逐渐发展,"边缘"一词也逐步形成。《现代汉语词典》中把"边缘"解释为:"一是沿边的部分;二是同两方面或多方面有关系的。"②这揭示了"边缘"一词的两层含义:一是从位置关系讲,它是处于相对"中心"的沿边部位;二是就其存在方式而言,指与两者或多者都有关系,但又不是其中任何一者的核心要素。正如帕克最初提出"边缘人"概念时所界定的,是指那些处于两种文化和两种社会的边缘的人。③

(二)课堂教学中"边缘人"的本真

目前,课堂教学研究者关于"边缘人"概念的理解主要有两种观点。第一种观点认为,"边缘人"是指处于课堂教学的中间层的学生。其主要特点是:竞争意识较差,意志薄弱,易受挫折,缺乏自信心和进取心,学业成绩一般,容易退化为"后进生",但是潜藏着很大的发展潜力。④ 第二种观点认为,"边缘人"是指没有完全参与教学活动中的那部分游离于课堂中心的学生。⑤⑥ 第一种观点与帕克最初提出"边缘人"概念的思路比较接近,认为课堂教学中有两个层级学生群体,即"优生群体"和"后进生群

---

① CHORY W J,SINCLAIR R L. The reality of marginality:current state of affairs for marginal students[C]//Annual Meeting of the American Educational Research Association,April 20 – 24,Washington,DC,1987:28.

② 中国社会科学院语言研究所词典室. 现代汉语词典[M]. 北京:商务印书馆,1994:64.

③ GOLOVENSKY D I. The marginal man concept:an analysis and critique[J]. Social forces,1952(3).

④ 杨武杰."边缘生"的教育和培养[J]. 文教资料,2007(6):172 – 174.

⑤ 孙明梅,苏春景. 初中课堂"边缘生"现象初探[J]. 继续教育研究,2008(6):123 – 125.

⑥ 吴亮奎. 角色重构:让边缘化学生回归课堂[J]. 现代中小学教育,2007(4):16 – 19.

体",他们分别处于课堂内学生群体的两个极端层;而另有一部分是处于中间层的学生,他们既有向上的潜力,又有后退的可能,这部分学生就是边缘生。第二种观点则认为,课堂教学中的"边缘人"并非仅指处于中间层的学生群体,而是那些主动或被动地被忽视而游离到课堂教学活动边缘的学生个体或群体。当然,也有学者认为,"边缘人"广义上指未充分参与任何群体的人,狭义则指同时参与两个以上群体、其行为模式捉摸不定的人。[①] 这种观点显然有兼容上述两方面的倾向。

事实上,如果把课堂教学中的"边缘人"理解成游离于课堂中两个或多个"平行"的学习者群体,是可以接受的,也比较符合"边缘"一词——"同两方面或多方面有关系"——的本意。但把边缘学生视为处于优生群体和后进生或学困生群体的中间层,却值得商榷。因为这种界定直接把后进生或学困生群体排斥在"边缘人"行列之外,不尽合理。笔者认为,要理解课堂教学中"边缘人"的本真,至少有两个问题值得关注,即"边缘人"的范畴和"边缘人"的非恒定性。

1."边缘人"的范畴

"边缘人"虽然是一个社会学概念,但当它被引入课堂教学后则深深地烙上了教学论意义。从教学论而言,课堂教学一定是以教与学的活动为核心的,其主要目的是为了促进学生的全面、协调和充分发展。因此,凡是游离于课堂中心,没有得到良好发展的学生都应属于课堂教学中的"边缘人"范畴。游离于课堂中心的学生主要有两类:一类是形游离,即身体游离于教学活动中心;另一类是神游离,即心理游离于教学活动中心,就是通常说的人在心不在。没有得到良好发展的学生也有两种情况:一种是缺乏促进学业成功的能力和背景的学生,另一种是在学校生活中处于不利地位的学生。[②] 前者主要是就学生自身因素而言的,如智力障碍或生理有缺陷的学生,他们时常缺乏一种获得成功的基本能力,

① 龙冠海.云五社会科学大辞典:第一册　社会学[M].台北:台湾商务印书馆股份有限公司,1973;249.

② 范国睿.教育生态学[M].北京:人民教育出版社,2000;230.

以致得不到良好发展。而后者主要是就学生的外部因素而言的,比如一些学生经常被同学欺负或受到老师的冷落导致他们失去了充分表现自己的机会,从而得不到良好发展。

2."边缘人"的非恒定性

课堂教学中的"边缘人"并非永恒不变,他们只是在某一方面或某几个方面表现较差,在学习上不积极、不主动,甚至逃避学习。一旦得到老师和同辈个体或群体必要的支持与帮助,他们很容易成为学习的主人。美国斯坦福大学莱文的研究表明,处在边缘状态下的学生,恰好有一些共同的特征:都有好奇心、渴望学习、富有想象力和创造力等特质,都需要被关爱、被支持和被肯定。①

由上可见,课堂教学中的"边缘人"是指游离于教学活动的中心,处于课堂教学的边缘,没有得到良好发展的学生个体或群体。其中,没有得到良好发展是指课堂教学中的"边缘人"在知识与技能、过程与方法、情感态度价值观等方面存在缺陷,没有得到应有的发展。

二、课堂教学中"边缘人"的特征及类型

(一)课堂教学中"边缘人"的特征

在当前的教学改革与创新研究中,"边缘人"现象越来越受到关注,其特征主要表现为普遍性、边缘性、弱势性和相对性。

1.普遍性

普遍性是指"边缘人"几乎普遍存在于课堂教学之中。课堂教学中的"边缘人"作为一种客观现象,正受到国内外研究者的关注和重视。美国斯坦福大学莱文的研究表明,美国有30%的中小学生是边缘生,一些大城市中的比率可能达到50%,甚至有可能随着移民和贫穷的增加而会

---

① History and Background of Accelerated Schools Project[EB/OL].(2012-04-20).http://swacceleratedschools.net/about-us/history-backaround/.

更高。[1] 欧登和杰明纳雷奥也认为,每一所学校中都有一群学生缺乏从教育机会中获得充分益处所必备的智能、情绪或社会技巧,以至于表现出较差的基本技能、低学习成就以及高缺席率等。[2] 不仅国外中小学课堂教学中的"边缘人"十分普遍,我国亦如此。虽然目前国内有关边缘学生的具体数字很难准确统计,但有关研究显示,我国近 3 亿中小学生中大约有 5000 万人被教师或家长列入"差生"。[3] 尽管"差生"的说法有些欠妥,但它却意味着在我国有很大一部分学生正处于课堂教学中的边缘状态,没有受到公平的教育。毋庸置疑,边缘学生所占的不小比率,足以表明"边缘人"现象普遍存在于课堂教学中,这是基础教育改革与发展中不容忽视的一个重要问题。

2. 边缘性

根据斯通奎斯特的边缘理论,"边缘人"由于长期处于多种社会的心理冲突中而产生了"边缘人格"。[4] 这种"边缘人格"即是所谓的边缘心态,它是指从内心认同和接受自己是"边缘人"的事实,即使周围的其他人并不这样认为。课堂教学中,持有边缘心态的学生通常表现为四个方面的特征:一是交往障碍,即在与人交往中显得过度紧张或不安,害怕与人交往。这很大程度上是因为边缘学生严重缺乏自信心和安全感,他们或许有过失败经历,或许内心极度自卑。二是敏感多疑,即表现为神经过敏,经常怀疑别人在背地里谈论他,遇事常常想不开,心胸狭窄、死心眼、爱钻牛角尖。三是孤僻冷静,即过度平静,不喜欢与人交往,逃避集体活动,常常一个人发呆。[5] 虽然有些边缘学生也有成群结队的现象,但他们的群体成员多为课堂教学中的"边缘人",而很难和班上成绩优秀的

① Accelerated Schools Project[EB/OL]. (2011 - 02 - 21). http:/american - education. org/20 - accelerated - schools - project. html.

② OGDEN E H, GERMINARIO V. The at - risk student: answers for educators[M]. PA: Technomic Publishing Company,1988.

③ 张声源. 有感于 5000 万"差生"[J]. 江西教育科研,2001(10):46.

④ 张黎呐. 美国边缘人理论流变[J]. 天中学刊,2010(4):64 - 67.

⑤ 杨武杰."边缘生"的教育和培养[J]. 文教资料,2007(6):172 - 174.

学生友好相处。四是焦虑不安,表现为在课堂教学中,持有边缘心态的学生,一方面他们非常渴望改变自己的"边缘人"身份,成为课堂教学的中心人物;另一方面又时常因持有抱怨、逆反、逃避等情绪而难以摆脱"边缘人"这一事实,这种两难心境常常令边缘学生焦虑不安、心神不定。

3. 弱势性

课堂教学中"边缘人"的弱势性主要表现为其课堂话语权利的缺失。话语是课堂教学中师生参与课堂、发表意见、表明立场的主要表达方式,它传播着权力的影响,是权力的替代品。根据法国著名思想家福柯的观点,权力无处不在,它是一个"范"的概念,支配着话语的产生和运行;而话语则总是通过"权力拥有"形式体现着权力的实现。课堂中由于教师与处于教学活动中心的学生之间的互动占据了课堂话语权力的绝大部分,因此,处于边缘境地的学生则远离课堂教学中心而渐渐丧失课堂话语权,从而处于相对弱势地位。福柯的话语权力理论还进一步指出:"反抗与权力是共生的、同时存在的。只要存在着权力关系,就会存在反抗的可能性"[①]。这就不难解释为何课堂教学中的"边缘人"时常存在着逆反的心理倾向,因此,教师在教学中应注重课堂话语权力的分配,确保"边缘人"的话语权力。

4. 相对性

所谓相对性,是指课堂教学中的"边缘人"不是固定不变的,它会因为教学情境的变化和学生自身的不断努力而发生变化。关于课堂教学中"边缘人"的相对性,可以从两个方面进行阐释:一方面,课堂教学中的"边缘人"是相对于某方面而言的,绝对的"边缘人"是很少的。每个学生都有他人少有的优势,如果教师能为其提供展示才能的舞台,即使在某方面已经被边缘化了的学生,也会因为其特有的表现而成为课堂教学活动的核心人物。另一方面,课堂教学中的"边缘人"是动态的、变化着的。

---

① 埃里蓬. 权利与反抗:米歇尔·福柯传[M]. 谢强,马月,译. 北京:北京大学出版社,1997:240-241.

今天属于"边缘人"的学生,通过努力明天不一定还是"边缘人";而今天的课堂核心人物,也可能成为明天的"边缘人"。正是由于课堂教学中的"边缘人"所具有的相对性和动态性,决定了边缘学生的可转化性,从而为教师提供了引导边缘学生走向课堂中心的机会和可能。

（二）课堂教学中"边缘人"的类型

依据课堂教学中"边缘人"的本真和特征,可以将其划分为六个维度十二种类型。

第一个维度是根据学生的学习态度,分为"主动型边缘人"和"被动型边缘人"。"主动型边缘人"是指通过学生自愿接受的方式形成的"边缘人",如逃避学习、讨厌学习等。"被动型边缘人"是指即使学生不愿意接受,但由于外在的力量导致学生丧失了学习的信心和毅力,如教师的过度批评、同学的排挤、父母的干扰等。

第二个维度是根据"边缘人"现象对学生发展是否有利,分为"积极型边缘人"和"消极型边缘人"。"积极型边缘人"是指那些由于教师或大多数学生的消极态度而形成的"边缘人",如在差班或问题班级中,其教学的目的在很大程度上只是侧重出于学生的安全与稳定考虑——不出问题就行,教学任务形式上完成就可以。在这种环境中,仍有部分具有自主学习愿望的学生,其喜欢学习的态度时常受到其他绝大部分学生的冷嘲热讽而成为班上所谓的"边缘人"。而这种所谓的被边缘化却是积极的、追求进步的,因此称为"积极型边缘人"。"消极型边缘人"是绝大多数班级中所存在的且不同程度地影响着学生身心健康和学业成长的被边缘化的学生,由于其存在是不利于学生自身发展的,因此称为消极型"边缘人"。

第三个维度是根据导致"边缘人"的因素,分为"内源型边缘人"和"外源型边缘人"。所谓"内源型边缘人",是指由于自身的原因,如性格内向、情感抵触等内部因素导致的边缘化的学生。"外源型边缘人",是指由于外在的力量,如父母离异、教师冷落和座位处于边缘位置等因素的影响而导致的被边缘化的学生。

第四个维度是根据学生被边缘化的程度,分为"完全型边缘人"和"相对型边缘人"。"完全型边缘人",是指在各个维度上都处于边缘境地的学生,这类学生大多属于完全失去了学习的希望和信心,通常有一定的自暴自弃的倾向。"相对型边缘人"是指在某一部分或某一个维度上处于边缘境地,而在其他维度或其他方面则表现良好的学生。如偏科的学生,在其优势科目的课堂上表现活跃,属于课堂的核心人物,而在其劣势科目的课堂上则表现较差,几乎不敢言,甚至意欲逃避,因而处于课堂的边缘境地。

第五个维度是根据学生的外在行为和其内在发展的一致性程度,分为"表象型边缘人"和"实质型边缘人"。"表象型边缘人"是指那些就其外显行为而言具有"边缘人"所表现的基本特征,如没有参与课堂教学活动、不与人交往、没有受到教师的关注等,但却有很强的自主学习能力的学生,这部分学生大多数都主动寻找边缘位置就座,以便有意回避教师的质疑,同时也便于保有自己相对独立的空间,方便"开小差",做自己喜欢做的事。"实质型边缘人"是指那些处于非边缘区且积极主动参与课堂教学活动,但其心思却根本不在课堂上。这类学生主要表现为:一种情况是出于应付课堂,因为不这样表现会被批评、被通知家长等,而其内心则极不情愿;另一种情况是没有真正被同学或老师接纳,如问题学生、生理或心理有缺陷的学生等,他们常常希望通过外在的热情吸引老师和同学的注意,但常常事与愿违。因此,从表面上看这类学生属于课堂教学中的核心人物,事实上他们已成为课堂中没有被贴标签的真正"边缘人"。

第六个维度是根据学生行为表现的频率,分为"安静型边缘人"和"躁动型边缘人"。"安静型边缘人"是指那些性格孤僻,不与他人交往的边缘学生,他们一直是自我封闭、我行我素,从不干涉他人行为,同时也不习惯他人干涉。这类边缘生通常很少有知心朋友,缺乏友爱。"躁动型边缘人"是指那些脾气暴躁、易冲动,下课时经常跟人闹别扭、打架,上课时经常搞小动作,通常被命名为好事不足(不爱学习)坏事有余的"坏学生"。

上述十二种类型只是从六个不同维度反映课堂教学中"边缘人"的特征,虽然每个维度上的两种类型之间是对立的,但各个维度之间又是彼此关联的。只有较为全面地把握课堂教学中"边缘人"的总体境况,才有助于"对症下药",提出相应的解决方案。

三、课堂教学中"边缘人"转化的基本策略

课堂教学中的"边缘人"是一种特殊的个体或群体,需要给予特殊的支持和帮助。可以说,只要课堂教学中还存在着"边缘人",就很难真正实现教育公平。由于课堂教学中的"边缘人"具有相对性和动态性,因而可以采用一定的方式和策略使其由一种状态(边缘状态)转化成另一种状态(非边缘状态)。转化方式主要有直接转化和间接转化。直接转化,即直接对课堂教学中的"边缘人"施加影响,让他们积极参与到课堂教学活动中,成为课堂教学的核心人物。间接转化,则是针对一些性格倔强,不易直接转化的学生,可以通过对其周边伙伴(同是"边缘人")的转化,以间接刺激、感染的方式使其得以转化。转化的基本策略有教师主导型转化策略、学生内省型改进策略、教学环境刺激型策略和教学制度规训型策略。

(一)教师主导型转化策略

教师主导型转化策略是通过教师的积极干预,为已经被边缘化或正在被边缘化的学生提供转化的平台和机会,使其回归课堂教学的中心,获得参与教学活动的成功体验。教师主导型转化策略可分为七种类型:一是魅力感化型,即教师通过不断提高自身素质、树立良好的教师形象,从而增强教师的人格魅力,让学生在享受审美体验中向课堂中心靠近。教师所拥有的良好的人格魅力犹如一块强大的磁铁,通过发射高强度的磁场把每个学生都紧紧吸引在教学活动场域内。二是问题解决型,即通过教师或受教师指引的同伴的引导行为,帮助边缘生解决问题,消除困

扰他们的种种疑惑,从而使其从重重疑团中解脱出来,专心学习,积极参与教学活动。三是教学趣味型,即教师可以通过精心安排教学活动,进行有效教学设计,补充一些令人兴奋的教学素材,增强课堂教学的趣味性,从而通过教学活动的趣味性吸引被边缘化的学生。四是成功体验型,即通过教师实施教学控制,使每个学生的参与机会均等,在必要的时候,可以有意识地为那些被边缘化的学生创造更多的机会,让他们在参与教学活动中获得成功的体验。帕夫斯基和康奈尔的研究表明,帮助边缘学生选择和达到目标,使其获得成功体验,能增强学习兴趣和提高学习能力。[①] 五是任务赋予型,即教师有意识地为处于边缘境地的学生合理安排一定量的学习任务,使其在完成任务的过程中培养责任感。约恩认为,"课堂中给学生增设一些简单的额外任务可以提供给边缘学生有效学习和研究的策略"。[②] 六是有意识关注型,即通过教师的有意识关注,打破边缘学生习得性的平静,从而为边缘学生接纳其他方面的转化行为奠定基础。七是学习指导型,即教师可以通过对学生的个别指导,加速被边缘化学生的转化进程。教师对边缘学生的个别指导主要包括生活指导、心理辅导和学习方法指导等。

(二)学生内省型改进策略

相对于从外部施加影响的教师主导型转化策略而言,学生内省型改进策略则是从边缘学生自身出发,通过他们内在力量的作用,积极主动地反思与构建,回归课堂教学活动中心。学生内省型改进策略有三种类型:一是内外动力型。内外动力型又可分为内部动力型和外部动力型。所谓内部动力,是指通过边缘学生自身的内在力量(如认识、反思、领悟等)的作用,使其原有的需要结构发生改变,产生新的需要,从而激起为满足需要而追求的动力。内部动力一旦形成,将在边缘学生的转变过程

---

① PAWLICKI L,CONNELL C W. Helping marginal students improve academic performance through self – management techniques[J]. NACADA journal,1981(1):44 – 52.

② JUNN E N. Empowering the marginal student:a skills – based extra – credit assignment [J]. Teaching of psychology,1995(3):189 – 192.

中起着决定性作用。所谓外部动力,是指通过外部力量的作用,诱发边缘学生的原有需要结构的改变,产生新的需要,激发他们为满足需要而努力。查尔斯·杰卡尔德认为,帮助边缘学生树立良好的自我形象可以促进其形成自主学习与生活的能力。① 显然,这与教师主导型转化策略中的外力作用所施加的影响有本质差异。在教师主导型转化策略中,学生是被动的,是教师实施控制的对象;而在外部动力型改进策略中,虽然诱因是外在的,但此时学生是主动接受的,并持有积极的态度,具有强烈的求知欲。二是情感依恋型。情感依恋型是通过建立积极的情感纽带,改变边缘学生面对他人(教师或同辈)的行为态度,从而实现边缘学生的转变,如"亲师信道"等。三是反思批判型。反思批判型通过培养边缘学生的反思批判能力,让他们在不断反思中追求进步。反思批判型在很大程度上对那些还处于"准边缘人"状态的学生帮助最大,通过反思能让他们清楚自己正处于被边缘化的境地,产生被边缘化的危机感。

(三)教学环境刺激型策略

教学环境刺激型策略与教师主导型转化策略类似,主要是从学生个体外部因素出发,通过对外部环境的调控,实现对被边缘化学生的物理或心理刺激,激起他们回归课堂教学中心的勇气和信心。有关研究发现,适宜的教学环境有助于提高学生的学习自觉性和自信心。因为学生处于宽松自然的环境氛围时,才会自觉与不自觉地产生一种舒适感。这种舒适感与他们即将从事积极性活动有着极大的相关性。② 良好环境体现在四个方面:首先,合理确定班级人数。研究发现,班级规模的大小会影响成员之间的情感联系。规模越大,情感纽带的力量就越弱,学生间的亲切感也较弱,少数同学容易被冷落。而在人数少的班级,师生关系和生生关系融洽,课堂气氛友好愉快,学生有较强的归属感,这样学生的学习兴趣更浓,学习态度更好,违纪现象较少,参与课堂和接受关注的机

① JACKARD C R. Reaching the under – challenged, marginal, or at – risk student[J]. The clearing house,1988(3):128 – 130.

② 李森. 现代教学论纲要[M]. 北京:人民教育出版社,2005:326.

会也相对多些。① 其次,合理控制教学资源。统一服装,确保教室光线和温度适度,采取轮流就座(变静态式为动态式)等,这些教学资源的调控可以为全班学生创造舒适的环境,尤其是动态式就座还能为边缘学生提供接近教师的机会,成为课堂教学活动的中心人物。再次,创设良好的自主学习氛围。通过建立民主、平等、和谐的师生关系为学生创造良好的学习环境。作为教师,一定要充分尊重学生尤其是边缘学生的意愿和情绪,倾听他们的意见和想法,承认他们与其他同学之间的差异,允许他们发表自己的看法和见解,这样他们才能真正感受到师生之间的平等,才能感受到自尊的存在。② 最后,创建学习共同体,使"教室成为学室,教师成为导师"。在学习共同体中,被边缘化的学生能因为自己成为共同体的一员而感觉到其学习的主人翁地位,能在互助性学习中得到更多的关心和帮助,能在帮助或协助他人学习的过程中体验到成就感和亲密感,从而消除其被边缘化的担忧。"解决边缘学生相关问题的关键是要在相互信任和宽容的课堂氛围中指导他们互动参与和合作进取。"③

(四)教学制度规训型策略

教学制度规训型策略是指通过制定相关规章制度直接对边缘学生施加影响,使其行为发生改变,从而改变"边缘人"身份。教学制度是构成教学活动的一个重要内生变量,它具有规范性、公共性、稳定性和现实性等基本特征,④能对教学中的活动或行为起着规范作用,保障教学活动顺利运行和演化。根据不同的标准,教学制度可分为不同的类型。从其对学生行为的持续性关系而言,它可分为阻止型教学制度和激励型教学制度。阻止型教学制度能够阻止不利于边缘学生学习的行为继续发生;激

---

① 冯建华. 小比大好,还是大比小好:班级规模与教学效果的实验研究[J]. 教育研究与实验,1995(4):61-66.

② 威伦,哈奇森,博斯. 有效教学决策:第6版[M]. 李森,王纬虹,译. 北京:教育科学出版社,2009:42.

③ LEBARON M J. The marginal student:development or decay? [J]. Improving college and university teaching,1974(1):24-26.

④ 李德林,徐继存. 试论教学制度的性质[J]. 课程·教材·教法,2010(6):22-27.

励型教学制度有助于激发边缘学生偶尔表现出的积极性行为的持续发生。从教学制度与学生态度的关系而言,可分为积极型教学制度和消极型教学制度。积极型教学制度主要指那些对学生来说是主动的、心甘情愿接受的制度,而消极型教学制度主要指那些对学生来说可能是被动接受的制度。对已经被边缘化了的学生群体而言,积极型教学制度能有效地激起他们的学习热情,但适量的消极型教学制度也能对他们的茫然行为起引导和规范作用。从教学制度所涉及学生行为范畴而言,有德性教学制度、文化性教学制度和常规性教学制度。德性教学制度主要是指学生的道德伦理规范,它有助于激发边缘学生的善性,增强其自信心。文化性教学制度主要是指学生的文化背景、行为习惯以及宗教信仰等。常规性教学制度又可以分为日常行为规范制度和学习行为规范制度。对学生的言谈举止、接物待人、情绪调控等日常行为的规定,能在一定程度上引导他们按照既定行为方式行动。学习行为规范主要是对边缘学生的学习理念和学习方法上的指导。此外,从执行力度而言,教学制度可分为硬性教学制度和软性教学制度。硬性教学制度是指每个学生都必须遵守的,而软性教学制度是指学生可以选择性地遵守的。针对课堂教学中的"边缘人"群体而言,软性的教学制度比硬性教学制度更容易激起他们的学习兴趣和积极性,因为软性教学制度能很好地消除边缘学生的压力,保持一种轻松愉快的状态。

第 29 篇

参与性教学的背景、内涵及实施[①]

在当代社会,参与意识是人的生存意识,是人凸显自己主体地位的一种心理驱力和行为状态。在这种意识的支配下,人们注重的是行为过程中主体性的尽可能发挥,体现自身的价值。"贵在参与"的可贵之处便在于此。同时,参与意识也渗透在学校教育中。学生不再处于完全被动接受的地位,更多更有效地参与整个教学过程成为学生的愿望和追求。于此,本文拟对参与性教学的几个基本理论问题进行探讨。

一、参与性教学产生的背景

(一)传统教学的弊端

任何新事物的产生,必然要建立在对旧事物的批判性重构基础上。参与性教学的产生,是针对传统教学的弊端而提出的。传统教学在价值

① 本文发表在《西南师范大学学报(人文社会科学版)》2005 年第 1 期。

取向上,秉持科学化取向,更多地注重知识的授受而比较忽视对学生个性的培养,片面追求教学的科学性而忽视了它的艺术性。教学活动以教师传授知识和学生获取知识为主要旨归,这种现象从教师传统的"传道授业解惑"者角色定位中可见一斑。在教学目标上,传统教学注重认知性目标,关注学生对知识的掌握,而对发展性目标和教育性目标关照不够,弱化了培养和发展学生健康的身心,与理想中的全面发展的人相去甚远。在教学的形式和方法上,传统教学采取的大多是讲授法,教师满堂灌,学生满堂记;教师满堂讲,学生满堂听;教师满堂问,学生满堂答,这似乎已经成为一幅亘古不变的图画印刻在人们心中。在这一过程中,学生只能处于被动的接受状态,教师的一言一行成为学生的行动规范,学生所要做的,只是在教师的"牵引"下完成教师为他们预设的学习目标,亦步亦趋地走着所谓的"学习"知识的道路。这样的教学过程,缺少了学生主动积极的参与。在教学内容上,传统教学认为教学内容即教材内容,对教材的忠实尊崇,是实现最佳教学效果的根本途径。教师的任务,只是把教材的内容灌输给学生,成了名副其实的"传道"者。在教学管理上,我国采取的是班级管理制度,在整个教学过程中,教师具有至高无上的权威。在学生看来,甚至一些家长也同样认为,教师所说的一切都是正确的,教师所做的一切都是合理的,甚至于教师体罚学生也被认为是教师负责的表现。这与柏拉图所倡导的"自由人不能用强迫和苛酷的方法施教"完全背离。在教学评价方面,教学效果的好坏以学生所取得的成绩或分数为依据来进行评估。分数高,则认为教师教学水平高,学生学习成绩好;反之,教师的教学水平和学生的学习能力便受到质疑。在师生关系方面,传统教学所造就的教师与学生是一种上下级关系,教师作为权威高高在上,不能真正容纳学生,想学生之所想;学生作为被动的接受者屈从于教师的权威,失去了自主性与独立性。教师与学生之间,似有一条巨大的鸿沟,永远不能跨越。

在传统教学观念支配下,学生的主体地位自然一落千丈,学生所扮演的角色是"听众""边缘人"。与其说这是教学过程,不如说这是教师的教授过程,真正的参与性并未在学生身上体现出来。由此,在整个教学过程中,学生的积极性、主动性、创造性逐渐消失殆尽。难怪罗杰斯不无感慨地认为:"因此,我终于感到,教学的结果要么是无足轻重的,要么是有害的。"①

(二)现代教育的发展趋势

传统教学中所显现出来的一些弊端,不仅制约了教学的演化和发展,更与现代教育的发展趋势相背离。21世纪,国际教育的发展呈现出这样一些主要趋势:(1)人本化。人们逐渐改变了过去"以知识为中心"的观念,把更多的目光投向对"人"本身的关怀。在教育过程中,人们更加注重人的主体性的培养、创造性的发挥和社会适应能力的形成等问题。作为人本主义教学论的代表人物之一,罗杰斯的非指导性教学理论以学生的"自我"实现为生长点。关于"自我",罗杰斯认为"自我包括整个地去知觉他的机体,他体验到的所有知觉、体验到的这些知觉与所处环境中其他知觉以及整个外部世界发生关系的方式"②。由此可见,罗杰斯所理解的"自我"实际上是一种个体的体验,具有极大的主观能动性,这便从另一个角度凸显了现代社会对于人本身的关注。(2)个性化。21世纪的教育提倡以人为本,其实质在于注重学生个性的发展。在传统教学过程中,学生往往是知识的奴隶,而新世纪的个性化教育要求学生必须掌握日后所需的思考与学习能力,必须具备强烈的学习动机、创新能力、合作精神和利他志向。教育的个性化将对学生人格的健全和升华提出新的要求。(3)全人发展的价值取向。21世纪最成功的劳动者将是全面发展的人,是对新思想和新机遇开放的人。为了适应社会对人才的这一需求,培养更加完善的全面发展的人,国际21世纪教育委员会于1996年向联合国教科文组织提交的报告《教育——财富蕴藏其中》提出的"四个学会",受到全世界的推崇。为了实现人的全面发展,教育必须围绕四种基

---

① 瞿葆奎.教育学文集:第10卷 教学 上册[M].北京:人民教育出版社,1988:707.
② 伊文斯.心理学的发展[M].英文版,1976:219.

本的学习过程来设计、组织:学会认知,即学会各种自然科学、社会科学和人文科学的知识;学会做人,即学会应用所学的知识,学会职业技能,以适应未来工作;学会共同生活,以培养在人类活动中的参与和合作精神;学会生存,以适应和改造自己的环境。这其中,任何一个"学会",都是以主体的积极主动的参与为前提,"学会"只能是主体通过参与各种实践活动,诸如学习活动、社会实践活动等,从中得到有利于主体自身发展的积极因素,促进主体自身的全面发展。

（三）新课程改革的要求

不仅现代教育的发展趋势对传统教学提出了挑战,我国新一轮基础教育课程改革也要求传统教学作出一定的调整。为贯彻《中共中央国务院关于深化教育改革全面推进素质教育的决定》和《国务院关于基础教育改革与发展的决定》,教育部于 2001 年颁布了《基础教育课程改革纲要（试行）》,提出"改变课程实施过于强调接受学习、死记硬背、机械训练的现状,倡导学生主动参与、乐于探究、勤于动手,培养学生搜集和处理信息的能力、获取新知识的能力、分析和解决问题的能力以及交流与合作的能力"。要求"教师在教学过程中应与学生积极互动、共同发展,要处理好传授知识与培养能力的关系,注重培养学生的独立性和自主性,引导学生质疑、调查、探究,在实践中学习,促进学生在教师指导下主动地、富有个性地学习。教师应尊重学生的人格,关注个体差异,满足不同学生的学习需要,创设能引导学生主动参与的教育环境,激发学生的学习积极性,培养学生掌握和运用知识的态度和能力,使每个学生都能得到充分的发展"。新课程改革对于教师和学生所提出的要求,为参与性教学的提出和实施提供了政策依据。

教育的现实与社会发展需求,为参与性教学的实施提供了必要的外部条件。在激烈的市场竞争中,需要创新型人才,需要具有时代精神的、新型的以及全面发展的综合性人才。如果目前的教学活动真的如罗杰斯所说,成为学生、教师进步的羁绊,那么,改革传统教学势在必行。陶行知先生认为,"教育可分为三部:A. 死的教育;B. 不死不活的教育;

C.活的教育"①。目前我们的教育正徘徊在第一种和第二种教育之间。如何对其进行改革,陶行知先生认为:"死的教育,我们就索性把它埋下去,没有指望了！不死不活的教育,我们希望它渐渐趋于活。活的教育,我们希望它更活。"②由此,参与性教学应运而生。

二、参与性教学的内涵、特点及意义

(一)参与性教学的内涵及特点

所谓参与性教学,是指在民主、平等的教学氛围中,教师和学生充分发挥主体能动性,积极地交往和互动,达到认知共振、思维同步、情感共鸣,创造性地完成教学目标的教育实践活动。它强调教学过程中教师和学生主体的行为参与,注重教学过程中主体性的充分发挥,从而教会学生学习。从严格意义上讲,把参与性教学理解为一种教育理想更为妥帖。因为参与性教学的实现过程只能以"更好"的标准来衡量:我们希望更充分地发挥教师和学生主体参与的积极性,使师生更深入地交往与合作,更顺利、更高效地完成教学目标和任务,力求逐步达到完善。这就需要教师和学生共同不断地付出努力。根据参与性教学的内涵,它具有如下一些基本特点:

第一,参与性教学具有民主性。

民主与平等,是人们共同追求的一种生存状态,只有具备民主与平等的理念与现实,人与人之间才能达到真正的沟通与理解。而对于参与性教学来讲,实现教师与学生之间的民主与平等同样具有建设性的意义。多尔对教师角色的界定是"平等中的首席",他认为教师的作用应从外在于学生转向与情境共存,权威应转入情境之中,教师是内在情境的领导者,而不是外在的专制者。③ 在教学过程中,民主与平等包括知和情两个

---

① 陶行知.陶行知全集:第1卷[M].长沙:湖南教育出版社,1984:175.
② 陶行知.陶行知全集:第1卷[M].长沙:湖南教育出版社,1984:175.
③ 多尔.后现代课程观[M].王红宇,译.北京:教育科学出版社,2000:238.

方面。从知的角度看,教师与学生只是先知者与后知者的关系,并不存在尊卑关系。从情的角度看,学生与教师一样,在人格上是独立的,每一个学生都有自己丰富的内心世界和独特的情感表达方式,都需要教师的理解和尊重。因此,教学中教师与学生民主平等的师生关系,是实现真正的主体参与的外在条件。只有建立在平等的基础上,教师与学生才能真正成为合作者、伙伴和交往对象,这样的师生关系,本身就已经具备了极大的教育价值。

第二,参与性教学具有主体性。

教师和学生充分参与教学过程,是参与性教学的第一要义。没有教师和学生双主体的积极主动的参与,参与性教学便失去了其存在的意义。在传统教学过程中,并不是没有参与的教学和教学参与,教师实施课堂教学,学生从教师的课堂教学中吸取知识这一过程已经完全具备了普遍意义上的个体参与的特性。但是,这里的参与与我们所推崇的参与性教学具有本质上的区别。在实施参与性教学的过程中,仅仅形式上的到位还不能称之为参与性教学,最重要的在于教师与学生双主体精神上的完全投入。只有当教师与学生全身心地投入到整个教学活动中时,才能体会到积极参与的乐趣,也才能够共同建构更为理想的参与性教学。

第三,参与性教学具有交往性。

从参与性教学的定义中可以看出,参与性教学的整个实施过程要求教师和学生在平等的合作与交往中完成。合作和交往,是参与性教学实施的生态条件。在自然状态下,人与人之间更多时候是以个体独立的形式存在的。但有时为了共同完成某项任务,则需要打破这种封闭状态,进行必要的交往与合作,众志成城,才能顺利到达彼岸。参与性教学的实施,同样是需要教师与学生共同来完成的。在这一过程中,教师与学生彼此不断地进行交流与对话,克服孤立看问题的片面性,从不同的角度来审视整个教学过程,创造更多的交流、沟通、合作的机会,不断克服传统教学中的弊端,高效地完成教学任务。

第四,参与性教学具有创生性。

参与性教学是建立在交往与互动基础上的教学,它必然会超越传统教学单纯的"传道授业"功能。教师与学生通过平等的交流与互动,围绕教学内容进行有效的沟通,取长补短,相互借鉴,碰撞出思想的火花,进而形成学生自己的真知灼见,不同的个体生成崭新的自我。学生突破了原有的思维方式和认知结构,培养和形成了新的情感、态度和价值观。教学过程不再是一个客观文本的解读过程,而是对话、交流、理解和意义的建构过程。教师和学生从单纯的"授"与"受",转向更有效的知识创造历程。这样的教学,无论对于教师还是学生来讲,都具有积极的意义。

(二)参与性教学的意义

参与性教学的提出,对于教师、学生以及教学过程本身,都具有积极的意义。

第一,对于教学主体的意义。

对教师来讲,参与性教学的实施,可以进一步提高教师教学的效率,并不断发展其教育教学水平和能力。在传统教学过程中,教师居于主导地位,教师教、学生学是一种天经地义的传授方式。但这并不意味着,它就是一种最完美的方式或途径。事实上,传统教学方式在很大程度上是以泯灭学生的独立思维能力,扼杀其创造性为代价的。多年来,人们一直在呼唤用一种新的教学方式取而代之,以便真正促进学生的个性发展。参与性教学的提出,适应了这一需求。它不仅可以使教师充分享受教学的乐趣,而且从另一个侧面为教师改进教学,提高教学效率提供了参考依据。在参与性教学的实施过程中,要求教师放弃权威思想,创造一种民主、平等的课堂氛围。教师要更多地从学生角度考虑问题,想学生之所想,准确把握学生的各种需求,为他们提供合适的学习资源和课程内容。通过教师的努力,引起学生的共鸣,学生有效地参与教学便成为可能。在参与性教学过程中,教师与学生通过不断地互动、交流与合作,使教师与学生双方在行动和精神上都可以达到和谐统一。这样的教学,洋溢着愉悦活泼的气息,充满了科学理性精神,富有活力和魅力。

就学生而言,参与性教学的实施,有利于调动学生学习的积极性和主动性,发展思维能力。在参与性教学过程中,真正的学生参与不是盲目的参与,而是要求学生在课堂上全身心投入,敏于思考。教学过程中教师主导作用的发挥,引导着学生准确、快速地掌握知识和技能,发展其能力。在这一过程中,教师主导作用的效果应该以学生主体性发挥得充分与否来衡量。学生是学的主体,通过实施参与性教学,学生主动参与教学过程,能更鲜明地体现出学生在教学过程中的主体地位和主体意识,发挥学习的积极性、主动性和创造性,使学生从被动的"受"学转化为主动的"接"真"求"知。罗杰斯曾感叹地说:"我终于感到,唯一能对行为产生意味深长的影响的学习是自己发现并把它化为已有的知识。"①

第二,对于知识学习的意义。

针对传统教学存在的弊端,参与性教学提出了新的理念和原则,从更独到的视角,更深层的意义上对当下的教学实践提出了新的要求。从知识习得的特点来看,参与性教学更有利于促进教学过程中知识的迁移。

在有关学习迁移理论中,心理学家贾德的经验类化理论认为,在经验中学到的原理原则是迁移发生的主要原因。学习者在 A 学习中获得的一般原理原则可以部分或全部地运用到 B 活动的学习中。对原理了解概括得越好,对新情境中学习的迁移越好。

参与性教学中,由于学生的主动参与,传统教学过程中的"受"学状态被打破了,学生开始主动探讨与思考。学生获得的不仅仅是知识本身,更不同程度地掌握了学习的技能与方法,能更容易地发现事物本身的规律及其与其他事物之间的联系,灵活地掌握知识中的一般原理原则,从而将其运用于其他知识的学习过程中,促进知识的迁移。实践证明,学生对这些原理原则了解掌握得越好,学习能力就越强,对于知识的习得能力也就越强。"人们发现,教师对学生教得越多,从而给学生独立地获取知识、独立地思考和行动提供的机会越少,那么教学过程的活力

---

① 瞿葆奎.教育学文集:第 10 卷　教学　上册[M].北京:人民教育出版社,1988:707.

和效果就越低。相反地,如果在教学过程中紧密结合教师的讲解而让学生开展生动活泼的认识活动,那么这样的教学过程在使学生掌握知识和得到智力发展方面都是富有成效的。"[①]学生通过积极参与教学活动,将所学知识融会贯通,发展成为一个有机联系的整体,进而转化成为一种能力,参与性教学的目的正在于此。

三、参与性教学的实施

鉴于参与性教学的重要性,其实施成为我们关注的又一话题。这一教学理想的实现需要教师和学生的共同努力,需要教师与学生在教学过程中不断地进行探索与实践。在实施参与性教学的过程中,如果要达到理想的效果,必须对其实施过程提出一定的要求,改善其实施环节。

(一)参与性教学实施的要求

第一,参与性教学的实施应具有广泛性。

目前,我国中小学主要采用班级授课制开展教育教学活动。在一个班中,学生人数大多在40~50人之间。每一个学生都是一个完全独立的个体,他们有独立的思维力、判断力、理解力,由此而形成的学生个性差异和能力水平也千差万别。保证所有学生积极主动参与,这就要求参与性教学的实施应具有广泛性。缺少了学生参与的广度,便不能成为真正的参与性教学。因此,在组织学生参与教学活动时,对于学习基础不同的学生,应有不同的要求,不能"一刀切"。尤其对于学习成绩差的学生,教师更不能置之不理,否则只能进一步使学生失去学习的信心。通过学生的全员参与,教师可以进一步了解学生的差异,为以后的教学提供帮助。

第二,参与性教学的实施要具有持久性。

主体积极有效地参与,不是一朝一夕的事情,需要教师和学生把参与

---

① 达尼洛夫.教学过程[J].外国教育资料,1984(4):35-43.

性教学持续进行下去。如此循环往复,形成一种习惯。这便需要培养教师与学生勤于参与的意识。在教学实践过程中,学生以参与者的身份来到课堂,如此一次两次地积极参与教学活动,对于学生来说并不难办到。但是,如何让学生积极的参与意识一直持续下去,则需要教师付出很大的努力。教学艺术的应用在这里突显得尤为重要。教师通过创设生动活泼的课堂氛围,深入浅出的知识体系,民主平等的师生关系,使学生在教学过程中得到美的感受,使之在一次又一次的参与以后,逐步形成一种习惯。

第三,参与性教学的实施必须注重实效性。

参与性教学实施过程中,应注重师生主体性的尽可能发挥。培养学生的主动性、积极性和参与意识,是参与性教学的根本目的。在参与性教学过程中,学生的参与不能仅仅流于形式。教师必须根据学生需要,呈现丰富而有趣的教学内容,采取灵活多样的教学形式,运用教师所特有的教学技艺和技巧,真正把学生吸引到课堂中来,全身心地投入进去,与整个课堂和谐地融为一体,逐步培养学生的主体参与意识、主动性和积极性,使教学取得实效。

(二)参与性教学实施的主要形式

我国新一轮的基础教育课程改革,注重学生学习方式的转变,强调从过去的接受学习转向合作学习、自主学习、探究学习。参与性教学的主旨与基础教育课程改革的要求一致。实施有效的参与性教学,是实现基础教育课程改革目标的一项重要措施。因此,参与性教学的实施形式主要有以下几种:

分组学习。分组学习是合作学习的主要形式,同时也是参与性教学实施的主要形式。合作学习于 20 世纪 70 年代兴起于美国。由于合作学习在教学中兼顾教学的个别性与集体性特征,把个体的独立学习与群体间的有效互动结合起来,大面积提高了学生的学业成绩,很快便引起世界各国的关注。现代心理学研究认为:"课堂上有三种学习情境,即合作性学习、竞争性学习和个人学习。其中最佳的学习情境就是合作性学习,因为这种情境有利于学生的主体参与。"①分组学习贯彻了合作学习的理念,学习方式主要以学生分组活动为主,教师在学生分组过程中要巡视、指导,对学生的进步给予肯定和鼓励;学生群体之间要形成积极的互动氛围,这不仅包括同伴之间的互动,更包括学生群体与教师群体之间的互动。因为"实际上,教师的一切课堂行为,都是发生在学生——同伴群体关系的环境之中的。""在课堂上,学生之间的关系比任何其他因素对学生学习的成绩、社会化和发展的影响,都更强有力。但课堂上同伴相互作用的重要性往往被忽视。""学生之间的关系是儿童健康的认知发展、社会发展和社会化所必须具备的条件。事实上,与同伴的社会相互作用是儿童身心发展和社会化赖以实现的基本关系。"②通过分组学习,学生可以有更多的参与机会,从而激发学生主动参与教学的积极性,使教学更有效地进行。分组学习过程中,由于有学习者的积极参与以及学生之间、师生之间的交往互动,使得教学过程不仅仅是一个知识的接受与传递过程,更是一个交往与审美的过程。

自主学习。自主学习是参与性教学的一种重要形式,学生以听讲、阅读、演示/操作等方式进行学习。20世纪70年代以来,自主学习引起了人们的重视。这主要是基于两个方面的原因:一是人本主义心理学的影响;二是学科教育研究对象的转变。在整个教学活动过程中,由于学生具有很大的个体差异,教师不可能照顾到每个学生的特点,从而有针对性地进行教学。这便需要教师从学生角度作一定的调整。解决这一问题的途径之一就是自主学习或称个别化学习。自主学习强调学生自我意识的发展,有学者认为:自主学习是建立在自我意识发展基础上的"能学";建立在学生具有内在学习动机上的"想学";建立在学生掌握了一定学习策略基础上的"会学";建立在意志努力基础上的"坚持学"③。自主

① 王升. 小组合作与主体参与[J]. 教育理论与实践,2001(3):39-42.

② 麦克米伦. 学生学习的社会心理学[M]. 何立婴,译. 北京:人民教育出版社,1989:144-145.

③ 庞维国. 论学生的自主学习[J]. 华东师范大学学报(教育科学版),2001(2):78-83.

学习注重学生根据自己的特点,尤其是自身的学习能力、学习风格和学习策略,根据所学学科的特点来进行学习。但需要注意的是,这种学习方式要求学生要有一定的知识储备,才能具有自主学习的能力。因此,这一方法更适合于在高年级实施。通过学生的自主学习,有利于培养其独立学习的能力,让学生独立发现问题、解决问题,进而不断获取新的知识。

探究教学。探究教学同样是参与性教学的一种重要形式。探究教学的本质在于"在教师指导下学生运用探究的方法进行学习,主动获取知识、发展能力"①。因此,实施探究教学首先要求学生转变观念,从传统的接受者角色转变为学习的独立探究者,学会探究学习。这就要求学生通过主动学习,独立思考,逐步培养自身独立探究的能力。与自主学习相比,探究教学更加注重学生科学精神与人文精神的培养,强调学生学习生活与社会生活的紧密联系,培养学生初步的科研意识与能力。因此,探究教学具有更强的问题性、实践性、参与性与开放性。因此,学生在教学过程中的各个阶段都要做好充分的准备工作,以自身的实践活动为主开展学习活动,通过动手、动脑、动口把所有的感官都调动起来,从而提高学习的效率。在探究教学中,教师是学生探究的合作者和促进者,教师可以给予适当的指导,以促进学生对于知识的掌握。"在探究教学中,学生在获取知识的同时,也内在地产生了对于世界和知识的态度与情感,这种态度、情感和知识一起,成为学习者认知图景的一部分。"②在自主独立探究的过程中,要求学生具有创新的精神和创新的能力,"能够不唯书,不唯上,能够用自己的眼睛去观察,用自己的头脑去判别,用自己的语言去表达,成为一个独特的自我。"③

值得注意的是,本文讨论的基点首先是教师的积极参与。因为"教师的巨大力量在于作出榜样。他们要表现出好奇心和思想开放,并随时

---

① 李森,于泽元.对探究教学几个理论问题的认识[J].教育研究,2002(2):83-88.
② 李森,于泽元.对探究教学几个理论问题的认识[J].教育研究,2002(2):83-88.
③ 肖川.论学习方式的变革[J].教育理论与实践,2002(3):41-44.

准备自己的假定将由事实来检验,甚至承认错误。传授学习的兴趣,尤其是教师的责任"①。缺少了教师的积极参与,教学活动便失去了其应有的主体性支持,失去了其存在的意义。但是,在现实的教学过程中,却存在着教师教学准备不充分,积极性不高,教学敷衍了事等一些不良现象。相对于学生的参与而言,教师的积极参与是前提,失去了教师的主动而有效的引导,学生的主动参与只能是空中楼阁,成了"无源之水,无本之木"。因此,教师和学生共同的积极、主动参与,才是参与性教学的目的和追求。

---

① 联合国教科文组织总部中文科. 教育:财富蕴藏其中［M］. 北京:教育科学出版社,1996:138 - 139.

第 30 篇

对探究教学几个理论问题的认识①

一、探究教学的形成与发展

探究教学作为与知识授受教学相对应的一种教学方式,由来已久。它早期的表现形式是"发现法"和"问题解决法"。"发现学习就是以培养探究性思维的方法为目标,以基本教材为内容,使学生通过再发现的步骤来进行的学习。"②以发现学习为主要活动形式的发现教学是探究教学的一种主要形式。发现教学思想的萌芽最早可以追溯到卢梭。卢梭自然主义教育倡导教育要适应儿童的自然本性,主张凡是儿童能从经验中学习的事物,都不要使他们从书本中去学。而经验主要来源于行,来源于探究。19 世纪末 20 世纪初,英国的阿姆斯特朗等人不仅积极倡导这

---

① 本文发表在《教育研究》2002 年第 2 期。
② 钟启泉.现代教学论发展[M].上海:上海教育出版社,1988:351.

种教学方式,而且也努力实践。与此同时,杜威提出并实践"做中学",认为个体要获得真知,就必须在活动中主动去体检、尝试、改造,必须去"做",因为经验都是由"做"得来的。这一思想对探究教学的形成与发展起了推波助澜的作用。

真正使发现法形成理论并风靡全球的,当属美国心理学家、教学论专家布鲁纳。布鲁纳认为,发现法的实质是要求在教师的启发引导下,让学生按照自己观察和思考事物的特殊方式去认知事物,理解学科的基本结构;或者让学生借助教材或教师所提供的有关材料去亲自探索或"发现"应得出的结论或规律性知识,并发展他们"发现学习"的能力。在他看来,发现包括用自己的头脑亲自获取知识的一切方式,诸如学生对未知世界的探索以及学生对人类已知而自己尚未知道的事物与规律的再发现。但是,发现学习中的再发现与科学上的原发现是有差别的,其区别仅仅是在程度上而不在性质上,因为它们本质上都是一种顿悟、领悟,布鲁纳常称之为直觉。布鲁纳曾指出发现法有四大好处:一是能提高学生的智慧,发挥学生的潜力;二是能使学生产生学习的内在动机,增强自信心;三是能使学生学会发现的试探方法,培养学生提出问题、解决问题的能力和创造发明的态度;四是由于学生自己把知识系统化、结构化,所以能更好地理解和巩固学习的内容,并能更好地运用它。[①] 在布鲁纳之后,发现教学法在世界范围内得到了广泛的运用。

问题解决法也是探究教学的一种重要方式。众多的问题解决理论,大多来自三类研究:以动物为对象的实验研究;以人为对象的分析性研究和认知心理学的研究。[②] 其中包括桑戴克的"试误说"、哈洛的"学习心向论"、杜威的问题解决五阶段理论以及问题解决的信息加工理论等。而真正系统地提出问题解决教学法的则是苏联科学院院士马赫穆托夫。他认为问题解决教学法的关键是如何提出问题,并把问题解决分成三个

---

① 朱作仁. 教育辞典 [M]. 南昌:江西教育出版社,1987:199.
② 段继扬. 问题解决理论的演进 [J]. 心理学探新,1992(1):15-19.

阶段:问题情境的创设、问题的提出和问题的解决。

　　明确把"探究学习"作为一种重要教学方式则是20世纪五六十年代的事情,其首倡者是美国生物学家、课程专家、芝加哥大学教授施瓦布。1961年,他在哈佛大学的一次演讲中,提出了"作为探究的理科教学"的观念,认为传统的课程对科学进行了静态的、结论式的描述,这恰恰掩盖了科学知识是试探性的、不断发展的真相,极力主张要积极地引导学生像科学家那样对世界进行探究。在施瓦布等人的推动下,探究教学在英美等国得到了蓬勃的发展,先后涌现出几种著名的探究教学模式,如:萨其曼的探究训练模式、施瓦布的生物科学探究模式、马希尔斯和考克斯的社会探究模式,以及学习环模式和5E模式。

　　萨其曼的探究训练模式是通过观察、分析科学家的创造性探索活动之后,结合教学的因素概括而成的。它遵循"问题—假设—验证—结论"这样的程序,在课堂上展开讨论和对话,通过对话对学生进行探究方法和思维方式的训练。生物科学探究模式是施瓦布所领导的生物科学课程研究会(BSCS)所开发出的适用于高中生物教学的模式,它通过"确定研究对象和方法重点、学生构建问题、推测问题症结、解决问题"四个阶段来模拟生物学家的探究过程,积极引导学生树立正确的科学理念,掌握科学方法,尤其是实验方法。社会探究模式则把主要用于科学教育的探究活动引入人文社会学科之中,以问题为中心,通过"定向、假说、定义、引申、求证、概括"六个阶段来建构课堂教学,引导学生关注社会问题,激发学生参与社会事务的意识,提高解决社会问题的能力。学习环模式是卡普拉斯及其同事在科学课程改革研究中发展起来的。它以皮亚杰的发生认识论为基础,同时借鉴和运用了奥苏贝尔等人的学习理论,将教学过程划分为概念探讨、概念介绍和概念运用三个前后相连的阶段,以提高学生的探究水平,促进学生的智力发展,是基础科学知识教学的主要方式。在学习环模式基础上建立起来的5E模式,有一套更完备、更符合学生认知特点的教学程序和教学策略。它将教学过程划分为五个紧密相连的阶段:吸引(engagement)、探索(exploration)、解释(explanation）、加工（elaboration）和评价（evaluation）。

20 世纪 80 年代以来,出于提高综合国力和适应知识经济发展的需要,各国都普遍重视对学生创新能力的培养,对探究教学的研究也有了新的发展。

在国外,以英美为首的发达资本主义国家通过各种方式推动探究教学的发展。英国推出《1998 年教育改革法案》,首次将科学课程与英语、数学并列为三大核心课程。而在科学课程中,特别强调对学生科学探究能力的培养。英国 1998 年颁布的科学课程大纲将科学课程的成绩目标定为 17 个,经修订后变为 4 个,其中初中（KSE）阶段的成绩目标与组成部分如下表。①

英国初中科学课程成绩目标

科学探索	生活和生命过程	材料及其性质	物理过程
1. 提出问题,作出预测,形成假设 2. 观察、测量和控制变量 3. 解释结果,评价科学依据	1. 生活过程和生物体的组织 2. 生物的多样性,遗传和进化的机制 3. 人口对人类生态系统的影响 4. 能量的流动和物质在生态系统中的循环	1. 材料的本质、分类和结构 2. 对材料性质的解释 3. 化学变化 4. 地球和大气	1. 电和磁 2. 能源和能的转化 3. 力和运动 4. 光和声 5. 地球在宇宙中的位置

在上表中,后三个项目是科学课程所应学习的具体内容,而科学探索一项的规定恰恰是探究教学所要求的。

20 世纪 90 年代,美国先后出台了两部具有纲领性的科学教育文献。一是 1990 年美国科学教育研究会提出的《2061 计划》,二是美国国家研究理事

---

① 郭玉英,曲亮生,梁志国. 英国初中生科学课程会考评析［J］. 学科教育,2000（6）: 46－49.

会 1996 年推出的《美国国家科学教育标准》。这两部文献都强调探究教学的重要性,后者甚至认为"学习科学的中心环节就是探究",并对探究教学提出了一系列标准。

我国自改革开放以来,也日益重视对学生探究能力的培养,促使学生成为创新型人才。1999 年第三次全教会后所颁布的《中共中央国务院关于深化教育改革全面推进素质教育的决定》,进一步强调了学生创新精神和实践能力的培养,而创新精神和实践能力的培养离不开探究教学。在此背景下,我国不少地方开展了探究教学实验研究,其中上海市所进行的"研究性学习"影响较大。

"研究性学习"概念是上海市教科院普教所借鉴国外探究教学的理论和实践经验于 1999 年初提出来的。实际上,从 1998 年开始,上海市教科院、上海市教委教研室和部分学校已开展了有关"研究性学习"的理论和实验研究,并积累了一定的经验。研究结果表明,"研究性学习"是培养学生创新精神和实践能力的一种重要形式,对于推进我国基础教育改革、全面实施素质教育,有着十分重要的理论意义和实践意义。2000 年 1 月,上海市拟订的《普通高级中学课程计划(实验稿)》,明确将研究性学习与学工学农学军、劳动技术教育以及社区服务结合在一起,共同构成"社会实践课程",作为高中的必修课。在上海市的带动下,截至 2000 年 9 月,国内已经有 10 个省市的普通高中设置了研究性学习课程①。从 2001 年 9 月开始,全国普通高中均开设了这门课程。

新近颁布的《基础教育课程改革纲要(试行)》明确提出要"改变课程实施过于强调死记硬背、机械训练的现状,倡导学生的主动参与、乐于探究、勤于动手,培养学生搜集和处理信息的能力、获取新知识的能力、分析和解决问题的能力,以及交流与合作的能力"。至此,探究教学作为一个独立的研究课题在我国正式形成,并成了一个摆在我们面前的亟待探讨的问题。我

---

① 霍益萍,张人红.研究性学习的特点和课程定位[J].课程·教材·教法,2000(11):
8 – 10.

们有理由相信,《纲要》的颁布将在我国谱写探究教学的新篇章。

二、探究教学的独特内涵

探究教学是指在教师指导下学生运用探究的方法进行学习,主动获取知识、发展能力的实践活动。其目的在于培养学生的创新精神和实践能力,因而知识与能力的获得主要不是依靠教师进行强制性灌输与培养,而是在教师的指导下由学生主动探索、主动思考、亲身体验出来的。由此可见,与以灌输、记诵、被动接受为特征的旧教学体系相比,探究教学在教师观、学生观、学习观和评价观上均体现了独特的见解和主张,具有新颖而丰富的内涵。

(一)教师:探究的促进者和合作者

探究教学在知识观方面的转变,把教师从"知识权威"的神坛上拉了下来,教师不再是知识的传授者和管理者,而是学生进行探究活动的有力的促进者和合作者,根据学生探究活动的需要而提供有力的帮助。

作为学生学习活动有力的促进者和合作者,教师应该明白在探究教学中,自己所面对的不仅仅是依靠本门学科知识就能解答的问题,知识的整合性要求教师应具备多学科的、丰富而渊博的知识。探究活动涉及广泛的科学内容和方法,教师必须对科学、知识等的本质有清楚的了解,对科学探究的方法有明了的系统把握,才能在帮助学生进行探究的过程中把握正确的探究方向,引导学生不断深入。探究教学也是一种反思性与创造性的教学方式,它要求教师具有敏锐的眼光和积极进取的创造精神,在与学生的合作中能接纳学生的独到见解,引导学生进行深刻的反思和勇敢的创造。同时,伦理道德意识、对大自然的深厚感情和责任意识,也是教师应具备的素质,亦将对学生产生较大的影响。

作为学生学习活动的有力促进者和合作者,教师应该明白探究活动的规律,并根据这些规律来确定自己的工作重点。首先,探究活动是学生与环境相互作用的建构过程,对学习环境的要求很高。这种环境既要具备民主合作的气氛,又要有足够的物质准备,并且这些物质及其编排方式能够引起学生的注意,激发学生的探究欲望和动机。其次,学生的探究活动需要丰富的信息,如何向学生提供这些信息并保障信息渠道的畅通,是教师义不容辞的责任和义务。再次,现有的教学大纲和教科书一般不是以探究为基础进行编排的,教师作为课程设计者和实施者,要对这些内容依照探究的逻辑予以重新编制和改进。

作为学生学习活动的有力促进者和合作者,教师要自觉地把自己当作学习团体中平等的一员,走到学生之中,以知识渴求者的姿态和学生一起探索、讨论、交流,以自己的丰富经验影响学生对知识和人生意义的建构,并和学生一起分享探究的成果。在探究教学中,对学生的了解与对探究活动的了解同等重要,只有教师真正明白了学生个体间的差异以及学习准备情况,才能有的放矢地有效地参与到学生的探究活动中去。教师作为促进者,要根据学生探究活动能力的不同,设计开放程度不同的探究计划,这些探究计划的实施既让学生面对一定难度的问题,而又不产生严重的挫折感;同时也要根据学生非智力因素的特点,及时提醒学生对元认知的注意,让学生专注于目前的探究任务,克服外界干扰,勇于突破自己的思维定式。教师还要善于运用正式与非正式的评价手段鼓励学生,鼓舞起学生探究的勇气。此外,教师要具有高超的组织能力,不断消解探究团体中的矛盾,促进团体向更高层次发展。

(二)学生:具有创造能力的学习社会中的主体

在传统教学中,学生往往处于被动的客体地位,而探究教学由于向学生赋权增能,学生不仅变成了教学的真正主体,而且更具有创造性与协作能力。具体表现在以下几个方面:

第一,学生是具有学习能力的人。

在以灌输为主的教学中,学生被认为是很不成熟的个体,他们不足以承担起发现知识和创新知识的重任。而探究教学则充分相信学生,相信学生在一定程度上有能力去主动地探索世界、揭示世界的奥秘,发现并创造出知识。因此,探究教学主张大胆放手让学生走自主创新学习之路,学生可以选择学习内容,确定学习方法,安排并实施学习计划,评价学习结果,对学生能力的信任毫无疑问能够鼓励学生在探究的道路上阔步前进。

第二,学生是在学习中成长的人。

探究教学力图使人们明白,即便学生在学习中模仿成人(科学家)的行为,他们也是按照自己的视界进行探究活动,其思维方式和成人是很不相同的。因此,探究教学十分重视儿童在探究过程中前概念所起的作用。研究发现,尽管学生的前概念与科学概念有很大差异,但是其前概念来源于生活,是学生对生活真理感悟(尽管十分模糊)的产物。它们是学生世界观的有机组成部分,极大地影响着学生对探究中所发现的各种现象的看法。树立学生是学习中成长的人的观念,就是充分尊重学生的前概念,对学生的哪怕被认为是十分幼稚的见解,也要予以首肯,因为这些见解对学生本身是有意义的。这就要求教师要充分了解学生的前概念,弄明白学生观念世界中的扭曲所在,积极引导学生在探索中不断进行自我完善。

第三,学生是学习社会中的主体。

探究教学非常注重培养学生的主体意识,发挥和建构学生的主体性,倡导展现学习者的主体力量和理性作用。然而,探究教学决不主张培养具有占有主体性的个体,而是积极创设合作、交流、对话的学习环境,把学生置于一个有社会意义的团体中,让他们在与别人的交往与对话中,培养"共性"与"交互"的主体性。这种在学习社会中培养出来的主体性把认知、伦理和审美融为一体,既展现学生的主体力量,强调人的自强不息的创造精神,又具有社会性、交互性和共生性,强调创造的意义和价值,强调对自然、社会、人生的责任和义务。

(三)学习过程:一个建构的、社会化的综合体验过程

探究教学与传统教学的一个不同之处在于它对学生"学"的充分重视,它把学习视为一个学习者进行主动建构的过程。在这一过程中,主体总是以自己已有的经验、心理结构和信念为基础来选择一些信息,忽视一些信息,从中得到推论,并根据这些推论来建构自己对世界的认识,而个体的积极性、主动性和创造性,在知识的建构过程中起着十分关键的作用。

探究教学还把学生学习的过程看作一个社会化的过程。学习者以自己的方式来理解世界,从而不同的人看到的是事物的不同方面,不存在唯一标准。然而,如果不加强个体间的交流与合作,这种见解很容易陷入"盲人摸象"的片面性悲剧之中,因为有些探究活动绝不是个人所能完成的。在学习过程中,学生通过彼此之间的交流与合作,使自己的见解更加深刻与完善,也使自己逐步成为一个学会合作与交流的社会主体。

探究教学还认为,学习不仅仅是一个知识摄入的过程,而且是一个包含着态度和情感的综合体验过程。在探究教学中,学生在获取知识的同时,也内在地产生了对于世界和知识的态度与情感,这种态度、情感和知识一起,成为学习者认知图景的一部分。因此,学习的过程,也是学生人生观、价值观和世界观生成的过程,是人生意义获得的过程。片面地强调知识和片面地强调价值都不是探究教学的风格,保持二者之间融合、有机统一才是探究教学的理想与追求。

(四)评价:开放、多元的反馈过程

在传统的以灌输为主的教学中,由于视知识的重复再生产为唯一目的,因而在教学评价中注重标准化测试。这种评价方式过分强调学生学习和思维方式的统一性,压抑了学生的个性成长,也消解了知识对于个人生活的意义。探究教学把知识作为一种过程而非结果,肯定学生的学习是一种建构独特意义的过程,对这一过程的评价绝不是单一的、封闭的,而应该是一个开放的、多元的动态过程。它除了注重对学生的学习作出评判之外,更主要的是不断地为学生的学习活动提供可资借鉴的资料,促进学生深入地更有效地探究下去。

探究教学评价的开放与多元首先表现在评价对象上。探究教学主张,评价不能仅仅是对结果的评价,更重要的是对探究过程的评价。把学习视为一个建构的过程,意味着要对学生探究的前提条件作出有效的评估,在此基础上,对学生在探究过程中所表现出来的智慧、能力、态度、信念等进行全面的考察,在整体层次上对学生的表现作出综合的评价。对结果的评价,既要包括对知识、能力的测试,又要对其在探究活动中形成的情感和伦理道德观念作出一定的评析。

探究教学评价的开放与多元还体现在评价的方式上。它重视正式评价,但更重视非正式评价。教师的参与使他能够及时了解学生的行为表现和思想状况,他的一个眼神、一句看似不经意的话语即可使学生得到激励或者忠告。教师的合作性参与使其能够深入到学生学习的情景中,依靠其专业判断能力,对学生进行现场评价;也使得教师能够详细地收集学生的作品,并对学生在多个领域内的努力、进步和成就作出评价。这种卷宗评价的方式可以展现学生生动的成长历史。更为重要的是,探究教学还积极地发动学生对自己和他人的探究活动作出评价。这种评价可以采取绘制概念图、写实验报告或调查报告等方式进行自我评价,也可以采取小组自评、小组互评的方式进行团体评价。这样,探究教学就把评价方式的多元与评价主体的多元有机地结合起来。

此外,探究教学评价的多元与开放还体现在评价标准上。探究教学认为事先确定一定的评价规则和标准是必要的,但更重要的是让学生明白,这些评价的规则和标准是随着探究活动的进展而有所变化的。而且,学习的建构性使评价主体不得不考虑到学生建构知识时的个体差异,运用多层次的评价标准来衡量不同的学生,给学生以弹性化、人性化的发展空间。

三、探究教学在实施新课程中的作用

众所周知,传统教学重视学科经典内容的讲授,忽视学生的学习习惯和人生态度的培养,忽视学生的实践和经验。在教学过程中,基本上以教师、课堂、书本为中心,基本采用单一传递、讲授、灌输的方式,忽视交流、合作、主动参与、探究等学习方式。学生更多的是被动地接受"是什么"的知识,对"为什么"和"怎么办"的知识知之甚少。具体地说,传统教学的弊端主要表现为以下几个方面:第一,教师作为知识的仲裁者,对知识的"正确性"具有最高权威,不允许学生提出自己不同的见解,也不允许学生从错误与探究中学习。第二,教师的教学以知识传递为主,对学生的学习能力、学习方法、情

意发展和价值观的形成关注不够。第三,教师作为学生学习的控制者,对教学的目标、内容、方法、进程、结果和质量评定都实施严格的控制,教学过于程序化和模式化。第四,教师与学生的关系是教师"教"与学生"学"的关系,缺乏双向信息和多向信息的交流。因此,传统教学与新课程所倡导的引导学生"主动参与、乐于探究、勤于动手,培养学生搜集和处理信息的能力、获取新知识的能力、分析和解决问题的能力以及交流与合作的能力"[①]相去甚远。如何转变传统教学方式以适应新课程的需要,就成了一个紧迫的理论和实践任务。

国际 21 世纪教育委员会向联合国教科文组织提交的报告《教育——财富蕴藏其中》明确提出终身教育应建立在四个支柱的基础上,即学会认知、学会做事、学会共同生活、学会生存。[②] 学会认知就是学会学习,学会收集信息和处理信息;学会做事就是获得善于利用环境所提供的信息去解决问题的能力;学会共同生活就是学会如何和他人在学习、工作与生活中进行合作、交流;学会生存则是上述三者的结果,只有具备了上述三种能力,学生将来才能在知识经济社会中很好地生存,并获得全面的发展。新课程较好地体现了终身教育的要求,那么在实施新课程中,教学方式应按照这一要求,体现出以下几点转变。

第一,打破对知识纯粹客观性的盲目迷信,将教学作为帮助学生建构知识的动态过程? 正如课程专家施瓦布指出的那样,知识,包括科学在内,并非是真理的集合,而是有待于证明和改进的假设的集合而已;知识也决不是稳定的体系,而是随着证据的增多而不断被修正的系统。[③] 因此,应该对建立在传统知识观基础上的强制性的教学方式作相应的改变,把教学作为学生以自己的已有经验、心理结构和信念为基础,进行探究并建构自己的知识

---

① 教育部.基础教育课程改革纲要(试行)[J].人民教育, 2001(9):6 - 8.

② 联合国教科文组织总部中文科.教育:财富蕴藏其中[M].北京:教育科学出版社, 1996:87.

③ SCHWAB J J. Biology teachers' handbook[M]. New York:John Weily & Sons,Inc. ,1965:40.

结构和能力结构的过程。这一方面意味着教师不能再以知识权威的面目出现，允许学生对知识的合理性提出质疑和探究，另一方面学生则要成为学习的真正主人，在主动、合作、交流、探究的学习中获取新知，求得发展。

第二，在教学过程中谋求科学世界与生活世界的整合。教学不仅仅是学生获取基础知识和基本技能的过程，更是学生获得生活体验与生存能力的过程。这就要求改变传统教学过于注重知识传授，忽视学生学习习惯和人生态度培养的倾向，使获得基础知识和基本技能的过程同时成为学会学习和形成正确价值观的过程。也就是说，教学过程要促进学生在知识与技能、过程与方法以及情感、态度、价值观等方面健康和谐地发展。

第三，建立互助合作的新型师生关系。在新课程体系中，教师不再是知识的仲裁者、课堂的控制者，而是学生探究学习活动的支持者、引导者和合作者，是和学生平等相处的伙伴。教学过程即是教师帮助学生认识问题、解决问题、发现新知的过程，是师生之间、生生之间相互交流合作的过程，教学的一切方法、艺术最终都要落实到学生的"学"上来。

第四，关注学生的个体差异，满足不同的学习需要，使每个学生都能得到充分自由的发展。

由上可见，新课程要求教学方式由注重教师"教"向注重学生"学"转变；由注重学习系统化知识向注重学习生活化、整合化的知识转变；由注重知识的强制性授受向注重学生对知识的主动探究与建构转变；由注重个体学习进步向个体学习与集体协作并重转变；由注重统一标准向关注个体差异转变。而以注重培养学生的自主性和创造性，引导学生质疑、调查、探究，在实践中学习的探究教学能够适应新课程的要求，它是实施新课程的有效教学方式。

第 31 篇

教学方式及其变革的文化机理①

在当代中国教学改革实践中,被许多新鲜的教学理念"冲击"过的教学活动依然变化不大,教学质量的提高仍然乏力。造成这种局面的原因是多方面的,其中一个深层次原因乃是教学方式变革不太合理,不能有效地支持教学改革。教学方式从整体上考量教学过程,对教学活动进行全局性的统筹规划,内在地规定着教学活动的质量和水平。因此,厘清教学方式的内涵与外延、阐明教学方式变革的动力机制就十分必要。

一、教学方式的解析

在相当长的一段时期,人们一般是在探讨教学方法时涉及教学方式,十分关注二者的联系和区别,由此形成了"同一论"和"不同论"两种截然相反的观点。但无论同一论还是不同论,它们都是基于教学方法与教学

---

① 本文发表在《教育研究》2010 年 12 期。

方式的关系来认识和理解教学方式,因而会在一定程度上出现教学方式自身界定自身的逻辑失误,这就涉及研究教学方式的逻辑起点问题。

逻辑起点是理论体系作为开端的根本范畴,它具有四个方面的规定性:是整个理论体系对象的最简单、最一般的本质规定;是构成体系对象的最基本单位;是以"胚芽"的形式包含着体系对象整个发展中的一切矛盾和可能;是认识历史发展的起点。① 据此,教学方法不能作为研究教学方式的逻辑起点。将研究教学方式的逻辑起点限定在教学方法层面,就会不可避免地导致一种嫌疑——教学方式不是教学的方式,而是教学方法的方式。依据黑格尔的逻辑学原理,构建理论体系应该按照"存在""本质""概念"逐次展开。同样,研究教学方式可以以教学本体为逻辑起点,即从教学存在及其决定的教学本质来探讨教学方式。

根据马克思主义的基本观点,人的活动分为理论活动和实践活动,人对每一种活动必然表现出特定的处理方式。教学方式作为师生的教学活动方式,包含师生对教学活动的认识方式和在教学活动中的行为方式。教学认识方式是师生"反映"教学存在的方式,源于甚至决定于教学的存在方式,其核心是教学思维方式。教学思维方式是师生关于教学存在的"思维途径及其致思导向的理论概括",在思维中认识和构建教学活动的"经验、知识、观念等要素的综合模式"②。"常识、科学和哲学,是人类把握世界的三种基本方式。"③这反映了人类认识世界的三个层次,相应地形成了三种思维方式:体验性思维方式、科学性思维方式和反思性思维方式。就教学存在而言,体验性思维方式把握教学活动的表象以及个别的规定性;科学性思维方式综合教学的各种规定性,实现理性抽象,并在理性具体层面上构建教学存在;反思性思维方式超越教学存在的具体规定性,在哲学层面上反思师生与教学的关系,为师生在思想上把握教学存在提供依据和原则,即为师生提供把握教学存在的思想上的逻辑

---

① 郭元祥.教育逻辑学[M].北京:人民教育出版社,2002:56.
② 刘守华.文化学通论[M].北京:高等教育出版社,1992:329.
③ 孙正聿.哲学修养十五讲[M].北京:北京大学出版社,2004:53.

前提。从功能上讲,教学思维方式深刻地制约着师生对教学存在的选择、整理、评价等过程。教学思维方式使师生有选择地接受有关教学存在的信息,并以一定的知识去同化、整理这些信息;将教学的存在方式转换为自己能够理解的方式,由此判断教学活动对自己的存在和发展的价值和意义;以受到特定的文化传统和文化境遇所影响的心理无意识地引导、甚至制约认识和评价教学存在的过程。

教学行为方式是教学思维方式的外在表现,是由教学的方法、形式、手段、技术等构成的行为样式。师生总是自觉或不自觉地按照自己的教学思维方式开展教与学的活动,有何种教学思维方式,就有何种教学行为方式。不同的教学思维方式构建不同的关于教学存在的图景,从而决定师生会采取不同的教学行为方式。与此同时,由于教学行为方式必须考虑教学情境,思量如何因人因时因地开展教学活动,因而教学情境的生成性会检验和修正教学行为方式,从而促进教学思维方式的改变,提升教学思维方式指导教学行为方式的有效性,使教学思维方式和教学行为方式达到更大程度的统一。显然,教学思维方式指导和支配着教学行为方式,而教学行为方式检验和发展教学思维方式。质言之,教学方式就是师生基于对教学存在的观念性反映,在长期的教学实践中形成的把握教学活动的基本样式,是由教学思维方式和教学行为方式构成的有机体。

二、教学方式变革的文化机理

目前,教学方式变革主要有两种情形:一种情形是教学方式变革流于表面化,未真正触及教学方式的实质;另一种情形是教学方式变革已经触及教学方式的实质,但存在的根本问题是在"以课堂为中心"的教学方式之上"嫁接""以活动为中心"的教学方式,在以知识授受为主的讲授式教学活动中强制性地植入自主、探究、合作等教学行为方式。这就必然会导致教学方式的变革在教学实践中陷入低效或负效的困境。

(一)教学方式变革的文化哲学意蕴

造成上述情形的原因除了教学方式的深刻内涵不易为人们把握之外,主要还是对教学方式本身所具有的文化特性理解不够。从教学存在的建构交往观来看,教学是师生之间传承和创生文化的特殊交往活动,那么教学方式自然会影响甚至制约着文化的传承和创生。反过来,特定的教学方式总是"负载"某种文化,整体上呈现出特定的文化特性,表现为不同的文化模式,就要运用不同的教学方式,才能达到教学的目的①。因为在特定的文化氛围中,选择和使用教学方式必须考虑主流的文化心理是否能够容忍、与主导性的文化价值是否存在冲突、特定的文化传统是否能够支撑等问题。基于文化与教学方式的关系,从文化哲学的角度审视教学方式,有利于从总体上理解文化对教学方式变革的价值、作用和功能。

文化哲学是以哲学的视野、方法及理论深入全面地阐释文化,即超越于文化学本身的概念、范畴和体系,在更高层次上理解文化。如果文化哲学是对人与文化的存在做认识论上的研究②,那么文化就可以是人类"历史地凝结成的稳定的生存方式"③。由于教师和学生是教学活动的创造者,教学的存在方式实质上体现了师生在教学生活世界中的生存方式。因而源于甚至决定于教学存在方式的教学方式也间接地体现了师生在教学生活世界中的生存方式。从这种意义上说,教学方式就是文化所代表的人类的生存方式在教学活动中的一种"映射",体现了在教学活动发展史中凝结而成的相对稳定的师生的生存方式。当人类的生存方式发生改变,师生在教学生活世界中的生存方式就会发生改变,教学方式也会随之发生改变。因此,对教学方式作文化哲学的考察,深层次解析教学方式变革的实质及分析影响教学方式变革的原因与背景,可以将教学方式由无序的、被动的自在变革引向有序的、主动的自觉变革。

---

① 詹栋梁.现代教育哲学[M].台北:五南图书出版公司,1993:499.
② 司马云杰.文化主体论[M].济南:山东人民出版社,1992:4.
③ 衣俊卿.文化哲学十五讲[M].北京:北京大学出版社,2004:18.

（二）教学方式变革的文化张力

人类生存论的文化哲学观揭示了文化的起源及发展与人的存在及生成之间的内在关联性。人既是自然的一部分，在本性上又要超越自然，这使得人的生存结构存在自在性和超越性的永恒矛盾。一方面，文化作为人为自己的生存而建立的"第二自然"，体现了人对自然和自身本能的创造和超越，有不断自我更新的自觉性。但另一方面，文化也是历史上积淀下来的、被群体所认可并遵循的生存方式，作为行为模式有规约人的行为的自在性。在一定程度上，文化的自在性抑制人的创造性和超越性，而文化的自觉性只有突破文化的自在性才能实现自我更新。这表明文化的自觉性和自在性之间存在永恒的矛盾，并外在地表现为促进文化发展的张力。

教学作为人类所创造的"第二自然"的成分之一，其方式体现了师生在教学活动中自觉的创造性和超越性，即能够引导师生自由自觉地采取特定的方式创造性地开展教学活动，因为"自由自觉的活动恰恰就是人的类的特性"①。但是教学方式对师生的教学行为具有给定性和强制性，一方面深刻地规约教学的基本形态，使教学活动能够按照特定的逻辑和规范有效地展开；另一方面可能束缚和桎梏师生在教学活动中的创造性思维和创造性实践，限制师生改造已有的教学方式或创造新的教学方式。于是，教学方式也内在地存在自觉性和自在性之间的矛盾及其所产生的张力，师生在教学活动中自觉的创造性和超越性与教学方式的自在性、给定性及异化性之间发生冲突。这种自觉的创造性和超越性需要突破教学方式的自在性，引导师生不断改变对教学活动的认知和实践，批判地审视和超越已有的教学方式，从而使教学方式为实现特定的教学目标而与教学的过程、内容、手段等更加匹配，并且在此过程中还可能创生新的教学方式。

教学方式的自在性源于并内在地蕴含着教学方式的历史性，体现了

---

① 马克思.1844 年经济学—哲学手稿[M].刘丕坤，译.北京：人民出版社，1979:49.

历史传统尤其是文化传统及教学传统对教学方式的影响。西方在传统上以探究世界的本质为思想史的起点,在追问"为什么"的过程中追求客观性知识,教学就是教师帮助学生自主探究世界及自身的实践活动,以自主探究为核心的教学行为方式就在西方的教学方式体系中占据主导地位,表现出非常强大的自在性。而中国传统文化是自然主义的和经验主义的,强调天人合一,其行为模式基本上是经验模仿。① 人们注重在体验过程中积累经验,更多地关注"是什么"。这倾向于教学是教师向学生传递人类已有经验的实践活动,以讲授为核心的教学行为方式就在中国的教学方式体系中占据主导地位,同样表现出非常强大的自在性。尤其是即使经历了一百多年的文化现代化转型,自在性的、经验性的、结构超稳定的中国传统文化仍然自在地影响人们的生存方式,这在一定程度上也使以讲授为核心的教学方式仍然保持着过于强大的自在性。所以,面对如此强大的教学方式的自在性,师生自觉地发挥自身的创造性和超越性,使教学方式的自觉性和自在性之间保持必要的张力就是教学方式变革的必要前提和基本途径。

(三)教学方式变革的文化路向

根据教学方式的自觉性和自在性之间文化张力的强弱,教学方式变革可以分为内源性变革和外源性变革。内源性变革就是师生自觉地体验和反思现实的教学方式,尤其是勇敢地质疑和批判主导性的、自在性强的教学方式,有效地激活教学方式的内在矛盾而产生必要的张力,从而实现教学方式内在的创造性转化。内源性变革有两种形式,一是师生分析教学方式的形成与发展、内涵与形式、功能与作用等,合理地把握教学方式的内核,将教学方式的优势最大化,规避和改造教学方式的不足,实现教学方式的原发性变革。二是整合性变革,即师生在理解并把握不同教学方式的前提下,实现多种教学方式的优势互补,对教学方式进行批判性重建。

---

① 衣俊卿. 文化哲学十五讲[M]. 北京:北京大学出版社,2004:327.

外源性变革是指教学方式与其外在的影响因素发生相互作用而引发的变革。尤其是当教学方式的自在性处于绝对的优势地位、其内在矛盾不能被有效激活而产生必要的张力时，改变影响教学方式的外在因素能够迫使教学方式发生一些必要的改变，从而促进内源性变革。外源性变革也有两种情况，一种是教学系统的要素如教学的目标、过程、内容等的变化引发教学方式的直接性变革，这实质上迫使师生为了适应教学的现实需要而改变教学行为方式，进而突破对教学的定型化认识；另一种是社会形态的演进、文化模式的转型、人的发展观念的变化等引发教学方式的间接性变革。这些因素的影响方式通常是长期的和隐性的，其作用是方向性的。

从文化哲学的角度审视教学方式的变革，需要对教学方式作必要的文化转换或文化改造。一方面，防止现实生活对传统文化实施功利化和表层化的"切割"，合理地推进传统文化的现代转换，营造良好的文化氛围，使教学方式变革更加自觉地合乎历史逻辑和适应现代教学的诉求；另一方面，在全球化背景下引进和借鉴国外的教学方式，尤其是占据主导地位的教学方式时，对教学方式的文化误读容易使师生不确切地解读教学方式的实质，对教学方式的运用只能做到形似而不能形神兼备。所谓文化误读就是人们通常容易以自己的文化传统、价值观念、思维方式、行为方式等为依据对异质文化进行选择和解读。① 因此，引进和借鉴国外的教学方式需要进行必要的文化改造。首先进行"源文化"考察，抓住教学方式的实质；然后与"目标文化"作比照，评估教学方式在"目标文化"中扎根和整合的可能性；最后在教学实践中进行适应性改造，将"源文化"的教学方式合理地融入"目标文化"的教学方式体系之中。这能够提高引进和借鉴国外教学方式的水平，促进教学方式的本土创生。

从文化哲学的角度考察教学方式的变革，实质上是深层次围绕"教

---

① 乐黛云，勒·比雄. 独角兽与龙：在寻找中西文化普遍性中的误读［M］. 北京：北京大学出版社，1995：110.

学以文化为中介，以及在文化中如何实现人的生成"这一主题，显现了教学方式和文化在人的发展意义上的某种一致性，也在文化意义上深刻地阐明了教学方式变革的动力机制。教学方式变革作为一种文化行为，能够更加有效地推进教学思想和教学观念的更新，从而为教学改革向纵深发展提供思想上的逻辑支点和实践中的现实原则。

第 32 篇

教学方式变革的文化审视①

　　教学方式影响教学质量,关涉学生各种能力的培养和发展。当前,基于教学改革的要求,人们在教学方式的理论和实践研究中提出了一些好的见解和措施,取得了明显的成效。但也存在有待改进和完善之处:一是对教学方式的界定模糊,因而对教学方式的具体阐释较为混乱;二是忽视了外在因素对教学方式的影响,仅仅就事论事,视野有限。教学方式本身是教学文化系统的一个重要因素,师生是教学方式的践行者和创新者,他们所处的教学世界是文化的世界。"文化创造比我们迄今为止所相信的有更加广阔和更加深刻的内涵。人类生活的基础不是自然的安排,而是文化形成的形式和习惯。人生存于文化之中。"②研究教学方式不能无视文化因素的影响,因此,本文拟从文化的视角审视和剖析教学方式的变革,展望中国教学方式发展的文化路径。

---

① 本文发表在《课程·教材·教法》2011 年第 4 期。
② 蓝德曼. 哲学人类学[M]. 彭富春,译. 北京:工人出版社,1988:260 – 261.

一、教学方式的内涵解析

当前学术界对教学方式的定义主要分为两类:一类是把教学方式作为教学方法的下位概念;另一类则把教学方式作为教学方法的上位概念。前者以《教育大辞典》为代表,将"教学方式"界定为"教学方法的活动细节。教学过程中具体的活动状态,表明教学活动实际呈现的形式。如讲授法中的讲述、讲解、讲演,练习法中的示范、模仿等。……同一教学方式可以用于不同的教学方法,不同的教学方式也可包含于同一教学方法之中。"①"教学方式"是内含于"教学方法"范畴之内的下位概念,是教学方法系统的组成部分,是构成教学方法的具体活动和行为。此外,在部分学者对教学方法的定义中,也包含了他们对教学方式的理解。例如,李秉德等认为:"教学方法,是在教学过程中,教师和学生为实现教学目的、完成教学任务而采取的教与学相互作用的活动方式的总称。"②王策三在《教学论稿》中指出:教学方法是为了达到教学目的,实现教学内容,运用教学手段而进行的,有教学原则指导的,一整套方式组成的,师生相互作用的活动。③ 从他们对教学方法的定义中可知,教学方式是教学方法的具体化和构成要素。"教学方式是运用各种教学方法的技术,任何一种教学方法,都是由一系列的教学方式所组成的。"④但也有学者持有与上述观点相反的认识,即把教学方式作为教学方法的上位概念。例如,江山野认为:"教学方式和教学方法的关系,与战略和战术虽不尽相同,但有相似之处。在教学上,从整个发展过程的全局考虑,在每一个发展阶段,需要一种基本的方法。而且,由于教学过程的每一个发展阶段都持续一个相当长的时间,具有一些相对稳定的特点;因此,适合于每

① 顾明远.教育大辞典:增订合编本 上[M].上海:上海教育出版社,1998:714.
② 李秉德.教学论[M].北京:人民教育出版社,1991:197.
③ 王策三.教学论稿[M].北京:人民教育出版社,1985:244-245.
④ 张武升.教学论问题争鸣研究[M].天津:南开大学出版社,1994:238.

一个发展阶段的基本的办法也应该有一定的规定性和稳定性,并且有一定的形式——也就是教学方式。"①"教学方式是教师为达到教学目的而组织和使用教学技术、教材、教学和教学辅助资料的各种方法。"②

　　为了澄清教学方式的定义,可从词源角度思考。在《说文解字》中,"方"乃"并船也,象两舟省,总头形。凡方之属皆从方"。"式","法也,从工弌声"。③"方式",则是指"言行所采用的方法和形式"④,既强调方法,也包括了方法之外的形式。方式是为了达到某种目的而采用的措施和方法。可以说,任何事情若要达成某种目的,都必须采取一些方式,教学活动也不例外。由此,我们认为,作为教学中的动态要素,教学方式是指教学主体为达成教学目标而运用的措施和方法,是教学活动的动态方式和存在状态。每种教学方式的运用过程又会表现出灵活多样的特征,且多种教学方式之间交叉、组合,其多样性和灵活性直接导致了各类教学方法的产生。可见,教学方法实际上是教学方式的操作方法,即教学方式运用过程中所表现出的方法。教学方式与教学方法之间是一种存在和表象的关系,教学方式是存在,教学方法为表象。教师一旦运用教学方式,教学方法也随即显现;教学方式停止运用,教学方法又随即消失。没有教学方式的教学方法,或脱离教学方式的教学方法,都是不存在的。因此,人们容易将教学的方式和方法连起来表述,或将其混为一体,甚至只谈方法这个表象而忽视方式的存在。实际上,两者无论是对师生,还是对教学而言,都是相互依存、互为关联、彼此促进的。

　　当然,对教学方式的阐释,不能只从语义学角度出发,把"教学"概念和"方式"概念简单相加得出什么是教学方式,而应注重方式与手段的统

---

　　① 张武升.教学论问题争鸣研究[M].天津:南开大学出版社,1994:236.
　　② CLARK L, STARR L. Secondary and middle school teaching methods[M]. Englewood Cliffs, N. J. : Merril L, 1996.
　　③ 许慎.说文解字:附检字[M].北京:中华书局,1963:100,176.
　　④ 本书编委会.汉语大词典简编[M].上海:汉语大词典出版社,1998:2654.

一。① 手段就是置于有目的的对象性活动的主体和客体之间的一切中介的总和,关涉实现目的的工具和运用工具的活动方式或操作方式等。任何工具,当它离开了一定活动工具的目的时也就不能存在。因此,方式这一范畴实际上包含了"工具"与"手段"的整合。

二、教学方式变革的文化解读

文化就是人的生存方式,在学校教育中,文化即指师生的价值取向、思维方式和行为方式。教学既是一种文化现象,是整个人类文化的有机组成部分,更是一种文化实践,必须透过文化的思考才能被理解。② 但教学的双重文化功能,即传递、变革文化和构成文化主体的功能,决定了它在文化中具有特殊的地位。同时,文化又影响和制约着教学的各个要素。"教学与文化有着密切的关系,由于文化中的因素会影响教学的进行,同时不同的文化模式,就要运用不同的教学方式,才能达到教学的目的。"③不同文化背景下的教学方式整体上必然呈现出不同的文化特征,因为教学方式的选择和运用必须考虑:(1)作为师生行为基础的文化维度;(2)师生作为文化的存在,无论是否意识到文化的影响,教学方式都必须以文化价值观为基础。④ 正是基于这种考虑,本文将教学方式从文化整体中"独立"出来,探索与其他文化现象的关系。

(一)教学方式变革的文化制约性

在一定时空内取得成效的教学方式变革都注重与社会主流文化及其变迁保持一致。因为教学方式变革并非局限于教学领域范围内,而是一

---

① 李定仁,徐继存.教学论研究二十年(1979~1999)[M].北京:人民教育出版社,2001:217.

② GIROUX H,SHANNON P. Education and culture studies:toward a performative practice [M]. New York:Routledge,1997:231-248.

③ 詹栋梁. 现代教育哲学[M]. 台北:五南图书出版公司,1993:499.

④ HEIMLICH J,NORLAND E. Developing teaching style in adult education[M]. San Francisco:Jossey-Bass,1994.

项具有较强社会性的活动。如果教学方式的价值取向、内容等与特定文化领域内大多数人的价值尺度发生冲突,为大众所反对,则难以获得成功。具体而言,其一,要注重根据人们文化心理的变化寻找教学方式变革的契机;其二,教学方式改革须贴近文化传统的基本要素,使其尽可能不超过社会文化所能容忍的范围。教学发展史表明,教学方式在其形成初期即已打上了孕育它的文化烙印,体现出特定民族文化精神及其在培养、选拔人才方面的价值取向。文化影响着人们对教学方式的选择。由于文化的差异,各民族特有的礼仪习惯、语言、文学、音乐、美术、舞蹈、书法以及工艺技术在教学内容中占据着相当重要的地位。通过不同文化间的比较可以更加清楚地了解文化对教学方式变革的影响。

以中美两国为例,在中国古代漫长的岁月中,由于受以"刚健有为、和谐中庸、崇德利用、天人协调"为核心精神的文化传统的影响,中国传统教学内容主要是道德原则和行为,主要教学过程为知行合一。反映在教学方式上,重要的不是怎样把一个道理原原本本地向学生讲授,而是启发学生的自觉,要他们自己在日常生活中践行、体验和体证。孔子主张,"为仁由己,而由人乎哉",在教学过程中实行"愤启悱发";孟子指出"学问之道无他,求其放心而已矣",注意使学生的心理状态中道而立,"跃如也";《学记》中提出"道而弗牵、强而弗抑、开而弗达",注重学生的内省、自求、自觉、自悟。中国传统教学方式"追求价值之源的努力是向内、向自身而不是向外、向上,不是听上帝的召唤,亦不是等待外在的指令,重视其内在的力量,重内过于重外,这是一个很值得我们注意的教育特色"。① 近代以来,晏阳初的平民教学方式、梁漱溟的乡村教学方式、陶行知的生活教学方式等改革与实验,都是遵从近现代中国文化转型而进行的积极探索,例如,陶行知的"教学做合一"命题从根本上扬弃了代表中国数千年来传统教育的先知后行的哲学思想。同时,该命题又是对杜

---

① 郭齐家.论中国传统教育的基本特征及其现代价值[J].北京师范大学学报(社会科学版),1995(5):23-28.

威的教育哲学思想和实验教学方式的扬弃和超越。① 在美国教育史上，以杜威为代表的教育者提倡活动、探究等教学方式。由于知识被看成行为的工具和副产品，因此在教学方式上，"灌输式"在美国教育界受到普遍抵制，与之相关的各种制度也遭到反对。"知识不能被教师灌输到学生的心灵中去，只能由学生自己来掌握。在教学过程中，与其让他们作为被动的接受者，不如让他们成为主动的参与者。"②人们强调的是真实教学情境以及学生在这种情境中主动、积极的探索。各种各样的教学方式变革，如设计教学法、道尔顿制、发现法等，无不体现着这种精神。后来的教学改革虽然在教学内容、教学目标等方面与这次改革存在着诸多差异，但始终坚持相似的教学方式，因为活动型、探究型的教学方式与美国"自由""民主""平等""注重实用""个人主义"等文化传统相吻合。

（二）教学方式变革的文化匹配性

任何一种教学方式都孕育于一定的社会文化传统中，打上了社会文化传统的烙印。一方面，不同的文化决定了人们会对同一教学方式抱有不同的好恶态度和取舍倾向。人类生活的社会性，决定了任何人都生活在某种特定的文化环境中，这种特定的文化环境会给长期生活于其中的人造就一副观察事物的"有色眼镜"。通过不同颜色的"眼镜"来观察同一事物，会得出不同的结论。例如，美国从宣布独立那天起，就实行充分尊重地方权益的联邦制，因而，"自治"观念在美国人心目中占有重要地位，容易接受师生具有较大自主性的教学方式。而中国人长期生活在大一统的封建社会中，倾向于由国家或上级统一管理教育教学工作。虽然从清末民国初到新中国成立之前，美国的教学思想和方式一直是中国教育教学的模仿对象，大量诞生于美国的教学方式纷纷涌入中国，对此后

---

① 唐迅. 陶行知现代教育思想命题新探[J]. 教育研究,1999(11):58-62.

② BUTTON H,PROVENZO E. History of education and culture in America[M]. Englewood Clif:Printce-Hall,1983:99.

中国教学方式的发展和研究有很大的影响,但却并未能取得成功。① 即使是在美国对华影响最大的 20 世纪 30 年代和 40 年代,也是如此。另一方面,不同的文化决定了人们对同一教学方式具有相应的心理承受能力。在一国被认为是"理该如此"的事物,在另一个国家可能被认为"不该如此"。每种文化内部都包含了一整套用来评价事物优劣、好坏的尺度系统,这一系统是由许多评价某类特定事物的子系统构成,每个子系统也包含着一个从彻底否定极到彻底肯定极的依次划分若干等级的区间范围。从中间走向两极的区间跨度大小,决定了一种文化对某类事物的接纳程度,同时也决定了生活在文化体内的大众对这类事物的心理承受能力。需注意的是,人类评价事物的尺度系统并非以中间点为界左右两边对称,一般而言是一种反比的关系,即对于同一性质的事物,如果从中间过渡到肯定极的区间越大,那么从中间过渡到否定极的区间便会越小。由于特定文化中评价事物的尺度系统是社会历史积淀的产物,所以人们对教学方式变革的心理承受能力,与他们所处社会文化传统有密切的关联。例如,中美两国师生往往倾向于选取和采用不同的语言教学方式。一般而言,美国师生喜欢在大量对话和阅读中学习语言,不太强调专门对语法的学习,体现了他们具有追求较大自由度和实用至上的文化传统。而中国师生比较注重语法的学习,力求首先掌握语言构成的基本规则,反映了中国人具有的追求形式和注意自觉将个体纳入统一规范的文化传统。②

三、教学方式对文化的作用

教学方式并非被动接受特定文化的影响,也会反作用于所处的社会文化。首先,教学方式具有保存、传递文化的功能。文化既是前人生产

---

① 毛礼锐,沈灌群. 中国教育通史:第5卷[M]. 济南:山东教育出版社,1988:30.

② LIN L. Cultural dimensions of authenticity in teaching [J]. New directions for adult and continuing education,2006(3):63－72.

与社会生活的产物,同时又是新一代进行生产与生活的基础和必要条件。由于文化所具有的特质,如价值观念、审美情趣、道德规范、生活方式、风俗与习惯等,不可能通过生物遗传的方式保存和传递,因此教学方式从一开始就成了传递和积存文化传统的重要手段。然而人类积淀的文化传统十分深厚,学生在校学习的时间有限,要解决这个矛盾,教学方式就必须从文化传统中提炼出精华,即人们在生产、生活中必须具备的最基本的文化。其次,教学方式具有活化文化的功能,进而促进文化增值。教学在传递文化的过程中,并非简单地复制文化。它或因社会变革、学生不同的身心状况以及教师自身价值观的差异而赋予文化以新的意义;或因社会要素的重组、整理、融合,使文化传统发生性质、功能等方面的变化,衍生出新的文化要素,迸发文化更新的火花。再次,教学方式还具有选择、整理和丰富文化的功能。通过教学来传递、保存和活化文化从来都不是照搬照抄,而是一种经过师生双重选择、整理和丰富的过程。教学方式承担了传递人类文化精粹的功能,各种类型的文化——科学的、人文的、知识的、技能性的、情意性的等都被有计划地组织到教学方式中,通过学科课程、活动课程、显性课程、隐蔽课程等多种形式、多种渠道再传递给学生,这就创设了各种文化相互碰撞、交流、融合的有利环境,为吸收先进文化提供了良好条件,从而丰富了民族文化传统。当代有成效的教学方式都重视从文化传统的宝贵遗产中吸取营养。例如,我国情境教学方式的诞生,主要是借鉴古代文化理论的"境界学说",吸取传统教学中注重读写与直观教学的因素,从而形成了一种古为今用的教学方式。许多当代的教学方式皆为古代教学文化思想合乎逻辑的发展。有些教学方式具有很深的民族烙印,是中国的特产。三算结合教学方式是中国的国粹,这方面的实验已引起世界轰动。在我国备受重视的识字教学方式,就有集中识字、注音识字、字族识字等。它们争相实验,各有千秋,成为中国特色教学方式的典型代表。①

---

① 高天明.20 世纪我国中小学教学方法变革[M].广州:广东教育出版社,2006:181.

实际上，如何有效传承文化并非教学方式变革的新问题。在教学方式发展史上，永恒主义、要素主义以及结构主义等许多教学方式理论都认为教学是"有组织的知识积累的传统"，是"种族经验"。代表19世纪教学思想的要素主义教学论先驱巴格莱认为，教学方式"必须是代表有组织的种族经验的仓库，在时间的长河中将知识储存起来，以便帮助人们建设性地解决这个问题"。（1）这种仓库理论受到20世纪初工业和科学大发展的压力的挑战，美国率先发起教学改造运动，倡导活动教学方式，目标就是摒弃课程中繁杂臃肿的内容，减轻学生负担。教学改革者们根据儿童认知发展与人类进化原理倡导教学方式变革，致力消除教学中历史的重负和古典学科的顽固倾向以及伴随而来的死记硬背和盲目灌输等弊端，布鲁纳以及人本主义等流派都对教学方式变革作出了贡献。

为使教学方式走上稳步健康发展的轨道，教学方式变革必须根植于文化的沃土之中，因为从文化的传承和发展而言，各民族都具有强烈保存自身文化的倾向。这种倾向既与人类一定领土范围内的社会生活方式有关，因为特有文化不仅是相同民族互相认同、互相帮助的重要标志，而且是各民族在世界之林中展现自我的重要标志，是造就一个民族自尊心、自豪感的重要精神力量；同时也与人类充分渗透特定文化传统的家庭式子女养育方式有关。我国多年来教学方式建设的理论与实践表明，民族文化的保存与传递能够激发学生的爱国主义思想，提高民族的自尊心与自信心。

文化传统并非是已逝去的过去，也并非是原来的照旧。对教学方式而言，文化传统总是在特定时代中有资格落入时代未来期望中的东西。教学方式对文化的积淀、传承、选择的根本目的，是希冀通过文化来认识历史、理解现在、达到未来目的。今天对于文化的关注，不限于保存和传递，更在于反思与发展，使它对于现代社会文化的发展产生更多的正面影响，有助于应对现实问题。另外，由于现代社会文化的发展总是与一定的文化传统相联系，因此各个国家与地区的文化发展必然具有其民族的特色，而这种民族特色正是来源于不同民族的文化传统。从这个角度看问题,尽管在教学中人们应该关注人类所共同创造的文化价值,但对民族文化遗产的重视,也不仅在于保存和传递,而更在于对本民族文化特性的基本把握,使教学方式能有效地适应本民族的文化价值观及其发展。因此,如果能够站在文化层面探讨中国当代教学方式变革的趋势,一定能够获得许多非常有益的启示。

四、中国教学方式变革的文化趋向

当下探讨中国教学方式的变革与发展,必然强调教学方式的"国际化"与"本土化"问题。教学方式"国际化"是指,虽然具有特定文化的国度孕育了与自身文化相对应的教学方式,但类似的教学方式可以出现在不同的国度和文化中,且彼此之间能够相互学习、取长补短。因为具有强大生命活力的教学方式一定是民族的,同时也是世界的。不同文化背景的教学方式进行跨文化对话、相互交流、彼此借鉴、和而不同、多元共存,是当代教学方式发展的基本特征之一。[①] 但在这一过程中,如何进行必要的文化改造,避免本民族文化条件下的教学实践自觉不自觉地沦为外来教学方式的"试验场",而不至于在大量引进外来教学方式的过程中迷失自我,如何在吸收、消化外来教学方式合理性的基础上,构建具有自身文化特色、能切实有效地运用于本土教学实践的教学方式,是当下中国教学方式变革必须正视的紧迫问题。当前,中国的基础教育改革重视学习西方的教学方式正是教学方式"国际化"的一种表现,但过于强调和一味模仿国外的教学方式,忽视了本国的文化传统,否定自身传统的教学方式,难免矫枉过正。能否成功解决这些问题,"关乎基础教育改革提倡的自主、合作、探究、体验等教学方式的文化适应和创生"。[②] 故而提出中国教学方式的"本土化"问题,意在阐释中国具有与自身文化相对应的教学方式,只不过由于近现代种种内外原因,中国的教育学术界几乎成

---

① 李森.现代教学论纲要[M].北京:人民教育出版社,2005:39.
② 潘光文,李森.论教学理论的文化改造[J].课程·教材·教法,2007(6):37-42.

为西方教育教学理论的"跑马场",连同教学方式在内都被"西化"了,而现在要反对盲目的"西化",使之与中国固有的文化传统和本国的教学实践结合起来,实现教学方式的本土化。

中国教学方式的国际化和本土化并不是对立的关系,而是内在统一、互为手段、互为目的,是同一过程的两个方面。总的精神是要克服教育学界在偏激的教学观指导下对于外国教学方式模仿多于创造、对于传统教学方式否定多于继承的弊端,培养中国教育学者的学术自信心,努力发展适应当代中国社会文化要求的教学方式,提升中国教学论的学术水平,在更好地为教育教学改革服务的同时,使之在世界上发扬光大。再则,"本土化"与"科学化""时代性"并不存在矛盾,每种教学方式包括讲授在内也有其存在的价值,[①]因为教学方式本来就是一种"地方性知识与技能",是与时俱进的。

但是,要达到这个目标,实现这种统一,并不是一件容易的事,它受到许多主客观条件的制约,包括教学领域外在条件的制约,尤其是一个国家特有的文化因素等的影响。在变革和发展教学方式的道路上,除了更新教学观念之外,还要解决两个至关重要的问题:一是西方教学方式的中国化问题,二是中国传统教学方式的现代化问题。这两个问题紧密相关,只有科学地解决了这两个问题,才会使中国的教学方式适应本国社会文化发展的需要,并对世界产生影响。毋庸置疑,解决这两个问题既是一个历史的过程,也是一个实践的问题,非寥寥数语所能解决。

（一）文化批判:西方教学方式中国化的前提

在西方教学方式中国化问题上,理论界有一种观点或者说一种推理,认为西方教学方式是"科学的",如基础教育改革中从西方借鉴的自主、体验、探究等教学方式,而科学又是天下之公器,科学无国界,所以根本不存在"中国化"的问题。如前所述,西方的教学方式也是建立在相应的文化基础上,并不是像自然科学那样放之四海而皆准,其根主要在于西

---

① 丛立新. 讲授法的合理与合法[J]. 教育研究,2008(7):64-72.

方文化,这些教学方式变革在中国许多地方的教学实践中遭到不同程度的抵制,致使变革仅仅停留在观念层面。① 因为教学方式并不是一类客观的知识之学,而是主观的价值之学。在具体的教学方式背后是文化的价值系统。所以,当我们学习西方教学方式的时候,不能简单地、肤浅地照抄照搬,而应该把一种理论与产生它的深层的文化传统和背景放在一起加以整体理解,从而为合理吸收它的精华打下坚实的文化基础。

本文把这个过程称之为对西方教学方式的"文化批判"。"批判"的意思并不是"否定",而是"揭示""分析""理解"。"文化批判"原本是由文化哲学创始人卡西尔提出的一个哲学方法论,是对康德"理性批判"的继续,"对几千年来已根深蒂固的西方文化传统进行本体论上的'彻底'批判检查",以便促使西方哲学实现从科学领域到人文领域的转换,为哲学寻求一个新的"本体论基础"。② 所谓教学方式的文化批判即努力在教学方式领域中贯彻卡西尔的上述精神,通过寻根究底的文化反思,使隐藏在所谓"科学的"教学方式表层结构(理念、技术、风格等)背后的深层文化结构显现出来,从而把每一种教学方式都置于具体的历史和文化背景中来观察,考察它的文化基础及其各种独特之处,了解其文化基础的局限,以便讨论它在多大程度上与借鉴国传统的或新的文化特征契合,从而为教学方式的国际化扫清障碍。因此,文化批判的过程既是一个深入理解的过程,也是一个主动对话的过程。

(二)文化寻根:中国传统教学方式的重构

了解西方、学习西方的最终目的在于发展中国自己的教学方式。我们既要放眼世界,更要认识自己。然而,要正确认识自己,就必须克服西方通过各种直接或间接的途径所强加于我们的偏见。应该不带任何偏见地重新审视中国传统教学方式,而这在当下社会实为不易。正如钱穆先生所言:"最近中国社会,因太重视科学之故,遂致凡属己所不知,或所

---

① 潘光文,李森.论教学理论的文化改造[J].课程·教材·教法,2007(6):37-42.
② 卡西尔.语言与神话[M].于晓,等译.北京:生活·读书·新知三联书店,1988:25.

欲排斥者,即一切讥之为不科学,乃至对中国人向所重视之传统道德与心性之学,亦斥为不科学。不知此不科学一语之本身,却真是不科学。"①

中国文化有着自己悠久的传统,孕育了自身同样悠久的教学传统,教学方式要寻根,寻曾经孕育了它的几千年历史文化之根。这个根不在片段的教学知识之中,而在其中体现的连续的人文精神之中,表达的对人心、人性、人文无时不在、无处不在的信任、关怀之中。中国道德伦理与人文教育的终极目的是培养民族精神,淳化世代人风,提高人们的心灵素质,达到一种真善美统一的人格境界。无论科学技术如何发达,科研设备如何先进、精密,人性的培养、心灵境界的提扬、人们从实然的人向应然的人的超越,总是不可替代的,这对于社会、民族与自我而言,都是生命攸关的重大问题。这个根既是生成历史的根,也是结合现实、维系未来的根。对于文化传统,仅有精华与糟粕的两分法是不够的,需要整体地把握传统,看到中国文化及其孕育的教学方式中对人心、人性、人文关怀的永恒的超越性和本体价值。

(三)文化创生:中国教学方式的现代化和国际化

"洋为中用,古为今用"是历史的大智慧。学习西方,并不是为了做西方的附庸;寻找传统,并非为了发思古之幽情。在"洋""中""古""今"的关系上,重点在"中"与"今",即融合中外古今的教学智慧生成一种新的富有生命力、独特性、符合时代精神和社会文化需求的教学方式。这也是中国教学论发展的一贯思路。教学方式应从那种冷冰的、枯燥的、灰色的状态下解放出来,还它以热量、色彩和理想,放它到文化的土壤里,并在这一过程之中解放自己,放开眼界,敞开心胸,发挥判断力。教学方式是对师生个体发展的一种价值限定,也是按照一定社会价值而设计创造的一种文化形式,不仅规定了人的发展方向和水平,而且也在推动与发展着一种民族文化和民族精神。教学方式发展和创新的立足点

---

① 钱穆. 中国文化与科学[M]//刘志琴. 文化危机与展望:台港学者论中国文化(上). 北京:中国青年出版社,1989:24.

要落在新文化的建设上。从一定意义上说,并非为了教学方式而研究教学方式,甚至并非为了教学而研究教学,而是为一定的文化理想的实现而研究教学方式、研究教学论、研究教育学、研究人、研究历史、研究社会,研究它们之间不断生成又不断变化的内在关联。中国传统教学方式的现代化就是站在现代文化的立场上重新阐释传统的教学精神,吸取西方教学方式所蕴含的智慧,参照现实文化变迁的需要,重建一种具有新的文化精神的教学方式,也只有这种教学方式才能具备国际化的潜力。

第 33 篇

行为分析理论视角下的课堂管理策略[①]

　　课堂是一种特殊的人际心理环境。课堂教学就是发生在这种环境之中以价值引导和自主建构为核心的师生交往、互动的活动。课堂教学活动的有效性不仅取决于课堂教学本身,而且还有赖于课堂管理。因此,协调和控制构成课堂环境的基本要素,保持其动态平衡,构建合理的课堂生态,营造宽松而不失紧张、和谐而不失内心激动、融洽而不失师生各自角色的人际心理环境,显得尤为必要,这也正是课堂管理的主旨所在。自 20 世纪 60 年代以来,课堂管理的行为研究已成为教育研究的新领域,理论成果纷至沓来。但是,反观课堂管理实践,仍然存在一些尚待探讨的问题。理论要走向实践,成为切实指导实践的理论,还必须转化为一系列的操作性策略。有鉴于此,本文拟从行为分析的角度,探讨课堂管理的策略。

---

　　① 本文发表在《课程·教材·教法》2003 年第 11 期。

一、课堂管理和行为分析的实质

（一）课堂管理：对课堂环境基本构成要素进行的协调和控制

作为一种特殊人际心理环境，课堂是由教师、学生和课程三个相互关联的最基本的要素构成的。教师和学生是构成课堂这一特殊人际心理环境的人的因素，课程是文化因素。学生这个因素是比较复杂的，每一个个体都具有特定的背景，主要包括特殊的家庭背景、家庭教养方式、早期经历、文化背景、性格倾向、认知方式、认知发展水平和能力水平等。在长期共处的校园和班级生活中，学生之间逐渐发生了非人为的横向和纵向分化。在横向分化方面，具有相似背景和倾向的学生，以不同的方式聚合在一起，形成各种形式的非正式群体。[①] 少数学生游离于任何群体之外，成为"孤星""被轻视的人""被抛弃的人"。[②] 在纵向分化方面，群体内部成员有不同的角色，如起领导作用的"领袖人物"、起联络和沟通作用的"明星"、一般"群众"等。教师是构成课堂人际心理环境的另一重要的人的因素，也具有特定的背景，如个性特征、社会特征、专业知识技能和职业道德素养等。作为课堂人际心理环境中的文化因素，课程是联系教师教和学生学的纽带。从教的角度，课程是教师指导学生学习、促进学生发展的主要线索或中介；从学的角度，课程是学生学习的主要资源。而各种课程具有彼此不同的特征，如学术性课程与经验性课程、分科课程与综合课程等。因此，课堂是在特定时空条件下，具有不同特征的教师和学生以一定的课程为中介相互作用而形成的特殊人际心理环境。

构成课堂人际心理环境的三个基本要素由于各自的特征不同，因而存在彼此协调和相互配合的问题。一般有两种情况：其一，课堂要素彼

---

① 王旭东.国外师生关系研究[M].海口：海南出版社，2000：69 – 70.
② 鲁洁.教育社会学[M].北京：人民教育出版社，1990：397.

此协调,相互配合,形成和谐而融洽的课堂人际心理环境。这种协调与配合,其实质是克服彼此之间产生的矛盾与冲突,进而相互适应,师生之间相互配合,其主要外在表现,是师生之间默契的课堂行为。其二,课堂环境基本要素之间不协调,导致师生对课程的不适应,甚至师生之间的矛盾和冲突。这种矛盾和冲突主要表现为学生的不当或违规课堂行为,从而导致紧张而有失宽松融洽、冲突而有失和谐欢乐的课堂人际心理环境,消解了教师为有效课堂教学而进行的种种努力,成为有效课堂教学活动的一大障碍。不论是维持师生之间默契的课堂行为,还是矫正学生所表现出来的不当或违规课堂行为,都是有效课堂教学活动所必需的。因此,课堂管理的实质是对课堂基本要素进行的协调和控制,目的是为有效课堂教学营造和谐而融洽的人际心理环境,主要表现为对正当课堂行为的维持和强化,以及对不当或违规课堂行为的矫正。

（二）行为分析:探明行为由以发生的外界刺激和内在动机,解读行为的过程

行为分析理论主要由巴甫洛夫的经典条件反射理论、斯金纳的操作条件作用理论和罗杰斯的人本主义心理学理论构成。经典条件反射理论认为,行为是有机体对外界刺激作出的被动的应答性反应。有机体对刺激的应答性反应是在刺激替代的基础上,在后天环境中习得的。操作条件作用理论认为,行为是有机体在动机的驱动下作出的主动的操作性反应,其关键在于反应之后的强化。① 人本主义心理学理论认为,"学生本身具有自我成长的能力,……学生所表现出来的一切行为,并非只是被动地由外在刺激所引起,而是出自他主动自愿的选择性反应。学生在某种情境中所表现的选择性反应,则是根据他对情境的知觉所作出的主观决定。学生……之所以有时在行为上表现不当或违规,乃是由于他不

---

① 车文博.西方心理学史[M].杭州:浙江教育出版社,1998:389.

了解自己行为会产生不良后果所致。"①可见,这三种理论都科学地揭示了行为发生的原因,为探讨课堂管理策略提供了理论支持。

在课堂教学过程中,具有特定背景的教师和学生,在以特定课程为中介的相互作用过程中,产生各种不同的行为反应。师生作用于特定的课程,产生或积极、或消极、或两者兼有的情绪体验。在一定的时间、地点,以某种方式,这些情绪体验直接或间接地表现出来,影响师生在课堂上的行为。教师对学生个体和学生群体的行为、学生个体和学生群体对教师的行为,也会根据各自对对方行为的解读,产生不同的行为反应,形成良性或恶性的师生课堂行为互动。为准确地解读各种行为,形成良性行为互动,或者把各种行为对课堂教学的不良影响控制在可以接受的范围内,必须分析行为发生的内在动机和外在刺激,探明行为之所以发生的真实原因。因此,行为分析是指探明行为由以发生的外界刺激和内在动机,准确解读行为,生成其意义的过程。

二、课堂管理和行为分析的关系

(一)课堂管理的关键是对各类课堂行为采取相应的管理策略

从课堂秩序和课堂规范的角度,课堂行为可以分为三类:正当课堂行为、不当课堂行为和违规课堂行为。正当课堂行为是指遵守课堂秩序、合乎课堂规范的行为;不当课堂行为是指不宜在课堂上表现的行为;违规课堂行为是指对课堂秩序和课堂规范有破坏作用的行为。对三类课堂行为的管理要根据其发生的不同原因,采用不同的策略。对于正当课堂行为,课堂管理的主要任务是采用一定的策略,使其能够在以后的课堂教学中重复出现,并逐渐精致化。然而在现实的课堂管理中,由于对课堂秩序和课堂规范不构成威胁,这类课堂行为在客观上常常被教师所

---

① 张春兴.教育心理学[M].杭州:浙江教育出版,1998:528.

忽视,成为课堂管理的盲区,在一定程度上消解了这类本应该得到强化的课堂行为。对于不当课堂行为,课堂管理的主要任务是采用一定的策略,使行为者意识到其行为的不当性和无效性,并自觉地调整其行为,使其不当课堂行为逐渐向正当课堂行为转化。对于违规课堂行为,如课堂上学生焦躁不安、课堂躁动、懒散或无所事事、骚扰或侵犯他人、擅自离开座位、低语或高声喧哗、说粗话侮辱教师或攻击教师等等,教师进行课堂管理时要特别谨慎,讲究策略。否则,课堂管理不但不会使违规课堂行为得到有效矫正,使其向好的方向转化,反而为课堂管理本身制造更大的障碍,甚至使其恶化,对课堂人际心理环境造成巨大危害。可见,不论对哪一类课堂行为进行管理,关键是采取适当的、具有针对性的管理策略。否则,课堂管理不会收到理想的效果。

(二)行为分析是制定科学的课堂管理策略的依据

适当的、具有针对性的课堂管理策略是进行有效课堂管理的关键。那么,制定科学的课堂管理策略的依据何在? 这是课堂管理的行为研究由理论转化为课堂管理实践的要害所在,是课堂管理的方法问题和技术问题。在课堂管理实践中,不清楚课堂行为之所以发生的具体原因,常常造成课堂管理不当,有失偏颇,或流于简单,甚至粗暴。从表面上看,这种简单甚至粗暴的课堂管理以其强制性手段而使课堂环境暂时归于"平静"和"秩序"。但是,透过表面的"平静"和所谓的"秩序",冷静审视学生的心灵深处,便不难发现:表面的"平静"和"秩序"所掩盖的,是学生内心深处所涌动的强烈压抑和内心愤懑,以及由此逐渐产生的对教师的强烈敌意,潜藏着破坏课堂人际心理环境的更大危险。假以时日,学生心灵深处所涌动的潜流和课堂人际心理环境所潜藏的危险,最终会汇聚成为一股较大的力量,在某个时间和地点,以某种出人意料的方式爆发,给课堂环境造成不可挽回的损失,给课堂教学带来危害。面对课堂管理的如此困境,不少教师往往束手无策,不知所措,要么采取更加强硬的管理措施,要么放弃对学生不当或违规课堂行为的管理。对课堂行为发生的根本原因缺乏分析,被行为现象所迷惑,采取简单的强制性课堂管理,是造成上述情况的主要原因。这种做法的局限性及其给课堂管理所造成的困境,迫使人们冷静反思,探寻有效课堂管理的新方法。

行为分析理论包括两个相互联系的方面:其一观察课堂行为现象,包括行为本身及其产生的背景和客观后果,以及对行为的客观反应;其二分析课堂行为之所以发生的内在原因,生成课堂行为的意义。通过对行为的强化与对行为者的同情和理解,维持或矫正课堂行为。这为采取适当的具有针对性的课堂管理策略,保持和谐而融洽的课堂人际心理环境创造了条件。行为分析理论科学地揭示课堂行为发生的内在原因和外在环境,为制定有效课堂管理策略提供了依据。

三、行为分析理论视角下的有效课堂管理策略

在《充足理由律的四重根》中,叔本华认为,"任何事物必有它之所以如此的根据或理由""没有人或动物的行为是没有动机的"。[①] 行为分析就是这样一种旨在揭示行为发生真实原因的理论。针对课堂行为发生的不同原因,可以采取人际沟通策略和操纵强化策略,进行有效课堂管理。

(一)人际沟通策略

人际沟通是指人与人之间为消除互动中出现的对彼此行为的不一致理解,增进相互谅解和达成共识而进行的信息双向交流。在课堂管理中,常常出现这样的情况:教师意在帮助和引导学生学习,反而使学生内心真实地体验到不愉快。教师因其善意不被学生所理解而烦恼,学生则因教师行为带给自己的尴尬处境而不满。产生这种烦恼和不满等消极情绪的原因,是双方对彼此行为所进行的非移情式理解,以及由此导致

---

① 奥德尔.叔本华[M].王德岩,译.北京:中华书局,2002:25.

的师生之间对彼此行为的冲突性理解和信息交流障碍。这样,影响课堂管理的,不再是师生行为本身,而是两者在信息交流中出现的对彼此行为的不一致理解。在人际交流中产生的障碍,只有在人际沟通中消除。作为一种课堂管理策略,人际沟通旨在实现师生真诚地理解彼此行为的真实理由,消除师生之间因交流而出现的对彼此行为的误读,并达成对彼此行为的谅解与共识。课堂管理的人际沟通策略主要包括倾听和诉说、信任和责任等环节。

1. 倾听和诉说

课堂行为,特别是不当或违规课堂行为发生后,只有彻底弄清其发生的真实原因,才可能采取相应的有效课堂管理措施。课堂行为发生者对其行为发生原因所进行的充分诉说,是了解其行为原因的主要途径。诉说者能否较为完整地说出自己行为的原因,在很大程度上取决于倾听者对诉说所持的态度。如果倾听者对其采取比较武断的评价式理解,即以倾听者的个人好恶为取舍标准对诉说者的诉说进行主观判断或剪裁,行为者会因自己不被他人理解而感到压抑、困惑,甚至对倾听者产生消极的抵触情绪,自然不愿说出自己行为发生的真实原因。因此,了解行为发生的真实原因,倾听者需要采取一种移情式的理解,暂时忘却自我,进行换位思考,走进诉说者的心灵深处,根据行为者当时所处环境,最大限度地理解其行为的合理性。在倾听过程中,可以不时客观地重复诉说者的某些话语,保持目光接触,对诉说者的诉说行为报以点头、微笑。倾听者向诉说者传达一种发自内心的同情和真诚的理解,可以使诉说者感受到倾听者对自己的包容和理解,产生心理安全感。只有这样,诉说者才会进行充分的表达,最大限度地说出自己行为的真实原因,倾听者在倾听的过程中才能了解诉说者的真情实感。

2. 信任和责任

人际沟通中,倾听者要相信课堂行为者能够自己改进其不当或违规课堂行为。没有这种信任,倾听者会在了解到诉说者所陈述的行为原因后,常常将自己的主观判断强加于诉说者,从而与诉说者产生心理隔膜,妨碍人际沟通。倾听者对诉说者的信任会鼓舞诉说者自己改进行为的勇气。在信任的基础上,倾听者还要帮助行为者自愿地、主动地做出改进其不当或违规课堂行为的口头或书面承诺。倾听者对诉说者的信任赋予诉说者以勇气,而诉说者自愿做出的承诺则使行为者真实地承担起改进其行为的责任。

总之,作为一种课堂管理策略,人际沟通的关键在于:积极地倾听,了解行为发生的真实原因;信任行为者改进自己行为的能力,并让其承担起行为改进的真实责任。

(二)操纵强化策略

作为一种课堂管理策略,操纵强化的基本假设是:课堂行为是强化的产物。课堂行为的维持或矫正,可以通过对强化的操纵实现。强化是任何能够提高特定反应出现概率的刺激。行为发生的概率因强化的出现而提高,这类强化是正强化。行为发生的概率因强化的消失或移开而提高,则为负强化。课堂管理的操纵强化策略,主要是指强化形式在正强化和负强化之间的相互转化。

正当课堂行为之所以在发生后,不能维持或重复出现,其关键在于行为发生后没有得到适时的和适当的强化。如,学生在课堂上专心听讲,或者认真自习,教师对学生的这一正当课堂行为因其没有给课堂秩序造成威胁而忽视,因而一些学生的这一正当课堂行为可能倾向于消退。这里,教师忽视学生的正当课堂行为,其实质是对学生正当行为的负强化。正确的做法是教师在适当的时间和地点,以私下或公开的方式赞许学生的正当课堂行为,即将负强化转化为正强化。

学生某些不当或违规课堂行为的重复出现,恰恰是因为教师或其他学生不适当的正强化所致。如学生在早期经历中习得了以不正当行为吸引他人注意的行为方式。学生把这种行为方式带进课堂,其真正动机在于引起教师或同伴对自己的关注。如果学生表现出这类行为之后,教师或其他学生对其给予强化,如批评或表示惊讶等,学生便成功地满足了引起他人关注的心理需要。这里,教师的批评或其他学生的惊讶,实际上是对学生不当或违规课堂行为的正强化,因而不当或违规课堂行为自然会重复发生。如果教师或其他学生对此加以有意的忽视,视而不见,充耳不闻。在此基础上,教师可以告诉学生获得他人关注的正当行为方式,并为学生创造机会,使其产生自己因正当行为而成功地获得他人关注的积极体验。学生的不当或违规课堂行为会因为达不到目的而趋于消退,并逐渐习得正当的课堂行为,这实际上实现了正强化和负强化之间的相互转化。

第 34 篇

在线教学的发展历程、内涵特征及质量监测①

　　随着计算机、互联网尤其是人工智能、大数据、云计算、移动终端等现代信息技术的兴起及其在教育教学领域的渗透,在线教学迅速成为市场教育机构和传统学校教学的"新宠",并大力推动着我国新时代教学的改革、创新与发展。2020 年年初,为应对新冠肺炎疫情,教育部出台了《关于疫情防控期间以信息化支持教育教学工作的通知》等文件,明确提出要以信息化支持教育教学工作,实现"停课不停教、停课不停学"和"实质等效"的目标。自此,全国各级各类学校通过在线平台全面开展教学活动,从而拉开了我国历史上大规模在线教学的序幕。此次全面在线教学不仅仅是针对新冠肺炎疫情的应急之举和权宜之计,更是对我国教育信息化建设的一次大考。事实上,当今时代知识体系外延的迅速拓展和

---

① 本文发表在《课程·教材·教法》2020 年第 11 期。

边界的日益模糊,学生个体化学习和个性化成长的需求等社会现实共同呼唤着在线教学。以此为历史机遇,厘清在线教学的发展历程,再认识和再理解在线教学的内涵及特征,并以其为理论依据建立系统的质量监测体系,是实现学校在线教学质量保障和可持续发展的必由之路。

一、在线教学的发展历程

在人类社会文明发展的历程中,在线教学是作为教育文化现象的演化分支而逐渐兴起和发展起来的。以教学时空的分离和作为隐形变量的教学媒介为视点,在线教学实际上是现代信息技术与教学活动相结合的产物,其发展与社会信息技术的更新及在教学领域的运用和融合程度同频共振。具体而言,在线教学是远程教育在互联网环境中开展的具体的新型教学形态,即以互联网为主要媒介开展的现代远距离教学,也被称为现代远程教学或第三代远程教学。本文主要以教师与学生之间存在某种形式的双向交流以及有组织、有计划和大规模的远程教学为起点,以信息技术的迭代及融合下的教学形态为依据,从宏观层面对在线教学的发展历程进行回溯式追踪与梳理。

（一）以印刷和通信技术为载体的传统函授教学

19 世纪中叶,近代大工业生产深刻地改变了人们的生产和生活方式,社会分工的细化对高素质专门人才在数量和质量上的需求,个体对工业化生产生活信息和技能的需要,进一步催生了教育普及的需要。这给传统教学的规模和形式带来了巨大冲击和挑战,并成为新的教学形态——函授教学产生的直接动力。便利的交通、发达的印刷业、众多的出版业以及相对完善的邮政服务系统则为传统函授教学的产生和发展提供了必要的技术支持。函授教学兴起后,不但出现了专门的函授教育机构,而且很快被应用于有组织、成体系的正规教育系统。

函授教学实际上是以满足特殊学生群体(半工半读生)而开展的教师印刷并邮寄相关教学材料、提供教学内容并对作业进行反馈的以自学为主的"先学后教"的远距离教学方式。函授教学的特点表现为:学习材料是教师与学生相互联系的主要媒介,也是教师教和学生学的唯一教学资源;为保证教学效率和质量,教学重心在于精心设计适合学生自学的学习资料,如增加学习内容的情境性,编排辅助学习的教辅读物和课后练习资料等;教师和学生可以随时随地进行阅读与学习;教师主要通过作业反馈的形式实现对学生的指导。尽管传统的函授教学存在诸多局限,但它首次实现了将教师与学生从具有明显时空限制的传统面授教学中解放出来。

(二)以视听和大众传播技术为媒介的多媒体远程教学

20世纪20年代,随着以现代物理学为核心的晶体管、集成电路、超大规模集成电路的发明、应用与电力在日常生活中的普遍使用,电报、电视、收音机等视听媒体开始应用于教学,如兴起于英国的播音教学和广播电视教学,属于远程视听教学或远程单媒体教学。20世纪50年代后,出现以印刷媒体、视听媒体、计算机技术与电子通信技术相结合的多媒体为载体,集记录、存储、传输、调节和显示信息一体化,以电子文本、图像、音视频和动画等组合文本为表现形式的多媒体远程教学。① 多媒体教学包括两种形态:一是完全的多媒体远程教学,如20世纪70年代许多国家在终身教育理念指导下,建立了具有独立性质的远程教学大学,如开放大学、远程大学、广播电视大学等,这些大学取消了正规的入学资格要求,为更多学生开放了受高等教育的机会,具体操作上综合运用广播、电视、卫星电视、录音录像带等多种媒体进行教学。二是多媒体辅助远程教学,即传统大学在进行课堂面授教学的同时,通过远程音像传送技术将面授教学过程向外开放的教学。

相较于传统的函授教学,多媒体远程教学实现了技术手段的更新升级以及由此引发的教学方式的优化,具体表现为:在教师角色上,教师不再是教学材料的编写者,而是多媒体技术的使用者以及教学资源的整合

---

① 丁兴富. 远程教育研究[M]. 北京:首都师范大学出版社,2002.

者、呈现者和解释者;教学资源呈现由单一的纸质教辅材料转变为丰富的电子文档、视听影像等组合文本;在教学时间和进程上,教师的教与学生的学同时,教师的教学进程与学生的学习进度同步抑或异步;在教学空间上,打破了"绝对"的空间区隔限制,实现了教师与学生跨区域的单向"面对面";学生学习从单项分散的文本自学转变为集聆听、观摩、记录和整理为一体的多项系统学习。总体而言,多媒体远程教学拥有更丰富的课程和教学资源、便捷的资源获取途径以及多样的教学内容呈现方式,更大范围和程度地冲破了传统校园墙的屏蔽限制,扩大了学习者的范围,提高了学生学习的灵活性和自主性,极大地促进了远程教学效果的提升。[①]

(三)以互联网和在线平台为依托的在线教学

20 世纪 80 年代以后,随着计算机、移动通信和互联网等现代信息通信技术的出现及在教学领域的广泛运用,远程教学进入一个新的历史发展阶段并衍生出新的教学形态——在线教学。由于在线教学主要依托互联网技术,而互联网本身的发展经历了三个阶段,因而在此种意义上可以说在线教学本身也经历了三个发展阶段。

第一阶段是基于互联网 1.0 的在线教学。互联网 1.0 的技术特点是超链接,包括微链接与宏链接。微链接是对网页内的文本、图片、音视频等具体元素的链接与跳转;宏链接是实现网站与网站以及网站内部网页之间的链接与跳转。[②] 基于互联网 1.0 的在线教学即传统的网络教学,在教学资源形态上,起初主要开发、设计和应用大量教学软件和教学课件,后在此基础上出现了国际上的开放课件计划(OCW)、开放教育资源(OER)等和国内的国家精品课、视频公开课等。在教学资源生成上,主要以超链接技术为手段,通过互联网开放许可协议,允许网络用户将原有的教学信息或资源数字化并上传到网络平台,目的在于实现教学资源

---

① 翁朱华.远程教育教师角色与素养研究[M].上海:复旦大学出版社,2015.

② 高欣峰,陈丽,徐亚倩,等.基于互联网发展逻辑的网络教育演变[J].远程教育杂志,2018(6):84–91.

的开放与共享。严格意义上，该阶段的在线教学实际上是在线学习资源的开发、应用、管理与服务，以学习者对线上开放课件的自主使用和分享为主，未发生以开放教学资源为中介的师生之间的教学交流，是一种非正式意义上的在线教学。

第二阶段是基于互联网 2.0 的在线教学。互联网 2.0 技术的核心特征是凸显用户价值，关注人与人之间的相互关联，即互联网用户成为真正参与资源的聚合与生成的主体。以此为技术基础的在线教学，理念上由"学习资源中心"转向"学生中心"；内容上由零散繁杂的网络课件转向专门的网络化学科教学资源；形式上从注重学习资源的开发、共享和管理转向以师生之间的教学交互和教学管理为主；系统上由教学资源管理和服务系统转变为网络教学平台和教学管理系统，具体产品如 Moodle、Web CT 和 Sakai 等，其功能不只限于教学资源的上传和呈现、生产和共享，更侧重于教学主体包括师生之间、生生之间的教学交互过程。这一时期的在线教学，初具一般教学的基本形态，教师和学生以网络教学平台为载体、以知识为内容进行交互，实现了教学信息的循环流通以及知识的生产、交换和创生为一体的过程。

第三阶段是基于互联网 3.0 的在线教学。互联网 3.0 以大数据、云计算和移动互联网技术等的综合使用为基础，其特点是对不同场景的连接，对人与人、人与物、物与物的连接以及各类信息的聚合。基于互联网 3.0 的教学通过在线平台将不同学校、不同个体、不同类型的课程和教学资源聚合在一起，并将课程学习与教学管理结合起来，其典型形态为慕课（MOOC），形成了以大规模、免费、开放的教学资源供给为重要特征，以结构相对完整的系统性课程为学习单位、以教学主体之间的交流合作为基本形式的非线性和生成性的新型教学服务模式。随着对慕课的进一步开发和应用以及慕课自身存在的弊端，在线教学开始回归实体校园和课堂，即利用慕课平台创建供校内学生参与和学习的小规模限制性在线课程(SPOC),它是线上课程学习与线下实体课堂教学相结合的混合式教学。① SPOC 在课堂教学领域的基本应用方式主要为以 O2O 模式为代表的翻转课堂教学。教学主体为原初教学行政班的教师与学生;教学过程表现为教师在教学前将教学资源上传到互联网,学生先进行自主在线学习,然后师生在课堂中就自学内容及其相关问题进行交流和讨论,翻转了传统课堂教学的顺序结构;在教学评价上,线上教学评价和线下教学评价相结合;在教师专业责任上,教师不再只是对知识的呈现和解释,而是对教学活动的设计、教学资源的准备以及学生个别化的指导。

二、在线教学的内涵及特征

在线教学是以互联网技术为主要载体的新型教学形态,人们对其认识和关注点随着技术发展的不同阶段、对教学与技术关系的认识程度不同而有所差异,从而产生与其表述不同但实质相同的概念术语,如现代远程教学、网络教学、网络远程教学、基于网络的教学和电子化教学等。当前,在线教学正成为我国教育现代化建设、教育信息化升级和教学全面深化改革的关键和重要抓手,对其内涵和特征的揭示是实现在线教学实践合理化的理论前提。

(一)在线教学的本质内涵

关于在线教学的内涵,国内外研究者已经从不同角度和不同程度进行了揭示,概括起来主要有三种:一是从技术手段的角度,认为在线教学是通过互联网,利用各种数字技术资源和属性以及合适的教学材料进行的远距离教学活动,②学生和教师不需要在同一时间和地点教和学,是远程教学的一种形式,不包括基于印刷术的函授教学和基于广播电视等的

---

① 孙曙辉. 在线教学4.0:"互联网 +"课堂教学[J]. 中国教育信息化,2016(14):17 – 20.

② DAVIDSON – SHIVERS G V,RASMUSSEN K L,LOWENTHAL P R. Web – based learning:design,implementation and evaluation[M]. USA:Merill – Prentece Hall,2006.

多媒体教学的传统远程教学形式。二是从教学的角度把互联网技术作为其有机构成要素,认为在线教学是将互联网技术作为构成新型学习生态环境的有机因素,以探究学习作为主要学习方式的一种教学活动。[①]三是从互联网技术和教学相结合的角度,指出"在线教学是基于网络信息技术,以丰富的数字化信息资源为依托,在一定教学理论和学习理论的指导下开展的教与学活动的总和"[②]。这三种在线教学的定义,无疑在一定程度上揭示了在线教学的某些属性,为我们进一步理解在线教学的内涵和本质奠定了基础。但总的来看,当前人们对在线教学内涵的认识还不够全面深入,要么侧重技术的角度,认为在线教学只是互联网等现代信息技术在教学领域的折射与运用而失落了教学的本质,要么侧重教学的角度,仅仅把互联网等现代信息技术作为教学的新型手段而窄化了技术的作用与意义,抑或把互联网等现代信息技术与教学机械地叠加和简单地组合而剥离了在线教学的内核,因而难以真正揭示在线教学的本质内涵。

在线教学究竟是什么? 我们需要从多个角度进行探讨。首先,从语义学角度进行分析,"在线教学"是一个偏正短语,其中"在线"是修饰语,"教学"是中心语,"在线"是对"教学"的修饰与限定,是对"教学"状态或形态的一种客观描述,故对在线教学的理解始终要以"教学"为出发点和落脚点。其次,从逻辑学角度来看,内涵是概念所反映的事物的本质属性,在线教学作为教学的种概念是与传统线下教学相对的概念,其内涵必须既体现一般教学的基本属性又反映区别于线下教学的特有属性。最后,从认识论角度来看,在线教学不是传统课堂教学的"网上搬家",而是在线技术与教学深度融合的统一体,"在线"为"教学"提供了必要的技术基础,"教学"脱离了"在线"便会退回到传统线下教学的原点而沦丧其特殊性。基于以上分析,我们认为在线教学是教师和学生通过

① 柳栋. 定义网络教学[J]. 中小学信息技术教育,2002(Z2):60-63.
② 张立国,王国华. 在线教育的理论与实践[M]. 北京:科学出版社,2018:2.

互联网等现代信息技术,就特定文化知识进行异地异步或异地同步交流、互动和反馈,以促进学生高效、自由、全面发展的特殊实践活动。

第一,不同技术的支持和运用决定了教学形态的差异,在线教学依托线下教学不具备且不同于传统远程教学所依托的互联网、数字化技术、在线平台等现代信息技术,实现了同一在线平台教学主体、教学资源、教学活动的共在与交互,从而形成了新型教学形态。以此技术为依托的在线教学,突破了传统的"教师中心"而真正走向"学生中心"。教师在教学中扮演的是教学资源的筛选者和整合者,教学过程的组织者、引导者和促进者等角色;学生不是某个特定年龄段的学生,而是所有有学习需求的人,且学生更多的是教学过程的主动参与者、知识的探索者和意义的建构者;教学内容不再局限于传统的教科书内容,而是根据需要拓延至生活的各个方面;教学媒介由演示工具转变为促进学生自主学习的认识工具、沟通交流工具等。①

第二,在线教学与线下教学一样以文化知识为主要内容载体,以对话、交流与合作为基本交往形式,但在具体表达方式上有其独特性。教学内容即文化知识数量与种类、结构的排列和呈现方式更符合学生的认知规律;教学形式包括完全在线教学,线上与线下相结合的混合式教学;教学方法如讲授式教学、个别辅导教学、探究式教学、协作型教学、问题解决式教学等,易操作且符合个性化的学习需要;教学交往通过各种交互工具以异地同步或异地异步等灵活形式实现,符合教学主体的碎片化和泛在学习的需求。

第三,任何形态的教学都是为了实现一定的教学目的,或任何社会对教学所培养出来的个体质量规格都有特定要求。在线教学虽然在技术支持、组织方式和表现形式等具体方面有其独特性,但在教学目的方面与线下教学并无二致,始终是为了培养具备核心素养的适应且促进社会发展与身心自由全面发展的人。

---

① 张立国,王国华.在线教育的理论与实践[M].北京:科学出版社,2018.

（二）在线教学的基本特征

在线教学是在线技术与传统教学深度融合的一种新型教学形态,其特点是与线下教学和传统远程教学相比较而存在并凸显的。同时,在线教学特点既不是互联网技术特点在教学领域的移植,也不是传统教学特点借助互联网技术平台的另一种表达,而是二者深度融合下的征象。具体表现在以下六个方面。

（1）教学目标的个性分层。在线教学的学生组成结构不同于线下传统行政教学班结构,如学生在年龄结构、家庭背景、文化背景、学习经验、学习需求等方面的差异远远大于传统行政教学班学生之间的差异,这既是在线教学顺利与有效开展首先且必须考虑的前提性因素,也是在线教学目标制定的内置性条件,即打破传统教学目标的单一性和同质化,在共同的基础性学科教学目标的基础上,制定个性化与分层性的教学目标。教学目标的个性化,即横向结构上根据不同学生的学习兴趣、特长、需要和支持性条件等制定可实现的个性化教学目标,以满足学生个性化发展的需求;教学目标的分层性,即纵向结构上根据不同学生的年龄和心理发展水平、已有的学习经验、可接受的程度等制定层级化的教学目标,促进学生在其最近发展区的合理成长。

（2）教学主体的远程分离。在线教学的主体处于远程空间的相对分离状态,即通过互联网和在线教学平台开展教学活动的过程中,教师与学生同时"只闻其声不见其人"或"隔空"虚拟见面。不同于线下教学的主体处于同一空间的"实体"面对面的共在状态和传统远程教学的绝对分离状态,在线教学主体的交流必须经过数据传输技术与可视化信息系统的及时识别、储存、传递、转换和显示,是一种即时性的间接交流,打破了线下教学主体通常通过声音在空气中的振动、光在空气中的传播以及身体其他感觉器官的感受这一直接接触的方式进行交流与传统远程教学滞后交流甚至无交流的局限。

（3）教学资源的丰富共享。在线教学在大数据、人工智能技术和各种智能设备的支持下,使得以互联网为基础的教学实现教学资源之间的连接、教学主体之间的连接、教学主体与教学资源的连接以及线上与线下的连接成为可能。这种"万物互联"为教学提供了检索方便快捷、内容丰富多彩的资源。在教学资源的丰富性方面,教学主体通过互联网可以获取内容上跨文化、跨学科、跨领域的各种资源,形式上图文并茂、形声兼备、动静结合的资源。在教学资源的共享方面,各个国家和地区、教育机构、学校和个人都可以在许可的范围内将自己的教学资源通过共享平台发布,同时亦可享用这些共享资源,很大程度上提高了教学资源的利用率和使用价值。

（4）教学过程的双向交互。在线教学主体可以通过电子邮件、QQ、微信、论坛等交互工具,师生咨询答疑、发表看法、提出见解和同伴互评等交互形式进行交流。从交互的形式来看,可分为同步交互与异步交互,前者是教学主体就同一教学活动在同一时间段内产生的交互;后者是教学主体就同一或不同教学活动进行的"时间错位"式交互。从交互的对象来看,教学过程交互可分为两种:一是教学主体之间的交互,包括教师与学生之间的交互和学生之间的交互。教师与学生产生互动,并根据学生的反映和反馈调整教学,从而提高教学的效率与质量;学生之间的交互,有助于探究式学习与协作学习的发生。二是教学主体与教学客体之间的交互,包括教学主体与在线技术的交互,它是完成教学任务的操作性前提,同时为教学主体的主动交互提供了可能。[①] 教学主体与教学材料的交互,如学生通过在线阅读、分析、评论、批注等方式与教学材料进行及时性交互,这些交互可以更好地促进教学主体对教学内容的理解,在交互中实现个体的发展。[②]

（5）教学时空的灵活开放。在线教学跨越时空阻隔,延伸至规定时

————————

① HILLMAN D C A,WILLIS D J,GUNAWARDENA C N. Learner – interface interaction in distance education:an extension of contemporary models and strategies for practitioners[J]. The American journal of distance education,1994(2):30 – 42.

② 金慧. 在线学习的理论与实践:课程设计的视角[M].北京:清华大学出版社,2017.

空外的全时空。① 首先,在线教学的时间具有灵活性,教学主体依据实际教学需要、凭借在线技术可选择异地同步教学,即教师与学生通过直播、视频会议或其他在线平台就特定的教学内容进行同时同步的交流与合作;也可选择异地异步教学,即教师提前录制教学音频、视频,以供学生随时、可重复地收听和观看,或者教师提前将教学目标、教学计划、教学内容(文本或视频)、作业等上传到平台,学生根据自己的需要可以自由地在任何时间进行学习并完成作业,教师在自由时间及时反馈。其次,在线教学的空间具有开放性,空间上教学主体利用 PC 终端尤其是移动终端实现移动教学,不再受固定教室、学校和其他封闭地域的限制,极大地扩展和延伸了教学活动的物理空间范围。

(6)教学改进的及时准确。在线教学所依附的在线平台能够对教学过程的诸多情况进行实时跟踪和记录,收集师生在教学过程中产生的教学信息,如教学的进度、教学资源的整合与利用情况、教学行为等海量数据,并通过大数据分析平台对这些数据进行实时、全面和深度分析。一方面有助于教师在第一时间掌握学生已有的学习经验和当下的学习情况,同时及时和相对准确地根据学生的学习情况和学习需要给予适当的反馈与指导;另一方面有助于教师全面了解和监控自身的教学情况,并以此作为教学反思与行动研究的案例素材,及时有针对性地调整和优化教学服务,从而促进自身教学体验和整体教学质量的提升。

三、在线教学的质量监测

教学质量是教学活动所固有的特性或品质的总和,②是教学可持续健康发展的生命线,教学质量监测则是保证教学质量的必要条件。《国家中长期教育改革和发展规划纲要(2010—2020 年)》明确提出,要把"提高质量作为教育改革发展的核心任务,实现教育发展逐渐由重数量

---

① 陈运超.论在线教学对学校教育的再造[J].重庆高教研究,2020(4):120 - 128.
② 李森,郑岚.促进质量提升的课堂教学评价改革[J].课程·教材·教法,2019(12):56 - 62.

和规模的粗放式发展模式向重质量、重公平、重均衡的内涵式发展模式转变"。《国家教育事业发展"十三五"规划》进一步提出"制定在线教育和数字教育资源质量标准以及在线开放课程教学质量评价标准"。由此可见，在线教学的质量逐渐受到重视，且相关部门开始积极推动构建在线教学质量监测和保障体系工作。在线教学质量监测是指监测主体依据现代教学理论、遵循教学规律、运用现代信息技术对教学主体分离状态下通过互联网等进行的教学活动整体的连续系统的统计、测量、评价、反馈和调控，以促进教学质量提升和实现教学目的的过程性活动。它主要是对影响在线教学质量各因素的监测，包括静态的和动态的因素，是促进我国教育教学改革和实现教育现代化建设的重要突破点和有效途径。然而，在线教学作为新型教学形态，其系统的质量监测体系尚未完全建立。这里，在借鉴一般教学质量监测理论和已有的在线教育质量标准的基础上，尝试从原则和指标两个方面初步构建在线教学质量监测体系，以为在线教学质量保驾护航。

（一）在线教学质量监测的原则

（1）人本性原则。教学无论表现为何种形态，其实质都是人为的和为人的特殊实践活动，教师与学生作为"人"是影响教学质量最关键的因素，而师生发展的质量是否满足监测主体的需求、社会对人才质量规格的要求以及人之为人的本质的诉求，是教学质量监测的出发点和落脚点。教师作为在线教学的主导者，在在线教学活动的过程中，其教学能力和水平会随着在线教学实践的不断深入而逐步提升，包括对在线教学本质的理解、在线技术的掌握、教学资源的整合、在线教学方式方法的运用、在线教学活动的整体把控以及在线教学的反思等，而这在极大程度上决定了在线教学的质量。学生作为在线教学的另一主体，在在线教学质量监测中具有重要地位，在线教学目标的制定、资源的整合、活动的组织、方法的选择等皆围绕学生的在线学习来展开，在线教学的质量最终是由学生发展的质量来衡量的。故在线教学质量监测应坚持和贯彻以人为本的原则，以促进教师和学生的发展为旨归。

（2）系统性原则。系统论强调从系统整体的角度认识事物,认为系统中的各个环节和要素是按照一定的规律、规则和要求而处于特定的位置并组成相对稳定的结构,其之所以能够发挥独特的功能,是因为它们作为一个互相关联、密不可分的整体而存在。[①] 从系统论的视角来看在线教学质量监测,亦是一个复杂的整体,其监测功能的发挥和目的实现皆需质量监测系统中的各环节和各要素共同发挥作用。在线教学质量监测结构系统包括:一是纵向结构层面监测在线教学环节,包括在线教学准备、教学过程和教学评价的质量;二是横向结构层面监测在线教学要素,包括教学资源、教学主体、教学平台、教学环境的质量。所以,在线教学质量监测应坚持系统性原则,全方面多方位地监测在线教学的各个环节和各个要素,深入其本质及把握相互间的内在关系,以保证在线教学质量监测的整体性和有效性。

（3）多元性原则。在线教学作为一个新型教学形态和复杂系统,其质量监测应坚持多元性,具体涉及监测主体多元、监测内容多元和监测结果表达形式的多元。首先,监测主体多元。在线教学质量监测主体是其直接利益相关者和责任主体,包括在线教育管理机构、在线教学机构和在线教师以及在线学生,四者共同对在线教学质量进行监测并综合监测结果,是保障质量监测公正性的主观条件。其次,监测内容的多元。在线教学质量监测除了要监测与传统线下教学相同的基本内容外,还应监测与在线教学质量直接相关且特有的内容,如提供的支持性服务水平、教学主体对在线教学技术的掌握和使用程度,以及对在线教学资源的利用度等。最后,监测结果表达形式的多元。在线技术为在线教学质量监测结果的表达提供了必要的物质条件,如可呈现量化与质性相结合、文字与图表以及音频和视频相结合的表达形式,有助于监测主体对监测结果的整体把握和深度理解,并以此为依据调整和改善在线教学,

---

① 樊增广,史万兵.高校教育质量的内涵演变及监控原则[J].东北师大学报(哲学社会科学版),2015(1):35-39.

进而提升在线教学质量。

（4）伦理性原则。在线教学质量监测依托于大数据平台,对教学主客体的基本信息以及在线教学过程中产生的信息进行记录、收集和累积,这些信息组成了教学大数据。监测主体需要依据大数据平台对教学大数据进行深度分析,来实现在线教学质量的监测。然而,教学大数据涉及教学主体的隐私,这部分数据被称为隐私数据。一方面,隐私数据关乎教学主体的民事权利,教学主体有对其隐私数据的保护权利和对隐私数据的使用对象、范围的自决权;另一方面,监测主体如何使用教学主体的隐私数据在很大程度上决定了教学数据的真实性和教学质量监测的有效性,也就是说监测主体对教学主体教学隐私数据的保护度与使用的合理性程度,直接影响教学主体的信任程度,进而影响教学真实数据的产生。因此,在线教学相关管理部门、在线教学机构和在线教学平台作为教学数据的管理者和使用者,应坚守伦理底线、遵守伦理原则,积极承担起对教学主体数据隐私保护的责任。

（二）在线教学质量监测的指标

在线教学质量监测的指标是根据教学目的、监测主体对在线教学质量的需求以及教学理论对教学活动的数量与质量的具体监测内容的集合。从系统论角度出发,在线教学系统是由在线教学要素组成的,包括在线教学实体要素与在线教学活动要素。在线教学实体要素包括在线教学主体要素和在线教学客体要素,其突出特点是以"实体"形式存在;在线教学活动要素是在线教学主体之间、在线教学主客体之间相互作用形成的一系列活动,主要以动态的"幻体"形式存在。由于在线教学系统的功能及质量取决于在线教学要素本身的结构与功能以及在线教学要素之间的相互关系,故本文从要素的角度构建在线教学质量监测的指标。

首先,在线教学质量监测的主体要素。对在线教学质量的监测实质上是对教学活动中的"人"即教师与学生的监测,因为在线教学活动始终是教师和学生两类教学主体相互作用而开展起来的,并在教学主体之间以及教学主客体之间的互动中不断深化。质言之,教学主体的质量在绝对层面决定和反映了在线教学的质量,所以教学主体要素是在线教学监测的重要对象,见表1。

表1 在线教学质量监测的主体要素指标

监测项目	一级指标	二级指标	三级指标
教学主体要素	教师主体	专业责任	承担教学的责任;自我专业发展责任;促进学生发展的责任;承担教学风险的责任
		教学技术掌握	对在线教学技术的使用、认识和理解;对在线教学评台小故障的处理
		教学沟通	教师与学生沟通的次数、频率和效果
		教学引导	为学生提供的支持性反馈和明确指导;对学生开展发散性思维讨论的引导;具有挑战性的开放式问题的提出;对学生分享资源和观点的反馈
		教学把控	学生学习动态的把控,对学生学习活动进行跟踪;教学节奏的整体把握,如时间、进度;教学难易程度的把握;教学事故的及时有效处理
	学生主体	学习需求	学习资源的需求,如资源的丰富性、针对性和机构性;学习时间安排的需求,如时间的灵活性;学习空间的需求,如教学场地;学习交互的需求,如交互的次数和形式
		学习能力	在线学习的适应力;资源获取、利用的能力;自主学习的能力;自我管理的能力,包括学习时间管理、学习习惯管理等
		学习态度	参与在线教学的程度;在线教学过程中表现的情绪;对在线教学要素的满意度;对在线教学形式和效果的满意度
		学习体验	教学环境的体验,包括在线教学技术环境、教学资源环境、教学管理环境等;学习活动的体验,包括学习支持与服务的体验、学习自由度的体验、学习方式的体验等;学习效果的体验,包括兴趣的增加、知识的增长、视野的拓宽等

从表1中可以看出,在线教学质量监测的主体要素包括教师主体和学生主体。教师主体要素指标为专业责任、教学技术掌握、教学沟通、教学引导、教学把控,它们之间的关系表现为教师专业责任是价值引领,教学技术掌握、教学沟通、教学引导和教学把控是关键能力。学生主体要素指标为学习需求、学习能力、学习态度和学习体验,它们之间的关系为:学习需求是前置条件,学习能力是核心,学习态度和学习体验是关键。

其次,在线教学质量监测的客体要素。在线教学的客体要素主要是为在线教学提供支持性服务的条件,是在线教学得以开展的客观的决定性因素,同时也是影响在线教学质量的重要因素之一,见表2。

表2　在线教学质量监测的客体要素指标

监测项目	一级指标	二级指标	三级指标
教学客体要素	教学工具	教学工具种类	视觉媒体和听觉媒体工具等;管理工具、资源和结果呈现工具、文献记录工具、互动交涉工具
		教学工具性能	可行性,即教学主体是否方便使用该工具;稳定性,即保障教学活动的顺利开展;灵活性,即满足教学的临时需要;适用性,即符合学生教学的需要
	教学资源	教学资源种类	教学资源形式种类,包括媒体素体、课件、网址资源、常见问题库、资源目录索引、网络课程等;教学资源功能种类,包括增长知识和拓宽视野的资源、促进深度学习资源、有助于创新自我发展的资源等;教学资源表达种类,包括图文表达、形声 表达、动静表达等
		教学资源内容	丰富性和更新度;与教学目标的符合度;与学生学习经验的适切性;与学生学习需求的符合度
		教学资源结构	整合结构,即资源内部之间的联系、资源的重复性、资源的针对性;文化结构,即不同文化资源的构成;学科结构,即多学科资源的搭配;使用结构,包括直接相关的教学资源和辅助性的教学资源的结构安排

从表 2 中可以看出,在线教学质量监测的客体要素包括教学工具和教学资源。教学工具体现为教学工具种类和教学工具性能,是在线教学质量的"硬件"表达。教学资源表现为教学资源种类、教学资源内容和教学资源结构,是在线教学质量的"软件"意涵。

最后,在线教学质量监测的活动要素。教学活动要素是在线教学的动态存在方式,也是在线教学活动过程中呈现的最基本要素,它是在线教学主体之间、主客体之间动态交互的过程性结果,具有灵活性、可变性和发展性,是影响和反映在线教学质量的关键因素,见表 3。

表 3   在线教学质量监测的活动要素指标

监测项目	一级指标	二级指标	三级指标
教学活动要素	教学过程	教学目标	目标的可测量性;总目标的明确性;阶段目标与总目标的一致性;目标是否从学生学习的角度表达,目标表达的清晰程度
		教学设计	需求和问题的分析;时间的分配、根据不同教学环节和重难点进行分配;重难点的把握;方法的选取和使用,根据教学需要选择适当的教学方法
		教学交互	教学主体交互的时间和频率;教学主客体交互情况
		教学评价	评价理念的先进性与合理性;目标的达成度,包括学生的学业成就、学习进展等;评价标准的科学性,包括指标的可评价性、指标的全面性、指标权重的合理性等

从表 3 中可以看出,在线教学质量监测的活动要素主要为教学过程,包括教学目标、教学设计、教学交互和教学评价。教学目标是在线教学活动的方向导引,教学设计是根据教学目标对在线教学过程的前置性和观念性建构,教学交互是在线教学活动的动态过程,教学评价是对在线教学的价值判断,体现关于在线教学的整体认识与价值取向。

现代信息技术的长足发展与优化升级有力地推动着在线教学的持续深入和不断改进。在线教学作为一种新型教学形态,不可避免地具有双面性,就消极意义而言,在线教学对传统线下课堂教学产生了巨大冲击和革命性影响,一时使传统教学场域中的教学管理者、教师和学生不知所措。从积极的意义观之,在线教学打破了传统教学的限制,相对既能满足新时代对教学公平公正和教学质量的要求,也能满足教学主体的个性化教学和成长的需求,还能及时有效应对诸如新冠疫情的极端社会情况。毋庸置疑,在线教学必然成为未来教学发展的新常态,对其正确看待、深刻理解与灵活实践才是合理性选择。

第 35 篇

促进质量提升的课堂教学评价改革①

随着基础教育课程改革的深入推进,"质量"一词在教育研究领域以及相关政府文件中频频出现,学校面临的压力也越来越大,都迫切要求提高教育教学质量。教学质量作为教育质量的关键与核心,内在包含着课堂教学评价活动。就字面意义而言,课堂教学评价是对课堂教学的评价,课堂教学活动的实践性、主体之间的社会交往性和文化传承再生的价值性②等特征决定了课堂教学评价是一种以育人目标为导向的价值判断活动。它以课堂教学为载体,以课堂教学实施过程中师生的交往活动为对象,包括教与学的行为过程和行为结果。宗旨在于对通过师生之间的认知交往和情感交流而实现的文化传承与育人目标的达成度进行价值判断,从而依据评价结果对教学活动进行反思和改进,促进教学质量的提升。概言之,对教学质量的理解是课堂教学评价的认识前提,推动

---

① 本文发表在《课程・教材・教法》2019 年第 12 期。
② 郝志军. 中小学课堂教学评价的反思与建构[J]. 教育研究,2015(2):110 – 116.

课堂教学评价改革,既是教学质量的内在要求,也是促进教学质量提升的重要手段。而随着时代的发展,课堂教学评价在被破除"五唯"教育评价痼疾的社会需求和教学质量的内涵赋予新要求的同时,也面临着诸多挑战和实施困境,这些都催生着课堂教学评价改革的再行动。

一、教学质量提升对课堂教学评价的要求

教学质量是指教学活动满足相关主体需求的特性,内在包含着课堂教学评价活动,对教学质量的理解是课堂教学评价的认识前提。作为以育人目标为导向的价值判断活动,课堂教学评价则是教学质量提升的重要手段。因此,要通过课堂教学评价改革促进教学质量的提升,了解教学质量提升对课堂教学评价提出的要求是必要前提。

(一)破除"五唯"评价痼疾对课堂教学评价的改革要求:多元指标衡量

作为可比较的显性项目,分数、升学、文凭、论文和帽子五项评价要素因其被赋予了大众相对接受的参考价值的客观性、在统计规律上与能力总体上呈显著正相关的便利性和尊重知识与人才的历史阶段性而成为评价的重要指标。[①] 但是,由于对五项评价要素理解的绝对化和极端化,从而演变成了唯一的评价尺度,造成"五唯"评价痼疾的形成。具体而言,"唯分数"将分数作为衡量教学质量的唯一标准,是对知识本位的过分看重和对素养培育的忽视。"唯升学"是"唯分数"的直接结果,由于教学对分数的过分追求导致的高厉害博弈破坏了教育生态,形成了升学竞争压力,从而把升学率作为衡量整个教学成败的关键指标。"唯文凭""唯论文"将对教师的评价重心放在其文凭和科研成果之上,几乎遮蔽和湮没了教学的人才培养追求。"唯帽子"是教育管理者的权威扩张、知识推演与经验外化,是一种自上而下的实践逻辑,从而激发个体急功近利

---

① 刘振天."五唯":痼疾如何生成,怎样破解[N].光明日报,2019-02-26(15).

的思想。因此,破除"五唯"评价痼疾是对"唯"的舍弃和对五项评价要素的继承性创新,即破除五项评价要素的绝对性和极端性问题,发挥其在促进教学质量提升中的积极作用。

表现在基础教育阶段,由于对考试分数的过度关注和对纸笔测验的过度依赖,使得唯分数和唯升学成为评价的主要指挥棒,而唯升学又是唯分数的直接结果,因此,课堂教学评价在破除"五唯"评价痼疾的社会需求下关键在于破除唯分数的评价导向。唯分数将课堂教学评价固化为工具理性的简单思维,把对以学业成绩为主的结果质量等同教学质量,学生的发展被简化为一个个数字,其主体素养培育的多样化需求被搁置。因此,破除唯分数的评价痼疾,需要舍弃分数的"唯一"地位并融入以素养为核心的多元评价指标。一方面,"唯分数"遮蔽了立德树人这一根本教学任务,背离了课堂教学的育人本质,因此需要大力消除其不合理成分,主要体现为弱化分数评价的使用范围和增加新的评价形式与要素,以克服教学对学业成绩的任意夸大,凸显教学的育人需求。另一方面,对科学知识的掌握是教学质量的客观要求,分数又恰能反映知识的掌握情况,因此需要继承分数评价合理成分,同时融入多元评价指标,以避免教学陷入反智主义的泥潭,使分数评价得其所是,实现其应然价值。

(二)教学质量对课堂教学评价的内在要求:教学活动全面评价

课堂教学评价是以育人目标为导向,依据一定的客观标准,在全面收集课堂教学活动各方面信息基础上,以师生为评价主体,由教育管理者和研究人员组织、相关他者协同,综合运用量化和质性的评价方法,对课堂教学中师生的教学行为及其效果进行的价值判断活动。教学作为一种特殊的交往活动,由教师、学生、课程教材、教学方法、教学手段、教学环境以及教学评价等要素组成,[①]其中心环节是课堂教学。同时,质量作

---

① 李森.现代教学论纲要[M].北京:人民教育出版社,2005:6.

为事物的价值属性,教学质量则是针对教学活动的质进行的度量,它是教学活动这一实体所固有的特性或品质的总和,以满足教学相关主体特别是师生某种明确的或隐含的需求为目的,包含了判定优劣的价值判断,而评价本身就是一种价值判断活动,因而教学质量内在包含着课堂教学评价活动,课堂教学评价作为教学活动的组成要素,推动课堂教学评价改革,则是教学质量提升的内在要求和重要手段。

教学质量最终都要落实在每个课堂的教学活动之中,作为教学准备、教学过程和教学结果三者的动态统一,[①]教学活动包括了教学条件、教学过程和教学结果,因而教学质量也包含着条件质量、过程质量和结果质量。条件质量是教学活动的环境保障,包括人、事、物等资源投入,为课堂教学评价提供前提条件;过程质量体现了知识的掌握和素养的培育,在教学质量中居于核心地位,是课堂教学评价的重要内容;结果质量主要指学生质量,以学业成绩为主,包含情感和个性发展,丰富了课堂教学评价方式和标准。教学质量受多种因素影响,包括教师的知识储备、职业素养和学生的学习态度、动机等内部因素,也包括学校的文化环境、管理制度和评价体系等外部因素。因此,教学质量的提升不仅指教学效果的提升,还包含社会和主体的需求满足,以及资源投入的充分保障,需要通过量化和质性的方式对教学活动进行全面评价,判断以"适应需求"程度为标准的教学质量的高低,从而为教学行为的改进和质量提升提供可靠依据。

(三)教学质量的时代诠释对课堂教学评价的现实要求:重视主体素养评价

作为教学质量的内在要求,对教学质量的理解是课堂教学评价改革行动的认识前提。一般而言,高质量的教学来源于成人比成绩更重要的个性化课堂。在这样的课堂里,学生拥有多样化的学习空间、学习的主动权和自觉意识,对学习抱有极大的兴趣,教师拥有自主选择教学行为

---

① 刘志军,徐彬.我国课堂教学评价研究 40 年:回顾与展望[J].课程·教材·教法,2018(7):12－20.

艺术的机会,明确自身所扮演的指导者、组织者角色,能够全身心投入课堂教学,从而让每个师生都享有自主发展的权利。换言之,要有效达成基础性知识技能教学目标和发展性能力教学目标,在课堂教学师生的合作交往过程中,不仅要完成书本知识和间接经验的传递,更要建立知识与生活的联系,促进直接经验的积累和智力的发展。随着时代的发展,教学质量与时俱进产生了积极变化,不仅进一步拓宽了教学质量的视野,同时也对课堂教学评价提出了新的要求。

在实现教育现代化目标任务背景下,从注重效率取向的教学进入了强调公平、创新、整合取向的教学,[①]特别是信息化教学资源的使用、学生发展核心素养的培育和社会主义核心价值观的践行成为教育领域探讨的热词,课堂便成为基于信息技术运用、生态理念嵌入、核心素养培育、社会主义核心价值观践行的课堂,而以主体需求满足为依据、结合先进信息评价手段对课堂教学方法、教学环境和教学组织,特别是师生主体素养培育等因素进行的评价成为课堂教学评价的核心。因此,在教育现代化背景下,教学质量的时代诠释对课堂教学评价的要求主要是重视教学主体素养培育的评价。其中,将师德师风作为评价教师专业水平的首要标准,以建设高素质专业化创新型教师队伍,推动教师专业自主发展;将"思想水平、政治觉悟、道德品质、文化素养"的培养与提升作为评价学生质量的标准,以落实立德树人根本任务,促进学生身心健康成长。它在重视素养培育的同时兼顾了知识的授受,是对事实解释和问题发现等课堂教学现象认识的形成与完善,也是对教学主客体、评价者自身反思能力和教学质量的促进与提升。

二、"唯分数"导向下课堂教学评价的实施困境

作为教学质量提升的内在要求和重要手段,课堂教学评价在受教学

---

① 杨小微,张权力.教学质量改进的再理解与再行动[J].课程·教材·教法,2016(7):17-24.

质量影响的同时,也通过自身对主体需求满足的价值判断为教学活动提供信息反馈,从而促进课堂教学行为的改善和教学质量的提升。但受"五唯"评价痼疾的影响,课堂教学评价在唯分数论英雄的评价导向下也面临着诸多实施困境,阻碍着教学质量的提升。

（一）附加功利思想,侧重标准划一的量化评价

课堂教学评价作为教学质量提升的重要手段,是对教学质量条件因素、过程因素和结果因素的测量与反馈,不仅包含知识的授受,也包含主体的教学行为选择及其思想情感和道德素养表现,彰显着课堂教学教育性这一首要功能。其中,对教师课堂教学工作的评估和学生学习效果的考核,是课堂教学评价的两个核心环节。但在唯分数导向下,课堂教学评价被附加了功利思想,造成标准划一困境的凸显,表现为侧重对教师教材完成度和学生学业成绩的量化评价,搁置了对课堂教学工作中师生交往互动以及价值观形成的质性评估,从而导致教学的条件质量和过程质量被刻意忽视,影响教学质量的整体提升。

具体而言,受传统听评课和集体观摩等课堂教学评价形式以及对评价公平公正过分追求的影响,知识谱系的广泛性和教学主体的个体性被忽视,将教师教材讲授的完成度及其结果(学生的学业成绩)作为评价教学质量的标准和依据,评价结果也只是作为教师考核选拔、职称晋升的工具和学生知识获得的多寡、分等划级的主要指标,负载了太多的功利性追求,是对"以学论教"评价标准的舍弃和"以教论教""以教论学"评价标准的复归,制约了教学活动的实践性,消弭了课堂教学的复杂性,忽视了师生主体在教学过程中的情感投入和成长需求,从而使得课堂教学工作模式化、统一化和表层化,师生发展片面化和同质化。表现在教师教的活动方面,对教材完成度的统一评价标准在教师群体中形成了规范化效应,一方面遏制了教师个性化教学风格的形成,导致教师教学行为趋同化;另一方面促使教师在教学活动的不同阶段采取同样的教学方式,从而造成教学整体性、发展性功能的缺失。表现在学生学的活动方

面,对学业成绩的统一评价标准将学生学习行为的复杂性简单化,泯灭了学生创新学习的倾向和动力,阻碍其全面发展。

（二）偏重事实指陈,失却师生主体对非智力因素的价值判断

在课堂教学评价过程中,通过课堂教学这一载体,不仅要完成对文化知识等客体性事物在师生之间传递和继承情况的事实描述和指陈判断,更要完成对价值观念等非智力因素在师生主客体之间培育和发展情况的主体性价值判断,即作为一个与价值观直接发生关系的价值判断活动,是课堂教学存在同主体需求是否一致的评判和态度表达。在这一过程中,师生既是作为评价主体又是作为评价对象的双重身份发挥着至关重要的作用。但是,当下课堂教学评价却倒向了教育管理者或研究人员对肉眼可观的教学活动的单一描述和指陈,缺失了教学人员对无法量化的非智力因素的价值判断,表现为评价对象的窄化和师生评价主体地位的被动化,是对教学结果质量的片面解读和扩大,从而导致价值本质的失落。

表现在评价对象的窄化方面,课堂教学评价对象多限于智育层面,主要是学生知识的掌握和教师教材的完成情况,将课堂上教学设备的使用、学生出席的人数等形式化内容视为评价的对象,忽视了非智力因素如情感、态度、价值观的考查,包括对道德与责任行为表现的规避和师生主体需求的忽视,是对教学结果质量理解的偏颇,从而导致课堂教学陷入了单纯知识授受的误区,其价值的本质被遗忘。表现在师生评价主体地位被动化方面,作为教学过程最为直接和主要的组织者和参与者,能亲自参与对教学活动进行价值判断、分析和反馈的评价活动,是其教学权利和义务的体现,也是拓宽评价视角、深化评价影响的有效举措。但是,囿于传统教育管理者的权威,师生作为评价的主体地位被边缘化和被动化,导致当下的课堂教学评价多是基于教育管理者自上而下的单极视角和权威实践,缺乏以师生为代表的其他评价主体的多元参与,其积极性和主动性没能得到充分发挥,非智力因素的培育也未得以完成,从而造成课堂教学评价价值判断本质意义的失落和教学质量的重心下移。

（三）注重考试甄别，偏离育人导向的发展旨趣

甄别是基础，发展是最终旨趣，甄别为发展服务，这是课堂教学评价必须坚持的重要原则。① 在评价实施过程中，教育测量作为使用较多的一种量化评价方法，是对评价甄别基础原则的坚持，是针对教学质量中可以量化的因素进行的测量统计，而考试又是作为最常用的测量形式在课堂教学评价中发挥着最为直接的作用，这为以考试为主的量化评价方法的存在提供了必要性和合理性证明。因此，在"评价追求的是客观、科学、公正，力求定量化，力除来自行为主体的主观性"②导向下，理应重视量化评价方法，以保证对教学质量的客观评判。

但是，过分强调量化手段特别是考试在课堂教学评价中的实践，将教学质量片面等同于以学业成绩为主的结果质量，把成绩作为教学质量的评价标准，是对教学过程质量核心地位的忽视，是对评价甄别功能的滥用和发展功能的消解，也是对评价育人导向的摒弃。它致力于为课堂教学的效果提供简单模糊的分数和等第标准，进而对教师的教学能力分档次、学生的综合学力排名次，忽视了客观评价标准与质性观察相结合在发展性目标达成上的运用，压抑了师生在教学实践活动中主动性和自觉性的发挥，淡化了评价为学校教学改革决策和课堂教学活动改进的服务功能，从而降低了评价的信度和效度，支离和破坏了教育与人之间的整体性，导致课堂教学评价逐渐偏离了以促进教师专业发展、学生身心成长为主的发展旨趣。换言之，对教学质量的分数评价被使用在裁定教师的薪酬待遇、职称评聘和学生的发展水平、分等划级等方面，把本应是"为教学的评价"变成了"为评价的教学"，进而造成评价主体与教学主体、评价过程与教学过程的"双重脱离"现象，偏离了评价的育人本质，教

① 卢立涛，梁威，沈茜.我国课堂教学评价现状反思与改进路径[J].中国教育学刊,2012(6):43-47.

② 叶澜，吴亚萍.改革课堂教学与课堂教学评价改革："新基础教育"课堂教学改革的理论与实践探索之三[J].教育研究,2003(8):42-49.

学质量主体需求的满足被遮蔽。

三、促进质量提升的课堂教学评价改革策略

不难发现,来自教学质量提升的要求和因"唯分数"带来的诸多困境都催生着课堂教学评价理论品性的提升和实践理性的升华。教学质量是课堂教学评价的认识前提,导引着课堂教学评价改革的合理定位;课堂教学评价作为对课堂教学经验的概括提升反哺课程教学改革实践,形成改革运作的良性氛围和发展态势,进而从不同角度促进着教学质量的提升。

（一）教学质量理念诠释,导引课堂教学评价改革合理定位

所谓课堂教学评价改革的合理定位,即操纵人们心中原本的想法,厘清与教学质量的联结,在明确其主要内容和实施前提的基础上,建立与时代发展相协调的理念,更好地为提升教学质量服务。教学质量是课堂教学评价的认识前提,因而进行课堂教学评价改革合理定位,首先要加强对教学质量概念整体性和时代性的理解,以明确课堂教学评价的主要内容。其一,教学质量是以过程质量为核心、条件质量为保障、结果质量为表征的统一体,要避免将教学质量等同于结果质量的偏颇,从而引导课堂教学评价改革重视评价环境创设的保障作用、过程评价的核心作用和结果评价的重要作用。其二,教学质量随着时代的变化被赋予了更多的内涵,也对课堂教学评价提出了更多的要求,要把握时代发展提供的机遇,对教学质量的时代内涵进行再理解,进而优化课堂教学评价改革再行动的认识前提。

其次,评价作为建立在一定准则和价值标准基础上的价值判断活动,是以实体的准则和价值标准为前提的。《国家中长期教育改革和发展规划纲要（2010—2020 年）》指出,"要改革教育质量评价和人才评价制度,根据培养目标和人才理念,建立科学、多样的评价标准",这就需要加强对教学质量标准的认识,以导引课堂教学评价改革的标准拟定,明确评

价的实施前提。具体而言,教学质量标准不仅可以加强教学成果的应用、转化与推广,还可以作为规范课堂教学评价活动的工具,以衡量教学是否规范、测量教学的水平。我国教学质量标准的制定始终坚持以德智体美劳全面发展的质量观为依据,故而不仅要有条件质量和结果质量的数量指标,如教学投入和优生率,更要包含凸显过程质量的程度指标,如教师所体现出的思想性、科学性等职业素养和学生所体现出的学习态度、动机等能力素养,从而指引课堂教学评价标准重视量化与质性指标的结合。课堂教学评价标准是对课堂教学活动质量或数量要求的规定,①是对教学现象进行有效价值判断的尺度和依据。虽然不同课程教学一定程度上具有相同的质量规范,但由评价主体所呈现出的主体性和个性化等特征也使得这样的标准是非唯一性的,要求评价以主体不同需求满足为依据作出最终评定,从而提高学生学习的积极性,促进教师的自我反思,提升教学质量。

（二）师生评价主体承责,满足教学质量相关主体需求

教学质量的高低以主体需求满足的程度为标准,程度越高,则教学质量越高;程度越低,则教学质量越低。在改革课堂教学评价以满足教学质量相关主体需求过程中,教育管理者、研究人员、教师、学生和相关他者等作为主体的现实表征,在评价的不同阶段占据着不同的地位,也发挥着不同的作用。其中,教育管理者和研究人员充当着组织者和管理者的角色,师生占据着核心地位,而相关他者则发挥着协同者的功能。以常规的诊断性评价为例,随堂听课的研究人员旨在对教师的专业能力、教学风格等进行了解,为透过教学现象对教师在教学观念和行为表现上的不足提出改进意见做准备。教师主要是对学生的学习准备情况和课堂教学进度进行判断和预测,以了解学生的学习状态,发现教学中的自我形象,提升自我反思的意识和能力,从而形成适合学生特点的教学方

---

① 吴钢.中小学课堂教学评价系统探析[J].课程·教材·教法,2010(11):27-32.

案,提升教学质量。

　　分析发现,在加强教育管理者对课堂教学工作的宏观指导和改革、提升教学质量和效益等方面的管理价值诉求,历来是课堂教学评价最先加以满足的。相比而言,师生却拥有较少的话语权,其主体地位被动化,从而造成师生主体成长需求满足的缺失。所以,注重师生评价主体功能的充分发挥,打破教育管理者在评价中的垄断局面,加强各评价主体对于评价结果的沟通交流,在多元评价主体的碰撞与融合中把握评价的全面性和立体性,以满足教学质量相关主体的需求,促进教学质量的提升。如,在教师主体方面,以横向自我评价和纵向同行评价等比较性评价结果为依据,客观描述教学的真实情况,坦诚教学存在的不足和困惑;以开放、虚心、包容的心态选择性吸收他者的评价意见,以提升课堂教学的有效性;采取访谈、家长会等方式采集以家长为代表的相关他者对学生发展变化的评价信息。在学生主体方面,提升其参与评价的权利和自觉意识,帮助其发现自身存在的不足和进步的潜力,不仅能够激发学习兴趣和信心、明确奋斗目标,以夯实并发展科学知识等文化基础、社会交往等沟通技能、社会责任等道德品质、平等合作等价值观、自主发展等个性,即发展学生核心素养,增进学生的获得感,促进其情感、态度、价值观的养成,也是教师专业发展的重要途径之一。[①]

　　(三)"量质"评价方法统整,兼顾考试分数提升与主体素养培育

　　教学质量指向的是主体身心素质的发展,不仅包含量的变化,也有质的改变。对于教学活动中可量化的因素,以考试为主的量化评价方法"作为对学生学业成就和学术潜力的相对性评价"[②],在快速、全面收集课堂教学相关信息以进行有效的评价过程中发挥着重要作用,而分数作为

---

① 周仕德,张明敏.学生参与课堂教学评价设计初探[J].教育探索,2005(9):41-42.
② 王本陆,骆寒波.教学评价:课程与教学改革的促进者[J].课程·教材·教法,2006(1):20-25.

考试结果最直接的呈现,是反映学生发展水平的可比性指标和表征教学质量的基本形式,能够直接暴露学生在基础知识和技能习得方面存在的问题,以促进教师对学生的学习行为做出相应的细致分析和及时补救,从而提升学生的学业成绩,满足教学质量主体成长的知识需求。但对于课堂教学中占多数的难以用数量进行明确而又关涉教学质量的核心因素,如情感投入、科学素养和道德水平,往往因评价对象的难以把握而被刻意忽视,从而造成教学质量提升的片面性。

改革课堂教学评价,要求找出教学实然效果和应然目标之间的差距。因此,通过量化的评价方法衡量教学活动"量"的变化,通过质性分析方法判断教学活动"质"的改变,同时注重量化和质性评价方法的结合使用,在利用质性评价以提升课堂教学评价效度的同时,采用先进的信息评价手段克服因利益驱使等造成的主观偏颇,以增强评价的信度。以学习科学的视角为例,运用先进的计算机软件评价系统,诊断学生已有的认知和思维方式,从而帮助学生明确已有错误概念的原因,为从错误概念中找寻新知识与观念建构的生长点提供依据,达成课堂教学帮助学生转变已有错误概念、形成科学概念的目的。概言之,课堂教学评价方法的选择以满足评价主体,特别是师生的多元价值诉求为依据,将量化与质性的评价方法相结合,包括统计的、科学的、描述的、理论的、艺术的评价方法,是课堂教学评价对甄别基础功能的必要坚守,也是对发展最终旨趣的充分发挥,实践着评价的育人价值取向,以增强客观标准与主体能动需求之间的张力,搭建起评价理念与实践、条件保障与结果表征之间的桥梁,在凸显教学过程质量素养培育核心地位的同时,兼顾了教学结果质量考试分数的提升。

(四)育人评价环境创设,强化教学条件质量的基础保障

教学条件质量作为教学活动的环境保障,为课堂教学评价活动提供了必备条件,即条件质量的规范为评价改革提供前提,而评价育人环境的创设也为条件质量基础作用的发挥提供保障。课堂教学评价贯穿在

整个课堂教学过程中,对于良好评价育人环境的创设,能够为主体成长提供保障,包括教师教学观念的改善、教学行为的优化、教学素养的培育和教学水平的提升,也包括学生学习兴趣的激发、学习动机的自觉、综合学力的提升和核心素养的培育,最终落脚于教学质量的提升。因此,课堂教学评价育人环境的创设,首先是在主体之间营造开放自由、民主和谐的人文环境,特别是尊重师生的主体性和能动性,以激发主体参与评价的积极性,进而通过评价中的自我完整和自我认同,真实而又充分地展现自我,彰显出评价的人文特性和主体价值。

其次是构建客观公正、主体担当的制度环境,以强化主体自觉意识,提升主体评价能力,包括建设一支数量充足、业务精湛、政治和道德思想端正的评价主体队伍,建立权责明确、标准适切、经费与工作条件保障的评价制度。其中,评价主体队伍建设除师生主体承责外,加入第三方评价机构,以增强评价的专业性;加强对研究人员的培训,以客观地为教师教学观念的改善、教学行为的优化和教学质量的提升提出建设性意见。权责明确包括过程监督、结果公布、公平问责,要求评价主体及时公布评价结果并对其负责,能直面来自其他评价客体的疑惑和问责。评价标准适切要求个性化和非主观化,"多一把衡量的尺子,就会多出一批好学生"[1],在坚守课堂教学底线思维的前提下不宜过于细致,让评价主体在有章可循的基础上又不完全受制于这些外在的标准,以避免成为机械的教条,压制主体创造性的发挥,保证评价的科学性。经费和工作条件的保障关键在于保证课堂教学评价实施的资源投入,同时,教师要上能反映自身真实教学状态的"家常课",以规避个体在特殊情境下的粉饰行为,而不是作为表演者呈现虚假的图景,影响他人对其教学行为和效果的真实判断。

---

① 周宏.对课堂教学评价失衡的思考[J].教学与管理,2012(15):7-10.